2me Série

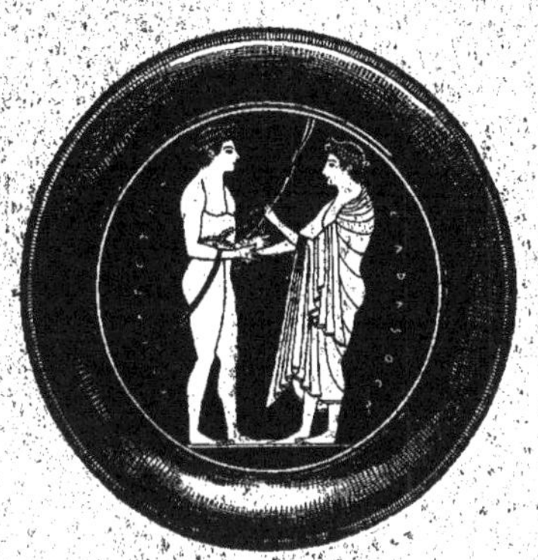

E. POTTIER

VASES ANTIQUES DU LOUVRE

HACHETTE & CIE

VASES ANTIQUES

DU LOUVRE

OUVRAGE PUBLIÉ SOUS LES AUSPICES
DU MINISTÈRE DE L'INSTRUCTION PUBLIQUE ET DES BEAUX-ARTS
ET DE L'ACADÉMIE DES INSCRIPTIONS ET BELLES-LETTRES
(*FONDATION PIOT*)

VASES ANTIQUES DU LOUVRE

PAR

E. POTTIER
Membre de l'Institut, Conservateur-Adjoint des Musées Nationaux.

PHOTOGRAVURES DE JULES DEVILLARD

SALLES E-G

LE STYLE ARCHAÏQUE A FIGURES NOIRES ET A FIGURES ROUGES
ÉCOLES IONIENNE ET ATTIQUE

PARIS
LIBRAIRIE HACHETTE ET Cie
79, BOULEVARD SAINT-GERMAIN, 79
1901

A MES AMIS

TH. HOMOLLE

MEMBRE DE L'INSTITUT, DIRECTEUR DE L'ÉCOLE D'ATHÈNES

ET

P. GIRARD

MAÎTRE DE CONFÉRENCES A L'ÉCOLE NORMALE SUPÉRIEURE

AFFECTUEUX SOUVENIR

AVERTISSEMENT

En tête du premier volume, j'ai déjà placé un *Avertissement* pour prévenir le lecteur que ces Albums sont un complément donné aux petits *Catalogues*, où j'expose le classement raisonné des Vases, et qu'ils ne font pas double emploi avec eux. Je crois devoir répéter cet avis, car plusieurs auteurs de comptes rendus se sont étonnés de ne trouver dans l'Album aucun détail sur les groupements, la chronologie, le style, etc. Ces questions sont étudiées ailleurs. Ici je me borne à des descriptions aussi complètes que possible, en suivant le numérotage de chaque salle.

Rappelons encore que les descriptions comprennent, non seulement les vases reproduits dans nos planches, mais tous les vases du Louvre qui ont été publiés dans un ouvrage quelconque, à condition qu'on en ait donné une figure. Je suis de plus en plus convaincu que l'image de l'objet est indispensable à côté des mots qui dépeignent le sujet représenté et que les meilleurs catalogues descriptifs, sans figures, restent un instrument à peu près inutile aux mains des travailleurs, malgré toute la peine et le temps qu'ils ont coûtés.

J'insiste encore sur ce point : notre intention n'est pas de présenter une publication définitive de chaque vase. Ce n'est pas le rôle d'un volume à bon marché qui, d'un seul coup, réunit plus de trois cents peintures inédites. Nous cherchons seulement à faire connaître les œuvres intéressantes, à les faire sortir de l'obscurité où elles végètent inconnues, sans utilité pour personne. L'artiste ou l'érudit sont ainsi avertis de l'importance d'une pièce ; ils peuvent venir à elle et la publier avec plus de détails. Nous voulons aussi montrer, dans son évolution régulière et logique, l'histoire de la peinture industrielle chez les Grecs. Les encouragements que nous avons reçus de plusieurs points nous ont été précieux, en nous montrant que les Universités françaises et étrangères tirent déjà un profit sérieux de ces albums pour l'enseignement de l'archéologie.

Le procédé photographique a été notre seul mode de reproduction. J'ose me flatter qu'on le trouvera en progrès sur le précédent fascicule et sur les autres ouvrages similaires. Nous n'avons pas cessé, M. Devillard et moi, de chercher à perfectionner nos clichés. Par des manipulations très simples, sans toucher aux figures elles-mêmes, nous sommes parvenus à supprimer à peu près les luisants, ce grand écueil des photographies de vases peints. Nous avons donné plus d'unité aux fonds. Il en résulte que les silhouettes de personnages se détachent plus nettement.

Certes il y a encore des améliorations à réaliser ; mais je ne doute pas, pour ma part, que les progrès incessants de la science ne fassent disparaître un jour le procédé si imparfait du décalque, qui substitue à la pureté du trait antique l'interprétation toujours personnelle d'une main moderne et qui, de plus, par une série de reports successifs et de mises au net, émousse peu à peu ce qu'il y avait de sincère et d'exact dans la première copie. En reproduisant à grande échelle les parties les plus importantes du Cratère d'Antée et de la Coupe de Thésée (pl. 100 et 102), j'ai cherché à prouver qu'une photogravure très économique, à l'état brut, avec tous les défauts et les cassures du vase, conserve beaucoup mieux la saveur de l'œuvre antique qu'un dessin exécuté à grands frais et confié ensuite au graveur. L'avenir dira si j'ai eu raison de me fier à la valeur artistique du procédé. En tout cas, on ne peut lui refuser les avantages indéniables de la rapidité, de l'exactitude et du bon marché.

Quelques erreurs ou omissions se sont glissées dans le précédent Album. Pour ne pas attendre l'erratum final, qui prendra place dans le dernier volume, je signalerai les plus importantes, en priant le lecteur de les rectifier. — P. 21. Les fragments de Crète A 489 (2) et (7) ont été déjà publiés dans les *Athenische Mittheilungen*, 1886, pl. 3. — P. 55. Cratère E 633. L'épisode d'Hercule chassant le héraut du roi d'Orchomène est raconté par Diodore de Sicile, IV, 10, et non par Pausanias. — P. 58. L'amphore E 640 a été publiée dans les *Wiener Vorlegeblätter*, 1889, pl. 11, n° 4. — Planche 9. Le sous-titre a été omis à l'impression : Vases Attiques trouvés à Chypre (ve siècle). Un critique très sévère de la *Deutsche Literaturzeitung* en a tiré cette conclusion que je voulais faire revenir la science archéologique au temps où l'on considérait comme étrusques tous les vases trouvés en Étrurie. Je pense que les lecteurs plus bienveillants auront d'eux-mêmes corrigé la faute, par comparaison avec les planches 17 et 18 (Vases Attiques trouvés à Rhodes). — Planche 37. Les numéros D 305 et D 322 sont à intervertir. — Planche 38. Les numéros D 339 et D 353 sont à intervertir.

Paris, novembre 1900.

SALLE E (*suite*)

VASES DE STYLE IONIEN TROUVÉS EN ITALIE

A. — VASE DE STYLE RHODIEN

E 658. **Œnochoé** (bec trilobé, anse plate divisée en cinq filets saillants et surmontée de deux rondelles). — Sur l'épaule, **Motif floral accosté d'animaux de style rhodien.** — Une grande palmette à six enroulements surmontée d'une fleur de lotus occupe le centre ; à gauche, marchant à droite, une oie, un griffon à aile courbe tirant la langue, et, marchant à gauche, un sphinx à aile courbe, une biche au corps tacheté ; à droite se répète identiquement le même décor. Le champ est rempli d'ornements géométriques, rosaces, svastikas, cercles et demi-cercles concentriques ; des animaux sont mêlés à ces ornements, un petit quadrupède (fouine, renard ?) perché sur une sorte de branche au-dessus de la biche tachetée, cinq hirondelles posées sur les queues des griffons et d'un des sphinx, sur des rosaces du champ. Au-dessus de cette zone une bande de boutons et de fleurs de lotus la tête en bas, sous une bande de petits carrés juxtaposés.

La panse est divisée en cinq zones d'**Animaux passant.** Trois zones de bouquetins alternent avec deux zones de cerfs à corps tachetés ; une seule fois, dans la zone *A*, un des bouquetins retourne la tête et regarde en arrière. Tous les animaux sont tournés vers la droite. Les champs sont remplis de purs ornements géométriques, semblables aux précédents.

Les zones d'animaux sont séparées les unes des autres par une torsade placée entre quatre cercles. Près de la base une zone de boutons et de fleurs de lotus, au-dessus d'une zone de languettes noires rayonnantes. Le dessous du pied est légèrement creux et orné d'une rosace noire à quatre pétales cantonnés de quatre petits triangles. Le col est orné de trois torsades superposées et entrelacées. De chaque côté du bec, à la place ordinaire des yeux, est peint en blanc une palmette à deux grandes volutes et un peu plus loin sont figurés en blanc, de chaque côté, les yeux sous forme de quatre cercles concentriques entourés de denticules. Chaque rondelle porte une rosace au trait noir. Sur l'attache supérieure de l'anse deux torsades superposées ; sous l'attache inférieure six languettes noires dans une métope réservée en clair. Les cinq divisions de l'anse sont hachées de traits noirs obliques et de points.

Terre rosée, pailletée de mica. Engobe blanc devenu jaunâtre. Peinture en noir lustré avec retouches rouges sur les corps des animaux. Emploi du blanc pour quelques ornements. Pas d'incisions, les détails en traits réservés. L'anse brisée a été recollée. Le pied est ébréché. Deux trous dans la panse ont été bouchés avec du plâtre. Hauteur avec l'anse 0.40.

(Inv. CA 350.) Acquis à Rome par le peintre E. Lévy vers 1855 et entré au Musée en 1891.

Vue d'ensemble dans notre pl. 52.

B. — VASE DE STYLE RHODO-CORINTHIEN

E 659. **Cratère sans pied ou dinos** (en guise de poignées quatre anneaux d'argile engagés dans des douilles cylindriques). — Sur le col **Quatre sphinx** de style corinthien, enfermés chacun dans une métope dont le champ est semé de grosses rosaces noires incisées. — Sur la panse, trois zones d'**Animaux passant, partie en style corinthien, partie en style rhodien.** *A*. Animaux de style corinthien (incisés et retouchés de rouge). Deux cygnes affrontés entre deux griffons, deux cygnes affrontés entre deux lions rugissant une patte levée ; un de ces lions pose sa patte sur la tête d'une biche au corps tacheté (motif répété quatre fois). Le champ est semé de grosses rosaces noires incisées. — *B*. Animaux de style rhodien (non incisés, détails réservés, retouches rouges). Deux bouquetins retournant la tête sont affrontés de chaque côté d'une large rosace centrale (ce motif répété quatre fois et enfermé dans une métope). Les quatre métopes longues sont séparées les unes des autres par quatre métopes plus petites contenant un large fleuron à quatre pétales et quatre demi-cercles. Le champ est semé de petites et grandes rosaces au trait et non incisées. — *C*. Animaux de style rhodien : onze bouquetins paissant à la file dans un champ semé de rosaces semblables à celles de la zone précédente.

Dans l'embouchure cercles rouges et blancs sur fond noir ; grecque noire sur le plat du rebord ; bâtonnets verticaux sur le rebord extérieur ; groupe de languettes noires et rouges sous chaque métope du col. Les zones de la panse sont séparées les unes des autres par des cercles noirs, blancs et rouges. Près de la base, zone de fleurs et de boutons de lotus noirs, zone d'arêtes rayonnantes noires. Sur le fond convexe et destiné à s'emboîter dans un support creux séparé (analogue à E 558, 662, 874) cercles noirs.

Terre claire, un peu rosée ; surface revêtue d'un engobe blanc, jauni et picoté de points noirs. Peinture en noir lustré, peu brillant, jauni par endroits. Retouches de rouge vineux sur les animaux et les ornements. Emploi du blanc pour quelques cercles. Un des anneaux d'argile est brisé. Haut. 0,35. Diam. 0,34.

(Inv. Campana, 21). Trouvé à Caeré, en Étrurie, et entré au Musée en 1863.

Publié par E. Pottier, *Monuments et Mémoires Piot*, I, p. 43, pl. 4. Cf. Boehlau, *Ionisch. Nekropol.*, p. 82-83 ; Furtwaengler, *Philolog. Wochenschrift*, février 1895, p. 272.

C. — VASES DE STYLE CYRÉNÉEN

E 660. **Grande Hydrie** (deux petites anses horizontales rondes et une anse verticale divisée en trois filets saillants). — La panse présente une zone circulaire ornée de chaque côté d'un **Motif floral accosté d'animaux affrontés.** — *A*. Sur la face du vase **Deux lions rugissant** (retouches rouges sur le corps), affrontés de chaque côté d'un ornement (boutons de lotus superposés entre deux enroulements). — *B*. Au revers, **Deux chèvres ou bouquetins affrontés** (retouches de rouge très effacé).

Embouchure et intérieur du vase en noir. Un listel saillant, clair, sur le rebord extérieur de l'embouchure. Autour du col noir deux anneaux saillants. Sur l'épaule une zone de boutons de lotus noirs et rouges, la pointe en bas, reliés par des entrelacs, et un large cercle noir. La zone d'animaux est encadrée entre des grecques noires de style primitif. Sur le bas de la panse, large zone noire et une petite zone de boutons de lotus noirs. Près de la base double rangée d'arêtes noires rayonnantes. Sur le pied godrons noirs. Aux attaches des anses, grandes palmettes à double enroulement et centre en rouge. Sous chaque anse horizontale, un gros bouton de lotus (centre rouge) accosté de deux enroulements.

Terre pâle, assez rose et tendre, avec un peu de mica. Peinture noire peu lustrée. Retouches rouges peu nombreuses. Travail d'incisions détaillé. Il y avait un engobe blanc sur lequel était posé le noir, mais qui a presque partout disparu. Peinture fatiguée et endommagée. Haut. 0,47.

(Inv. Campana 68). Trouvé à Caeré, en Étrurie, et entré au Musée en 1863.

Publié par Puchstein, *Arch. Zeitung*, 1881, pl. 10, nº 1; S. Reinach, *Répertoire des Vases antiq.*, I, p. 433, nº 4. Cf. Dumont et Chaplain, *Céramiques de la Gr. propre*, I, p. 305.

E 661. Cratère (anses rondes et droites, reliées à l'embouchure par une partie plate et coudée). — Sur la panse, une zone circulaire d'**Animaux passant**. — Un taureau, tête baissée entre deux lions rugissant (sous le taureau un oiseau posé, près du lion de droite deux ornements végétaux dans le champ); un cygne marchant à droite, les ailes déployées, un bouton de lotus à double enroulement entre un oiseau volant et un cygne les ailes déployées, un grand ornement végétal (bouton de lotus renversé et surmonté d'une palmette à double enroulement), deux sphinx affrontés de chaque côté d'un grand ornement (six palmettes et enroulements combinés; derrière le sphinx de droite, un cercle dans le champ avec point central); deux sphinx affrontés de chaque côté d'un ornement semblable.

Embouchure et intérieur noirs. Sur le rebord extérieur une grecque noire circulaire entre deux lignes de points, une zone de zigzags noirs. Sur le col une zone de boutons de lotus noirs reliés par des entrelacs. Sur l'épaule godrons noirs et rouges. Sous la bande d'animaux une zone de lotus noirs rehaussés de rouge. Près de la base double série d'arêtes noires rayonnantes. Sur le pied, godrons noirs et rouges. L'attache des anses, à l'embouchure, est décorée d'une grande rosace à quinze ou seize pétales en clair. Sous chaque anse un ornement au trait noir sur le fond clair (gros lotus accosté d'enroulements).

Terre claire, un peu rosâtre, sur laquelle est placé un engobe blanc. Peinture en noir peu lustré. Retouches rouges nombreuses sur les ornements et sur les animaux. Travail d'incisions détaillé et soigné. Le pied est recollé. Haut. 0,35.

(Inv. Campana 67). Même provenance.

Publié par Puchstein, *Arch. Zeitung*, 1881, pl. 11, nº 2 et 2 *a*; Baumeister, *Denkmaeler des klass. Altertums*, fig. 2089; S. Reinach, *Répertoire des Vases*, I, p. 433, nºˢ 9, 10. Cf. Dumont et Chaplain, *Céramiques*, I, p. 305.

E 662. Cratère (forme de dinos sans anses). — La panse est décorée de deux zones circulaires. — I. La zone supérieure comprend trois sujets : *A*. **Combat d'Hercule et des Centaures.** Le héros agenouillé dans l'attitude archaïque de la course, nu (chevelure et barbe rouges), tient de la main droite sa massue noueuse (arc et carquois attachés sur son dos) et saisit de la main gauche le poignet d'un Centaure à jambes humaines (barbe et cheveux rouges) qui tend vers lui sa main droite; à l'arrière-plan, un arbrisseau feuillu. A droite, un Centaure semblable s'enfuit, portant une grande branche d'arbre feuillue; à gauche, un Centaure à jambes de cheval, déjà frappé par le héros (œil incisé ovale), s'effondre sur ses pieds de devant, la tête tournée en l'air, serrant encore entre ses mains une grande branche d'arbre; près de lui, un autre Centaure semblable, frappé à mort (œil ovale et clos), gît par terre sur le ventre, tenant aussi sa branche d'arbre de la main gauche. Plus loin, sur la gauche, deux autres Centaures semblables fuient au galop, armés de la même manière. — De cette scène, on passe sans interruption, vers la droite, au sujet *B*. **Embuscade d'Achille.** Troïlos à cheval (chevelure rouge), conduisant près de lui un second cheval, tenant de la main gauche une baguette feuillue en guise de houssine, fait boire son cheval libre dans un grand bassin posé par terre. Polyxène debout, drapée (coiffure et manteau en rouge), portant une hydrie sur sa tête, est tournée vers son frère et le regarde. Derrière elle un édicule en forme de pan de mur noir, strié de quelques raies incisées et couronné d'un fronton, figure une fontaine derrière laquelle Achille est agenouillé en embuscade, vêtu en hoplite (casque, bouclier, lance, cnémides, tunique); il est suivi d'un oiseau volant pour indiquer l'impétuosité de son élan prochain. — On arrive aussi sans interruption à une troisième scène. *C*. **Le Komos.** De chaque côté d'un grand cratère ciselé, sur lequel est posée une œnochoé, deux gros hommes barbus et courts, la taille serrée d'une ceinture frangée, se font vis-à-vis. L'un (cheveux et barbe en rouge) tient une phiale de la main droite et tend de la main gauche un ustensile (vase en forme de bateau ? acatos ?); l'autre danse, les deux pieds complètement ramenés en arrière, et tend la main gauche (restauration mauvaise sans doute, car la bouche est couverte d'un bandeau, φορβειά, qui indique un joueur de double flûte). — II. Zone inférieure composée d'**Animaux passant** : aigle posé entre deux lions rugissant, aigle posé, la tête retournée, entre deux coqs picorant, oiseau volant entre deux sphinx aux ailes recourbées, aigle posé, deux sirènes affrontées aux ailes déployées.

Intérieur en noir; sur le plat du rebord, languettes noires accostées de points. Sur l'épaule, godrons noirs et rouges. Des groupes de quatre cercles noirs avec un large cercle rouge séparent les différentes zones. En bas de la panse, une zone de grenades à pistils dressés. Près de la base, godrons noirs et rouges. Sous la base, une grande rosace à quatre branches en croix couverte de traits incisés.

Terre rosée, recouverte d'un engobe blanc. Peinture noire peu lustrée, tournant par places au jaune. Retouches rouges sur les figures et les ornements. Travail d'incisions très détaillé. Nombreux morceaux recollés; quelques restaurations dans les personnages. Haut. 0,25. Le dinos est posé sur un pied très restauré qui ne lui appartient pas et qui est plutôt de terre corinthienne.

(Inv. Campana, numéro effacé). Même provenance.

Publié par Puchstein, *Arch. Zeitung*, 1881, pl. 11, nº 1; S. Reinach, *Répertoire des Vases*, I, p. 433, nº 8. Cf. Dumont et Chaplain, *Céramiques*, I, p. 304.

E 663. Fragment de coupe (rebord intérieur saillant et droit, anses minces horizontales). — L'intérieur est décoré d'une zone d'animaux représentant la **Chasse au lièvre.** — Quatre chiens lancés à la poursuite d'un lièvre (collier rouge au cou des chiens, détails des côtes et des museaux en rouge). Le centre portait probablement un sujet peint, qui manque.

Rebord intérieur noir avec deux cercles réservés en clair. Au-dessus des animaux, une zone de grenades noires, la tête en bas. Série de cercles noirs concentriques allant vers le centre et aboutissant à des cercles rouges. A l'extérieur, cercles noirs sur le rebord. A l'attache des anses noires, palmettes en éventail avec centre vermillon. Sur les revers et le fond, un cercle rouge entre cercles noirs, une zone de languettes noires, un cercle rouge entre cercles noirs, une zone de petits oves noirs et rouges, un cercle rouge entre cercles noirs, une zone de grenades noires à pistil double. Le reste manque avec le pied.

Terre rose, fine et mince, très légère. Engobe blanc. Peinture en noir peu lustré et retouches d'un rouge vif. Travail d'incisions soigné. Pièce très endommagée, recollée, mais non restaurée. Une anse, une partie du rebord, tout le fond avec le pied ont disparu. Haut. 0,065. Diam. 0,19.

(Inv. KLC 23). Retrouvé dans les fragments de la collection Campana entrée en 1863. Provient probablement de Caeré, en Étrurie.

Publié par E. Pottier, *Bulletin de correspondance hellénique*, XVII, 1893, p. 227, fig. 1.

E 664. Coupe (rebord intérieur saillant, petites anses horizontales, pied court orné d'un tore saillant). — L'intérieur est décoré d'un grand **Sphinx accroupi**, tourné à droite. Ses pieds sont posés sur une ligne ondulée formant terrain, rehaussée de deux ornements en forme de grenades accostées de deux enroulements. Sa tête porte un grand ornement en forme de pédoncule d'où émergent des palmettes, lotus et grenades (chevelure rouge pendante, ailes recourbées avec rehauts rouges). Dans le segment inférieur, un **Poisson nageant** vers la gauche.

Rebord intérieur noir avec deux cercles réservés en clair. Cercles noirs au-dessus du sujet central. A l'extérieur, le rebord en blanc avec quelques cercles noirs, les anses en noir. Sur les revers et le fond, un cercle rouge entre cercles noirs, une large zone noire avec cercle réservé en clair. Le pied en clair; quelques cercles incisés sur la base plate.

Même terre plus épaisse. Même technique; engobe blanc plus épais, un peu jaunâtre; retouches de rouge vineux. Bon état de conservation. Haut. 0,125. Diam. 0,20.

(Inv. Campana 351). Trouvé à Caeré, en Étrurie, et entré en 1863.

Publié par Puchstein, *Arch. Zeitung*, 1881, pl. 12, nº 4, et pl. 13, nº 6; S. Reinach, *Répertoire des Vases*, I, p. 435, nºˢ 4 et 12. Cf. *Cataloghi Campana*, Sér. II, nº 48; Dumont et Chaplain, *Céramiques*, I, p. 300, nº 16.

E 665. Coupe (rebord intérieur saillant et droit, pied

conique, anses horizontales allongées). — Le sujet est placé dans l'intérieur. — **Éphèbe nu, à cheval.** Il tient une baguette de la main gauche (chevelure longue, en partie rouge; sur la tête un ornement floral, grenade accostée de deux enroulements); il marche à droite, suivi d'un oiseau volant, précédé d'une petite figure ailée qui court les mains étendues (Niké ou Kère, ou un Génie du vent exprimant la rapidité; ailes recoquillées, talonnières ailées aux pieds, même ornement floral sur la tête). Sur le col du cheval est posé un oiseau; sous ses jambes trois autres oiseaux, dont l'un se retourne pour se gratter avec son bec (retouches rouges nombreuses sur tous les animaux). Le terrain est figuré par une ligne droite noire. — En dessous, dans le segment inférieur, large **Ornement floral** (palmettes et lotus d'où partent deux volutes terminées par une demi-palmette).

Même décor intérieur. A l'extérieur, rebord blanc avec deux cercles noirs; à l'attache des anses noires, une palmette en éventail à centre rouge se détache sur une zone réservée, sans engobe. En dessous, même décor que dans E 663 (la zone de petits oves remplacée par des points noirs). Tout le pied noir.

Même technique que E 663. Retouches rouges abondantes. Recollé en beaucoup de morceaux, mais sans restaurations nuisibles. Haut. 0,12. Diam. 0,18.

(Inv. N 3569; MN 56). Trouvé en Italie et acquis en 1848.

Publié par Puchstein, *ibid.* pl. 13, n° 3; S. Reinach, *Ibid.* p. 435, n° 9. Cf. Dumont et Chaplain, *ibid.* p. 298, n° 8. Sur l'interprétation funéraire de la figure ailée, voy. Lœschcke, *Jahrbuch des deut. Inst.* 1887, p. 276.

E 666. Fragment de coupe (structure analogue). — Le sujet de l'intérieur est seul conservé en partie; peut-être **Hercule emmenant le troupeau de Géryon** (?). Un taureau retournant la tête et suivi d'un oiseau volant est entraîné de force par un homme nu, barbu, qui a passé son bras droit autour du col de l'animal; il marche à droite avec effort, serrant son genou gauche avec sa main pour prendre un point d'appui (cheveux et barbe en rouge, retouches rouges sur le col, le corps et la corne du taureau, sur les ailes et la queue de l'oiseau). Le terrain est figuré par une ligne droite d'où émerge une grenade noire accostée de deux enroulements. Le segment inférieur paraît avoir été occupé par un **Motif floral.**

A l'extérieur, le décor paraît avoir été le même que dans E 663.

Même technique. Le fragment se compose de plusieurs petits morceaux recollés. Manquent le visage de l'homme, la tête de l'oiseau, le mufle et l'arrière-train du taureau. Long. max. 0,14.

(Fragm. Campana 126). Retrouvé dans les fragments de la collection Campana entrée en 1863.

Publié par E. Pottier, *Bulletin de Corresp. Hell.* XVII, 1893, p. 232, fig. 2.

E 667. Coupe (rebord intérieur saillant, anses horizontales allongées, pied court et massif refait). — Dans l'intérieur, *A.* le centre est occupé par un grand **Motif floral,** palmettes et lotus reliés par des entrelacs. Au-dessus, une zone de personnages montre cinq fois, avec des variantes, le même motif, **Scène de banquet.** Un homme barbu, à demi nu, le bras gauche et les jambes sous un manteau, est couché sur un lit de droite à gauche, tenant de la main gauche une phiale (un seul ne tient rien); près de lui est posé un petit plat contenant des fruits ronds et un autre menu récipient. Un petit personnage s'approche de chaque convive. Près de l'un, un grand dinos est posé sur son pied et un petit serviteur nu lui apporte une œnochoé et une couronne (dans le champ coupe suspendue); près de l'autre, Sirène à bras humains tenant une couronne et l'ornement floral composé de la grenade accostée de deux enroulements (cf. E 664, 665); près du troisième, Eros volant tenant la couronne et l'ornement floral (dans le champ corne à boire); près du quatrième, Sirène semblable à la première (dans le champ une coupe); près du cinquième, Eros semblable au premier (dans le champ une corne à boire). Trois convives regardent du côté du petit personnage; les deux autres retournent la tête en arrière; trois manteaux sont semés de gros points en rouge effacé. — *B.* Les revers sont décorés d'une zone circulaire d'**Animaux passant.** Cygne aux ailes déployées entre deux coqs, palmette et lotus accostés d'enroulements entre deux oiseaux à têtes de griffons, oiseau volant entre deux sphinx accroupis, le même motif floral entre les deux oiseaux-griffons (retouches rouges sur les animaux). Dans le champ, deux rosaces incisées.

Sur le rebord intérieur, zone de boutons de lotus noirs. Sur le rebord extérieur, guirlande noire, composée d'un côté de feuilles lancéolées, de l'autre de grenades à trois pistils. A l'attache des anses, palmettes à centre rouge; sous chaque anse, un bouton accosté de volutes. Au-dessus des animaux, zone de boutons de lotus alternant avec des fleurons noirs. Au-dessous des animaux, zone de boutons et de fleurs de lotus noirs. Près de la base, arêtes noires rayonnantes.

Terre claire, jaunâtre, assez épaisse. Engobe blanc, peu conservé à l'intérieur. Peinture en noir lustré; retouches de rouge vineux. L'intérieur a souffert; quelques repeints au centre et sur les figures. Tout le pied est refait en plâtre et trop court. Haut. 0,13. Diam. 0,22.

(Numéro d'inv. disparu). Provenance inconnue.

Publié par E. Pottier, *Bull. Corr. Hell.*, XVII, 1893, p. 238, fig. 6 et 7. Cf. Dumont, *ibid.* p. 299, n° 14; Loeschcke, *Jahrbuch des deut. Inst.* 1887, p. 276 (qui interprète le sujet comme funéraire); Weicker, *De Sirenibus*, 1895, p. 59-60 (qui regarde les Sirènes comme les âmes des morts dans le banquet funéraire).

E 668. Coupe (même forme, pied élancé). — Le sujet est placé dans l'intérieur. **Zeus et l'aigle volant.** Il est assis sur un siège sans dossier (sorte de large autel), les pieds posés sur un tabouret; l'aigle s'approche de lui en volant (rehauts rouges sur la queue et les ailes). Dans le champ, deux rosaces noires incisées. Le dieu (barbe rouge, longue chevelure noire retombant dans le dos) est drapé et ses bras sont invisibles sous la draperie (tunique talaire à bordure rouge, himation serré étroitement par-dessus, orné de bandes transversales rouges et de dessins incisés qui figurent une riche broderie, denticules, grecques, gros points rouges).

Rebord intérieur noir avec un cercle réservé en clair. Trois cercles noirs au-dessus du sujet central. Sur le revers, même décor que E 663 (sans la zone de petits oves). Anneau saillant à la jointure du pied et de la coupe; le pied et la base en noir. Sous la base, deux cercles noirs.

Même technique que E 663. Bon état de conservation; la base ébréchée. Haut. 0,13. Diam. 0,18.

(Inv. Campana 846). Trouvé probablement à Caeré, en Étrurie, et entré en 1863.

Publié par Puchstein, *Arch. Zeitung*, 1881, pl. 12, n° 3; Studniczka, *Kyrene*, p. 14, fig. 7; S. Reinach, *Répertoire des Vases*, I, p. 435, n° 2; *Wiener Vorlegeblätter*, D, pl. 9, n° 2; Rayet et Collignon, *Céramique grecque*, p. 86, fig. 4; Saglio, *Dict. des Antiquités*, fig. 782; Reichel, *Ueber vorhell. Götterculte*, p. 41, fig. 10. Cf. *Cataloghi Campana*, Sér. II, n° 55; Dumont et Chaplain, I, p. 300, n° 15. Le sujet a été diversement interprété (Prométhée, devin interrogeant le vol des oiseaux).

E 669. Coupe (même forme). — Le sujet est placé dans l'intérieur. **Cadmos combattant le Dragon de Thèbes.** A droite, Cadmos sous l'aspect d'un hoplite (casque rouge à très haut cimier rouge et noir, grand bouclier rond orné d'une tête de Gorgone tirant la langue), dans l'attitude agenouillée, brandit de la main droite la lance haute contre un serpent enroulé sur lui-même, qui dresse sa gueule ouverte d'où sort une langue fourchue jusqu'à la hauteur de la tête du héros (rehauts rouges, incision ondulée tout le long du corps). Au-dessus de la tête de Cadmos et à sa droite, en signe de victoire, un oiseau volant; un second plus grand derrière lui (rehauts rouges). Le corps du Dragon (rehauts rouges et incision ondulée) se déroule devant une colonne dorique, qui, posée sur deux degrés et placée en avant d'un petit édifice à fronton, représente sans doute un temple précédé d'une colonnade. Le mur plein du naos est figuré par un quadrillé rempli de gros points rouges alternant avec des carrés noirs. L'architrave porte des triglyphes rouges et noirs. Le fronton est surmonté d'un grand disque rond en acrotère. Sur ce fronton sont perchés deux oiseaux qui regardent le combat. Derrière le mur du temple un second serpent se déroule et dresse en l'air sa gueule ouverte (rehauts rouges et incision ondulée). Le terrain est figuré par une ligne noire. — Dans le segment inférieur **Lièvre courant** à droite entre deux rosaces noires incisées.

Même décor que E 663 (la zone des petits oves remplacée par une grecque sommaire). Bon état de conservation. Le rebord ébréché. Haut. 0,12. Diam. 0,18.
(Inv. Campana 387). Même provenance.
Publié par Puchstein, *ibid.* pl. 12, n° 2; S. Reinach, *ibid.* p. 435, n° 1; Studniczka, *Kyrene*, p. 33, fig. 25; Benndorf, *Jahreshefte des œsterr. Inst.*, II, 1899, p. 14, fig. 14. Cf. *Cataloghi Campana*, Sér. II, n° 57; Dumont et Chaplain, I, p. 297, n° 5.

E 670. Coupe (même forme, le rebord plus évasé, le pied plus mince et plus court). — Le sujet est placé dans l'intérieur. **Chasse du Sanglier de Calydon.** Le sanglier disparaît à droite et l'on ne voit plus que son arrière-train (croupe rouge, blessures d'où découle le sang rouge). Derrière lui, deux chasseurs arrivent en courant. L'un barbu (barbe rouge, chevelure longue en trois nattes retenue par un bandeau orné, œil incisé ovale, tunique rouge ornée de franges et d'une bordure de volutes incisées, serrée à la taille par une ceinture ornée de volutes incisées, manches courtes avec dessins incisés) pose la main gauche sur la croupe du sanglier et lui enfonce sa lance dans le flanc. L'autre imberbe (œil incisé ovale, coiffure et tunique rouge analogues, avec peau noire d'animal attachée en bandoulière par-dessus) court, la main gauche avancée, et dardo la lance de la main droite; son pied droit disparaît à gauche et n'est pas dessiné. Dans le champ, au-dessus de leur têtes, un long javelot brisé dont la boucle (*amentum*) est visible. Dans le bas, entre leurs jambes, trois petits oiseaux volant (rehauts rouges). Le terrain est figuré par une ligne noire. — Dans le segment inférieur **Trois poissons nageant**; un poisson placé verticalement entre deux autres nageant horizontalement (rehauts rouges).

Rebord intérieur noir avec un cercle réservé en clair. Quatre cercles noirs au-dessus du sujet central. A l'extérieur, le rebord porte une zone noire et une zone claire. A l'attache des anses, palmettes noires avec centre rouge. En dessous, cercle rouge entre cercles noirs, une zone de languettes noires, cercle rouge entre des cercles noirs, une zone de gros points noirs, cercle rouge entre des cercles noirs. Le pied en noir. Cercle noir sous le fond et dans le trou du pied.
Terre analogue, un peu plus épaisse que dans les précédents, aucun engobe blanc visible. Peinture en noir assez lustré. Travail d'incisions très fin et très soigné. Le pied séparé du fond a été rajusté assez grossièrement. Base du pied brisée en partie. Haut. 0,125, Diam. 0,19.
(Inv. Campana 332). Même provenance.
Publié par Micali, *Monumenti inediti*, 1844, pl. 42, n° 1. Cf. Puchstein, *Arch. Zeitung*, 1881, p. 218, n°s 15 et 15 A (c'est la même coupe); Dumont et Chaplain, I, p. 301, n° 19; *Cataloghi Campana*, Sér. II, n° 52.

E 671. Fragment de coupe (structure analogue). — Le sujet est placé dans l'intérieur. **Deux combattants Asiatiques.** Le bas des corps est seul conservé. Tous deux marchent dans l'attitude agenouillée, vers la droite. Le premier porte la lance basse (tunique semée de points rouges, à franges et à bordure incisée, cnémides rouges). Le second porte sa lance un peu relevée (tunique rouge à large bordure incisée, cnémides rouges) et tient devant lui un bouclier (rebaut rouge et bord incisé). Dans le champ à gauche, une rosace noire incisée et une large fleur de lotus (rehauts rouges). Terrain en ligne noire. — Dans le segment inférieur, **Deux lions affrontés** rugissant (celui de droite manque presque entièrement; rehauts rouges).

Décor très analogue à E 670. La terre avec engobe blanc et la technique se rapprochent de E 669. Restes d'une anse brisée. Trou dans le fond, à l'attache du pied qui manque. Long. max. 0,12.
(Inv. KLC n° 22). Retrouvé dans les fragments de la collection Campana, entrée en 1863.
Publié par E. Pottier, *Bull. de Corresp. Hellénique*, XVII, 1893, p. 235, fig. 3. Cf. Dumont et Chaplain, I, p. 302, n° 25.

E 672. Fragment de coupe (structure analogue). — Le sujet est placé dans l'intérieur. **Scène de Banquet.** Le bas du sujet est seul conservé: les pieds tournés du lit, les coussins posés sur le chevet (rehauts rouges), les pieds droits de la petite table qui portait les mets, et sous cette table un tabouret à trois pieds en griffes de lions, sur lequel sont posés les cothurnes des deux convives. Terrain figuré par une ligne noire. — Dans le segment inférieur, une **Sirène entre deux oiseaux posés** (rehauts rouges).

Décor et technique analogues à E 668. Mais le rebord extérieur porte, de plus, une guirlande de feuilles lancéolées (myrte?). Incisions soignées. Une anse est conservée, l'autre brisée. Le pied manque. Diam. 0,18.
(Inv. KLC 21). Même provenance que le précédent.
Publié par E. Pottier, *ibid*, p. 236, fig. 4 et 5. Cf. Dumont et Chaplain, I, p. 302, n° 24.

D. — VASES DE STYLE IONIEN

(Fabriques non déterminées.)

E 677. Cratère (oreillettes plates, posées sur deux anses rondes relevées). — La panse est décorée d'une zone circulaire d'**Animaux passant.** Deux biches affrontées et paissant (gros pointillé blanc sur le cou, retouches blanches sur le museau et les oreilles, gros pointillé et retouches rouges sur le corps); deux cygnes posés (gros pointillé rouge sur le col), un bouc paissant, autre cygne pareil. Le champ est semé de rosaces noires largement espacées; au-dessus des deux biches, une palmette accostée de deux enroulements (rehauts blancs et rouges). Sur le plat de l'oreillette (l'autre manque) un **Cygne posé.**

Intérieur du vase noir. Sur le plat du rebord, languettes noires, le col noir. Sur l'épaule et seulement au-dessus des deux biches (pour indiquer la face du vase) bande de godrons noirs et rouges. Sous la zone d'animaux, large bande noire rehaussée de cercles rouges. Près de la base, arêtes noires rayonnantes; le pied noir.
Terre rougeâtre, analogue à celle des Chalcidiens. Lustre avivant la couleur de l'argile, mais pas d'engobe. Peinture noire peu lustrée; retouches rouges et blanches (celles-ci plus rares). Travail d'incisions rapide. Plusieurs morceaux recollés. Manquent une anse et la moitié de l'autre. Haut. 0,305.
(Inv. Campana 87). Trouvé en Étrurie et entré en 1863.
Vue d'ensemble dans notre pl. 52.

E 690. Cratère à figure blanche (oreillettes plates et coudées, rejoignant les deux anses rondes verticales). — Poterie analogue aux n°s E 616 à 639, mais avec des différences de structure et de décor qui indiquent une autre fabrique. Sous chaque anse est peint, en blanc sur le fond noir, **Un oiseau** allant à droite, la tête retournée (oie ou cygne).

Sur l'épaule, de chaque côté, sont superposés dans une longue métope réservée en clair une bande de godrons noirs et rouges et une bande d'arêtes noires la pointe en bas. Sur le rebord extérieur, une grecque noire sommairement tracée entre deux lignes de points noirs. Sur le bas de la panse, arêtes noires rayonnantes. Sur le pied laissé en clair, deux cercles noirs. Le dessous est creux, avec partie centrale peu bombée. Tout le reste de la panse, le col les anses et tout l'intérieur sont en noir.
Terre rosée, revêtue sur toute la surface extérieure d'un engobe blanc assez épais, picoté de noir. Peinture en noir peu lustré et en rouge vineux; emploi du blanc pour les animaux. Aucun travail d'incisions. Un large morceau de la panse et plusieurs du rebord ont été brisés et recollés.
(Inv. Campana 2700). Trouvé à Caeré, en Étrurie et entré au Musée en 1863. Haut. 0,32. Diam. max. 0,36.
Vue d'ensemble dans notre pl. 52.

E 694. Grande Hydrie (deux anses horizontales et rondes, anse verticale plate, col assez haut). — La panse est décorée de quatre zones d'**Animaux passant,** les deux premières interrompues au revers par l'anse. — *A.* Bouquetin paissant à gauche, lionne tête de face posant la patte gauche sur la tête d'un bouquetin paissant, lionne tête de face devant un bouquetin paissant, même sujet (rehauts rouges sur les animaux). Dans le champ, à gauche, une palmette rehaussée de rouge portée par un pédoncule. — *B.* Coq tourné à gauche, deux sirènes affrontées (ailes d'oiseau), deux coqs affrontés, deux sirènes opposées et retournant la tête, deux coqs affrontés, deux sirènes affrontées (rehauts rouges sur les animaux). — *C.* Lionne tête de face devant un bouquetin paissant, deux autres fois le même sujet, bouquetin paissant entre deux lionnes têtes de face, bouquetin paissant. — *D.* Deux coqs affrontés, deux sirènes opposées et retournant la tête (ailes d'oiseau), deux coqs affrontés, deux sirènes opposées et retournant la tête, bouton de lotus porté par un pédoncule, sirène retournant la tête.

Noir dans l'embouchure; le rebord extérieur en clair avec zone de feuilles de lierre isolées, le col noir avec anneau saillant à la base. En haut de l'épaule, godrons noirs et rouges. Entre chaque zone, un cercle noir. Entre la seconde et la troisième zone, à la hauteur des anses, zone de godrons noirs et rouges. Près de la base arêtes noires rayonnantes. Le pied noir.

Terre claire, un peu rosée et pailletée de mica. Peinture en noir peu lustré, avec retouches rouges (quelques repeints). Une des anses horizontales manque; l'anse verticale refaite et repeinte. Haut. 0,44.

(Inv. Campana, numéro disparu). Trouvé en Étrurie et entré en 1863. Vue d'ensemble dans notre pl. 52.

E 696. Grande Hydrie (deux petites anses rondes horizontales et une grande anse plate verticale en arrière, ornée de quatre filets saillants). — Un sujet sur chaque côté de la panse. — *A.* **Chasse du Sanglier de Calydon.** A gauche, un sanglier, après avoir éventré un chien dont le corps avec les intestins pendants est séparé en deux parties placées au-dessus et au-dessous de la bête, fonce tête baissée sur un groupe de chasseurs placés à droite, deux hommes armés d'une courte massue et une femme (?) tirant de l'arc (on pourrait penser à Atalante, à moins que le personnage ne soit un éphèbe vêtu d'une tunique plus longue par-dessus laquelle est jeté un manteau; il n'y a pas de blanc visible, mais le noir est moins épais sur les nus). Les deux hommes sont imberbes (tunique à manches courtes tombant jusqu'aux genoux, chevelure courte chez le premier, longue chez le second, yeux incisés ovales). — *B.* **Enlèvement d'Europe.** A droite, sur un taureau courant vers la gauche est assise Europe drapée, la chevelure flottante, tenant une fleur qu'elle respire (chairs nues indiquées en partie par un noir très délayé, tunique parsemée de points rouges effacés); en avant, un dauphin plongeant indique la mer. A gauche, une éminence surmontée de trois arbustes feuillus représente l'île de Crète; un lièvre effrayé gravit rapidement la pente du tertre. — Sous une anse, un **Singe debout**, les genoux fléchis, la patte droite levée avec un geste indicateur; sur le col, un grand **Oiseau d'eau** posé. Sous le pied, le croquis rapide, au trait noir, d'une **Tête imberbe** dont le type paraît plus barbare qu'hellénique (voy. la reproduction). Ce profil est peut-être dû à la fantaisie du peintre décorateur étudiant un modèle d'après nature.

Dans l'embouchure, godrons noirs rehaussés de tons effacés (rouge et blanc probablement); autour du rebord extérieur, une grecque noire en denticules mêlés de points. Sur le col, trois grands motifs géométriques en forme de svastikas (un curviligne avec points rouges et deux rectilignes) et un motif végétal composé de deux lotus opposés. Sur l'épaule, une large guirlande noire de lierre avec baies. A l'attache des anses, godrons rayonnants en noir rehaussé de rouge effacé. En bas de la panse, zone décorée d'une seconde guirlande noire de lierre avec baies. A la base, arêtes noires rayonnantes. Sur le pied, godrons noirs rehaussés de blanc et de rouge.

Terre jaunâtre et pâle, sans engobe de couleur. Peinture en noir peu lustré, jauni ou rougi par places. Retouches de blanc et de rouge sur les ornements, rares sur les personnages (rouge sur les sabots du taureau). Ailleurs, le ton coloré est donné plutôt par du noir délayé et passé au rougeâtre (intestins du chien, crinière du sanglier, col du taureau). Les incisions sont nombreuses et appuyées; elles dessinent parfois le contour entier du sujet. Le vase brisé, surtout dans le col, a été recollé, mais n'a pas souffert de restaurations. Haut. 0,44.

(Inv. Campana 63). Trouvé à Cacré, en Étrurie, et entré au Musée en 1863.

Publié par Helbig, *Monumenti dell' Inst.*, VI-VII, pl. 77; *Annali*, 1863, p. 210; S. Reinach, *Répertoire des Vases*, I p. 162. Détail du croquis de tête imberbe dans notre pl. 52. *Cf.* Dumont et Chaplain *Céramiq.*, I, p. 265; Dümmler, *Römische Mittheilungen*, 1888, p. 167; E. Pottier, *Bull. de Corr. Hell.*, 1892, p. 254; Endt, *Beiträge zur ionischen Malerei*, p. 1.

E 697. Hydrie (même forme). — Un sujet sur chaque côté de la panse. — *A.* **Chasse au cerf.** A droite, un éphèbe (tunique rouge et manteau noir flottant) sur un cheval au galop (crinière, queue et sabots rouges), brandissant de la main droite un long javelot à hampe ondulée, poursuit deux cerfs (robe noire tachetée de points blancs) qui fuient vers la gauche. — *B.* **Deux taureaux ailés.** De chaque côté de la palmette, placée sous la grande anse verticale, un taureau ailé de style oriental (aile recoquillée blanche et rouge, une seule corne visible); les deux animaux sont opposés dos à dos et les bouts de leurs queues se croisent au centre.

Dans l'embouchure, godrons noirs rehaussés de rouge et de blanc. Autour du rebord extérieur, une grecque noire en denticules accostés de croix rouges. Sur le col, grandes fleurs de lotus opposées alternant avec des grandes rosaces à huit pétales (retouches blanches et rouges). Sur l'épaule et à l'attache des anses, mêmes ornements que dans le précédent. En bas de la panse, zone de grandes fleurs de lotus alternant avec des palmettes à double enroulement (retouches blanches et rouges). A la base, arêtes noires rayonnantes. Sur le pied, godrons noirs rehaussés de blanc et de rouge.

Terre un peu plus foncée. Retouches blanches et rouges sur les ornements et les figures. Travail d'incisions détaillé et soigné. Bonne conservation. Haut. 0,40.

(Inv. Campana, 62). Même provenance.

Publié par E. Pottier, dans le *Bulletin de Correspondance Hellénique*, 1892, p. 257, fig. 7; p. 259, fig. 8; p. 261, fig. 9. *Cf. Cataloghi Campana*. II, nº 30; Dumont et Chaplain, *Céramiq.*, I, p. 265; Endt, *l. c.*

E 698. Hydrie (même forme). — *A.* Sur la face du vase, **Chasse au lion.** A gauche, une énorme lionne, aux mamelles rouges, dressée sur ses pattes de derrière, devant un arbrisseau feuillu, rugit à l'approche de deux chasseurs qui accourent, brandissant un javelot (visages imberbes, chevelures rouges, tunique rouge et manteau enroulé autour du bras gauche pour faire bouclier, tunique blanche et manteau flottant). Deux petits quadrupèdes, qui courent se glisser sous le ventre de l'animal, représentent soit les lionceaux se réfugiant près de leur mère, soit deux chiens accompagnant les chasseurs (l'un en noir délayé rougi, l'autre en noir). — *B.* Au revers, **Aigles saisissant un lièvre.** De chaque côté de la palmette qui termine l'attache de la grande anse verticale, deux groupes symétriques d'un aigle volant qui saisit de son bec un lièvre fuyant.

Même décor que dans le précédent.

Même terre. Peinture en noir plus lustré. Retouches blanches et rouges sur les ornements (pas sur la guirlande de lierre) et sur les figures. Le noir délayé tourne au ton rougeâtre sur la queue et la langue de la lionne, un des petits chiens ou lionceaux, les serres d'un aigle, la tête de l'autre aigle et un des lièvres. Même travail d'incisions. Les figures des deux chasseurs ont souffert des restaurations. Haut. 0,42.

(Inv. Campana, numéro disparu). Même provenance.

Vue d'ensemble dans notre pl. 53 et détail de B dans notre pl. 52. *Cf.* Dumont, *ibid.*, p. 266; E. Pottier, *ibid.*, p. 255; Endt, *l. c.*

E 699. Hydrie (même forme). — *A.* Sur la face du vase, **Départ pour la guerre ou la chasse.** Au centre, une femme drapée (chairs en blanc, tunique rouge) tient par la bride deux chevaux placés de chaque côté d'elle (crinière, queue et sabots rouges); derrière la croupe de chaque cheval, et à demi caché par elle, est debout un éphèbe tenant un javelot (chairs en blanc, manteau rouge). Sur la croupe de chaque cheval est incisé un petit svastika. — *B.* Au revers, **Deux sphinx accroupis** de chaque côté d'une palmette centrale et se tournant le dos (même disposition que dans E 697), une patte de devant levée (aile recoquillée, visage blanc, poitrine rouge).

Dans l'embouchure noire, un cercle rouge (restauration). Sur le rebord extérieur, des oves noirs rehaussés de blanc. Pour le reste, même décor que dans le précédent.

Même terre. Même système de retouches et d'incisions. Le vase, recollé en plusieurs parties, a subi des restaurations dans l'embouchure, les attaches des anses, la guirlande de l'épaule, le pied. La tête de l'éphèbe de droite a en partie disparu. Les visages des deux sphinx sont refaits. L'anse verticale manque en arrière. Haut. 0,42.

(Inv. Campana 7). Même provenance.

Vue d'ensemble dans notre pl. 53. Cf. *Cataloghi Campana*, II, n° 7; Dumont, *ibid.*, p. 266; E. Pottier, *ibid.*, p. 255; Endt. *l. c.*; Corey, *De Amazonum figuris*, p. 86.

E 700. Hydrie (même forme). — *A.* Sur la face du vase, **Combat de Lapithes et de Centaures.** Il est composé de deux groupes symétriques de combattants. A gauche, le Centaure fuyant se retourne pour frapper avec un arbuste déraciné le Lapithe en costume d'hoplite grec (casque, cuirasse, cnémides, épée au côté) qui le saisit par le poignet gauche et dirige vers lui son glaive. A droite, même geste du Centaure que le Lapithe armé d'une lance saisit par une mèche de cheveux. — *B.* Au revers, **Deux aigles capturant une gazelle.** Sous la palmette centrale, une gazelle fuyant, que menace de chaque côté un aigle volant (rehauts rouges).

Dans l'embouchure, godrons noirs rehaussés de tons rouges et blancs effacés. Sur le rebord extérieur, une guirlande de myrtes avec baies. Sur le col, un grand motif floral (rosace accostée de petites palmettes) entre deux grandes rosaces à huit pétales (retouches rouges et blanches). Sur l'épaule et aux attaches d'anses, godrons rehaussés de tons rouges et blancs effacés. Le bas comme dans les précédents.

Même terre et même technique. Dans les sujets de la panse, le ton coloré rougeâtre est donné principalement par du noir délayé (Centaure de gauche, casque de l'hoplite, crinière du casque de l'autre hoplite, ailes, queues, cols et serres des aigles). Bon état de conservation. Haut. 0,43.

(Inv. Campana 64). Même provenance.

Publié par Helbig dans les *Annali dell' Inst.*, 1863, pl. EF; S. Reinach, *Répertoire des Vases*, I, p. 309. Cf. *Cataloghi Campana*, II, n° 5; Dumont, *ibid.*, p. 265; Dümmler, *Römische Mitth.*, 1888, p. 168; E. Pottier, *Bull. Corr. Hell.*, 1892, p. 254; Endt, *l. c.*

E 701. Hydrie (même forme). — *A.* Sur la face du vase **Hercule amenant Cerbère au roi Eurysthée.** A droite, le héros (courte tunique, peau de lion dont la tête forme coiffure, chairs en blanc, yeux ovales) s'avance armé de la massue qu'il porte de la main droite, tenant en laisse de la main gauche le gigantesque chien des Enfers qui s'élance, ouvrant ses trois gueules rugissantes (corps noir, une tête blanche, une noire, une rouge) entourées de serpents (noirs et pointillés de blanc). A gauche, Eurysthée sort à mi-corps d'un pithos, élevant les deux mains en signe de frayeur (longue barbe et longs cheveux, tunique noire et manteau rouge, chairs en blanc, yeux ovales). — *B.* Au revers, **Deux aigles capturant un lièvre.** Sous la palmette verticale, un lièvre courant à gauche (ventre blanc) est menacé de chaque côté par un aigle volant (cols, becs, serres et détail de la queue en rouge, partie des plumes en blanc). — Sous chaque anse horizontale, un arbrisseau feuillu.

Dans l'embouchure, godrons noirs rehaussés de tons rouges et blancs; rien sur le rebord extérieur. Sur le col, un grand motif curviligne accosté de points blancs et rouges, entre deux svastikas noirs et rouges (cf. E 696). Sur l'épaule et à l'attache des anses, godrons noirs rehaussés de blanc et de rouge. Le reste comme dans les précédents.

Même terre. Même technique. En plusieurs points (serpents en avant des têtes de Cerbère, pattes de derrière) on observe une esquisse, incisée dans l'argile, qui a été modifiée lors de la pose du dessin définitif et des couleurs. Le ton rougeâtre est donné parfois par du noir délayé. Bon état de conservation. Haut. 0,43.

(Inv. Campana 66). Même provenance.

Publié par Conze, *Monumenti dell' Inst.*, VI, pl. 36; *Annali*, 1859, p. 398; S. Reinach, *Répertoire des Vases*, I, p. 153; E. Saglio, *Dict. des Antiq.*, fig. 3771. Cf. *Cataloghi Campana*, II, n° 9; Helbig, *Annali*, 1863, p. 210; Dumont, *ibid.*, p. 264; E. Pottier, *ibid.*, p. 254; Dümmler, *ibid.*, p. 166; Endt, *l. c.*

E 702. Hydrie (même forme). — *A.* Sur la face du vase, **Rapt des bœufs d'Apollon par Hermès.** A droite, le jeune dieu, sous la forme d'un enfant drapé, est couché sur un lit à pieds hauts, la tête appuyée sur deux coussins. En arrière-plan, une femme drapée (chairs en blanc effacé) lève le bras droit et paraît causer d'une façon animée avec deux hommes drapés, placés de chaque côté du lit, l'un imberbe (Apollon? chairs en blanc effacé, yeux ovales, tunique et manteau dont un pan est ramené sur la tête, comme s'il venait du dehors), l'autre barbu (chairs en blanc effacé, yeux ovales, tunique longue et manteau rouge effacé). Cette scène est séparée par un trait oblique d'une autre placée à gauche : sous l'anfractuosité d'une caverne figurée par un trait ondulé que surmontent des arbrisseaux feuillus et un lièvre fuyant (cf. E 696, B), sont tapis cinq bœufs, représentant le troupeau dérobé par le petit Hermès à son frère Apollon; tous sont tournés vers la gauche, deux fléchissant sur les jambes de devant, les autres debout (une seule corne visible à la façon orientale). — *B.* Au revers, **Éos et Céphale.** A gauche, un éphèbe à longue chevelure (chairs en blanc effacé, œil ovale, tunique courte noire et rouge) fuit à toutes jambes et se retourne vers une femme ailée qui, à droite, s'élance à sa poursuite (chairs en blanc effacé, tunique noire et rouge, deux paires d'ailes à la façon orientale, une élevée, l'autre abaissée, talonnières aux pieds).

Même décor que le précédent.

La terre est plus pâle et plus usée. Même technique (sans esquisse). Le rouge et le blanc paraissent retouchés dans les ornements. Haut. 0,43.

(Inv. Campana 65). Même provenance.

Publié par Helbig, *Nuove memorie dell' Inst.*, II, 1865, pl. 15; S. Reinach, *Répertoire des Vases*, I, p. 354. Cf. *Cataloghi Campana*, II, n° 28; Fœrster, *Annali*, 1869, p. 164; Dumont, *ibid.*, p. 265; E. Pottier, *ibid.*, p. 254; Dümmler, *ibid.*, p. 168; Endt, *l. c.*

E 703. Amphore (anses verticales longues et rondes, pied court, col trapu). — La panse est divisée en trois zones circulaires. — I. La zone supérieure comprend deux sujets. *A.* **Embuscade d'Achille.** A droite, Polyxène monte les degrés de la fontaine figurée par une sorte d'autel à mur bas couronné de trois dalles superposées, auxquelles conduisent cinq marches (rehauts rouges et blancs). Sur le faîte de cette petite construction est perché un oiseau (canard?) qui retourne la tête en arrière; une vasque est posée sur un support orné de deux enroulements. Polyxène (chairs blanches, chevelure pendante, tunique rouge à bordure de gros points blancs), qui étend la main gauche comme pour saisir le support, retourne la tête et aperçoit deux guerriers arrivant à gauche. Le premier, Achille, vêtu en hoplite (œil incisé ovale, casque rouge à cimier bas, cuirasse à rehauts rouges, cnémides rouges, tunique bordée de gros points blancs), tire une énorme épée à poignée blanche du fourreau rouge qu'il tient de la main gauche; devant lui, un arbrisseau feuillu et, entre ses jambes, une plante à cinq grandes feuilles sortant du sol. Derrière lui, marche un autre hoplite vêtu de même et tenant un bouclier rond (rehauts rouges et gros points blancs) sur le bras gauche; il élève la main droite armée d'un court poignard (?). Entre ses jambes, un oiseau posé retourne la tête; derrière lui, un chien assis (cou rouge, ventre blanc) lève les pattes de devant en l'air. — *B.* **Mort de Troïlos.** A gauche, une construction analogue figure la fontaine et elle est surmontée d'une énorme tête de lion (crinière rouge et points blancs) qui, par sa gueule ouverte, vomit l'eau dans une vasque (base rouge) posée sur un support à double volute. Au centre, Achille vêtu du même costume d'hoplite, dans l'attitude agenouillée de la course, brandit son épée haute et saisit de la main gauche, par les cheveux, le jeune Troïlos nu (pectoraux rouges, œil ovale) dont la tête est violemment retournée en arrière, tandis qu'il s'enfuit sur un cheval au galop, ayant à ses côtés un second cheval de rechange (crinières, cous et queues rouges). Derrière Achille, un arbrisseau feuillu représente le petit bois où il se tenait caché en embuscade. — II. Dans la seconde zone **Kômos de Silènes et de Ménades.** Six Silènes nus et ithyphalliques (barbes et pectoraux rouges, œil incisé ovale) et quatre Ménades drapées dont les jambes nues sortent de leurs tuniques (rouges et bordées de points blancs, chairs blanches). Les Silènes barbus, à queue de cheval, dansent en faisant des gestes burlesques avec leurs bras. Un d'eux, en vis-à-vis, joue de la double flûte. Au-dessous de chaque anse, interrompant le kômos, une Sirène aux ailes déployées (rehauts rouges et blancs). — III. Dans la troisième zone, **Oiseaux passant.** File de quinze canards (quatre tournés à droite, trois à gauche, cinq à droite, trois à gauche; rehauts rouges et blancs).

Noir dans l'embouchure. Sur le rebord extérieur, quadrillé noir semé de gros points noirs et rouges; listel saillant à la base. Sur le col, décor compliqué de lotus, enroulements, palmettes rehaussées de touches rouges. A l'attache des anses, grandes volutes noires. Des cercles noirs séparent les différentes zones. Près de la base, arêtes noires rayonnantes. Le pied noir.

Terre jaune foncé. Peinture en noir peu lustré. Retouches blanches et rouges assez abondantes. Travail d'incisions rapide. Style lourd et peinture épaisse. Bon état de conservation. Haut. 0,38.

(Sans numéro d'inventaire). Ancien fonds. Provenance inconnue (probablement l'Étrurie).

Publié par Gerhard, *Auserlesene Vasenbilder*, pl. 185; Duruy, *Hist. des Grecs*, I, p. 687; S. Reinach, *Répertoire des Vases*, II, p. 92. Cf. *Annali*, 1850, p. 87; Dumont et Chaplain, I, p. 269, n° 1; J. Endt, *Beitraege zur ionischen Malerei*, p. 65.

E 704. Amphore (anses verticales minces et rondes, panse trapue). La panse est divisée en deux zones circulaires. — I. La zone supérieure, interrompue à l'attache des anses par une partie noire, comprend deux sujets. *A.* **Départ d'Hector?** A gauche, un guerrier nu (longs cheveux rouges pendants, œil incisé ovale), tirant à demi du fourreau son épée, marche vers la gauche et se retourne vers un vieillard (Priam ?), qui fait le geste de lui parler (cheveux blancs pendants, barbe blanche, œil ovale, tunique blanche, himation noir à bordure rouge). Entre eux est posé un oiseau (rehauts rouges et blancs); derrière le vieillard est planté en terre un long pédoncule portant deux fleurs de lotus. A droite, quatre éphèbes et trois jeunes garçons se suivent, faisant des gestes d'adieu ou d'encouragement (les Priamides ?); mais tous ces personnages sont fortement restaurés et l'on ne peut pas se fier à leurs attitudes ni à leurs costumes (courtes tuniques rouges avec broderie blanche centrale). Un des petits garçons (tunique blanche avec rehaut rouge) est bien conservé et assure l'authenticité générale de la scène. — *B.* **Scène de combat.** A gauche, un éphèbe fuit, tête nue, couvert de son bouclier et se retournant pour lancer un coup de lance (tête restaurée, cuirasse rouge, tunique blanche, cnémides rouges, bouclier rouge à bordure de points blancs, grande épée passée en bandoulière); entre ses jambes est posé un oiseau d'eau (rehauts blancs). A droite, trois hoplites accourent la lance haute, couverts de leurs boucliers (tuniques blanches, cnémides rouges). Le premier (casque à cimier blanc, bouclier noir à rehauts blancs et rouges, épée en bandoulière, œil incisé ovale) et le second (casque rouge sans cimier, bouclier rouge bordé de points blancs dont l'épisème en serpent se dresse, grande épée rouge en bandoulière) ont chacun entre les jambes un oiseau d'eau posé (rehauts rouges et blancs). Dans le troisième (tête restaurée, bouclier noir à bande rouge), le bras levé et le bas de la jambe gauche disparaissent derrière le cadre. — II. Zone circulaire' d'**Animaux passant.** Elle est interrompue, à la hauteur des anses, par une large palmette à centre blanc accostée d'enroulements: cerf marchant à gauche et, entre ses jambes, un petit chien, lion rugissant, autre lion analogue, oiseau volant, cerf courant, poursuivi par un lion rugissant, lionne tête de face, oiseau volant (rehauts rouges et blancs sur les animaux).

Large cercle noir dans l'embouchure. Le rebord extérieur, les anses et le pied en noir. De chaque côté du col, une large guirlande de lierre avec points blancs. Sur l'épaule, godrons noirs et rouges. Entre les zones, cercles noirs. Sous la zone d'animaux, une bande de traits noirs obliques (rappelant la zone de traits ondulés et obliques des amphores chalcidiennes à inscriptions). Près de la base, arêtes noires rayonnantes.

Terre rougeâtre à surface jaune orangé. Peinture en noir peu lustré. Retouches rouges et blanches assez abondantes. Incisions rapides. Style lourd. Le vase a subi de fortes restaurations. Haut. 0,36.

(Inv. Campana 258). Trouvé en Étrurie et entré en 1863.

Vue d'ensemble dans notre pl. 53.

E 703. Amphore (anses verticales plates et longues, s'attachant au rebord, panse ovoïde allongée). — La panse est divisée en trois zones. — I. La zone supérieure circulaire est séparée par les anses en deux scènes. *A.* **Concours de lutte.** Au centre, un trépied, proposé en prix, en avant duquel deux hommes nus luttent à coups de poing. De chaque côté, des juges et des assistants : à gauche, un éphèbe nu entre deux hommes drapés ; il s'appuie des deux bras sur ses voisins et gesticule en se retournant pour parler à celui qui est derrière lui ; à droite, un personnage nu analogue, entre deux hommes drapés, mais le peintre, sans doute par inadvertance, lui a mis une queue de cheval comme à un Silène (pas de retouches visibles). — *B.* **Scène de rapt.** Au centre, femme drapée que saisissent deux Silènes à queue de cheval, nus et barbus. De chaque côté, des assistants : à gauche, éphèbe nu s'appuyant sur ses deux voisins drapés; à droite, un homme vêtu d'un court himation et les jambes nues, placé entre deux hommes drapés, étend la main vers le groupe central comme pour parler (pas de rehauts visibles). — II. Une seconde zone circulaire ne comprend que des **Oiseaux passant** : deux coqs affrontés, une poule, deux coqs affrontés, une poule retournant la tête, deux coqs affrontés, une poule (quelques rehauts rouges effacés). — III. La troisième zone se compose d'**Animaux passant** de style oriental : sirène aux ailes déployées devant une lionne marchant tête de face, autre sirène devant un lion rugissant, autre sirène devant une lionne tête de face, même groupe (rehauts rouges sur les ailes des sirènes).

L'embouchure noire. Sur le plat du rebord, une guirlande noire de feuilles lancéolées (myrte? laurier?). Sur le plat des anses, même guirlande. Le haut du col noir. A la base, même guirlande et zone de languettes noires alternant avec des languettes plus petites. En haut de l'épaule, godrons noirs et rouges. Entre la première et la deuxième zone un cercle noir ; entre la deuxième et la troisième, une zone d'arêtes noires, la pointe en bas. Sous la troisième zone, une bande de boutons de lotus à entrelacs accostés de petites feuilles noires. En dessous large cercle noir et, près de la base, arêtes noires rayonnantes. Le pied (refait) noir avec anneau saillant en rouge.

Terre jaune clair et tendre. Peinture en noir peu lustré. Des rehauts rouges rares et pas de blanc. Travail d'incisions fin et soigné. Le vase a souffert des restaurations qui altèrent plusieurs personnages, mais l'ensemble du vase est bon. Le pied recollé paraît étranger au reste. Haut. 0,36.

(Inv. Campana 590). Trouvé en Étrurie et entré en 1863.

Publié par E. Pottier, *Bull. Corr. Hellénique*, 1893, p. 432, fig. 6.

E 723. Amphore à tableaux (deux anses verticales rondes, panse allongée). — Chaque côté du vase est décoré d'un sujet placé dans une métope formant tableau. — *A.* **Homme à tête de lion et à queue de cheval.** Il est agenouillé dans l'attitude de la course, tourné à droite et rugissant (indication de tunique courte, cuirasse blanche couvrant le torse et ornée de deux enroulements). Les mains sont appliquées sur la cuisse droite; les jambes d'homme se terminent par des griffes de lion. — *B.* **Sirène.** Elle est tournée à droite (chevelure pendante, aile recoquillée), munie de bras humains dont le gauche est relevé avec le poing fermé, le droit abaissé avec la main ouverte (le visage, les bras, les pattes, une partie de la queue en blanc ; rouge sur le bout de l'aile; le corps picoté d'incisions pour indiquer les plumes).

Embouchure du vase et tout l'extérieur en noir, sauf les parties réservées en clair, c'est-à-dire les tableaux, un double cercle sur la panse, la base ornée d'arêtes noires rayonnantes.

Terre jaune foncé, un peu dure. Peinture en noir peu lustré. Retouches blanches et rouges. Le noir extérieur a été retouché, les anses recollées. Haut. 0,34.

(Sans numéro d'inventaire). Acquis en 1857. Provient d'Italie, peut-être de Caeré.
Publié par A. de Longpérier, *Musée Napoléon III*, pl. 9; Cook, *Journ. of hell. Studies*, XIV, 1894, p. 117, fig. 12.

E 725. Amphore à tableaux (deux anses verticales courtes et rondes, panse trapue). — La panse est divisée en deux tableaux réservés. — *A*. **Sphinx.** Un grand sphinx accroupi retournant la tête (ailes d'oiseau, visage blanc, chevelure ceinte d'une bandelette rouge, rehauts rouges et blancs sur le corps) ; entre ses pattes, sort du sol un bouton de lotus porté par un long pédoncule (rehaut blanc). — *B*. **Même sujet.**

Noir dans l'embouchure avec un cercle rouge sur le rebord extérieur, le dessus des anses et la panse sauf les tableaux réservés. De chaque côté du col, deux cercles concentriques avec un point central, accostés de deux zigzags verticaux. A la base du col, anneau saillant rouge. En haut de chaque tableau, bande de godrons noirs ; sur chaque côté et en bas, deux filets noirs. Sous les tableaux, zone noire avec un cercle rouge. Le pied noir avec un cercle rouge.
Terre jaunâtre ; surface des tableaux orangée. Peinture en noir peu lustré. Retouches rouges et blanches. Incisions rapides. Bon état de conservation. Haut. 0,31.
(Inv. Campana 77). Trouvé en Étrurie et entré en 1863.
Vue d'ensemble dans notre pl. 53

E 728. Amphore à tableaux (structure analogue). — La panse est divisée en deux tableaux réservés. — *A*. **Deux Sphinx.** Ils sont accroupis et affrontés (ailes recoquillées à rehauts rouges, visage blanc, chevelure pendante, ligne de blanc sur le ventre). — *B*. **Même sujet.**

Embouchure claire, noir sur le rebord intérieur et extérieur, sur les anses et la panse sauf les tableaux réservés. De chaque côté du col, un motif floral composé de deux lotus et de deux palmettes reliées par des entrelacs (rehauts rouges et blancs). Anneau saillant à la base du col. Sous les tableaux, zone noire avec quatre cercles rouges Près de la base, zone claire avec arêtes noires rayonnantes. Le pied noir.
Terre pâle et engobe blanchâtre. Peinture en noir peu lustré, souvent tourné au rougeâtre. Retouches rouges et blanches (de ton passé). Incisions soignées dessinant presque tous les contours des figures. Manque une partie de l'embouchure ; panse fêlée. Haut. 0,32.
(Inv. Campana 1066). Trouvé en Étrurie et entré en 1863.
Vue d'ensemble dans notre pl. 53.

E 729. Amphore à tableaux (même forme). Le col et la panse portent de chaque côté un sujet placé dans une métope réservée. — Sur le col : *A*. **Cygne.** Il a les ailes déployées, et marche à gauche. — *B*. **Même sujet.** — Sur la panse : *C*. **Sphinx.** Il est accroupi, tourné à droite et retournant la tête en arrière (rehauts rouges sur les ailes, visage blanc, ligne blanche soulignant les ailes et le ventre). — *D*. **Même sujet.**

Même décor que le précédent (sauf le col).
Terre plus foncée, jaunâtre. Même technique. Le côté D très endommagé, fêlé et troué. Haut. 0,34.
(Inv. Campana 2632). Même provenance.
Vue d'ensemble dans notre pl. 53.

E 731. Amphore à tableaux (deux anses verticales rondes et courtes, panse rebondie). — Chaque côté de la panse est décoré d'un sujet placé dans une métope. — *A*. **Iris volant** (?). Une femme coiffée d'un bonnet phrygien, terminé en pointe formant fleuron, munie de deux paires d'ailes recoquillées, une élevée, l'autre abaissée, chaussée de hauts brodequins lacés sur la jambe, court vers la gauche en étendant les deux bras (œil incisé ovale, le visage et les bras en noir terne et brun, blanc disparu ?, rehauts rouges sur les ailes). — *B*. **Même sujet** (partie du noir passée au rouge vif).

Cercle noir dans l'embouchure. Le rebord, le col, les anses, le pied et la plus grande partie de la panse en noir. Anneau saillant à la base du col. Près de la base, zone en clair avec arêtes noires rayonnantes.
Terre jaune foncé, assez dure. Peinture en noir peu lustré, qui a tourné en partie au rouge-feu sur le pied, le bas de la panse, le personnage en B. Incisions rapides, silhouettant presque tout le personnage. Assez bon état de conservation. Haut. 0,36.
(Inv. Campana 235). Trouvé en Étrurie et entré en 1863.
Vue d'ensemble dans notre pl. 53.

E. — VASES DE STYLE ATTICO-IONIEN

E 732. Amphore à tableaux (anses verticales rondes, panse rebondie). — La panse se divise en deux tableaux réservés. — *A*. **La Gigantomachie.** Au centre Zeus, ayant à ses pieds le corps du géant Agasthénès mort (en partie disparu, casque rouge, œil incisé ovale), se défend seul contre deux autres géants, Ephialtès et Hyperbios. Tous sont vêtus en hoplites grecs. Zeus brandit le foudre de la main droite et se couvre avec la gauche d'un énorme bouclier, orné d'une rosace en croissants incisés, autour duquel se hérissent vingt têtes de serpents dressées (casque à cimier double orné de têtes de cygnes, cuirasse rouge, jambes disparues). A gauche, Ephialtès marche le premier, brandissant sa lance haute (casque à cimier double, bouclier rouge dont on voit l'intérieur muni de nombreuses attaches, tunique blanche, cnémides rouges) ; derrière lui, Hyperbios fait le même geste (casque rouge, cuirasse, épée au côté, cnémides ; le bras gauche a disparu avec une partie de la tête et du corps d'Ephialtès). A droite, Héra drapée (casque à cimier rouge, tunique rouge avec partie centrale noire, pas de blanc visible sur les chairs, œil incisé ovale) saisit de la main gauche et tue d'un coup d'épée le géant Harpol(ykos) qui s'affaisse accroupi, la main droite basse tenant la lance, se couvrant de son bouclier (casque rouge, cuirasse ciselée). Inscriptions en dialecte ionien, ΙΗVΣ, ΑΓΑΣΘΕΛ.., ΗΙΠΙΑͰΤΕΣ, VΠΗΡΒΙΟΣ, ΗΕΡ.., ΑΡΠΟΛ... *B*. **Suite du même combat.** Trois groupes de combattants deux par deux, Hermès avec P(oly)bios, Athéné avec Encélados, Poseidon avec Polybotès. Polybios barbu, nu, tombe en arrière, à moitié assis et cherche à frapper son adversaire de sa lance qu'il tient de la main gauche, le bras droit couvert par le bouclier (casque à haut cimier, épée au côté, bouclier rouge) ; Hermès barbu marche la jambe gauche en avant, saisit le cimier du géant de la main gauche et le perce de sa lance tenue dans la main droite (pétase rouge, tunique rouge sur laquelle est posée une peau de bête, épée suspendue au côté par un baudrier, endromides aux pieds). Athéné drapée brandit l'épée de la main droite et saisit de la main gauche le cimier de son ennemi (casque à haut cimier rouge décoré d'un col de cygne, tunique rouge avec partie centrale en noir ornée de broderies, pas de blanc visible sur les chairs, œil incisé ovale) ; Encélade barbu tombe assis en arrière ; sa lance brisée est fichée en terre devant lui ; il tire son épée du fourreau de la main droite et porte sur le bras gauche son bouclier (casque à cimier divisé en parties noires et rouges, cercle rouge et croissants blancs sur le bouclier, cuirasse ciselée, cnémides rouges, jambières de métal ciselé montant jusque sur la cuisse ; œil incisé ovale, des retouches rouges sur la poitrine indiquent des blessures saignantes). Poseidon barbu s'élance portant sur son épaule gauche l'île de Nisyros sous forme de rocher noir et frappe de son trident le bouclier de son adversaire (cheveux bouclés sur le front, longue barbe, cuirasse souple d'écailles noires et rouges formant tunique qui descend jusqu'aux cuisses) ; le géant Polybotès nu est renversé sur le genou gauche ; il tient sa lance basse de la main droite et se garantit avec la gauche de son bouclier dont l'épisème en serpent se dresse contre Poseidon (la tête manque, rouge sur le bouclier). Inscriptions de forme ionienne, ΗΕΡΜΕΗΣ, Γ.. ΒΙΟΣ, ΑΘΕΝΑΗ, ΗΕΙ.ΗΕΛΑΔΟΣ, ΠΟͰVΡΟΤΕΣ.

Noir dans l'embouchure et sur le rebord extérieur. Sur le col, deux rangs de palmettes et de boutons de lotus opposés, reliés par une torsade centrale. Anneau saillant à la base du col. Sur l'épaule, godrons noirs et rouges. Le reste du vase noir sauf la base ornée d'arêtes rayonnantes. Deux cercles rouges sur le noir, en dessous des tableaux. Grande marque incisée sous le pied < ΛΝΛ.

Terre rougeâtre. Peinture en noir lustré. Retouches rouges. Travail d'incisions soigné et détaillé. Toute la panse est en mauvais état et certaines figures, surtout en A, sont incomplètes, mais, en dehors des fentes bouchées, il n'y a pas de repeints. Haut. 0,445.

(Inv. Campana 105). Trouvé en Étrurie et entré en 1863.

Vue d'ensemble dans notre pl. 54. Publié par O. Jahn, *Monumenti dell' Inst.*, VI-VII, pl. 78; *Annali*, 1863, p. 248; Overbeck, *Atlas für Kunstmythologie*, pl. 4, n° 8; S. Reinach, *Répertoire des Vases*, I, p. 162. Le détail de la tête d'Encélade dans les *Monuments publ. par l'Ass. des Études Grecques* (P. Girard), 1897, p. 12, figure 1. Cf. *Cataloghi Campana*, II, 39; de Witte, *Études sur les Vases peints*, p. 20, 39; Max. Mayer, *Die Giganten und Titanen*, p. 285-286; Kretschmer, *Zeitschrift für vergl. Sprachforschung*, 1890, p. 285-286, et *Vaseninschriften*, p. 59 (où le vase est attribué à un atelier de l'île de Céos); Endt, *Beiträge zur ionischen Malerei*, p. 38; Dumont et Chaplain, *Céramiques*, I, p. 285.

E 733. Grande Amphore à tableaux (anses verticales formant une arcade plate à tranches saillantes). — La panse est divisée en deux tableaux réservés. — *A.* **Entrée d'Hercule dans l'Olympe.** Au centre, Zeus drapé, assis sur un trône sans dossier (pieds plats découpés, ornés de palmettes, de rehauts rouges et d'incisions), les pieds posés sur un tabouret long, de la main droite tient le foudre (partie restaurée) et s'appuie de la gauche (restaurée) sur un sceptre (bandeau rouge dans les cheveux, barbe rouge, himation à bandes noires et rouges). Derrière lui, à gauche, Arès debout en hoplite (casque à cimier bas et rouge, cuirasse ciselée d'écailles et de palmettes avec rehauts rouges, tunique noire et rouge, cnémides rouges) tient la lance sur l'épaule droite (épée au côté) et lève la main gauche en signe d'acclamation. Derrière Arès, un homme nu (Hermès ?), la main droite (restaurée) sur la poitrine, la main gauche basse (barbe rouge, bandeau rouge sur les cheveux). A droite, devant Zeus, Athéné debout (visage rouge, casque à haut cimier rouge, égide à écailles ciselées avec serpents noirs dressés en arrière, tunique rouge à bordure noire incisée, himation noir à bordure incisée) tient la lance de la main droite (restaurée). Derrière elle, s'avance Hercule, faisant un geste de salutation de la main droite basse, la massue portée sur l'épaule (peau de lion incisée avec rehaut rouge, couvrant la tête, le torse, et serrée à la taille par une ceinture rouge, tunique courte, grande épée sur le flanc gauche). — *B.* **Combat d'Hercule et des Amazones.** Au centre, Hercule brandit son épée de la main droite (peau de lion serrée à la ceinture, tunique rouge, son carquois ou autre objet suspendu dans le dos) et repousse de la main gauche le bouclier de l'Amazone qui lui fait vis-à-vis ; elle fuit en trébuchant vers la droite et se retourne pour donner un coup de lance au héros (casque à haut cimier surmonté de deux grandes plumes blanches incisées avec rehauts rouges, cuirasse en partie rouge et ciselée, tunique semée de points rouges effacés, cnémides rouges). Entre les jambes d'Hercule est affaissé le corps d'une Amazone morte, les jambes repliées (casque à haut cimier, bouclier rouge, tunique rouge). Derrière Hercule, son compagnon (Iolaos ?), vêtu en hoplite (casque à double phalos orné de têtes d'oiseaux, bandeau rouge ceignant le casque, himation rouge retombant dans le dos et noué sur le devant de la poitrine, avec bordure noire incisée en grecque, cuirasse noire à rebord, tunique courte, cnémides rouges), darde sa lance vers le bas et se couvre de son bouclier (rouge). A droite, derrière l'Amazone, autre groupe de combattants. Un hoplite grec (casque surmonté d'un léopard accroupi tête de face et couronné d'un haut cimier avec rehauts rouges et blancs, cuirasse ciselée, tunique, cnémides rouges) darde sa lance et met le pied gauche sur le corps d'une Amazone qui s'affaisse en arrière, la main basse tenant la lance, se couvrant de son bouclier noir (casque à haut cimier, tunique serrée noire et rouge, jambes nues). — *C.* Sur le rebord du col, une frise circulaire de petites figures, **Animaux et personnages** : cavalier, gazelle paissant, homme drapé assis sur un pliant, bouc paissant, cavalier, gazelle paissant, trois cavaliers à la file, gazelle paissant.

Trois cercles noirs dans l'embouchure. Tout le rebord clair. Le haut du col noir rehaussé de deux cercles rouges. Grecque noire sur les quatre tranches des anses. Au-dessus de chaque tableau, frise de boutons de lotus et de palmettes à entrelacs, avec nombreux rehauts rouges (le motif est riche et compliqué en A, plus simple en B qui est un revers). Toute la panse noire, en dehors des tableaux réservés et d'une zone claire près de la base, avec arêtes noires rayonnantes. Deux cercles rouges sur le noir sous les tableaux. Le pied en partie noir et en partie clair avec guirlande de lierre noire.

Terre rosée avec surface jaune orangé. Peinture en noir lustré. Rehauts d'un beau rouge. Quelques retouches blanches. Il est possible que les chairs de certaines Amazones aient été indiquées en blanc, par-dessus le noir, mais il aurait disparu complètement. Le vase a souffert beaucoup de dommages ; il a été recollé et fortement restauré. De grandes cassures passent à travers les figures. En A certains morceaux sont refaits ; B est mieux conservé. Haut. 0,43.

(Inv. Campana 106). Trouvé en Étrurie et entré en 1863.

Vue d'ensemble (côté A) et détail de B dans notre pl. 54.

E 734. Hydrie ou Kalpis (col court, forme basse et trapue). — Un sujet dans une métope réservée sur l'épaule. — **Lions dévorant un taureau.** Un taureau tombé à terre (dessous du ventre, corne et museau en blanc) est assailli de chaque côté par un lion (dessous du ventre en blanc) qui lui plante ses griffes dans le corps (retouches rouges pour figurer le sang). Dans le champ des inscriptions dénuées de sens : LOϟTOST, ⊦Oϟ, LOSTϟ.

Embouchure et tout l'extérieur en noir, sauf le tableau réservé qui est encadré en haut par une grecque, en bas par des boutons de lotus, la pointe en bas, reliés par des entrelacs. Sur le pied noir un cercle rouge. Sur le fond du vase la marque incisée : ᚫ

Terre jaune foncé, bien épurée et bien cuite. Peinture en noir lustré. Le ton a tourné par parties au brun jaune. Retouches blanches et rouges, peu nombreuses. Travail d'incisions soigné. Bonne conservation. Haut. 0,295.

(Inv. Campana 122). Trouvé en Étrurie et entré en 1863.

Vue d'ensemble dans notre pl. 54.

E 735. Grande Hydrie à tableaux (anses divisées en filets saillants et reliées au vase par des rivets et des clous imitant le métal). — Un sujet sur l'épaule et un sujet sur la panse. — *A*. Sur l'épaule, **Grand bateau garni de son équipage.** Proue en tête de dauphin, poupe relevée et munie de deux palettes formant gouvernail. Le pilote est assis au gouvernail et fait un geste de la main droite (barbu, pétase sur la tête) ; il parle à un homme barbu, debout au centre, qui tourne vers lui la tête et gesticule ; à l'avant est debout la vigie (drapé, barbu), qui s'appuie de la main droite sur une perche et tourne la tête vers les autres avec le geste de stopper ou d'aller plus doucement. Dans le bateau et faisant face au pilote, sont assis six paires de rameurs (têtes d'éphèbes) ; dix rames, paraissant sortir d'espèces d'écoutilles, sont visibles sur le flanc gauche du bateau et battent l'eau figurée par des traits ondulés et par une peinture en noir délayé (passé au brun). — *B*. Sur la panse, **Combat de guerriers.** Deux hoplites nus, barbus (casques à cimier bas, bouclier rond, cnémides), se font vis-à-vis, dardant leur lance au-dessus du corps étendu d'un troisième guerrier (œil incisé ovale, casque à cimier haut, bouclier rond cachant le corps). De chaque côté, deux hommes barbus drapés (longue chevelure flottante, tunique talaire et himation) tiennent une lance sur leur épaule et regardent la scène.

Embouchure, rebord, col, dessus des anses, pied et la plus grande partie de la panse en noir. Les sujets sont placés dans des tableaux réservés en clair. Le sujet A est encadré par des godrons noirs et rouges en haut, une grecque noire en bas, un quadrillé de gros points noirs de chaque côté. B est encadré en haut par une grecque noire, en bas par une bande de petits zigzags noirs obliques, sur les côtés par une bande de feuilles de lierre alternant avec des rosaces de points, et à la hauteur de l'anse par une large palmette dessinée au trait noir. Sur le bas de la panse, zone claire avec arêtes noires rayonnantes.

Terre claire, un peu rosée. Peinture en noir lustré. Aucune retouche ni rouge ni blanche. Travail d'incisions soigné. Le vase a été brisé et recollé, mais les restaurations sont peu importantes. Haut. 0,48.
(Inv. Campana 138). Trouvé en Étrurie et entré en 1863.
Vue d'ensemble dans notre pl. 54. Le détail du bateau a été publié dans le *Dict. des Antiquités Grecques et Romaines* de Saglio, II, p. 1674, figure 3664.

E 736. Cratère ou Dinos (pas d'anses ni de pied). — La panse est décorée d'une zone circulaire de personnages. — **Silènes et Ménades.** Kômos de neuf Silènes dansant et de cinq femmes drapées. Les femmes alternent symétriquement avec un groupe de deux Silènes dansant. Elles ont toutes la même pose, debout, la main droite avancée, la main gauche pendant en arrière (chevelure longue, court manteau rouge sur la tunique noire, pas de blanc visible sur les chairs, mais restes de lignes ondulées blanches sur les tuniques). Les Silènes barbus, à jambes humaines et à longue queue de cheval, dansent, la jambe droite levée, gesticulant de leurs bras (type burlesque à nez court et retroussé, yeux incisés ovales, chevelure rouge, barbe hirsute). Un seul est debout sur ses deux pieds; il se retourne vers les autres avec un geste de la main gauche, comme un chef de chœur.

Intérieur presque entièrement noir, sauf des cercles réservés. Sur le plat de l'embouchure, guirlande de lierre noir. Sur l'épaule, godrons noirs et rouges. Sous les personnages, une zone de lotus (fleurs noires et boutons rouges). Près de la base, arêtes noires rayonnantes. La base en noir rehaussé de cercles rouges.
Terre jaunâtre et claire, sans engobe. Peinture en noir peu lustré, tournant facilement au brun jaune. Retouches rouges. Incisions nombreuses et rapides. La surface un peu usée et fatiguée. Assez bon état de conservation. Haut. 0,21.
(Inv. Campana 123). Trouvé à Caeré, en Étrurie, et entré en 1863.
Publié par E. Pottier, *Bulletin de Correspondance Hellénique*, 1893, p. 424, figure 1. Cf. *Cataloghi Campana*, Série IV-VII, n° 1013; Endt, *Beiträge zur ionischen Malerei*, p. 21.

E 737. Cratère (même forme). — La panse est décorée d'une zone circulaire de personnages. — **Danse d'hommes nus.** Kômos de quatorze éphèbes nus dansant. Ils se suivent à la file, marchant vers la droite, courant ou dansant dans des attitudes burlesques, lançant une jambe en arrière, tendant en avant le ventre ou les reins, gesticulant avec les bras. Les poitrines portent presque toutes quelques incisions parallèles, comme pour indiquer une partie velue (chevelure courte et rouge, œil incisé ovale).

L'intérieur très restauré paraît avoir été noir. Sur le plat de l'embouchure, guirlande de lierre noir. Sur l'épaule, zone d'angles juxtaposés en forme d'arête de poisson. Sous les personnages, deux zones noires portant chacune un ornement en clair qui a la forme d'un ruban ondulé. La base en noir rehaussé de cercles rouges.
Terre analogue, mais avivée par un lustre jaune foncé. Même technique. Le vase brisé en plusieurs morceaux a été recollé et a subi des restaurations qui s'étendent sur une partie notable des figures. Haut. 0,21.
(Inv. Campana, numéro disparu). Même provenance.
Publié par E. Pottier, *Ibid*, p. 427, figure 2. Cf. *Cataloghi Campana*, Série IV-VII, n° 1068.

E 739. Cratère (même forme). — La panse est décorée de deux zones circulaires. — **I. Combat de guerriers grecs et asiatiques.** Six marchent vers la droite, cinq vers la gauche, un des pieds posé fortement à plat sur le sol, l'autre levé assez haut, avec les doigts soigneusement incisés et comme crispés. (Les figures ont souffert de fortes restaurations, de sorte que les attitudes et les détails de costume sont souvent inventés. On se reportera à la planche du *Bull. Corr. Hell.* pour voir les parties sûrement antiques). Guerrier asiatique, coiffé d'un bonnet phrygien, vêtu d'une tunique et d'anaxyrides couvertes d'ornements incisés, tenant un arc de la main gauche et retournant la tête en arrière, carquois attaché sur le côté gauche (les jambes seules sont antiques); hoplite grec dardant la lance haute et tenant sur le bras gauche un grand bouclier rond à attaches intérieures (seulement les jambes antiques); hoplite grec, dardant la lance et portant le bouclier rond sur le bras gauche (seulement la jambe droite antique et le bout de l'épée); guerrier asiatique habillé comme le premier (tout entier refait, sauf l'arc qu'il élève de la main gauche); hoplite grec dans la même attitude que les précédents (refait en entier, sauf la tête et le casque ionien à haut cimier blanc et rouge, œil incisé ovale); autre hoplite analogue (refait en entier, sauf le haut du casque à cimier noir et rouge et à palmette incisée). Viennent, en sens inverse, un hoplite grec dardant la lance et se couvrant avec un grand bouclier rond dont l'épisème est une sirène (refait, sauf la tête et le casque ionien à haut cimier blanc, œil peint en blanc et incisé ovale); autre hoplite analogue dont le bouclier rouge à bordure blanche semée de points noirs porte en épisème un Silène ithyphallique (œil peint en blanc et incisé ovale, casque ionien ciselé à cimier bas divisé en parties rouges et noires, cuirasse, épée au côté droit, tunique courte, cnémides; quelques restaurations dans la cuirasse, le bras et le bouclier); guerrier asiatique, levant le bras droit (main refaite), le bras gauche serré contre le corps et tenant l'arc, portant sur le côté gauche un grand carquois (tunique et anaxyrides couvertes de dessins incisés; la tête et le bonnet phrygien rouge refaits); hoplite dans la même attitude que les précédents, dont le bouclier blanc bordé de rouge porte en épisème une protome de sanglier ailé (c'est une des frappes des monnaies de Clazomène; casque ionien à palmette ciselée et haut cimier à parties rouges et blanches, cuirasse ciselée, tunique courte, fourreau d'épée ciselé sur le côté droit, cnémides, œil peint en blanc et incisé ovale); autre hoplite analogue dont le bouclier rouge à bordure blanche semée de points noirs porte en épisème un disque noir entouré de serpents sifflant (restaurations dans la tête, le casque sauf la plume, le torse, le bras et le bouclier; casque à cimier en parties rouges et noires surmonté d'une plume blanche, fourreau d'épée ciselé sur le flanc droit, cnémides). — II. La seconde zone circulaire porte **Huit sirènes.** Elles se suivent à la file ailes recoquillées, rehauts rouges, pas de blanc). Dans le champ, entre deux sirènes, un bouton de lotus au bout d'un pédoncule.

Sur le plat du rebord noir, ornement circulaire en ruban ondulé réservé en clair. Sur le haut de la panse, zone d'entrelacs et de gros points noirs. Entre les deux zones de figures, deux cercles noirs. Sous la zone d'animaux, l'ornement circulaire en ruban ondulé entre des cercles rouges et d'autres réservés en clair. La base noire avec centre en clair.
Terre claire et rosée; surface jaune orangé. Peinture en noir lustré. Retouches rouges et blanches assez abondantes. Travail d'incisions soigné et détaillé. Le vase très recollé et fortement mastiqué a subi de nombreuses et importantes restaurations. Haut. 0,22.
(Inv. Campana 223). Trouvé en Étrurie et entré en 1863.
Publié par E. Pottier, *Bulletin de Correspondance Hellénique*, 1893, p. 428, figure 3, et pl. 18. Cf. *Cataloghi Campana*, Série IV-VII, n° 1110.

F. — VASES DE STYLE ÉTRUSCO-IONIEN

E 744. Grande Amphore (panse rebondie, anses verticales courtes et un peu aplaties, pied mince et étroit). — La panse est ornée de deux zones d'**Animaux passant.** — *A*. Tous marchent à gauche: lionne ailée à aile recourbée et tête de face, cerf paissant, cerf levant la tête, griffon sans ailes à corps de lion, sanglier, chien courant la langue tirée, sphinx à aile recourbée, autre semblable, lionne ou cheval avec une corne sur le nez et queue terminée en tête de serpent, autre semblable, taureau à corne longue projetée en avant, autre semblable, cheval, autre semblable (avec un enroulement en S incisé sur la croupe), lion rugissant, autre semblable, sphinx à aile recourbée, autre semblable, cheval, autre semblable, oiseau à aile recourbée. — *B*. Tous marchent à droite: lionne tête de face, autre semblable, cheval-licorne, autre semblable, cerf paissant, autre semblable, lion tirant la langue, autre semblable, sphinx à aile recourbée et enroulée. Suit un groupe où tous marchent à gauche: sphinx semblable au précédent, autre semblable, griffon à aile recourbée. Dernière série marchant à droite : taureau à corne projetée en avant, griffon à aile recourbée, autre sans aile, cheval marqué d'un S sur la croupe, autre cheval, cerf paissant, autre semblable. Les champs sont semés de rosaces en points noirs.

Les anses, le col et l'intérieur de l'embouchure peints en noir. Sur l'épaule, une zone de godrons incisés, retouchés de blanc et de rouge ; en dessous, une zone d'imbrications incisées semblables aux précédentes. Sur le col, un cercle blanc. Les deux zones sont séparées et bordées en haut et en bas par une torsade incisée à points de centre en blanc. Sur le bas de la panse, deux grandes zones d'imbrications incisées, tachetées de blanc et de rouge, séparées par une torsade semblable aux précédentes. Près de la base et sur le pied, longs godrons incisés, retouchés de blanc et de rouge. Le dessous est creux avec partie centrale fortement bombée.

Terre blanche, analogue à celle du *bucchero* non fumigé ou des vases étrusques de la décadence. Peinture en noir peu lustré, avec retouches rouges et blanches. Toute la partie peinte a été retouchée par une restauration moderne qui recouvre même les incisions. La vraie couleur apparaît encore dans quelques animaux ; on y voit que le noir antique avait complètement tourné au jaune ou qu'il s'était effacé, ne laissant que les incisions pour tracer la silhouette des animaux. Travail d'incisions très complet et assez soigné. Le col, les anses et le pied ont été recollés. Haut. 0,68.

(Inv. Campana 297). Trouvé à Caeré en Étrurie et entré en 1863.

Vue d'ensemble dans notre pl. 55.

E 745. Grande Amphore (forme analogue). — La panse est ornée de deux zones circulaires d'**Animaux passant**. I. Zone supérieure comprenant deux groupes : *A*. Bouquetin terminé en arrière par une queue d'oiseau, deux sphinx affrontés à têtes d'hommes barbus coiffés d'un pétase, gazelle paissant. — *B*. Lionne accroupie tête de face, gros chien (?) allant à gauche, lion allant à droite, cerf paissant. — II. Zone inférieure. Deux lionnes opposées dont les têtes se réunissent en une seule vue de face, cerf paissant, bouquetin paissant, lion marchant, griffon (?) à aile recoquillée, sphinx à tête barbue marchant une patte levée, lionne tête de face, lion marchant, gazelle paissant, bouquetin paissant. Les champs sont semés de rosaces en points noirs.

Même décor que le précédent. Même technique, avec des repeints dans les rouges. Assez bon état de conservation, sauf le pied rapporté qui n'appartient pas au vase. Haut. 0,54.

(Inv. Campana 306). Même provenance.

Vue d'ensemble dans notre pl. 55.

E 746. Grande Amphore (même forme). — L'épaule est ornée de deux zones d'**Animaux passant**. I. Zone supérieure comprenant deux séries : *A*. Sanglier paissant (de son cou semble sortir une tête de lion rugissent (?) qui représente sans doute un autre animal vu en perspective derrière lui), bouquetin retournant la tête, biche paissant. — *B*. Aigle volant, lion rugissant, lionne tête de face, lion. — II. Zone inférieure comprenant deux séries : *C*. Deux lionnes affrontées dont les têtes se réunissent en une seule, lion, lionne tête de face, lion. — *D*. Oiseau posé, biche paissant, bouquetin, lionne tête de face, lion. Tous ces animaux marchent à droite. — Dans la zone inférieure, *C* et *D* sont séparés de chaque côté par une grosse **Tête de lionne** seule et vue de face, dessinée au trait sur le fond clair. Les champs sont semés de rosaces en points noirs.

Les anses, le goulot et l'embouchure sont en noir. En haut de l'épaule, zone de godrons incisés, alternativement rouges et noirs. Les deux zones sont séparées par une torsade noire incisée avec points de centre en blanc. Même torsade en bas de la zone inférieure. Le reste de la panse noir est occupé par deux grandes zones d'imbrications incisées et pointillées de blanc, séparées par une torsade pareille aux précédentes. Quatre cercles blancs séparent ces différentes zones. A la base et sur le pied, godrons incisés dans le noir. Le dessous du pied est creux.

Terre blanchâtre et tendre, analogue à celle du *bucchero* non fumigé ou des vases étrusques de la décadence. Lustre jaune léger sur le fond des deux zones d'animaux. Sur tout le reste, peinture en noir qui a tourné presque partout au rouge. Retouches peu nombreuses en rouge mat sur les animaux. Emploi du blanc pour les ornements. Travail d'incisions rare et maladroit dans les animaux, fréquent et plus ferme dans les ornements. La panse brisée a été recollée, réparée et repeinte en plusieurs endroits. Le pied et les anses ont été recollés. Quelques parties des retouches rouges paraissent avoir été refaites par une main moderne. Haut. 0,56.

(Inv. Campana 304). Même provenance.

Vue d'ensemble dans notre pl. 54.

E 748. Grande Amphore (même forme). — L'épaule est décorée d'une zone d'**Animaux passant** qui se répartit en deux groupes : *A*. Lionne et biche allant à droite. — *B*. Deux lionnes affrontées dont les têtes se réunissent en une seule de face ; sous leur gueule, un cuissot de bête qu'elles sont en train de dévorer. Les champs sont semés de rosaces en grosses taches noires incisées d'une croix.

Le col, les anses et l'intérieur de l'embouchure en noir. En dessous de la zone d'animaux, une torsade incisée sur une large bande noire. Sur la panse, deux larges zones d'imbrications incisées, tachetées de points blancs et rouges ; ces zones sont séparées par trois bandes claires sur lesquelles on a tracé des cercles. Sur la base et sur le pied, hauts godrons incisés, alternativement rouges et noirs. Le dessous du pied est creux.

Terre blanchâtre et tendre, comme dans les précédents. Peinture en noir, presque partout tourné au rouge peu lustré. Retouches en rouge vineux sur les animaux et sur les ornements. Emploi du blanc pour les ornements seuls. Incisions profondes et nombreuses, souvent négligées. La peinture a souffert en beaucoup d'endroits. Surface salie et terreuse. Haut. 0,59.

(Inv. Campana 292). Même provenance.

Vue d'ensemble dans notre pl. 55.

E 751. Grande Amphore (même forme). — La panse est ornée d'une seule zone de figures. *A*. **Bateaux et animaux**. Un bateau à poupe très relevée, à proue un peu pointue mais haute sur l'eau, la voile carrée portée par un mât central, contient quatre personnages dont on ne voit que les têtes. Un grand oiseau d'eau posé le sépare d'un autre bateau de forme analogue, ayant à l'arrière deux grandes palettes formant gouvernail, la voile carguée portée par un mât central, et contenant cinq personnages semblables. Suit une file d'animaux allant de gauche à droite : grand oiseau posé, lionne marchant, taureau avec la tête de face, bouquetin, quatre fauves (?) ou chiens courant.

Noir dans l'embouchure. Le col et le dessus des anses en noir. Sur l'épaule, large zone d'imbrications incisées tachetées de points blancs et rouges. En haut et en bas de la zone de figures, une torsade incisée, noire et rouge avec centres blancs. Sur le bas de la panse, deux autres zones d'imbrications semblables, séparées par un cercle rouge entre deux cercles blancs. Près de la base et sur le pied, longs godrons incisés, retouchés de noir et de rouge vif séparés par un cercle blanc du reste de la panse.

Terre blanchâtre et grise. Peinture en noir peu lustré, avec retouches blanches et rouges. On a retouché les couleurs pour leur rendre leur ton disparu. Travail d'incisions rapide et rare. Quelques recollages peu nombreux. Haut. 0,57.

(Inv. Campana 301). Même provenance.

Vue d'ensemble dans notre pl. 55. Cf. C. Smith, *Journ. hell. Studies*, 1894, p. 221 ; Karo, *De arte vascularia*, p. 23.

E 753. Grande Amphore (forme analogue, pied plat et large, anses plates et longues). — Le col est orné d'un sujet de chaque côté. *A* et *B*. **Fauves affrontés**. Sans doute des lionnes traitées comme de gros chiens. — La panse est divisée en trois zones d'**Animaux passant**. I. Grande rosace centrale (pétales noirs, blancs et rouges), sanglier paissant, chien ou fauve paissant ; sous l'anse, fleuron d'où rayonnent de longues feuilles et des fleurs en rosaces épanouies (rehauts blancs et rouges), taureau agenouillé sur les pattes de devant, cerf paissant, grande rosace centrale (comme la première), cerf paissant, oiseau posé, sous l'anse motif floral (comme l'autre), oiseau posé, cerf paissant (tous les animaux vont de gauche à droite). — II. Cerf paissant, sanglier, deux lionnes tête de face, cerf paissant, lionne tête de face. — III. Cerf paissant, deux lionnes rugissant, cerf paissant, lionne, cerf paissant, lionne rugissant agenouillée sur ses pattes de devant, lionne tête de face, cygne posé, lionne agenouillée.

Noir dans l'embouchure, sur le rebord du col, sur le dessus des anses. Le plat de l'embouchure en rouge. Zone de grands enroulements en haut de la panse. Les zones de figures sont séparées par des cercles noirs, blancs, rouges. Tout le bas de la panse en noir, sauf une bande réservée avec grecque noire entre un cercle blanc et un cercle rouge. Le pied noir avec cercle rouge.

Terre grise. Surface jaune orangé. Peinture en noir peu lustré. Retouches rouges et blanches, ravivées par des restaurations. Travail d'incisions négligé. Style lourd. Haut. 0,68.

(Inv. Campana 311). Même provenance.

Vue d'ensemble dans notre pl. 56.

E 754. Grande Amphore (deux anses plates à trois filets saillants, pied plat). — Le col porte un ornement de chaque côté : *A* et *B*. **Deux yeux prophylactiques.** Ils sont séparés par une grande languette accostée de deux points (rehauts blancs); en dessous, trois feuilles de lierre isolées. — I. Sur l'épaule, la zone est divisée en deux parties par les attaches des anses. De chaque côté, **Deux oiseaux**, cygnes (?), avec les ailes déployées, opposés l'un à l'autre et se tournant le dos de chaque côté d'un ornement central composé de quatre feuilles superposées et accostées de huit points noirs. Dans le champ, devant chaque oiseau, une autre feuille isolée. — II. Sur la panse, zone circulaire de **Quatre oiseaux volant** (cygnes? canards?), aux ailes déployées, séparés les uns des autres par une feuille isolée dans le champ.

Noir dans tout l'intérieur du col, le plat du rebord en clair; noir sur le dessus des anses, sous les attaches des anses, sur le bas de la panse et sur le pied. Un filet noir sépare le col de l'épaule; deux filets en haut et en bas de la zone de la panse.

Terre jaune, surface orangée. Peinture en noir peu lustré et mal posé, laissant voir le fond par endroits. Quelques rehauts blancs sur le col. Aucune retouche sur les animaux qui sont couverts d'incisions nombreuses pour imiter le plumage. Style lourd et gauche. Plusieurs morceaux recollés et restaurés. Les taches de couleur verte sont accidentelles. Haut. 0,445.

(Inv. Campana 231). Même provenance.

Vue d'ensemble dans notre pl. 56.

E 755. Amphore (deux anses plates à trois filets saillants, pied peu débordant, embouchure évasée). — Un sujet placé de chaque côté de la panse. *A*. **Danseuse.** Femme drapée, marchant rapidement à droite et retournant la tête; elle tient des crotales dans les deux mains élevées (coiffure en cécryphale, tunique à bordure blanche). — *B*. **Bouc.** Grand bouc barbu, tourné à gauche (trait blanc soulignant le ventre); entre ses pieds un rocher ou éminence sillonnée de traits blancs. Dans le champ, des branchages feuillus.

Noir dans l'embouchure striée, le rebord plat en clair. Noir sur le rebord extérieur, le col, les anses, le dessus du pied. En haut de la panse, godrons noirs. Sous l'attache de chaque anse, grand motif floral composé de fleurs de lotus et de quatre palmettes portées par de très longs pédoncules symétriquement disposés. Sous les sujets, entre deux cercles noirs, une zone de feuilles de lierre isolées et accostées de points, zone noire étroite, zone claire avec arêtes noires rayonnantes.

Terre rougeâtre par-dessus laquelle on avait mis un engobe blanchâtre, presque partout disparu. Peinture en noir lustré mal appliqué, laissant voir le fond rougeâtre à travers l'enduit. Retouches blanches pâlies. Incisions assez soignées, suivant presque tout le contour des figures. Assez bon état de conservation. Haut. 0,41.

(Inv. MI, sans numéro). Ancien fonds. Sans provenance connue (probablement l'Étrurie).

Vue d'ensemble dans notre pl. 56.

E 758. Amphore (anses verticales et plates, divisées en trois filets saillants, à panse trapue). — Un sujet est placé de chaque côté de la panse. *A*. **Scène de sacrifice.** Éphèbe tenant de la main droite basse un bâton (ou une torche?) et de la main gauche un autre accessoire (cuissot d'animal?) qu'il élève au-dessus d'un trépied placé au centre. A droite, homme barbu, drapé, tenant un bâton feuillu (cep de vigne?) de la main droite (retouches blanches effacées sur les deux personnages pour indiquer les cheveux, la barbe, une ceinture autour de la taille, un cordon passé en bandoulière; les personnages sont exécutés en silhouette noire opaque, sans détail pour les traits du visage ni pour la musculature). — *B*. **Scène de palestre.** Éphèbe nu, marchant à droite, la main gauche levée, tenant de la main droite basse une corde; devant lui, un jeune garçon marche à droite, tenant de la main gauche un aryballe suspendu à une courroie, de l'autre main une bandelette, et retournant la tête vers le précédent (même technique).

Cercle noir dans l'embouchure, le rebord extérieur et le dessus des anses en noir. Tout le reste du vase en clair. De chaque côté du col grandes palmettes noires négligées. Sur le haut de la panse, languettes noires. Sous chaque anse grand motif floral composé de boutons de lotus opposés et accostés de quatre grandes palmettes portées par de longs pédoncules. Sous les sujets un filet noir et un large cercle noir. Près de la base, arêtes noires rayonnantes (le pied refait).

Terre jaune clair, polie à la surface, sans engobe. Peinture en noir peu lustré, d'un mauvais ton, avec parties insuffisamment couvertes qui tournent au brun jaune. Retouches blanches, rares et effacées. Pas d'incisions. Style lourd et négligé. Le pied manquant a été refait en ciment. Haut. 0,38.

(Inv. N 3510; ED 1172). Entré en 1823 avec la collection Durand. Trouvé à Fiesole, en Italie.

Vue d'ensemble dans notre pl. 56.

E 759. Cratère (oreillettes plates posées sur des anses verticales rondes). — La panse porte deux sujets placés dans des tableaux réservés. *A*. **Apollon et Dionysos** (?). Éphèbe drapé, marchant à gauche, la tête et le corps complètement retournés vers la droite (œil incisé ovale, coiffure en crobyle, ample himation laissant le bras droit nu), tenant de la main gauche un arc. En face de lui s'avance un autre éphèbe (même costume), levant la main droite en l'air et tenant un thyrse de la main gauche basse. — *B*. **Dressage ou capture de chevaux** (?). Deux chevaux marchent à gauche. Au-dessus d'eux et comme voltigeant horizontalement dans le champ (avec l'attitude du chasseur dans la Chasse au taureau de la fresque de Tirynthe), un éphèbe nu (œil incisé ovale, talonnières ailées aux pieds) tient de la main gauche une corde et pose sa main droite sur le dos d'un des chevaux.

L'embouchure noire. Sur le plat du rebord, zigzag noir mêlé de points. Sur le rebord extérieur languettes noires. Sur le plat des anses une palmette noire négligée. Le col, les anses, la panse sauf les tableaux, le pied en noir. Chaque sujet est encadré en haut par des languettes noires, de chaque côté par une longue branche feuillue.

Terre blanchâtre légère, assimilable au *bucchero* non fumigé. Pas d'engobe. Peinture en noir peu lustré, de ton mauvais, avec parties tournant au jaune brun. Travail d'incisions assez détaillé. Style lourd et négligé. Surface fatiguée et usée. Haut. 0,30.

(Inv. Campana 2636). Entré en 1863. Provenance non connue (probablement l'Étrurie).

Vue d'ensemble dans notre pl. 56.

E 761. Petite Amphore (col haut et large, à anses verticales et plates, divisées en trois filets saillants). — Un seul sujet, le **Combat d'Hercule et de Triton**, est divisé en deux parties placées de chaque côté du col. *A*. Hercule court à droite, l'arc et les deux flèches dans la main gauche tendue en avant, la massue dans la main droite (peau de lion sur la tête et flottant sur le corps, œil incisé ovale). — *B*. Le dieu Triton fuit vers la droite, se retournant vers le héros qui le menace et tenant de chaque main un poisson (corps terminé en queue fourchue, œil ovale). — II. Sur la panse, **Chasse au lièvre.** Trois chiens, aux formes de lévrier, courent à la file après un lièvre fuyant vers la droite.

Noir (repeint) dans l'embouchure et sur le plat du rebord, sur le dessus des anses et sur le plat du pied. Anneau saillant en haut et en bas du col. Sur le haut de l'épaule, zone de postes noires. Au-dessus et au-dessous de la zone d'animaux, un cercle noir.

Terre jaunâtre, dure, à surface grise et sale. Pas d'engobe. Peinture en noir mal lustré et tournant au brun. Travail d'incisions rapide. Style lourd et négligé. Haut. 0,23.

(Inv. N 3245). Ancien fonds. Provenance inconnue (probablement l'Étrurie).

Vue d'ensemble dans notre pl. 56.

E 766. Petite Amphore (anses verticales divisées en deux filets saillants). — Sur chaque côté de la panse, une figure isolée, mais les deux forment peut-être un seul sujet, **Borée**

poursuivant Orithyie (?). *A*. Homme nu, ailé, courant à toutes jambes à gauche et retournant la tête en arrière (ailes attachées au flanc et basses; aucun détail de visage ni de musculature. — *B*. Femme drapée fuyant dans la même attitude (même technique).

Noir dans l'embouchure, sur le rebord extérieur, sur le dessus des anses, sur la base et le pied. De chaque côté du col, une grande rosace centrale entre deux lotus allongés. Sur l'épaule, double rangée de feuilles noires. En haut de la panse, un cercle noir, deux en bas. Sous chaque anse, grand motif floral analogue à celui de E 758.
Terre jaune clair, tendre. Même technique et même style que les précédents, sans incisions ni retouches. Vase recollé en plusieurs morceaux avec une partie de la panse restaurée. Haut. 0,25.
(Inv. N 3517; ED 1174). Entré en 1823 avec la collection Durand. Trouvé en Étrurie.
Vue d'ensemble dans notre pl. 56.

E 777. Œnochoé à tableau (forme d'olpé, bouche ronde, longue anse plate). — Le sujet est placé dans un tableau réservé sur la face. — **Conversation entre deux éphèbes.** Ils sont drapés, l'un à gauche s'appuyant de la main droite sur une canne, l'autre le poing gauche sur la hanche et appuyant la main droite sur l'épaule de son compagnon (bandeaux blancs dans les cheveux, indication en blanc des plis de l'himation et des yeux).

L'embouchure, l'anse, le revers du vase, la base et le pied en noir. Par devant, sur le rebord extérieur de l'embouchure, une guirlande de lierre noire et, en dessous, un zigzag accosté de points noirs. Sur le col, trois bandes superposées contenant des oves accostés de points, une grecque sommaire, des oves accostés de points. De chaque côté du sujet une ligne verticale de feuilles de lierre.
Terre jaune un peu foncé, à surface rougeâtre. Même noir mal lustré avec retouches en blanc; pas d'incisions. Style lourd. Haut. 0,26.
(Inv. Campana 1076). Trouvé en Étrurie et entré en 1863.
Vue d'ensemble dans notre pl. 56.

E 784. Cratère (oreillettes plates sur deux anses verticales). — La décoration est tout entière du style géométrique et végétal. Près du rebord, bande de petits lotus alternant avec des languettes noires, puis une bande de demi-oves (un ressaut est ici marqué sur le col). En dessous, bande de boutons de lotus la tête en bas; à la base, groupes de cinq traits verticaux séparés par des croix. Sur l'épaule, bande de languettes et à la hauteur des anses, grecque primitive. Sur la panse, entre deux bandes de pointillé, une guirlande circulaire de lierre et en dessous une autre guirlande circulaire de baies allongées ou de boutons. Le bas de la panse comprend une large zone noire, quatre cercles noirs, une autre zone noire près de la base. Le pied, divisé en gradins par un ressaut de l'argile, porte trois cercles noirs. Sur le plat des anses quadrillé, bande de pointillé et traits verticaux.

Terre blanchâtre, lourde, avec engobe blanc. Peinture en noir mat, tournant au brun jaunâtre par endroits. Pas de retouches. Une partie de la panse est recouverte d'un encroûtement calcaire. Bon état de conservation. Haut. 0,38.
(Inv. N 3054; ED 1222). Entré en 1823 avec la collection Durand. Pas de provenance connue.
Vue d'ensemble dans notre pl. 56.

VASES DE STYLE CHALCIDIEN TROUVÉS EN ITALIE

E 796. Amphore (deux anses verticales peu rondes, col court et large, pied plat). — Deux zones superposées sur l'épaule du vase et sur la panse. — I. Sur l'épaule **Animaux passant.** Chouette tête de face entre deux boucs paissant, gazelle paissant, lionne tête de face, chouette tête de face (rehauts rouges sur les cols et les ailes). — II. Sur la panse **Cavaliers.** Cinq éphèbes cavaliers lancés au galop (tuniques rouges serrées à la taille, crinières des chevaux rouges). Les champs des deux zones sont semés de grosses rosaces noires incisées plusieurs à centre rouge).

Embouchure, rebord, col, les anses et le pied en noir. Cercle rouge ondulé sur le noir du col; un cercle rouge sur le pied. Un anneau saillant à la base du col. Les zones sont séparées par un cercle noir. A la base, arêtes noires rayonnantes, anneau saillant à l'attache du pied, rehaussé d'un cercle rouge.
Terre rougeâtre, surface jaune orangé. Peinture en noir lustré, souvent tourné au rouge-feu. Retouches de rouge violacé. Travail d'incisions assez soigné. Bon état de conservation. Haut. 0,285.
(Inv. Campana 251). Trouvé en Étrurie et entré en 1863.
Vue d'ensemble dans notre pl. 57.

E 797. Amphore (même forme). — Deux zones superposées sur l'épaule et sur la panse. — De chaque côté de l'épaule, un sujet. *A*. **Cygne entre deux béliers paissant.** — *B*. **Cygne entre deux boucs paissant.** Les oiseaux ont les ailes déployées. — Sur chaque côté de la panse, un sujet. *C*. **Guerrier entre deux sphinx.** Entre deux sphinx accroupis, aux ailes recoquillées, un guerrier vu de face tient sa lance la pointe en bas et porte un bouclier ovale (casque à cimier bas, cuirasse à rebord, cnémides). — *D*. **Sphinx affrontés.** Ils sont accroupis (ailes recoquillées). — Sous l'attache d'une anse, grande palmette surmontant un bouton de lotus renversé. Sous l'attache de l'autre anse, un **Cygne** aux ailes déployées. Tous les champs sont semés de rosaces en taches noires incisées.

Noir dans l'embouchure, sur le plat et sur le rebord extérieur, sur le col, sur les anses (sauf l'attache inférieure). Anneau saillant à la base du col. Sous chaque zone, un filet noir. Sous le sujet principal, zone noire et, près de la base, arêtes rayonnantes. L'attache du pied à la base en anneau saillant avec traces de rouge. Le pied noir avec un cercle rouge.
Terre jaune pâle et friable. Peinture en noir peu lustré. Traces de retouches rouges en grande partie disparues. Les détails blancs, comme les visages des sphinx, sont effacés aussi. Incisions rapides. Surface usée et fatiguée, mais sans cassures. Haut. 0,305.
(Inv. Campana 276). Trouvé en Étrurie et entré en 1863.
Vue d'ensemble dans notre pl. 57.

E 798. Amphore (même forme). — Le sujet placé sur le col est seul antique. De chaque côté, **Deux lions.** Ils sont opposés et retournent la tête en arrière en rugissant (crinières rouges); dans le champ, quelques rosaces noires incisées. — La zone circulaire de la panse, représentant en A deux éphèbes nus, armés d'une lance, sur deux chevaux lancés au galop, ayant sous leurs jambes deux cygnes et derrière eux un cygne volant, en B deux éphèbes analogues suivis d'un homme à pied courant, est tout entière repeinte sur du ciment mastiqué par-dessus la panse du vase.

Embouchure noire avec deux cercles rouges, rebord noir (refait), dessus des anses noir. Anneau saillant à la base du col. En haut de l'épaule, godrons noirs et rouges (refaits); sous l'attache des anses, large motif floral à palmette et enroulements (refait); sous les sujets, large zone noire avec deux cercles rouges (refaits). Près de la base, zone claire avec arêtes rayonnantes (refaite). Le pied noir avec cercle rouge.
Terre rougeâtre. Surface à engobe blanc jaunâtre sur toute la panse (refaite). Peinture en noir lustré. Retouches rouges. Incisions rapides. Le fond du vase paraît antique, mais il a été presque entièrement recouvert par la restauration. Haut. 0,37.
(Inv. LL 37; N 3508). Ancien fonds, existant sous Louis XVIII. Provenance inconnue.
Publié par Brongniart, *Traité des arts céramiques*, Atlas, pl. 31, fig. 9.

E 799. Amphore (même forme). — De chaque côté du col, un sujet. — *A*. **Deux sangliers affrontés.** La tête de l'un disparaît derrière la tête de l'autre (rehauts rouges); dans le champ, trois rosaces en gros points noirs et un bouton de lotus porté par un long pédoncule. — *B*. **Même sujet.** Dans le champ, un point noir et un lotus analogue. — Sur la panse, deux zones superposées. — I. La première plus large est divisée en deux sujets. *C.* **Mort de Troïlos.** Entre deux sphinx accroupis et affrontés (chairs blanches, ailes recoquillées, rehauts rouges) et un sphinx accroupi semblable, Achille est représenté debout, en hoplite (casque à haut cimier, tunique courte rouge à bordure noire incisée, cnémides rouges), tenant de la main gauche et sous son bras le corps du petit Astyanax (dont les pieds dépassent en haut, au-dessus de la tête d'Achille); il place son épée nue sur le cou de l'enfant et s'apprête à lui couper la tête au-dessus de l'autel d'Apollon, en forme de base dont le haut s'évase en cuvette. C'est sans doute la partie détachée d'une plus grande composition. — *D.* **Sphinx entre deux lions.** Sphinx accroupi, semblable aux précédents, entre deux lions rugissant (rehauts rouges et ventre blanc); sous l'attache de l'anse, petit lion accroupi et retournant la tête; dans le champ, quatre rosaces en points noirs. — II. Dans la seconde zone plus étroite, **Animaux passant** et **Gazelle dévorée par des lionnes.** Gazelle paissant devant une lionne tête de face, taureau devant un lion rugissant, petit sphinx accroupi (aile recoquillée, rehauts blancs sur les chairs et sur l'aile), gazelle assaillie par trois lionnes tête de face qui la mordent au col, au dos, au flanc, lion accroupi et retournant la tête (rehauts rouges sur les animaux, trait blanc sous le ventre de quelques-uns). Dans le champ, des rosaces en gros points noirs et deux boutons de lotus suspendus à des pédoncules.

Noir dans l'embouchure, sur tout le rebord, sur le dessus des anses. A la base du col, anneau saillant en rouge. En haut de l'épaule, godrons noirs et rouges. Sous chaque zone, un filet noir. Près de la base, arêtes noires rayonnantes. A l'attache du pied, gros anneau saillant en rouge. Le pied noir.

Terre jaunâtre; surface orangée. Peinture en noir lustré; retouches rouges et blanches. Travail d'incisions soigné. Bon état de conservation. Haut. 0,31.

(Inv. Campana 272). Même provenance.

Vue d'ensemble dans notre pl. 57.

Détail d'Achille tuant Troïlos, publié par Holwerda, *Jahrbuch Inst.* 1890, p. 247, n° 53. Cf. Reichel, *Vorhellenische Goettercultus*, p. 43, fig. 14.

E 805. Amphore à tableaux (Fragment; l'épaule à pente plate peut faire croire que c'est un fragment d'hydrie, plutôt que d'amphore. Mais il y avait un sujet de chaque côté du vase, et cette disposition serait inusitée dans une hydrie). — Sur l'épaule, *A.* **Motif floral accosté de deux petits quadrupèdes** (lièvres? chiens?). — Sur la panse, les sujets sont placés dans des tableaux réservés. *B.* **Scène de palestre, lutteurs et alytes.** Deux lutteurs nus (un éphèbe et un homme à cheveux et barbe rouges) se saisissent par les bras et par le cou; de chaque côté est debout un surveillant, homme barbu drapé (chevelure pendante, himation rouge), tenant de la main droite un fouet à lanière (représentation rare des alytes qui fonctionnaient dans les concours olympiques). Dans le champ, deux rosaces noires incisées. — *C.* Scène fragmentée. De ce côté, on ne voit dans le tableau réservé que le bras d'un personnage drapé, sans doute une femme (pieds nus en blanc).

Toute la panse était noire, sauf les tableaux réservés, et, en bas, une zone claire avec arêtes noires rayonnantes. Deux lignes noires séparent le sujet A des ornements de l'épaule. Une ligne noire (très jaunie) forme terrain sous les pieds des personnages. Deux cercles rouges sur la panse noire.

Terre fine et rosée; surface un peu orangée. Peinture en noir lustré. Retouches rouges et blanches. Incisions assez soignées. Fragment de panse; la plus grande partie du vase manque. Haut. max. 0,21.

(Sans numéro d'inventaire). Recueilli dans les fragments de la collection Campana. Entré en 1863 et trouvé en Italie.

Détail du sujet A publié par G. Fougères dans le *Dict. des Antiq. gr. et rom.* de Saglio, fig. 3034, article *Flagellum* (cf. sur les alytes, l'article *Hellanodikai*, p. 63 et note 18); Fougères, *Vie des Grecs et des Romains*, fig. 376.

E 807. Œnochoé (fragment). — La face du vase est ornée d'une bande circulaire. **Gazelles à tête unique et animaux passant.** Quatre gazelles (rehauts rouges) dont les corps, opposés deux par deux, se réunissent au centre en une tête unique tournée à gauche. (La disposition est telle qu'en envisageant isolément chaque animal, on voit une gazelle marchant à gauche ou une gazelle marchant à droite avec la tête retournée, une gazelle la tête basse et paissant, etc.) De chaque côté, un grand lion rugissant; à gauche, une chouette posée tête de face. Le champ est semé de quelques rosaces noires incisées. Au revers (sous l'attache de l'anse absente), motif floral en palmettes accostées de volutes.

Languettes noires en haut de l'épaule, et, en dessous, zone de grosses rosaces noires incisées. Le sujet entre deux filets noirs. Près de la base, arêtes noires rayonnantes. A l'attache du pied, anneau saillant rouge. Le pied noir.

Terre jaune clair, friable. Peinture en noir lustré avec rehauts rouges en partie effacés. Incisions rapides. L'anse, le col et tout le haut du vase manquent. Surface fatiguée et usée. Haut. 0,17.

(Sans numéro d'inventaire). Recueilli dans les fragments de la collection Campana. Entré en 1863 et trouvé en Italie.

Vue d'ensemble dans notre pl. 57.

E 810. Amphore à tableaux (anses verticales rondes, panse trapue). — Un sujet de chaque côté du col. *A* et *B*, **Tête d'homme barbu.** Chaque tête (barbe rouge, bandeau rouge sur les cheveux) est placée entre des zigzags noirs (deux à gauche, un à droite). — Sur la panse, deux tableaux réservés. *C.* **Coqs affrontés.** Grands coqs (rehauts rouges et blancs) affrontés de chaque côté d'une palmette (centre rouge et pointillé blanc) accostée d'enroulements. Entre les deux têtes, une rosace noire incisée. — *D.* **Lions affrontés.** Deux lions (rehauts rouges et blancs) opposés et retournant la tête; entre eux, une rosace noire incisée.

Embouchure noire avec un cercle rouge; rebord extérieur noir avec cercle rouge. Anneau saillant à la base du col. Dessus des anses noir. En haut de chaque tableau, godrons rouges et noirs. Ligne de terrain en noir jauni sous les pieds des animaux. Deux cercles rouges sur la panse noire, sauf les tableaux et la base avec arêtes rayonnantes. Le pied noir avec large cercle rouge. Sous le pied, une marque en large trait rouge et deux marques incisées

Terre jaunâtre, à surface orangée. Peinture en noir bien lustré. Retouches rouges et blanches. Travail d'incisions assez soigné. Bon état de conservation. Haut. 0,34.

(Inv. Campana 73). Trouvé en Étrurie et entré en 1863.

Vue d'ensemble dans notre pl. 57.

E 811. Amphore à tableaux (anses verticales rondes, base pointue). — Sur la panse deux tableaux réservés. — *A.* **Achille poursuivant Troïlos.** Un homme nu, barbu (barbe et cheveux rouges, poitrine rouge), levant le bras gauche, tenant de la main droite une lance dont la pointe est tournée en arrière, court vers la droite et paraît rattraper à la course un éphèbe nu (longue chevelure rouge) qui est monté sur un cheval au galop (col rouge, queue blanche, restaurations dans le corps et les pattes de devant) et qui se retourne en arrière pour regarder le poursuivant. Sous le cheval court un chien (restauré, rehauts blancs et rouges). — *B.* **Même sujet.** Quelques variantes : l'homme est imberbe, l'éphèbe ne retourne pas la tête, le cheval a une crinière blanche.

Noir dans l'embouchure avec un cercle rouge, sur le plat et sur le rebord extérieur, sur les anses, sur la panse, sauf les tableaux. De chaque côté du col, bande de lotus à pointe blanche et de boutons noirs (avec rehauts rouges du côté *B*), reliés par des entrelacs et accostés de points. A la base du col, ressaut saillant de l'argile avec cercle rouge. En haut de chaque tableau, bande de godrons noirs et rouges; sur chaque côté, un filet noir et un filet rouge. En bas du sujet *A* une grecque entre deux filets noirs; en bas de *B* une grecque compliquée et oblique mêlée de petits triangles. Sous les tableaux, zone noire avec quatre cercles rouges. Près de la base, arêtes noires rayonnantes et cercle rouge à l'attache du pied. Le pied noir avec deux cercles rouges.

Terre un peu rosée, surface orangée. Peinture en noir lustré. Retouches blanches et rouges. Incisions rapides. Brisé en plusieurs morceaux et recollé avec quelques restaurations. Haut. 0,385.

(Inv. Campana, 144). Trouvé en Étrurie et entré en 1863.

Vue d'ensemble dans notre pl. 57.

VASES ATTIQUES DE STYLE IONIEN ET CORINTHIEN TROUVÉS EN ITALIE

E 814. Amphore (anses verticales plates et col haut, panse allongée). — Un sujet de chaque côté du col. — *A*. **Sirène** (ailes déployées, rehauts rouges, chevelure pendante). — *B*. **Sphinx** marchant à droite (aile recoquillée, chevelure pendante, rehauts rouges). Grosses rosaces incisées dans les champs. — La panse est divisée en trois zones dont la première est interrompue par les anses et la troisième très étroite, toutes d'**Animaux passant**. I. Petit cygne posé entre deux lions opposés retournant la tête (rehauts rouges); oiseau volant entre deux sphinx affrontés (rehauts rouges). — II. Lion rugissant en face d'un sphinx marchant, deux sirènes affrontées (ailes recoquillées), deux sphinx affrontés (rehauts rouges sur tous les animaux). — III. Deux sirènes affrontées (ailes d'oiseaux), deux sirènes affrontées (ailes recoquillées), sirène marchant à gauche, deux sirènes affrontées (ailes d'oiseaux; rehauts rouges plus rares sur cette zone). Tous les champs sont semés de rosaces noires incisées.

Noir dans l'embouchure. Sur le plat du rebord un cercle rouge et seize rosaces noires incisées (rehauts rouges). Sur le rebord extérieur, languettes noires. Cercle noir négligé en haut et en bas du col. Sur le plat de chaque anse, trois grosses rosaces noires incisées (rehauts rouges). Entre la première et la seconde zone, pointillé noir entre deux cercles noirs; entre les autres, cercle noir. Près de la base, arêtes noires rayonnantes. Pied noir.
Terre jaune clair. Peinture en noir peu lustré. Retouches rouges. Incisions rapides. Style hâtif et négligé. Bon état de conservation avec surface un peu fatiguée. Haut. 0,35.
(Inv. Campana 284). Trouvé en Étrurie et entré en 1863.
Vue d'ensemble dans notre pl. 58. L'autre côté publié par E. Pottier, *Bull. Corr. Hell.* 1893, p. 435, fig. 8.

E 816. Petite Amphore (anses verticales rondes, panse mince du haut, pied large). — La panse est divisée en deux zones dont la première est interrompue par les attaches d'anses. — I. **Animaux passant**. Entre deux boucs affrontés (celui de gauche refait), une sirène retournant la tête (ailes d'oiseaux non déployées, visage rouge, rehauts rouges sur les ailes; auprès de sa tête, une fleur de lotus incisée et inachevée marque comme un premier projet de motif central qui n'a pas été continué). Entre deux oiseaux à tête de griffons (ailes recoquillées, rehauts rouges), lionne accroupie et retournant sa tête de face (rehauts rouges). — II. Cygne aux ailes déployées entre deux sirènes affrontées (ailes recoquillées), lionne marchant tête de face, cygne aux ailes déployées entre une sirène (visage rouge, aile recoquillée) et une lionne tête de face, lionne marchant tête de face (rehauts rouges sur tous les animaux). Dans le champ, quelques rosaces noires incisées.

Noir dans l'embouchure striée et sur le plat du rebord. Sur le rebord extérieur, zone de rosaces incisées entre deux cercles noirs. De chaque côté du col, bande de fleurs et de boutons de lotus reliés par des entrelacs (rehauts rouges). En bas et en haut de chaque zone de figures, un double pointillé entre des filets noirs. Près de la base, double série d'arêtes rayonnantes. Sous chaque anse, une grande croix noire entre deux traits verticaux. Le pied noir avec deux cercles rouges.
Terre jaunâtre, surface orangée. Peinture en noir peu lustré. Retouches rouges. Incisions assez soignées. Assez bon état de conservation; quelques repeints. Haut. 0,315.
(Inv. Campana 260). Trouvé en Étrurie et entré en 1863.
Vue d'ensemble dans notre pl. 58.

E 817. Amphore (anses verticales, longues et rondes, panse très rebondie, pied large). — La panse est ornée d'un grand sujet placé de chaque côté de la panse et d'une petite zone inférieure. — I. Sur la panse : *A*. **Lions opposés**. Au centre, grand motif floral composé de palmettes et de lotus reliés par des entrelacs (larges rehauts rouges); de chaque côté, deux grands lions opposés symétriquement et retournant la tête en arrière (larges rehauts rouges, crinières à longues mèches pendantes). Entre leurs deux têtes, une palmette accostée de longs pédoncules; au-dessus de leurs croupes, une palmette analogue dont les pédoncules se terminent en fleurs de lotus (rehauts rouges). Dans le champ, sont semées de petites rosaces noires (en pointillé ou en cercle noir brisé) et une grosse rosace noire à pétales rouges. — *B*. **Sphinx affrontés**. Deux grands sphinx (aile recoquillée, visage rouge avec œil noir, bandeau rouge sur les cheveux), affrontés de chaque côté d'un motif floral (palmettes et lotus rehaussés de rouge) sur lequel est perché un petit cygne (rehaut rouge). Au-dessus de chaque croupe, un lotus en éventail (pétales noirs et rouges). Dans le champ, sont semés des ornements semblables à ceux de *A*. — II. La petite zone inférieure comprend des **Animaux passant**. Deux sirènes affrontées (ailes recoquillées, visage rouge) entre deux lionnes à tête de face, un bouquetin paissant entre deux lions rugissant. Dans le champ sont semées de petites rosaces en cercle brisé, en pointillé, en fleurs à pétales noirs et rouges.

Dans l'embouchure, large cercle noir et deux rouges. Sur le rebord extérieur, dix-huit rosaces à pétales noirs et rouges entre deux filets noirs. Sur le col, bandes de grands lotus opposés à des palmettes et reliés par des entrelacs (rehauts rouges). Le dessus des anses en noir. Les zones séparées par deux cercles noirs. Sur le bas de la panse, double rangée d'arêtes noires rayonnantes. Le pied noir. Sous le pied, large zone noire.
Terre jaunâtre à surface orangée. Peinture en noir lustré. Retouches rouges abondantes. Incisions soignées. Plusieurs morceaux recollés, mais sans restaurations importantes. Haut. 0,415.
(Inv. Campana 72). Trouvé en Étrurie et entré en 1863.
Vue d'ensemble dans notre pl. 58.

E 819. Amphore à tableaux (forme analogue). — La panse est ornée de deux sujets placés dans des tableaux réservés. — *A*. **Sirènes et sphinx**. Deux grandes sirènes affrontées (celle de droite restaurée, ailes recoquillées, visage rouge, rehauts rouges sur le corps et les ailes) de chaque côté d'un petit sphinx accroupi (restauré, visage rouge, rehauts rouges). — *B*. **Sphinx opposés**. Deux grands sphinx accroupis opposés et retournant la tête (visage rouge, ailes recoquillées, larges rehauts rouges sur le corps); entre eux, une rosace noire incisée.

Noir dans l'embouchure avec un cercle rouge. Le rebord en noir rougi. Chaque tableau est encadré de lignes rouges. Sous les sujets, deux cercles rouges. Les anses et la panse en noir, sauf les tableaux réservés et une zone claire à la base avec arêtes noires rayonnantes. Le pied noir, très peu débordant et avec un petit rebord saillant.
Terre jaunâtre, à surface orangée. Peinture en noir lustré. Retouches rouges abondantes. Incisions soignées. Quelques restaurations et repeints en *A*. Haut. 0,44.
(Inv. Campana, numéro disparu). Trouvé en Étrurie et entré en 1863.
Vue d'ensemble (côté B) dans notre pl. 58. Cf. *Cataloghi Campana*, Série II, n° 15.

E 822. Amphore à tableaux (anses verticales rondes, col assez haut, pied en pente). — De chaque côté de la panse, un sujet placé dans un tableau réservé. — *A*. **Tête d'homme barbu**. Elle est vue jusqu'aux épaules. Un trait incisé cerne la barbe et remonte sur le front avec une volute, comme si le peintre avait voulu figurer un timbre de casque, sans cimier, ceint d'une bandelette rouge. La barbe rouge se prolonge en arrière par un trait rouge qui marquerait aussi le bord du casque. — *B.* **Protome de cheval**, le cou très long, la tête petite (rehauts rouges sur la crinière pendante).

Noir dans l'embouchure, sur les rebords, sur le col et sur les anses, sur toute la panse, sauf les tableaux réservés. Anneau saillant à la base du col. Deux cercles rouges ceignent la panse en dessous des tableaux. Le pied noir avec cercle rouge.

Terre jaune pâle, surface jaune effacé. Peinture en noir peu lustré, avec retouches rouges et incisions. Encroûtement sur la plus grande partie du vase ; surface fatiguée. Haut. 0,345.

(Inv. Campana 1071). Trouvé en Étrurie et entré en 1863.

Vue d'ensemble (côté B) dans notre pl. 59. Cf. Lœschcke, *Jahrbuch des deut. Inst.*, 1887, p. 276 (qui interprète le sujet comme funéraire).

E 831. Amphore (anses verticales minces et rondes, panse allongée, rebord divisé en quatre filets saillants). — La panse est divisée en quatre zones circulaires. — I. La première plus large, interrompue par les anses, comprend deux sujets. *A.* **Dionysos et les Ménades**. Le dieu non barbu (mais le visage est restauré, tunique talaire, manteau rouge) est assis au centre sur un pliant, tenant de la main droite une branche d'un grand cep de vigne planté en terre qui étend ses rameaux assez loin vers la droite. Devant lui, une Ménade drapée (chairs en blanc, œil dessiné en trait noir, tunique avec rehauts rouges et ornements incisés) porte les deux mains à sa tête, comme étourdie par l'ivresse; une seconde Ménade analogue se penche comme pour saisir un des rameaux du cep de vigne ; une troisième accourt, le bras droit en avant. Derrière le dieu, une Ménade analogue se penche en gesticulant, et derrière elle, un serpent ondule dans le champ ; une seconde (tunique rouge à broderies blanches) arrondit le bras droit en arrière et porte de la main gauche tendue un lionceau rugissant ; une troisième (le haut de la tunique rouge, le bas noir avec rosaces en blanc et en incisions) tient des deux mains un grand serpent dressé. — *B.* **Scène de combat**. Au centre, un hoplite (casque à cimier blanc, tunique incisée, fourreau d'épée à gauche, cnémides rouges avec pointillé blanc, bouclier rouge avec attache intérieure) darde sa lance contre un autre hoplite qui le menace aussi de sa lance haute et se couvre de son bouclier (casque rouge à haut cimier blanc, cuirasse incisée, tunique, fourreau d'épée incisé, cnémides rouges, bouclier à bord rouge avec épisème blanc représentant un trépied). De chaque côté, une femme drapée (tunique talaire rouge, l'autre noire, manteau couvert d'étoiles incisées, chairs blanches, œil au trait noir) et un éphèbe sur un cheval au galop (tunique rouge, l'autre blanche, crinière du cheval rouge). Entre les têtes des guerriers, inscription peinte : ΔΙΕϟ (rétrograde), entre leurs jambes ΠΟΕΙΕ. — Les trois zones inférieures contiennent des **Animaux passant**. II. Lionne tête de face, sirène aux ailes d'oiseau déployées entre deux sirènes aux ailes recoquillées (chairs blanches), autre lionne, sanglier, sirène (aile recoquillée), deux lionnes tête de face affrontées, autre lionne, sanglier (rehauts rouges sur les animaux). — III. Bouc paissant (une rosace dans le champ près de sa tête) entre deux lionnes tête de face, cygne à aile déployée, sirène aux ailes d'oiseau déployées entre deux sirènes aux ailes recoquillées, lionne de face entre deux boucs paissant (rehauts rouges sur les animaux). — IV. Deux lionnes opposées retournant leur tête de face entre deux boucs paissant, bouc paissant (tête mal restaurée) entre deux lionnes (la seconde mal restaurée).

Embouchure et rebord noirs. De chaque côté du col, grands lotus opposés à des palmettes et reliés par des entrelacs (rehauts rouges). Anneau saillant à la base du col. Dessus des anses noir. Au-dessus de *A* et de *B*, bande de godrons noirs et rouges. Sous la première zone, bande de pointillés noirs entre deux cercles noirs. Sous chacune des autres, un cercle noir. Près de la base, large zone noire et arêtes noires rayonnantes. Anneau saillant avec cercle rouge à l'attache du pied noir portant un cercle rouge. Sous la base, marque incisée ΛΛ et traces de couleur rouge vermillon.

Terre rougeâtre. Surface jaune orangé. Peinture en noir lustré. Retouches blanches et rouges. Travail d'incisions peu soigné. Style négligé. Des restaurations et des repeints dans les figures. Le vase brisé en un grand nombre de morceaux a été recollé et restauré. Haut. 0,395.

(Inv. Campana 279). Trouvé à Caeré en Étrurie et entré en 1863.

Vue d'ensemble dans notre pl. 58. *Cf. Cataloghi Campana*, Série IV-VII, n° 1121 ; Dumont et Chaplain, *Céramiques*, I, p. 331, note 2 ; Holwerda, *Jahrbuch*, 1890, p. 242, n° 8 ; Thiersch, *Tyrrhenische Amphoren*, p. 160, n° 49.

E 833. Amphore (même forme). — La panse est divisée en quatre zones circulaires. — I. La première, plus large, interrompue par les anses, comprend deux sujets. *A.* **Combat de Grecs et d'Amazones.** Au centre, un hoplite barbu (casque rouge à cimier bas, tunique courte à étoiles incisées, épée au côté) s'élance à grandes enjambées, la lance haute, tenant son bouclier blanc sur le bras gauche, contre une Amazone qui lui fait face dans l'attitude agenouillée de la course, dardant la lance et se couvrant d'un petit bouclier rond et rouge (chairs blanches, casque rouge à cimier bas, tunique courte à bordure incisée, épée au côté). A droite, une Amazone (mêmes détails et cnémides), le bras gauche passé dans l'armature interne de son bouclier rouge, darde sa lance contre un guerrier grec tombé sur les genoux et retournant la tête (œil ovale de mourant, casque à cimier bas avec pointillé blanc, le corps nu); il se couvre d'un bouclier rouge vu de profil et cherche encore à darder la lance. A droite, une seconde Amazone accourt, la lance haute, pour l'achever (chairs blanches, bouclier rond et rouge, cnémides, tunique en peau de bête aux pattes pendantes). A gauche du groupe central et faisant opposition au précédent, est placée une Amazone qui, tombée sur un genou et retournant la tête, est assaillie de chaque côté par un hoplite grec (celui de droite a un casque rouge à cimier bas, le corps nu, l'épée au côté, le bouclier rond avec épisème en blanc représentant un trépied ; celui de gauche est coiffé d'une sorte de pétase, a le corps nu avec rehauts rouges et porte sur le bras gauche un bouclier vu de profil ; l'Amazone a les chairs blanches, un casque à cimier bas, une tunique courte, des cnémides, l'épée au côté, le bouclier vu de profil). Dans le champ, inscriptions peintes et dénuées de sens : ΚVΤΡ, ΚVΟΝΟ, +VΟΙ. — *B.* **Cinq cavaliers**. File de cinq éphèbes nus montés sur des chevaux galopant vers la droite (le premier a la crinière rouge, le deuxième le corps blanc avec crinière rouge, le cinquième la crinière blanche). — Les trois zones inférieures contiennent des **Animaux passant**. II. Sirène aux ailes déployées (ailes d'oiseau) entre deux sirènes affrontées aux ailes recoquillées (visages blancs), qui elles-mêmes sont suivies chacune d'une lionne tête de face ; sirène aux ailes déployées (visage blanc) entre deux sangliers affrontés, qui sont suivis chacun d'une lionne tête de face. — III. Deux lionnes affrontées tête de face entre deux sangliers affrontés, sirène aux ailes recoquillées (visage blanc), lion marchant et retournant la tête, gazelle retournant la tête et opposée à un lion retournant la tête, cygne posé entre deux sirènes affrontées aux ailes recoquillées (visages blancs). — IV. Bouc paissant entre deux lionnes tête de face, bélier affronté à une lionne tête de face, cygne posé et affronté à un bouc paissant (rehauts rouges sur toutes ces zones d'animaux).

Noir dans l'embouchure avec deux cercles rouges. Noir sur le plat et le rebord extérieur, sur le dessus des anses. De chaque côté du col, bande de lotus opposés à des palmettes et reliés par des entrelacs (rehauts rouges). Anneau saillant à la base du col. Au-dessus de *A* et de *B*, godrons noirs et rouges. Sous la première zone, bande de pointillés noirs entre quatre cercles noirs. Sous les deux autres, un cercle noir. Sous la quatrième, bande noire avec deux cercles rouges. Près de la base, arêtes rayonnantes. Le pied noir avec deux cercles rouges.

Terre jaunâtre, surface orangée. Peinture en noir lustré. Retouches blanches et rouges. Incisions assez soignées. Assez bon état de conservation. Haut. 0,41.

(Inv. Campana 283). Trouvé à Caeré, en Étrurie, et entré en 1863.

Vue d'ensemble dans notre pl. 58. Cf. *Cataloghi Campana*, IV-VII, n° 1080 ; Dumont et Chaplain, *Céramiques*, I, p. 339 ; Corey, *De Amazonum antiq. figuris*, p. 59.

E 836. Amphore (anses verticales, minces et rondes, panse allongée, pas de rainures sur le rebord). — La panse est divisée en quatre zones. — I. La première, plus large, sur l'épaule, comprend deux sujets. *A*. **Scènes de combats**. Combat de six guerriers deux par deux. A gauche, un hoplite en apparence nu (manches d'une tunique courte indiquées par des incisions, casque à cimier bas, cnémides) porte sur le bras gauche son bouclier (rehauts rouges) muni d'une lanière intérieure et darde sa lance haute contre un hoplite qui lui fait vis-à-vis dans la même attitude (casque à rehauts rouges et cimier bas, tunique courte, fourreau d'épée à droite, cnémides). Au centre, un hoplite semblable (rehauts rouges sur le casque et sur la tunique courte laissant le ventre nu) porte un bouclier sur le bras gauche et frappe de sa lance le bouclier d'un adversaire tombé sur le genou gauche et retournant la tête pour donner un coup de lance (rehauts rouges sur le bouclier et le casque). A droite, deux combattants semblables au groupe de gauche (le premier a une tunique courte, rehauts rouges sur son casque et l'intérieur de son bouclier ; le second a une cuirasse ciselée et son bras gauche avancé disparaît derrière le bouclier de son adversaire). Près du premier groupe, inscriptions dénuées de sens ϘΟΑΙΟΤΥΡΕ (rétrograde), ΟϟΤVFϟΟ, ΚΗ..ΙΝ...; près du groupe central +ϟΟϟΟΕϟΟΚ (rétrograde), ΙΤVΟ, ΤΝΟΙ (rétrograde), ΙΕϟΝΤϟΟϟ, ϟΟΝϟΟΚ (rétrograde). — *B*. **Concours de course à cheval**. A gauche, un grand trépied devant lequel est posé un cratère. Suivent trois éphèbes nus sur des chevaux galopant ; le premier et le troisième retournent la tête en arrière (quelques rehauts rouges sur le col et la crinière des chevaux). — Les trois zones inférieures contiennent des **Animaux passant**. II. Grand ornement floral, composé de six palmettes et de six lotus reliés par des entrelacs entre deux sirènes aux ailes déployées, lionne marchant à gauche tête de face, bouc paissant entre deux lionnes semblables, bélier marchant à droite. — III. Bélier paissant entre deux lionnes tête de face, bouc opposé à une lionne tête de face, bélier opposé à une lionne semblable, oiseau d'eau posé. — IV. Bouc paissant entre deux lionnes tête de face, lionne tête de face entre deux boucs paissant. Les zones vont en diminuant de hauteur ; la dernière est très étroite (rehauts rouges sur tous les animaux).

Noir dans l'embouchure avec deux cercles rouges. Rebord et dessus des anses en noir. De chaque côté du col, lotus opposés à des palmettes et reliés par des entrelacs. A la base du col, anneau saillant en rouge. Au-dessus de la première zone, godrons noirs et rouges, en dessous trois cercles noirs ; sous la seconde zone, trois cercles ; sous la troisième et la quatrième, deux cercles. Près de la base, arêtes noires rayonnantes. Le pied noir avec cercle rouge.

Terre jaune clair, surface orangée. Peinture en noir peu lustré. Retouches rouges. Incisions rapides. Surface un peu fatiguée, pas de restaurations. Un trou dans la panse, au-dessus du sujet *B* ; le pied ébréché. Haut. 0,395.

(Inv. Campana 276). Trouvé en Étrurie, à Caeré, et entré en 1863.

Vue d'ensemble dans notre pl. 59. Cf. *Cataloghi Campana*, série IV-VII, n° 1102 ; Dumont et Chaplain, *Céramiques*, I, p. 331, n° 4 ; Holwerda, *Jahrbuch*, 1890, p. 242, n° 3 ; Thiersch, *Tyrrhenische Amphoren*, p. 156, n° 22.

E 838. Amphore (même forme). — La panse est divisée en trois zones circulaires. — I. La première plus large, sur l'épaule, comprend deux sujets. *A*. **Danses et Conversations**. Huit hommes et une femme dans des attitudes de danse ou de causerie, érastes et éromènes par groupes de trois : éphèbe nu, les genoux fléchis, entre deux éphèbes nus qui le regardent (l'un d'eux ithyphallique, rehauts rouges sur les poitrines) ; femme nue dansant (œil incisé ovale, traces de blanc) et s'appuyant des deux mains sur deux hommes barbus nus qui la regardent (l'un d'eux avec barbe rouge) ; homme barbu nu (traces de barbe rouge), les genoux fléchis, entre deux éphèbes nus (l'un fait un geste obscène). — *B*. **Danseurs**. Deux hommes barbus nus (barbes rouges) dansent entre deux grands coqs (larges rehauts rouges). — Les deux zones inférieures renferment des **Animaux passant**. II. Sphinx marchant entre deux lionnes à tête de face, lionne tête de face entre deux béliers (rehauts rouges sur tous les animaux). — III. Dans la troisième zone plus étroite, bélier entre deux lionnes tête de face, bélier marchant (rehauts rouges sur les animaux).

Noir dans l'embouchure avec deux cercles rouges. Rebord et dessus des anses noir. De chaque côté du col, un motif floral composé de lotus opposés et de palmettes, reliés par des entrelacs. En bas du col, anneau saillant en rouge. En haut de l'épaule, godrons noirs et rouges. Sous chaque zone, un cercle noir. Près de la base, arêtes noires rayonnantes. Le pied noir avec cercle rouge.

Terre claire, blanchâtre. Peinture en noir peu lustré. Retouches rouges et blanches. Incisions rapides et négligées. Le vase brisé en plusieurs morceaux a été recollé et mastiqué à la surface. Il y a de forts repeints sur les noirs et les rouges ; ces derniers en particulier sont tous ravivés. Haut. 0,395.

(Inv. Campana 250). Même provenance.

Vue d'ensemble dans notre pl. 59. Cf. *Cataloghi Campana*, 1106 ; Holwerda, *l. c.*, n° 25 ; Thiersch, *l. c.*, n° 9 (Holwerda et Thiersch ont fait erreur dans le nombre des hommes et des femmes du sujet *A*).

E 843. Amphore (forme analogue, avec l'anse bifide et rattachée à la panse par un rivet). — La panse est divisée en quatre zones dont une d'ornements. — I. La zone la plus haute comprend deux sujets. *A*. **Préparatifs d'un concours? Sacrifice?** Six hommes drapés, barbus, dont le premier tient une corne à boire, marchent à la file vers un septième qui leur fait vis-à-vis et derrière lequel est posé debout un grand trépied (lébès rouge), orné d'un rameau de feuillage (trois avec chevelure et barbe rouges, quatre avec tunique rouge et himation noir, trois avec tunique noire et himation rouge, deux bordures en blanc). — *B*. **Scène de banquet (ou Polynice chez le roi Adraste?)**. Sur un lit à pieds plats et découpés (rehauts blancs) devant lequel est posée une petite table (rehaut rouge), un homme barbu est couché et tient d'une main un skyphos, de l'autre une œnochoé (cheveux et barbe rouges, le bas du corps caché dans une couverture blanche, torse nu et bras restaurés). A droite, s'avance un homme barbu drapé (himation, tunique rouge à bordure blanche) ; derrière lui, une femme debout, drapée et voilée (chairs blanches, himation rouge). A gauche, un autre homme barbu et drapé s'avance à grands pas vers le lit (barbe, sourcils et cheveux blancs, tunique blanche à bordure incisée, himation à bandes noires et rouges). Derrière lui, une femme drapée et voilée (chairs blanches, himation rouge) converse avec un homme barbu et drapé (himation rouge). — Les trois zones inférieures se composent d'**Ornements** ou d'**Animaux passant**. II. La seconde zone étroite se compose de lotus opposés à des palmettes et reliés par des entrelacs (rehauts rouges et blancs). — III. Zone d'animaux (rehauts rouges), lionne tête de face opposée à un bouquetin paissant, deux lionnes tête de face marchant, lionne semblable entre deux béliers. — IV. Zone d'animaux (rehauts rouges), bélier paissant entre deux lionnes tête de face, cygne posé, lionne opposée à un bouquetin paissant.

Noir dans l'embouchure, sur le rebord extérieur, sur le dessus des anses. Anneau saillant rouge à la base du col. De chaque côté, bande de lotus opposés à des palmettes et reliés par des entrelacs (rehauts rouges). En haut de l'épaule, godrons noirs et rouges. Près de la base, arêtes rayonnantes. Pied noir avec cercle rouge.

Terre rougeâtre, surface orangée. La cuisson a fait dévier la panse qui penche d'un côté. Peinture en noir peu lustré. Retouches rouges et blanches. Style lourd et appuyé. Incisions peu soignées. Le vase a subi des restaurations et des repeints en *A* et en *B*. Haut. 0,41.

(Inv. Campana 252). Même provenance.

Détail de *B* publié par Holwerda, *Jahrbuch Inst.* 1890, p. 242, n° 17. Cf. *Cataloghi Campana*, série IV-VII, n° 1077 ; Thiersch, *op. l.*, n° 37.

E 850. Amphore (même forme que E 838). — La panse est divisée en trois zones circulaires. — I. La première plus large comprend deux sujets. *A*. **Thésée tuant le Minotaure**. Thésée barbu (rehaut rouge sur les cheveux), vêtu d'une tunique en peau de bête dont les bouts retombent entre ses jambes rehaut rouge), court vers la droite, tenant un grand glaive de la main droite, et saisit de la main gauche, par une corne, le Minotaure qui fuit et retourne la tête en mugissant (corps nu avec rehaut rouge sur le torse), la main gauche levée avec le poing fermé. A gauche trois femmes drapées (chairs blanches, tunique talaire et himation avec rehauts rouges), à droite un homme barbu et deux éphèbes drapés (tunique talaire et himation avec rehauts blancs et rouges), représentant le tribut des jeunes filles et des jeunes gens athéniens, regardent le combat. — *B.* **Scène de danse**. Quatre hommes barbus, nus (rehauts rouges sur les torses, sur les cheveux et la barbe d'un seul), parmi lesquels se trouve une femme (œil incisé ovale et traces de blanc), courent vers la droite en gesticulant. — Dans les deux zones inférieures, **Animaux passant**. II. Dans la seconde zone moins large, deux sirènes affrontées (visages en blanc, ailes recoquillées) entre deux lionnes de face, lionne tête de face entre deux boucs paissant (rehauts rouges sur tous les animaux). — III. Dans la troisième zone plus étroite, deux lionnes tête de face affrontées, bouc affronté à lionne tête de face, bouc paissant.

Décor semblable à E 838.

Terre claire, un peu rosée, surface orangée. Peinture en noir peu lustré. Retouches rouges et blanches. Incisions assez soignées. Style un peu négligé. Bon état de conservation. Haut. 0,335.

(Inv. Campana 282). Même provenance.

Vue d'ensemble dans notre pl. 59. Cf. *Cataloghi Campana*, IV-VII, n° 1108; Holwerda, *l. c.*, n° 20; Thiersch, *l. c.*, n° 8 (Holwerda et Thiersch ont fait erreur dans le nombre des hommes du sujet *B*).

E 851. Amphore (même forme). — La panse est divisée en trois zones circulaires. — I. La première, un peu plus haute que la seconde, comprend deux sujets. *A.* **Hercule et l'Hydre de Lerne**. Au centre, Athéné debout, drapée, tenant de la main gauche un rameau feuillu, de la droite sa lance (chairs blanches, tunique talaire, himation rouge à bordure en pointillé blanc, casque à cimier haut), regarde vers la droite Hercule qui marche à grandes enjambées (cheveux et barbe rouges, tunique courte blanche, peau de lion nouée par-dessus et serrée à la taille par une ceinture, fourreau d'épée au côté gauche). Le héros brandit de la main droite une grande épée (poignée blanche) et saisit de la main gauche un des dix corps de serpent dressés que lance contre lui l'hydre de Lerne, étendue à terre sous forme de gros poulpe, et dont deux lui mordent la jambe gauche; déjà un des corps de serpent est privé de sa tête. De l'autre côté de l'hydre, Iolaos accourt, vêtu en hoplite (casque rouge à cimier bas, tunique blanche et par-dessus cuirasse ciselée, épée au côté gauche); il saisit de la main gauche une tête de serpent, élevant la main droite en l'air (partie mal indiquée et restaurée), probablement avec un tison allumé pour brûler les plaies. Derrière Athéné, Hermès barbu (pétase rouge, tunique courte avec rehauts rouges et bordure en pointillé blanc, talonnières ailées à ses brodequins) porte un grand caducée et se retourne en arrière avec un geste de la main droite vers une femme (chairs blanches, tunique, himation rouge, tête mal restaurée), qui tient d'une main une couronne et de l'autre la bride d'un cheval marchant vers la gauche et flanqué d'un autre cheval (on voit huit jambes et deux queues, mais une tête unique mal restaurée). — *B.* **Cavaliers**. Quatre éphèbes nus à cheval galopent vers la gauche; le troisième cheval est blanc, les autres noirs avec rehauts rouges (les jambes de derrière du quatrième cheval ne sont pas faites et se perdent sous l'attache de l'anse). — Dans les deux zones inférieures, **Animaux passant**. II. Deux sphinx accroupis (ailes recoquillées) de chaque côté d'un ornement floral (lotus et palmettes reliés par des entrelacs), lion marchant et tirant la langue, deux oiseaux (aigles?) posés et retournant leurs têtes entre deux sirènes affrontées (ailes recoquillées, petite rosace incisée entre les deux oiseaux), lion marchant et tirant la langue. — III. Dans la troisième zone plus étroite, deux lionnes opposées et retournant leur tête de face entre deux boucs paissant, deux lionnes opposées dont les têtes de face se touchent.

Noir dans l'embouchure avec deux cercles rouges, sur le rebord et sur les anses. De chaque côté du col, cinq lotus opposés à des palmettes et reliés par des entrelacs (rehauts rouges). A la base du col, anneau saillant en rouge. En haut de l'épaule, godrons noirs et rouges. Sous la première zone, deux filets noirs; sous les autres un seul. Près de la base, arêtes noires rayonnantes. Le pied noir avec deux cercles rouges.

Terre jaunâtre, surface orangée. Peinture en noir peu lustré qui, en grande partie, a tourné au jaune. Retouches rouges et blanches. Travail d'incisions assez soigné. Le vase brisé en plusieurs morceaux a été recollé avec quelques restaurations, mais peu importantes. Haut. 0,40.

(Sans numéro d'inventaire). Ancienne collection Bassoggio. Provenance inconnue, mais probablement la même que pour les précédents.

Vue d'ensemble dans notre pl. 59.

Publié par Welcker, *Monumenti Inst.* III, pl. 46, n° 6; *Annali*, 1842, p. 104; S. Reinach, *Répertoire des Vases*, I, p. 118, n° 6. Cf. Holwerda, *op. l.*, n° 22; Thiersch, *op. l.*, n° 11.

E 852. Amphore (forme analogue). — La panse est divisée en quatre zones circulaires, dont une d'ornements. — I. La première comprend deux sujets. *A.* **Naissance de Minerve**. Au centre, Zeus barbu, assis sur un trône à pieds en griffes dont le dossier se recourbe en tête de cygne, les pieds posés sur un tabouret, tient de la main gauche le foudre, de la main droite un sceptre terminé en bouton de lotus (tunique talaire blanche, himation rouge). Devant lui, sur le même tabouret, est debout une des déesses de l'accouchement élevant de la main droite une couronne (chairs blanches, tunique talaire, himation en écharpe sur les bras par derrière); derrière lui, l'autre déesse, Eilithyie, lui soutient la tête des deux mains (chairs blanches, tunique rouge, himation constellé de croix incisées). A gauche, s'avance Dionysos barbu (grosse couronne de pampres, barbe rouge, corps complètement restauré), puis Aphrodite drapée et voilée (chairs blanches, visage presque disparu, corps restauré) qui est tournée vers Arès barbu, appuyé sur sa lance et tenant son bouclier (des repeints, casque à cimier bas et blanc, tunique courte blanche sous la cuirasse, bouclier rouge à rebord pointillé blanc); Latone drapée le suit, les deux mains avancées (chairs blanches, tunique talaire, himation rouge repeint). A droite, Poseidon barbu (tête refaite, himation laissant le corps en partie nu), appuyé sur une lance, converse avec Amphitrite drapée (en partie ruinée et retouchée), suivie d'un homme barbu, nu, portant une lance, qui se retourne et fait un geste de la main droite vers le groupe précédent, tandis qu'Héphaistos fuit à droite, tenant la hache de la main droite (ces deux personnages en très grande partie refaits). La plupart des divinités sont nommées par des inscriptions : ΙΔΕVϟ (rétrograde) et près du trône ⊕ΡΟΝΟϟ, ΗΙ⅃ΕΙΘVϜ, ΔΙΟΝVϟο.., ΑΦΡο. ΙΤΕ (rétrograde), Α.Ε., ⅃ΕΤΟ, ΠΟϟΕΙΔΟΝ, (rétrograde), ΑΜΦ.. ΡΙΤ... — *B.* **Rapt de Déjanire et mort de Nessos**. Au centre, Déjanire se retournant et faisant un geste d'appel (chairs blanches, tunique talaire à rehaut rouge, bracelet au poignet droit) est assise sur le dos du Centaure Nessos, barbu, qui la tient par le pied gauche et qui, fuyant à droite, se retourne en arrière et étend la main droite comme pour se défendre; il fléchit sur les jambes de devant, pendant qu'Hercule nu (cheveux et barbe rouges, baudrier blanc, fourreau au côté gauche, brodequins aux pieds) lui enfonce dans la croupe la pointe de sa grande épée (rouge avec poignée blanche) et le retient de la main gauche par sa queue de cheval. A gauche, Athéné drapée, tenant un sceptre terminé en lotus (chairs blanches, tunique talaire, himation à bandes noires et rouges) considère la scène; derrière elle, Hermès (cheveux et barbe rouges, court himation rouge sur tunique blanche, talonnières ailées) tient une lance. A droite, une femme drapée, Dipylé (chairs blanches, himation sur tunique talaire, corps très restauré) paraît saisir avec la main une mèche de cheveux du Centaure Nessos. Plus loin et tournant le dos, le roi Oineus, barbu et drapé (blanc sur les cheveux, himation rouge repeint sur tunique blanche), tient un sceptre et converse avec une femme drapée (forts repeints); puis un groupe de deux femmes drapées causant (très restauré et refait). Plusieurs personnages sont désignés par des inscriptions : ΔΕΙΑΝΙ. ΡΛ, ΝΕ≷Ο≷, ΕΡΑΚΙΓ≷, ΑΘΕΝΑΙΑ, . . . ΜΙ≶, ΔΕΙΠVLF (rétrograde), ΟΙΙ FV≷ (rétrograde). — II. Zone d'**Ornements**. Elle est entièrement formée de lotus opposés à des palmettes et reliés par des entrelacs avec rehauts rouges (une grande partie de cette frise est refaite). — III. **Concours de course à cheval**. Trépied vers lequel courent onze éphèbes nus sur des chevaux au galop (le premier cheval presque entièrement refait, le second blanc avec crinière noire, le troisième avec rehaut rouge repeint, le quatrième avec col et tête refaits, le cinquième et le sixième à crinière blanche, le septième à rehaut rouge sur le col, le huitième à crinière rouge, le neuvième en partie refait, le dixième blanc à crinière noire, le onzième en partie refait). — IV. Zone d'**Animaux passant**. Bélier entre deux lionnes tête de face, un bouquetin entre deux lionnes tête de face, une lionne semblable affrontée à un bouquetin.

Tout le col et les anses sont refaits, sans noir dans l'embouchure, avec noir sur le rebord et sur toute l'anse, avec des lotus et palmettes à rehauts rouges et entrelacs de chaque côté du col. En bas du col, anneau saillant en rouge (repeint). Sur l'épaule, godrons noirs et rouges (en grande partie refaits). Sous la première zone deux filets noirs, sous les autres un seul. Près de la base, arêtes noires rayonnantes. Le pied noir avec traces de cercle rouge.

Terre jaune, surface orangée. Peinture en noir peu lustré. Retouches rouges et blanches. Travail d'incisions assez soigné dans les parties antiques. Les repeints et les restaurations sont très importants dans toutes les parties du vase, mais les groupes du centre en *A* et en *B* sont à peu près saufs. Haut. 0,41.

(Inv. Campana 271). Trouvé en Étrurie, à Caeré, et entré en 1863.

Publié par Roulez, *Monumenti Inst.* VI, pl. 56, nos 3 et 4; *Annali*, 1861, p. 299; S. Reinach, *Répertoire des Vases*, I, p. 156; détail du groupe central de *A* dans le *Dict. des Antiquités* de Saglio, fig. 3956. Cf. *Cataloghi Campana*, IV-VII, n° 1081 ; Dumont et Chaplain, *Céramiques*, I, p. 331-332; Loeschcke, *Arch. Zeitung*, 1876, p. 108-119; Holwerda, *ouvr. cité*, n° 1; Thiersch, *ouvr. cité*, n° 89. Pour les inscriptions, cf. Kretschmer, *Die griech. Vaseninschriften*, p. 103 et 157; Thiersch, p. 19.

E 856. Amphore (forme analogue, col plus large). — La panse est divisée en deux zones circulaires. — I. La première, plus large, comprend deux sujets. *A*. **Combat d'Hercule et des Amazones** (toutes les couleurs ont été repeintes). Au centre, Héraclès barbu (peau de lion sur la tête, nouée sur la poitrine, pattes pendantes entre les jambes) brandit de la main droite une grande épée et saisit de la main gauche le cimier du casque d'une Amazone qui s'affaisse en fuyant à droite et retourne la tête vers son adversaire (casque à cimier haut, tunique courte, cnémides); elle tient de la main gauche un bouclier rond par l'armature intérieure, et de la main droite sa lance. A gauche, un hoplite barbu (casque à cimier bas, corps nu, cnémides), le bras passé dans l'armature de son bouclier rond, darde sa lance contre une Amazone tombée sur les deux genoux et retournant la tête vers son adversaire (casque à cimier haut, tunique courte, épée au côté, cnémides) ; elle tient de la main gauche un bouclier rond. A droite, deux hoplites se font face, dardant leur lance l'un contre l'autre et portant un bouclier, l'un à double échancrure, l'autre rond (casques à cimier bas, cnémides; celui de gauche a le corps nu, l'autre une cuirasse sur tunique courte, épisème en rosace sur son bouclier). Dans le champ, inscriptions : ΗΕΡΑΚLΕ≷, Α.Λ.ΟΙΛΙ, ΛΟΛΙΓΙΚΙ (rétrograde), Ι≶ΟΙ≶ΟΟΝ≶. — *B*. **File de guerriers**. Six hoplites barbus, debout les uns derrière les autres, tenant une lance et se couvrant d'un bouclier rond (casques à cimier bas, cnémides). Sur chaque bouclier, un épisème blanc effacé (on distingue encore sur le second une branche de feuillage, sur le troisième un bucrâne, sur le cinquième un oiseau volant, sur le sixième une colonnette dorique). — II. Zone d'**Animaux passant** (repeints). Deux sphinx affrontés entre deux lions rugissant qui retournent la tête, un bélier paissant entre deux lionnes tête de face.

Noir dans l'embouchure, sur le rebord, sur les anses. Sur le col, au-dessus de *A* bande de lotus opposés à des palmettes et reliés par des entrelacs (rehauts rouges) ; au-dessus de *B* motif floral en lotus accostés de palmettes. A la base du col, anneau saillant. En haut de l'épaule, godrons noirs et rouges. Sous la première zone, deux filets noirs ; sous la seconde, un seul. Près de la base, arêtes noires rayonnantes. Le pied noir.

Terre jaune clair, friable. Surface usée. Peinture en noir peu lustré avec rehauts rouges. Incisions rapides. Comme on le voit dans le sujet *B* qui a été respecté, les couleurs noires et rouges ayant en grande partie disparu, on a repeint le sujet *A* tout entier, ainsi que la zone II et les ornements de ce côté du vase, et l'on a refait les incisions. Mais il n'y a pas de cassure ni de recollage. Haut. 0,39.

(Inv. Campana, numéro disparu). Même provenance.

Vue d'ensemble dans notre pl. 59. Cf. *Cataloghi Campana*, IV-VII, n° 1099; Corey, *De Amazonum antiq. figuris*, 1891, p. 6 et 7.

E 857. Amphore (même forme). — La panse est divisée en deux zones circulaires. — I. La première, plus large, comprend deux sujets. *A*. **Mort de Méduse**. Deux Gorgones, têtes de face hideuses, tirant la langue, entourées de serpents dressés, les ailes déployées (l'une à ailes recoquillées, l'autre à ailes d'oiseau), courent à toutes jambes vers la droite, le bras gauche levé (tunique courte à broderies incisées, talonnières ailées aux pieds). A gauche, Méduse est tombée en avant, sur les mains (ailes recoquillées, costume analogue à celui de ses sœurs) ; de son tronc décapité sort une tête humaine (celle de Chrysaor). A droite, Hermès marche, tenant un grand caducée, et retourne la tête vers la Gorgone (pétase, tunique courte et himation, talonnières ailées, chevelure et barbe rouges). Persée est absent de la scène. Près d'Hermès, inscription : ΗΕΡΜΙϹ (rétrograde). Près de chaque Gorgone, une inscription dénuée de sens : ΝΟΙVΤΟΛΙΟ, ΝΟΙΟΙVΙ, ΝΛΟΝΙΛΟΙ (rétrograde). — *B*. **Cavaliers et hoplites**. Deux hoplites debout (refaits), tenant une lance et couverts par un bouclier rond, entre deux hoplites cavaliers (restauration mal comprise ; la partie supérieure des cavaliers est refaite). Sous chaque cheval, inscription dénuée de sens : ΓΚΙΟ. . ΙΟ et ΝΟ≷ΙΟΤΟ (rétrograde). — II. La seconde zone, plus étroite, comprend deux sphinx opposés (ailes d'oiseau), retournant la tête entre deux lions rugissant qui retournent la tête, deux bouquetins (mal restaurés) entre deux lionnes tête de face, bouc marchant.

Noir dans l'embouchure avec deux cercles rouges. Noir sur le rebord et sur le dessus des anses. Sur le col, au-dessus de *A*, huit lotus opposés à des palmettes et reliés par des entrelacs ; au-dessus de *B*, un motif floral en lotus et palmettes reliés par des entrelacs. A la base du col, anneau saillant. En haut de l'épaule, godrons noirs et rouges. Sous chaque zone, deux filets noirs. Près de la base, arêtes noires rayonnantes. Le pied en noir avec cercle rouge.

Terre jaune clair, surface orangée. Peinture en noir tourné presque complètement au brun jaune. Les retouches rouges ont en partie disparu. Travail d'incisions soigné. Fortes restaurations et repeints au revers *B*. Haut. 0,41.

(Inv. Campana 285). Même provenance.

Publié par Kluegmann, *Monumenti dell' Inst.* VIII, pl. 34, n° 2; *Annali*, 1866, p. 447; S. Reinach, *Répertoire des Vases*, I, p. 172, n° 4; Thiersch, *Tyrrhenische Amphoren*, pl. 2, n° 5. Cf. *Cataloghi Campana*, IV-VII, n° 1108; Dumont, *Monuments publ. par l'Assoc. des étud. grecq.*, 1878, p. 22; Dumont et Chaplain, *Céramiq.* I, p. 333; Holwerda, *op. l.*, n° 4.

E 858. Amphore (même forme). — La panse porte une seule zone circulaire divisée en deux sujets. *A*. **Sirène, femmes et cavaliers**. Au centre, deux femmes drapées se font vis-à-vis, l'une tenant une couronne, l'autre un rameau feuillu (chairs en blanc, chevelure pendante, tunique talaire, himation avec rehauts rouges), de chaque côté d'une petite Sirène à tête d'homme barbu et aux ailes déployées. A gauche, un éphèbe coiffé d'un pétase, tenant de la main gauche une baguette ou un sceptre de héraut (tunique courte rouge) sur un cheval au galop (crinière rouge); à droite, un cavalier analogue (sceptre terminé par un anneau, court himation ou tunique à manches rouges, rehaut rouge sur le col du cheval). — *B.* **File de guerriers.** Sept hoplites, dont le cinquième retourne la tête en arrière, marchent à la file vers la gauche, tous coiffés d'un casque, tenant deux lances et le corps couvert par un grand bouclier rond porté sur le bras gauche (le premier avec cercle rouge a pour épisème un trépied blanc, le second rouge avec traces d'un épisème blanc, le troisième porte une protome de taureau blanc, le quatrième une jambe humaine en blanc, le cinquième une protome d'animal en blanc, le sixième rouge avec traces d'un ornement noir, le septième avec cercle rouge et centre blanc ; rehauts rouges sur trois des casques dont le cinquième est à phalos double, le quatrième et le sixième à cimier retouché de blanc, le septième surmonté de deux ramures).

De chaque côté du col, même ornement floral que dans E 838. Noir dans l'intérieur avec deux cercles rouges ; rebord et dessus des anses noir. Anneau saillant à la base du col. Deux filets noirs sous les pieds des personnages. Tout le bas de la panse noir avec deux cercles rouges. Le pied noir avec cercle rouge. Sous le pied, marque incisée et traces d'une marque au trait rouge -<ᛒ 8

Terre jaune pâle, surface un peu orangée. Peinture en noir peu lustré. Retouches rouges et blanches. Incisions rapides. Bon état de conservation. Haut. 0,295.

(Inv. Campana 249). Même provenance.

Vue d'ensemble et détail de *B* dans notre pl. 59. Cf. Holwerda, *Jahrbuch Inst.* 1890, p. 249, n° 64.

E 860. Amphore (même forme). — La panse porte une seule zone circulaire, divisée en deux sujets. — *A.* **Dionysos et son thiase.** Au centre, Dionysos barbu, debout et drapé (couronne de pampres blancs, tunique blanche, himation rouge), tient de la main gauche un canthare et se tourne à droite devant un cep chargé de pampres noirs et rouges et de grosses grappes de raisin noires et blanches, qui occupe toute la partie droite ; devant lui, un pliant. Derrière lui, une femme drapée (chairs blanches, tunique talaire et himation) tient une couronne de chaque main, puis deux hommes barbus (l'un avec tunique courte rouge, l'autre nu avec barbe rouge) dansent avec des gestes burlesques. — *B.* **Sujet analogue.** Dionysos barbu (même couronne, tunique courte rouge) chevauche un grand mulet (rehauts blancs et rouges) que saisit par la queue à droite un Silène barbu, nu (rehauts rouges sur le torse, queue de cheval blanche), suivi de deux autres Silènes nus, dansant avec des gestes burlesques (le premier a la tête de face, les cheveux et la barbe rouges, le second des rehauts rouges sur le torse). A gauche, devant Dionysos, deux hommes nus, barbus (rehauts rouges sur la barbe et les cheveux de l'un, sur le torse de l'autre) dansent aussi en gesticulant.

Noir dans l'embouchure avec deux cercles rouges. Rebord et anses en noir. De chaque côté du col, cinq lotus opposés à des palmettes et reliés par des entrelacs. A la base du col, anneau saillant en rouge. Sur l'épaule, zone de godrons noirs et rouges. Sous les personnages, un gros filet noir. Sur le reste de la panse toute noire, deux cercles rouges. Le pied noir. Sous la base, traces de rouge.

Terre jaunâtre un peu foncé, surface orangée. Peinture en noir peu lustré. Retouches rouges et blanches. Incisions rapides. Assez bon état de conservation. Haut. 0,38.

(Inv. Campana 245). Même provenance.

Vue d'ensemble dans notre pl. 60. Cf. Holwerda, *Jahrbuch Inst.*, 1890, p. 249, n° 62.

E 861. Amphore (forme analogue, panse très rebondie). — La panse est décorée de deux zones de figures. — I. La première, très haute, est séparée en deux sujets par une large partie noire à l'attache des anses. *A.* **Naissance de Minerve.** Au centre, Zeus barbu (bandeau avec rosace incisée sur les cheveux), assis sur un siège à griffes de lion, que soutient un petit Silène nu, vu de face et formant cariatide, tient de la main gauche le foudre et presse sa main droite contre son flanc : de son crâne sort la petite tête casquée d'Athéné. Les deux déesses de l'accouchement, les Ilithyies, sont debout de chaque côté, lui soutenant la tête (œil incisé ovale, chairs blanches effacées, tunique talaire, une seule avec himation). A gauche, Dionysos barbu, debout, drapé, tenant une corne à boire de la main gauche (grosse couronne de pampres, tunique rouge effacé, himation), déesse debout (Héra ?) drapée et tenant un sceptre de la main droite (chairs blanches effacées, tunique talaire et himation rouge). A droite, Poseidon barbu, debout, drapé, tient le trident (tunique talaire, himation à rebord incisé), suivi de trois femmes drapées (Néréides ?), unies dans un seul groupe et sans qu'aucun bras soit visible (chairs blanches disparues, tunique talaire). — *B.* **Joueurs de lyre.** Quatre hommes drapés marchent vers la gauche, jouant de la lyre. Le premier et le troisième s'avancent à grandes enjambées, dans un mouvement de danse (tunique talaire et himation avec rehauts rouges effacés ; tête du premier ceinte d'un bandeau avec rosace incisée ; le troisième imberbe, les autres barbus ; de la lyre du quatrième pend une bandelette ornée de croix incisées). — II. Zone d'**Animaux passant.** Cette zone très étroite comprend : deux sirènes opposées et retournant la tête (ailes recoquillées) entre deux cygnes, lionne marchant tête de face, deux cygnes affrontés entre deux sirènes retournant la tête (ailes d'oiseau), lionne marchant tête de face, deux sirènes opposées retournant la tête (rehauts rouges sur tous les animaux).

Noir dans l'embouchure, sur le rebord, sur le dessus des anses. De chaque côté du col, six lotus opposés à des palmettes et reliés par des entrelacs. A la base du col, anneau saillant. Au-dessus de chaque tableau, godrons en noir et en rouge effacé. Sous les personnages, deux filets noirs et une zone de lotus alternativement debout et renversés. Sous les animaux, un filet noir et un large cercle noir. Près de la base, double rangée d'arêtes noires rayonnantes. Le pied noir. Sous la base, marque incisée ∪ I.

Terre très claire, surface jaune pâle. Peinture en noir peu lustré, souvent tourné au jaune. Les retouches rouges et blanches qui existaient ont presque totalement disparu. Travail d'incisions soigné. Assez bon état de conservation. Haut. 0,38.

(Inv. Campana 273). Même provenance.

Vue d'ensemble (côté *B*) dans notre pl. 60.

Publié par Roulez, *Monumenti Inst.*, VI-VII, pl. 56, n° 2 ; *Annali*, 1861, p. 307 ; S. Reinach, *Répertoire des Vases*, I, p. 156, n° 3. Cf. *Cataloghi Campana*, IV-VII, n° 1087 ; Holwerda, *Jahrbuch Inst.*, 1890, p. 248, n° 57.

E 864. Petite Amphore (forme analogue). — La panse est décorée d'une seule zone circulaire, divisée en deux sujets. Les peintures sont très restaurées. — *A.* **Mort du géant Tityos.** A gauche, Latone debout, drapée, les deux mains avancées (chairs blanches, himation à rehauts rouges) ; Artémis tirant de l'arc (chairs blanches, casque rouge à haut cimier blanc, cuirasse rouge, épée blanche sur le côté gauche, tunique à croix incisées), précédée d'Apollon dans la même attitude (casque rouge à haut cimier blanc et rouge, tunique blanche, par-dessus laquelle est passée une peau de bête aux bouts pendants, talonnières ailées aux pieds, épée sur le côté gauche), marche rapidement à droite, visant le géant Tityos qui, tombé sur le genou droit, retourne la tête vers les assaillants et lève la main droite en l'air (cheveux et barbe rouges, corps nu piqué d'incisions pour imiter les poils). Au centre, entre Apollon et Tityos, se tient debout la mère du géant, Gè, la Terre, drapée, se retournant vers le dieu avec un geste de supplication, la main droite levée (chairs blanches, chevelure rouge, tunique rouge avec bande centrale noire incisée). Derrière Tityos, Hermès tient un grand caducée de la main droite et élève la main gauche (pétase, cheveux et barbe rouges, tunique courte rouge avec rehaut blanc, endromides rouges avec talonnières ailées). Tous les personnages, sauf Latone, sont désignés par une inscription : ΑΡΤΕΜΙϟ, ΑΓΟLΟΝ, ΛΕ, ΤΙΤVΟϟ, ΗΕΡΜΕϟ (rétrograde). — *B.* **Danseurs.** Entre deux grands coqs (rehauts rouges et blancs) dansent deux hommes nus, barbus, tenant d'une main une couronne, de l'autre main une lance.

Noir dans l'embouchure, avec un cercle rouge ; noir sur le rebord, sur le dessus des anses, sur le bas de la panse et sur le pied. De chaque côté du col, lotus opposés à des palmettes et reliés par des entrelacs (rehauts rouges). A la base du col, anneau saillant. Au-dessus des personnages, godrons noirs et rouges; au-dessous, un filet noir. Cercle rouge sur la panse noire.

Terre très claire, un peu rosée. Engobe blanc, visible en *B*. Peinture en noir, avec rehauts rouges et blancs. Incisions rapides. Presque toutes les parties colorées, y compris le noir, paraissent avoir été retouchées et repeintes par-dessus l'antique en couleurs peu solides. Haut. 0,285.

(Inv. Campana 268). Même provenance.

Publié par Preller, *Monumenti-Annali*, 1856, pl. 10; n° 1; Saglio, *Dict. des Antiquités*, II, fig. 2346; S. Reinach, *Répertoire des Vases*, I, p. 244. Cf. *Cataloghi Campana*, IV-VII, n° 127; Dumont et Chaplain, *Céramiq.*, I, p. 325 et note 6; Lœschcke, *Jahrbuch Inst.*, 1887, p. 278; Holwerda, *ibid.*, 1890, p. 249, n° 61; Kretschmer, *Vaseninschriften*, p. 204.

E 869. Hydrie (deux petites anses basses et horizontales, une troisième courte et verticale en arrière, un rebord divisé en quatre rainures, l'épaule en pente). — Le devant du vase est décoré de deux sujets superposés. — *A*. Sur l'épaule, une bande d'animaux, **Deux lions opposés entre deux sirènes** (ailes déployées, rehauts rouges). Dans le champ, six inscriptions dont cinq, quoique mal orthographiées, laissent reconnaître le nom des animaux (sirène, lion), ⸮IΛETON, ΛEONO (rétrograde), ΛIEOH (id.), ϟOIPO (id.), ⸮ΛEI (id.), et dont la sixième donne un sens complet : ϟIPENFIMI (je suis la sirène). — *B*. Sur la panse, le sujet principal, l'**Armement d'Achille**. Au centre, Thétis drapée (chairs blanches disparues, bandeau rouge dans les cheveux, tunique rouge) tend une couronne de la main droite et porte suspendu par un lien à son poignet gauche un grand bouclier à double échancrure (au centre cercle rouge et clous incisés sur les bords). A droite, deux Néréides la suivent, l'une portant une cuirasse vue de profil et, suspendu à un lien, un gros aryballe (blanc des chairs effacé, chevelure rouge, tunique talaire à bord incisé), l'autre portant un casque à haut cimier et, de la main gauche, suspendue à un lien, une paire de cnémides (blanc effacé, bandeau rouge dans les cheveux, tunique talaire à rebord incisé, himation rouge). A gauche, Achille nu (barbe et cheveux rouges), tenant une lance, saisit de la main gauche la couronne que lui tend Thétis. Derrière lui, et tournant le dos, Ulysse en hoplite armé (casque à cimier bas, lance, cnémides, bouclier rond à épisème blanc en tête de taureau et cercle rouge semé de points blancs). Les principaux personnages sont nommés par des inscriptions : ΘETI⸮ (rétrograde), ΓONTI (id.), A+IΛEVϟ, OΛVTEVϟ (rétrograde).

Noir dans l'embouchure, sur le rebord et le col, les anses, tout le revers de la panse et le pied. Anneau saillant à la base du col. En haut de l'épaule, godrons noirs et rouges. Entre les deux tableaux, pointillé noir entre quatre filets. De chaque côté de *B*, bande verticale de lotus noirs alternant avec des boutons rouges. Sous les personnages, deux filets noirs, une zone noire rehaussée de deux cercles rouges. Près de la base, arêtes noires rayonnantes.

Terre jaune assez pâle; surface orangée et sombre. Peinture en noir lustré. Retouches rouges et blanches (ces dernières en partie disparues). Travail d'incisions assez soigné. Assez bon état de conservation. Haut. 0,37.

(Inv. Campana 108). Même provenance.

Vue d'ensemble dans notre pl. 60. Cf. sur la sirène avec son inscription, Weicker, *De Sirenibus*, 1835, p. 52, note 1.

E 870. Hydrie (épaule plate, deux petites anses horizontales et une verticale en arrière, avec attache en forme de rivet). — Le devant du vase est décoré de deux sujets. — *A*. **Danseurs**. Sur l'épaule, kômos de huit hommes nus, dont six barbus dansent avec des gestes burlesques; le premier, imberbe, les regarde; le dernier, barbu et couronné de feuillages, joue de la flûte (rehauts rouges sur les corps nus). Dans le champ, inscriptions dénuées de sens, ONO, KVOVO, ΛOΓϟ (rétrograde), IONO (id.), ION (id.). — *B*. Sur la panse, le tableau principal, **Scène de combat**. Deux hoplites se font vis-à-vis, la lance haute, couverts par leurs boucliers ronds (casques rouges à cimier bas, tuniques courtes, épées au côté gauche, cnémides rouges, bouclier à épisème en rosace incisée, l'autre à intérieur rouge avec lanière), entre deux cavaliers barbus sur des chevaux piaffant; un des cavaliers retourne la tête en arrière (pour l'un, court himation rouge, rehauts rouge et blanc sur le cheval; pour l'autre, bandeau à pointillé blanc sur les cheveux, court himation rouge, rehaut rouge sur le cheval). Dans le champ, inscriptions dénuées de sens : NONO, ΛONΛO, KNOC (rétrograde).

Toute l'embouchure noire avec cinq cercles rouges; noir sur le col, les anses et tout le revers du vase, le pied sauf un cercle réservé en clair. Anneau saillant en rouge à la base du col. En haut de l'épaule, godrons noirs et rouges. Entre les deux tableaux, deux filets noirs. De chaque côté de *B*, bande verticale de feuilles de lierre rouges et noires. Sous les personnages, deux filets noirs, une bande de lotus opposés à des palmettes et reliés par des entrelacs (rehauts rouges), une zone noire avec deux cercles rouges. Près de la base, arêtes noires rayonnantes.

Terre jaune, un peu rosée; surface jaunâtre et lustrée. Peinture en noir lustré. Retouches rouges et blanches. Travail d'incisions soigné. Le vase, brisé en beaucoup de morceaux, a été recollé, mais sans restaurations importantes. Haut. 0,33.

(Inv. N 3505; MN 45). Acquis vers 1848. Sans provenance connue.

Vue d'ensemble dans notre pl. 60.

E 874. Grand Cratère ou Dinos (pas d'anses ni de pied; posé sur un haut support à tores saillants). — Le dinos et son support sont ornés de zones de figures et d'ornements. On compte sur le dinos six zones, dont une d'ornements; sur le bas du support, six zones, dont une d'ornements. — Sur le dinos : I. Grande zone circulaire, avec personnages largement espacés, sans ornements dans le champ. La scène comprend deux sujets, bien qu'il n'y ait aucune division matérielle. *A*. **Mort de Méduse et Persée poursuivi par les Gorgones.** A gauche, Hermès barbu, marchant vers la droite, tenant son caducée (pétase, tunique courte à bordures incisées, ailettes en avant de ses brodequins), et Athéné drapée, voilée (tunique brodée d'incisions, himation enveloppant le corps et remontant sur la tête, œil rond accosté d'incisions), regardent devant eux Méduse décapitée qui fléchit sur ses jambes, prête à tomber, tandis que le sang jaillit en languettes parallèles de son col (grandes ailes recoquillées, tunique courte à bordures incisées, ailettes en avant des brodequins). Devant elle courent ses deux sœurs, les Gorgones, la tête de face, hideuses, tirant la langue, la chevelure couronnée de serpents dressés (mêmes ailes, même costume avec des variantes dans le dessin des broderies). A droite, Persée barbu se sauve à grands pas (pétase, tunique courte à broderies incisées, brodequins à ailettes, grande épée suspendue par un baudrier sur le côté gauche). Le héros a l'air de se diriger vers un char qui l'attend, par une disposition ingénieuse de l'artiste, alors que ce char fait en réalité partie du second sujet. — *B*. **Scène de combat.** Entre deux chars à quatre chevaux (traces de rehauts rouges effacés sur les crinières des chevaux), montés chacun par un écuyer barbu (pétase, tunique talaire, bouclier suspendu dans le dos) qui tient les rênes et retourne la tête en arrière, combattent deux hoplites qui dardent leur lance l'un contre l'autre (casque à cimier bas et garde-joues, cuirasse ciselée sur tunique courte, boucliers ronds dont l'un est orné d'une tête de taureau vue de face et d'un cercle de postes incisées). — Les zones inférieures sont occupées par des **Ornements et Animaux passant.** II. Dans la seconde zone, un peu moins haute, grands lotus et palmettes reliés par des entrelacs (rehauts rouges effacés). — III. Dans la troisième zone, homme nu, barbu, agenouillé entre une lionne tête de face et un lion, sanglier marchant entre lionne tête de face et lion, bélier marchant entre les mêmes, bouquetin paissant entre les mêmes, deux sirènes affrontées (ailes recoquillées) entre deux lionnes tête de face (rehauts rouges tournés au violet effacé sur les animaux). — IV. Dans la quatrième zone, deux sirènes affrontées (ailes recoquillées) entre deux lions, cerf paissant entre deux lionnes tête de face, sanglier entre un lion et une lionne tête de face, gazelle paissant entre lion et lionne tête de face. — V. Dans la cinquième zone, bélier entre deux lionnes tête de face, deux sirènes affrontées entre deux lions, homme barbu et nu agenouillé entre une lionne tête de face et un lion, taureau entre une lionne tête de face et un lion. — VI. Dans la sixième zone, homme nu (restauré) entre deux lionnes tête de face, gazelle paissant entre lion et lionne tête de face, deux sphinx (ailes recoquillées) affrontés entre deux lions. — Le bas du support présente six zones d'**Animaux passant** et **Ornements**. I. Petit cygne posé entre deux lions affrontés, deux sirènes (ailes recoquillées) entre deux lionnes tête de face. — II. Les mêmes sujets. — III. Deux sirènes (ailes recoquillées) affrontées entre un lion et une lionne tête de face, cygne posé retournant la tête (restauré). — IV. Zone de lotus et de palmettes reliés par des entrelacs. — V. Sur le plat du pied, zone d'animaux : deux sirènes affrontées entre deux lions, gazelle paissant entre deux lionnes tête de face. — VI. Oiseau volant entre deux sphinx affrontés (ailes recoquillées) qui sont eux-mêmes placés entre deux lionnes tête de face (restaurations), bouquetin paissant entre deux lionnes tête de face, bélier entre lion et lionne tête de face.

Le rebord intérieur noir. Sur le plat de l'embouchure, lotus opposés à des palmettes et reliés par des entrelacs. En haut de l'épaule, godrons noirs. Au-dessus et au-dessous des deux premières zones, deux filets noirs; sous les autres, un filet noir. Sous le fond, une torsade circulaire entre quatre filets noirs et, au centre, une grande rosace noire en croissants. Le pied creux avec large vasque, en grande partie noire, pour recevoir le dinos, les quatre tores saillants en noir. Autour de la vasque, une zone de lotus opposés à des palmettes et reliés par des entrelacs (rehauts rouges tournés au violet). Sous la vasque, partie cylindrique ornée d'une zone semblable entre deux bandes de godrons noirs. Sur le milieu du fût, entre deux tores saillants, une torsade circulaire. Sous chaque zone, un filet noir. Sous la dernière, deux filets noirs et deux zones de godrons.

Terre rosée, surface jaunâtre. Peinture en noir lustré. Les retouches rouges devaient être plus nombreuses qu'elles ne paraissent; elles ont en grande partie disparu ou ont tourné au violet effacé. Il n'y a pas traces de blanc. Le vase et son pied, cassés en plusieurs morceaux, ont été recollés, sans restaurations importantes. Un des tores du pied est brisé en grande partie. Haut. totale, 0,93; haut. du pied, 0,59; haut. du dinos, 0,44.

(Inv. Campana 30). Trouvé en Étrurie et entré en 1863.

Publié dans le *Magasin Pittoresque*, 1872, p. 60.

Vue d'ensemble dans notre pl. 61; détails du sujet *B* et des zones III-VI dans notre pl. 60; du sujet *A* dans notre pl. 62. Cf. *Cataloghi Campana*, II, nº 25; Six, *De Gorgone*, pl. I, fig. III, 1 *c*; Dumont et Chaplain, I, p. 337, note 3; Holwerda, *Jahrbuch*, 1890, p. 245, nº 48.

E 875. Grand Cratère (forme analogue, sans son support). — La panse est divisée en trois zones circulaires. — I. **Combat d'Hercule et des Grecs contre les Amazones.** Hercule barbu (peau de lion recouvrant la tête et serrée à la taille, grand carquois dans le dos, fourreau d'épée au côté) brandit une longue épée et saisit de la main gauche par son casque l'Amazone Dromas, tombée sur le genou gauche et se couvrant avec son bouclier à double échancrure (retouches blanches disparues, œil incisé ovale, casque en calotte plate à haut cimier, tunique courte semée de croix incisées, épisème en rosace incisée au centre du bouclier). A droite, deux Amazones accourent, se couvrant d'un bouclier rond et dardant leurs lances hautes (mêmes casques, tuniques courtes, cnémides, yeux ovales). Derrière elles et leur tournant le dos, l'hoplite grec Lykos (corps nu, casque à cimier bas, cnémides) tient de la main gauche, par la lanière intérieure, son bouclier à double échancrure et darde sa lance contre l'Amazone Alaké (Glauké? même costume que Dromas) qui le menace aussi de sa lance; entre eux est étendu le corps d'un combattant tombé en avant sur les mains, la tête retournée en l'air (œil incisé ovale), dans une pose contournée qui rend la mort avec réalisme. L'hoplite grec Korax (même costume que Lykos) combat dans la même attitude l'Amazone Kallié (coiffée d'une calotte plate ornée de deux plumes, tunique courte à bordure incisée, cnémides) qui se couvre d'un grand bouclier à double échancrure (rosace incisée au centre) et lève sa lance contre son adversaire. Derrière elle sont agenouillées deux Amazones tirant de l'arc (casques en calotte à haut cimier, tuniques courtes dont l'une est semée de quadrillés et de croix incisées); la première porte sur le côté gauche un énorme carquois d'où sortent les extrémités de quatre flèches. L'Amazone Képès, le bras droit levé (sans lance visible, casque à cimier bas, tunique quadrillée, cnémides), le bras gauche passé dans l'attache de son bouclier rond, qu'elle tient de la main gauche par une lanière latérale, s'élance à grands pas à la rencontre de l'hoplite grec Mnésarchos, couvert d'un grand bouclier rond et dardant sa lance (casque à cimier bas, tunique courte, cnémides). Entre eux, un blessé barbu, dont le nom est effacé, sans casque, le corps nu, tenant une épée de la main droite, un bouclier de la main gauche, est étendu, le ventre à terre, et se soulève en retournant le haut de son corps pour regarder l'Amazone qui va l'achever. L'Amazone Kleptolémé (bonnet asiatique à bouts pendants, tunique courte à bordures incisées, cnémides), le bras gauche passé dans l'armature de son bouclier, darde sa lance contre l'hoplite grec barbu Deiptès (casque à cimier bas, corps nu) qui lui fait face, la lance haute, couvert d'un grand bouclier à double échancrure (rosace incisée au centre). Entre eux, est étendu sur le dos le corps d'un guerrier mort, la jambe gauche repliée, son bouclier sur sa poitrine (œil incisé ovale). Un hoplite barbu, Télamon (casque à cimier bas, cuirasse sur tunique courte, cnémides, épée au côté gauche), perce de sa lance et saisit par la nuque en la courbant avec force la tête d'une Amazone accroupie, tombant en arrière et s'appuyant sur un bouclier rond (bonnet asiatique quadrillé, tunique à croix incisées, œil ovale). L'Amazone Hégésos se porte à son secours, dardant sa lance, couverte par un bouclier rond (casque en calotte plate avec cimier haut, tunique, cnémides); elle est en arrière-plan et à demi cachée par un archer asiatique barbu, agenouillé et tirant de l'arc vers la droite (sorte de pétase conique, tunique courte à croix incisées, grand carquois dans le dos). L'hoplite Deinoléthès (Deinosthénès ?) marche à droite, le bras gauche passé dans l'armature de son bouclier et tenant la courroie latérale, dardant sa lance (casque à cimier bas, tunique en partie incisée et restaurée, cnémides); près de lui, en arrière-plan, on voit la tête et le bras (restaurations) de l'Amazone Toschophlé (Toxophoné ?), qui tient son bouclier horizontalement et darde sa lance (bonnet asiatique quadrillé; le bas du corps n'est pas figuré et cet endroit a souffert des restaurations). Tous deux font face à un guerrier barbu asiatique, dont le nom est effacé, et qui s'avance tête baissée, tenant une grande épée (casque en calotte plate avec garde-joues et surmonté d'une longue queue qui flotte en arrière), saisissant de la main droite le haut du casque d'un hoplite grec blessé, qui s'affaisse en arrière, tenant de la main gauche une longue épée, le bras droit passé dans l'armature intérieure de son bouclier rond et saisissant de la main la courroie latérale (casque à double cimier haut, cuirasse sur tunique courte). Derrière lui, s'avance l'Amazone Médasas, dardant la lance, couverte d'un grand bouclier à double échancrure (œil ovale, bonnet asiatique quadrillé); elle est en arrière-plan et à demi cachée par un archer asiatique agenouillé qui tire de l'arc vers la droite (bonnet asiatique à croix incisées, tunique à croix et bordures incisées, sur le flanc gauche carquois d'où sortent les extrémités de cinq flèches). Du même côté, s'avancent deux hoplites, dont le premier est nommé Antéréas, le bras gauche passé dans l'armature d'un bouclier rond et la main tenant la courroie latérale, la lance haute (casque à cimier bas, tuniques, cnémides; restaurations dans les têtes et dans les corps). Devant eux et leur faisant face, un archer asiatique barbu, nommé Euphorbos, agenouillé, tire de l'arc (bonnet asiatique, tunique à quadrillé et croix incisées, grand carquois au côté gauche). Près de lui, en arrière-plan, deux hoplites grecs couverts de boucliers ronds et dardant leur lance (casques à cimier bas, tunique courte, cnémides); un d'eux est désigné par un nom incomplet. Enfin, terminant la zone, un hoplite grec, désigné par un nom incomplet (même costume que le précédent, avec cuirasse ciselée sur la tunique), marche à grandes enjambées, saisissant par le torse et prêt à percer de son épée l'Amazone Pisto... ; elle fuit à droite et tombe, s'appuyant contre terre sur son bouclier rond à attaches intérieures et se retournant pour donner un coup d'épée à son adversaire (casque en bonnet asiatique à haut cimier, œil ovale, tunique courte à bordure incisée). Derrière elle, l'hoplite Léon (bouclier échancré, casque à cimier bas, corps nu) se porte à son secours en compagnie d'une Amazone (œil ovale, casque en calotte plate à cimier haut, bouclier vu de profil), tous deux dardant la lance haute. Des inscriptions nomment un assez grand nombre de personnages : ΗΕΡΑΚLΕϟ, ΔΡΟΜΑϟ, ΦΚΠΟΣ, LVϘΟϟ, ΑLΑΚΕ, ϘΟΡΑΧϟ, ΚΑLLΙΕ, ΚΕΠΕϟ, ΟV.ΜΟϟ, ΜΝΕϟΑΡ+Οϟ (les trois dernières lettres en seconde ligne rétrograde), ΚLΕΠΤΟLΕΜΕ, ΔΕΙΠΤΕϟ, ΤΕLΑΜΟΝ, ΕΛΕΣΟϟ (rétrograde), ΔΕΙΛΟLΕΦΕϟ, ΤΟϟΧΟΦLΕ, ..ΑΙΕΑ, ΜΕΔΑϟΑϟ (rétrograde), ΑΝΤΕΡΕΑϟ, ΕVΦοΡΒΟϟ,. ΡΑΤL|.., ΙΕL.., ΠΙϟΤΟ..., LΕΟΝ. — II. **Concours de course à cheval.** Devant un arbitre drapé, imberbe, s'appuyant sur une longue baguette, six éphèbes nus à cheval partent au galop vers la droite ; le troisième et le cinquième, tenant une houssine de la main droite, se retournent en arrière, le sixième tient aussi une houssine et touche au but représenté par une colonnette dorique, derrière laquelle se tient debout un arbitre drapé, imberbe, faisant un geste de la main droite (restauré). Derrière lui, sont placés les prix du concours, un grand trépied entre deux personnages imberbes drapés (restaurations), un second trépied près d'un troisième personnage drapé (restauré), trois autres trépieds semblables, puis un groupe de deux arbitres drapés, appuyés sur leur longue baguette et conversant, l'un imberbe (restauré), l'autre barbu et levant la tête en l'air. Derrière eux, trois cratères sans anses (dinoi) sont entassés l'un sur l'autre, autre dinos posé par terre devant un trépied, puis deux autres trépieds. — III. La troisième zone, plus étroite, contient des **Animaux paissant.** Bouquetin paissant entre deux lionnes tête de face, lionne semblable devant un bouquetin paissant, même groupe, lionne devant un bélier.

Intérieur noir. Sur le plat de l'embouchure, zone de lotus opposés à des palmettes et reliés par des entrelacs (traces de rehauts rouges). Sur l'épaule, zone de godrons noirs et, en dessous, torsade entre deux filets noirs. Sous les deux zones de personnages, deux filets noirs. Sous la zone d'animaux, une large bande noire entre deux filets. Sous la base, une grande rosace en trois croissants.

Terre jaunâtre. Peinture en noir lustré, qui a souvent tourné au brun jaune. Les retouches rouges ont en grande partie disparu, et les retouches blanches (sur les chairs de femme) ont totalement disparu. Travail d'incisions soigné. Le vase, brisé en un grand nombre de morceaux, a été recollé et restauré. Haut. 0,34. Diamètre de l'embouchure 0,30.

(Inv. Campana 36). Trouvé en Étrurie et entré en 1863.

Vue d'ensemble publiée dans notre pl. 62. Cf. *Cataloghi Campana*, sér. II, n° 27 ; Dumont et Chaplain, *Céramiq.*, I, p. 335-337 ; Corey, *De Amazonum antiquissimis figuris*, p. 9 et 10 ; Kretschmer, *Vaseninschriften*, p. 101.

E 876. Grand Cratère (forme analogue, mal restaurée avec un col haut). — La panse est divisée en trois zones circulaires de personnages. — I. Zone très étroite formant une frise de petites figures au nombre de plus de soixante. Deux séparations, indiquées par deux traits verticaux, divisent cette frise en deux parties à peu près égales. *A.* **Scènes de banquets.** Sept lits de banquet (et un huitième manquant à droite) avec une petite table posée par devant et chargée du repas ; sous la quatrième table un tabouret, sous toutes les autres un chien en train de dévorer les détritus (un seul jappant en retournant la tête) ; sur chaque lit, deux convives sont étendus (homme barbu et éphèbe, homme barbu tête de face et homme barbu de profil, deux éphèbes se regardant, deux éphèbes retournant la tête pour regarder, à droite du lit, une femme drapée debout qui joue de la double flûte, homme barbu et éphèbe, lacunes dans les trois derniers lits). Dans le champ, au-dessus des convives, sont suspendues quatre coupes et une couronne. — *B.* **Polyxène à la fontaine.** Une lacune a fait disparaître Achille en embuscade derrière un arbrisseau feuillu, dont une moitié est conservée et qui s'élève derrière une fontaine (mur à appareil quadrillé, tête de lion crachant l'eau dans une vasque), sur laquelle est posé un oiseau. Polyxène (traces de chairs blanches, tunique talaire à rehaut rouge) arrive devant la fontaine, portant à deux mains son hydrie. Derrière elle, Troïlos marche à pied (tunique courte), à côté de ses deux chevaux qu'il tient par la bride ; il est suivi d'un oiseau volant, de six Troyens armés (casques à cimier bas, cnémides), couverts de leurs boucliers ronds (pas de lances visibles), et d'un cavalier (casque, bouclier rond, lance), ayant à côté de lui un second cheval et escorté d'un oiseau volant. — *C.* **Combat des Lapithes et des Centaures.** Un Lapithe (casque à cimier bas, tunique courte) darde sa lance haute et tient horizontalement son bouclier dont l'épisème saillant est formé par une tête de taureau. Un Centaure lui tournant le dos porte à deux mains une grosse pierre (traces de blanc) qu'il va précipiter sur la tête du Lapithe Kaineus à demi agenouillé (même costume que l'autre, grande épée au côté, bouclier tenu horizontalement), qui se retourne pour donner un coup de lance à un second Centaure, tenant des deux mains sur sa croupe de cheval une grosse pierre (couleur blanche). Plus loin, un Lapithe (casque à cimier bas, corps nu, bouclier à double échancrure) s'élance l'épée nue à la main contre un Centaure qui fuit à droite, retournant le buste et tendant ses deux mains vides comme pour supplier (visage disparu dans une cassure), pendant que par terre gît le corps d'un Lapithe blessé, étendu sur le ventre (œil incisé ovale, casque à plume, tunique courte), qu'un Centaure se prépare à achever en jetant sur lui une énorme pierre (couleur blanche). Derrière ce Centaure est placé debout un Lapithe (casque à cimier bas, tunique courte, fourreau au côté) qui lève son épée, prêt à frapper, et tient son bouclier horizontalement (épisème saillant en tête de taureau). — *D.* **Réunion de Buveurs.** Un éphèbe nu, les jambes fléchies, marche en gesticulant vers la droite, précédé d'un joueur de flûte nu, portant une couronne suspendue à son poignet droit. Devant eux sont posés par terre une coupe à haut rebord et un grand cratère à oreillettes plates, au-dessus duquel est suspendue dans le champ une corne à boire. De l'autre côté du cratère marche vers la droite un éphèbe nu, les genoux fléchis, vers lequel se retourne un autre éphèbe nu, ithyphallique, portant une couronne suspendue au bras gauche ; groupe composé d'un jeune garçon nu, ithyphallique, levant la tête, entre deux hommes nus (visages endommagés par une cassure) qui se penchent vers lui ; éphèbe nu, ithyphallique, marchant vers la gauche et retournant la tête en arrière vers un groupe composé d'un homme barbu nu, planté debout, les deux mains basses, devant une œnochoé posée par terre, pendant qu'un joueur de flûte nu lui fait vis-à-vis. — *E.* **Le retour d'Héphaistos dans l'Olympe.** Silène à jambes humaines marchant à côté d'un taureau qu'il paraît conduire (dans le champ, coupe suspendue) ; Ménade drapée levant la main gauche (tunique talaire rouge) ; Silène à jambes de cheval jouant de la double flûte (couronne suspendue à sa verge ; dans le champ une coupe suspendue) ; Héphaistos barbu, drapé, à cheval sur un mulet ithyphallique (accessoire restauré, vase? suspendu à la verge de l'animal, visage du cavalier endommagé par une cassure). Il est précédé par Dionysos barbu, drapé (tunique rouge et himation), qui se retourne vers son compagnon avec un geste d'encouragement. Vers Dionysos s'avance Ariane drapée et voilée (tunique rouge, himation ramené sur la tête) ; elle est suivie de deux Silènes à jambes humaines, ithyphalliques. A droite, on aperçoit l'arrière-train d'un quadrupède (cheval?) en partie disparu sous une cassure, et les deux pieds d'une femme qui paraît danser ; plus loin les deux pieds d'un Silène dansant. La partie conservée (avec repeints sur la couleur noire) reprend avec un Silène tête de face marchant à gauche et dansant, suivi d'un autre Silène ithyphallique (dans le champ coupe suspendue), d'un Silène debout près d'un grand bouc qu'il parait conduire (formant pendant avec le Silène au taureau ; coupe suspendue dans le champ), enfin d'un Silène à jambes de cheval jouant de la double flûte (ustensile, le sac à flûte? suspendu à sa verge). Derrière lui, un groupe de deux Silènes se fait vis-à-vis, le second à jambes de cheval, élevant de la main droite une couronne et suivi d'une Ménade drapée qui paraît danser. — II. La seconde zone très large forme le sujet principal, **Combat de guerriers grecs**. Il n'y a pas de division matérielle, mais la composition compte deux scènes de combats, séparées à droite et à gauche par deux chars lancés au galop qui partagent la zone en deux parties à peu près égales. On distingue aussi une face et un revers, parce que l'exécution des personnages est beaucoup plus soignée et détaillée d'un côté. — *A*. Au centre, deux hoplites grecs barbus combattent sur le corps d'un troisième étendu par terre (il ne reste plus que le haut de son casque, la cuisse droite repliée et le pied) ; les deux combattants dardent leurs lances l'un contre l'autre, celui de gauche (casque rouge à palmette incisée et à cimier haut, cuirasse à ornements blancs sur tunique incisée de croix, cnémides, grande épée au côté), couvert par un bouclier de profil qui disparaît tout entier sous le grand bouclier rond de son adversaire (casque blanc à cimier noir et rouge, tunique courte, cnémides, jambe gauche mal restaurée, épée au côté, épisème blanc du bouclier en protome de lionne tête de face). A gauche, groupe de deux combattants barbus (parties repeintes dans les noirs); l'un tombé sur le genou, dardant sa lance et se couvrant d'un énorme bouclier rond (épisème en rosace incisée, casque à double cimier très développé, cuirasse sur tunique, épée au côté), l'autre debout, tenant son bouclier horizontalement et cherchant à frapper de sa lance (casque à cimier bas, tunique, épée au côté, cnémides, beaucoup de repeints dans les noirs); entre eux deux s'élève le bras d'un blessé étendu par terre et en partie disparu dans une cassure. A droite du groupe central, un hoplite barbu saisit par le cimier du casque son adversaire tombé sur un genou et s'apprête à le percer de sa lance (casque à palmette incisée et à cimier bas, tunique rouge par-dessus laquelle est posée une peau de bête serrée par une ceinture, épée au côté, jambes restaurées) ; le vaincu se couvre de son bouclier rouge, vu de profil, et dirige sa lance vers le ventre de son ennemi (casque à palmette incisée avec haut cimier blanc et rouge, cuirasse à ornements blancs sur une tunique incisée, épée au côté, cnémides, jambe gauche restaurée). Autre groupe de deux combattants sur le corps d'un troisième étendu sur le dos, les deux jambes repliées, la tête relevée et retournée (œil en deux petits traits incisés), la main étendue et crispée ; les deux adversaires se font vis-à-vis, couverts en partie par le grand bouclier rond de l'un d'eux (centre rouge avec épisème blanc en protome de lion rugissant, la patte levée), l'un dardant sa lance vers le bas (casque rouge à cimier bas, cuirasse sur tunique incisée à détails blancs et rouges, épée au côté, cnémides, jambes restaurées), l'autre en partie disparu sous une cassure (casque à cimier bas, tunique rouge, épée au côté, cnémides). Troisième groupe analogue de combattants, celui de gauche disparu en grande partie (jambes nues), celui de droite couvert par un grand bouclier à épisème blanc (tête de taureau de face), dardant sa lance (casque à cimier haut, tunique, épée, cnémides), ayant à ses pieds le corps étendu d'un mourant dans une attitude de contorsion irréalisable, le dos par terre, la tête complètement retournée, le menton contre le sol, le bras gauche étendu en arrière avec la main crispée, la main gauche près du flanc gauche (œil en deux petits traits incisés, casque à palmette incisée et à haut cimier, tunique rouge). — *B*. A droite et à gauche de cette scène, se place symétriquement l'épisode du **Char de guerre dans la bataille**. Du côté gauche, le char (rehaut rouge, roue à quatre rais) est monté par un guerrier (casque à cimier bas, tunique) couvert de son bouclier rond, dardant la lance et ayant à sa droite l'écuyer, en arrière-plan, qui porte un grand bouclier à double échancrure suspendu dans son dos et, les rênes en mains, guide les quatre chevaux qui galopent (le premier à crinière et à queue rouges, le troisième blanc à crinière rouge). Sous leurs jambes de devant, un guerrier blessé, barbu, s'affaisse en arrière (œil fermé avec les cils indiqués), tenant de la main droite sa lance et sur le bras gauche son bouclier rouge (casque à palmette incisée et à haut cimier, tunique courte, jambes disparues dans une cassure). Devant les chevaux un hoplite barbu darde sa lance et tient son bouclier élevé horizontalement (casque à cimier bas, tunique courte recouverte d'une cuirasse ciselée avec détails blancs et rehaut rouge, épée au côté, cnémides rouges) ; il est suivi d'un autre hoplite barbu qui s'avance à grands pas, la lance haute, tenant son bouclier horizontalement (casque à cimier bas, tunique rouge, grande épée au côté, cnémides). Le char de droite est attaqué par derrière ; deux hoplites dardent contre lui leurs lances et tiennent de la main gauche, par les armatures intérieures, leurs boucliers (l'un rond et rouge, l'autre rouge à double échancrure et à bordure de points blancs, casque de l'un à cimier bas et rouge, casque de l'autre à cimier bas et en partie blanc, tuniques courtes, grande épée au côté du premier). Le guerrier monté sur le char se retourne pour leur faire face et darde sa lance, en se couvrant de son bouclier vu de profil (casque rouge à cimier bas, cuirasse blanche sur tunique courte) ; à côté de lui, en arrière-plan, l'écuyer imberbe se penche, tenant les rênes (bonnet plat rouge, longue tunique blanche, grand bouclier à double échancrure suspendu dans le dos), et il excite les chevaux qui galopent (le premier à crinière rouge, le troisième blanc à crinière et queue rouges). En arrière-plan des chevaux se dresse un guerrier, la lance en arrêt, menaçant le char et l'écuyer (casque à cimier bas et rouge, bouclier rouge, vu de profil, tunique). La partie inférieure manque. Devant les chevaux, deux hoplites couverts de leurs boucliers (l'un noir à cercle rouge, l'autre à centre rouge avec grande rosace noire incisée) brandissent leurs lances (l'un avec casque à cimier bas et tunique, l'autre avec casque blanc à cimier bas, épée au côté et le corps nu, le bas disparu). Au centre, groupe de trois combattants qui forme le revers du vase (exécution moins soignée que sur l'autre face) : un hoplite barbu (casque à cimier bas et parties blanches, détails en rouge sur le corps nu, cnémides rouges) saisit de la main gauche et perce de sa lance, en mettant le pied sur lui, un autre hoplite qui s'affaisse en arrière, tenant la lance de sa main droite basse et s'appuyant sur un bouclier rond (casque à haut cimier rouge, tunique courte, épée au côté, le bas disparu). Derrière lui, s'avance un troisième combattant, tenant la lance en arrêt, se couvrant de son bouclier blanc vu de profil (casque rouge à cimier bas, tunique courte, le bas disparu). — III. **Cavaliers**. La troisième zone, très incomplète, devait contenir environ vingt éphèbes cavaliers sur des chevaux au galop. Il en reste seulement sept plus ou moins complets (corps nus, rehauts rouges sur les chevaux).

En haut de la panse, godrons noirs et rouges. Deux filets noirs au-dessus et au-dessous de la petite frise ; un sous la grande zone, un sous la troisième. Le bas de la panse noir avec quelques cercles rouges. Sur le bras de l'écuyer imberbe du second char, inscription incisée en lettres négligées et plusieurs fois reprises AIM.

Terre jaunâtre, surface orangée. Peinture en noir lustré avec rehauts rouges et blancs ; quelques repeints dans les noirs. Très beau travail d'incisions. Style soigné. La forme antique du cratère-dinos a été complètement dénaturée par une restauration fausse du col. Le pied en terre pâle (probablement corinthienne) ne lui appartient pas. Nombreux recollages, qui ont laissé d'importantes lacunes dans les personnages. Haut. 0,47.

(Inv. Campana 74). Trouvé en Étrurie et entré en 1863.

Vue d'ensemble dans notre pl. 62. Cf. *Cataloghi Campana*, série II, nº 59 ; Holwerda, *Jahrbuch Inst.*, 1890, p. 264.

SALLE F

VASES ATTIQUES A FIGURES NOIRES TROUVÉS EN ITALIE

F 2. Amphore à tableaux (col court, panse rebondie, anses verticales et rondes, pied en ponte). — La panse est divisée en deux tableaux réservés. — *A.* **Scène de banquet**. Sur un grand lit, à pieds découpés et à ornements blancs, occupant toute la largeur du tableau, quatre convives sont étendus de droite à gauche: une femme nue, le bas du corps caché sous une draperie noire à rosaces incisées et à points blancs, le coude gauche appuyé sur un coussin, tenant de la main droite une phiale ciselée (chairs blanches, cheveux noirs, œil rouge brun) ; un homme nu, le bas du corps caché (barbe et cheveux rouges), se retournant et touchant de la main droite le menton d'une femme nue (même technique que l'autre), qui tient aussi une phiale de la main droite ; un homme nu, le bas du corps caché, appuyé sur deux coussins, soutenant sa tête de la main gauche (même technique que l'autre, guirlande blanche passée autour du col). A gauche du lit est debout un joueur de double flûte drapé, imberbe (large himation rouge à bandes noires ornées de rosaces blanches). A droite du lit, un éphèbe nu, la main gauche à la hauteur de la taille (cheveux rouges); devant le lit, une petite table chargée de mets (indiqués par des touches blanches et par des incisions) sous laquelle jappent deux chiens affrontés (rehauts rouges et blancs). Dans le champ, près de la première femme, un ustensile (kottabos ?) ; près de la seconde, deux couronnes. — *B.* **Même sujet**. Sur le lit sont étendus de la même manière deux convives, une femme jouant de la double flûte (même technique que les précédentes, les pieds nus passant à l'extrémité de la couverture) et un homme tenant une phiale ciselée de la main droite, appuyant sa tête sur sa main gauche, le coude posé sur un coussin rouge (bandeau blanc dans les cheveux, guirlande blanche autour du col). A gauche est debout un éphèbe, tendant à la femme une coupe et une œnochoé (cheveux rouges, tunique courte à bordure de points blancs); à droite, un éphèbe drapé (cheveux rouges, long himation noir à gros points rouges). Le lit à sommier rouge a des pieds découpés et des ornements blancs ; par devant, est posée une petite table chargée de mets, sous laquelle se tient un chien jappant (rehauts rouges). Dans le champ, deux simulacres d'inscriptions, dénuées de sens.

Noir dans l'embouchure, avec deux cercles rouges; le plat du rebord en clair. Le rebord extérieur et le col noirs avec quatre filets rouges. Les anses entièrement noires. Les tableaux réservés sont encadrés en haut par une bande de lotus opposés à des palmettes et reliés par des entrelacs (rehauts rouges), des trois autres côtés par un filet noir. Sous les tableaux, large zone noire avec quatre cercles rouges. Près de la base, zone claire avec arêtes noires rayonnantes. Le pied noir avec deux cercles rouges.

Terre claire, un peu rosée, surface orangée. Peinture en noir lustré. Retouches rouges et blanches. Incisions assez soignées. Bon état de conservation. Haut. 0,35.

(Inv. Campana 227). Trouvé en Étrurie et entré en 1863.

Vue d'ensemble (côté A) dans notre pl. 63. Cf. *Cataloghi Campana*, série IV-VII, n° 784.

F 3. Amphore à tableaux (forme analogue). — La panse est divisée en deux tableaux réservés. — *A.* **Retour d'Héphaistos dans l'Olympe**. Au centre, Héphaistos drapé, barbu, couronné de pampres (himation à bandes noires et rouges semées de points blancs, jambes nues), tenant une double hache et les rênes de sa monture, chevauche un mulet ithyphallique que précède en gesticulant et en dansant une Ménade drapée (chairs blanches, bandeau rouge sur les cheveux, tunique rouge à bordure pointillée de blanc, peau de bête attachée par-dessus) à laquelle fait face un Silène barbu, nu (nez long et retroussé, rehauts rouges sur la barbe et les cheveux). A gauche, un groupe analogue suit Héphaistos en dansant, une Ménade drapée (même technique que l'autre) et un Silène barbu, nu, ithyphallique, levant la tête (mêmes détails que dans l'autre). — *B.* **Dionysos et son thiase.** Au centre, Dionysos barbu, drapé, tenant de la main gauche la corne à boire (kéras) et de la main droite un grand cep de vigne qui pend à terre, chargé de grosses grappes et de pampres (grosse couronne sur les cheveux, barbe rouge, tunique talaire rouge, himation à rehauts rouges). Devant lui, à droite, Ariane drapée et voilée (chairs blanches, œil rouge, tunique talaire à rehauts rouges, himation à rehauts rouges semé de rosaces blanches et ramené sur la tête), derrière laquelle s'avance en gesticulant un Silène nu, ithyphallique (cheveux et barbe rouges, trait blanc passant en baudrier sur la poitrine). A gauche, derrière Dionysos, une Ménade drapée (chairs blanches, tunique rouge par-dessus laquelle est attachée une peau de bête, bandeau rouge sur les cheveux) fait un mouvement de danse en se retournant vers un Silène nu, ithyphallique, levant la tête et la main gauche (barbe et cheveux rouges). Dans le champ, sont suspendues trois couronnes de feuillage.

Même type et même technique que le précédent. Sous le pied, en grosses lettres rouges peintes, la marque ΠΕ. Bon état de conservation. Haut. 0,34.

(Inv. Campana 222). Même provenance.

Vue d'ensemble (côté B) dans notre pl. 63. Cf. *Cataloghi Campana*, série IV-VII, n° 1111.

F 5. Amphore à tableaux (forme analogue). — La panse est divisée en deux tableaux réservés. — *A.* **Dionysos et le thiase bachique.** Au centre, Dionysos barbu, drapé (tunique talaire et himation avec vestiges de rehaut rouge), couronné de pampres, tenant d'une main un canthare à deux anses très relevées, de l'autre un cep de vigne qui traine jusqu'à terre, chargé de grosses grappes et de pampres, fait vis-à-vis à Ariane drapée et voilée (chairs blanches effacées, tunique rouge, himation ramené sur la tête). Derrière elle, un Silène barbu élève ses deux mains jointes au-dessus de sa tête; il est suivi d'une Ménade drapée qui s'éloigne vers la droite en retournant la tête (chairs blanches effacées, tunique serrée à la taille). A gauche, derrière Dionysos, s'avancent une Ménade drapée, la main droite basse, l'autre levée au-dessus de la tête (chairs blanches, tunique serrée à la taille), et un Silène nu, ithyphallique, approchant la main droite de la Ménade et levant la main gauche en l'air (gros nez long et retroussé). Au-dessus du groupe central, une couronne de feuillage est suspendue. Le champ est semé de onze inscriptions dénuées de sens, ou simulacres d'inscriptions, dont les plus lisibles donnent les lettres : Ε·ΟΝΕϘ⸮LLI (rétrograde), ΓΟΠLΟΝL . . I (id.), ΠΟΣ+ΟΣLΟΙ.ΓΟΙLΟ (id.), ΓΟΣ.L (id.), . ΠΟΣL, etc. — *B.* **Même sujet.** Au centre, Dionysos, semblable au précédent, tenant le kéras de la main gauche. A droite, retournant la tête vers le dieu, un Silène nu, ithyphallique, élève les deux mains en l'air; vers lui, s'avance une Ménade drapée (chairs blanches effacées, tunique serrée à la taille); derrière elle, un Silène nu, fléchissant les genoux, tient à pleines mains sa verge. A gauche, derrière le dieu, s'avance en dansant un Silène nu, ithyphallique, levant la main gauche au-dessus de sa tête, puis une Ménade drapée (blanc effacé, peau de bête par-dessus la tunique), qui se retourne vers un Silène nu, debout, ithyphallique, approchant la main droite de la Ménade et levant l'autre en l'air (nez très long et gros chez tous les Silènes). Dans le champ, douze simulacres d'inscriptions dont quelques-unes donnent les lettres : ϘΟϟΘΕΝΕϟ (rétrograde), ΚΝΕΙΟ (id.), ΕVΡΟΙ. ΙΟΙ. (id.), ΕΡΙΛΟ.. (id.), ΕΟϟ..., etc. (On pourrait penser à une signature de Nicosthènes, pour le premier mot, mais ce n'est ni le style, ni la forme de vase du célèbre céramiste).

Noir dans l'embouchure et sur tout le vase, sauf le plat de l'embouchure, les deux tableaux et la zone claire avec arêtes rayonnantes près de la base. Chaque tableau est encadré, en haut, par une bande de lotus opposés à des palmettes et reliés par des entrelacs; sur les trois autres côtés, par un filet noir.
Terre jaune pâle, dont l'épiderme est fatigué et enlevé par place. Peinture en noir lustré. L'humidité semble avoir fait disparaître la presque totalité des retouches rouges et blanches, ce qui rend difficile de juger l'ancien état polychrome. Surface fatiguée, mais sans cassures ni restaurations. Haut. 0,37.
(Inv. Campana 259). Même provenance.
Vue d'ensemble (côté A) dans notre pl. 63.

F 8. Hydrie à tableaux (forme trapue, l'épaule en pente, deux anses horizontales courtes et grosses, l'anse d'arrière assez courte). — Le devant du vase est décoré de deux sujets. — *A*. Sur l'épaule, **Dionysos et le thiase bachique** (très restauré). Au centre, Dionysos barbu et drapé, tenant le kéras, entre deux Silènes nus dansant. A gauche s'avancent deux Ménades drapées, alternant avec deux Silènes nus; à droite, deux groupes semblables (les nombreuses restaurations rendent les détails trop peu sûrs). — *B*. Sur la panse, **Combat de deux guerriers entre quatre assistants.** Au centre, au-dessus du corps d'un guerrier étendu par terre sur le ventre, le bras droit étendu (œil fermé et voilé par les cils, casque à haut cimier, grand bouclier rond cachant le torse), deux hoplites barbus se font face, dardant leurs lances, couverts de leurs grands boucliers ronds à centres rouges (casques à haut cimier ceints d'une bandelette, cuirasses, épées au côté, tuniques courtes à bordure incisée, cnémides noires chez l'un, rouges chez l'autre). A gauche, une femme drapée (tête restaurée), une main sur sa ceinture, l'autre levée (bandelette rouge sur les cheveux pendants, tunique en grande partie rouge), regarde la scène, suivie d'un homme barbu (bandelette rouge sur les cheveux, barbe rouge), enveloppé et serré dans son himation. A droite, groupe semblable (en partie restauré).

Noir dans l'embouchure, sur le rebord, le col, les anses et tout le revers du vase. A la base du col, anneau saillant rouge. En haut de l'épaule, godrons noirs et rouges. Sous chaque sujet, un filet noir. De chaque côté du sujet *B*, une bande verticale de feuilles de lierre. En dessous, une zone noire avec quatre cercles rouges. Près de la base, zone claire avec arêtes noires rayonnantes. A l'attache du pied, anneau saillant rouge. Le pied noir avec cercle rouge sur le rebord.
Terre jaunâtre, surface orangée. Peinture en noir lustré. Retouches rouges. Pas de blanc. Le vase a subi de nombreuses et importantes restaurations, dans le col, les anses, le sujet *A* et la partie droite du sujet *B*. Haut. 0,48.
(Inv. Campana 177). Même provenance.
Vue d'ensemble dans notre pl. 63.

F 9. Hydrie à tableaux (forme basse et trapue, épaule plate, anses assez minces). — La face du vase est décorée de deux sujets. — *A*. Sur l'épaule, **Combat de deux guerriers entre deux cavaliers.** Au centre, un hoplite barbu tombe sur le genou droit, tenant sa lance basse de la main gauche, retournant la tête en arrière et se couvrant de son bouclier blanc vu de profil (casque rouge à cimier bas et blanc, cnémides, le corps nu avec rehaut rouge sur le sein, poitrine velue); il est attaqué par un hoplite qui s'avance à grands pas, dardant sur lui sa lance (figurée par un trait incisé sans couleur) et se couvrant de son bouclier rouge vu de profil (casque rouge à cimier bas en partie blanc, cnémides, baudrier blanc soutenant l'épée et passé sur le corps nu avec rehauts rouges sur les seins, poitrine velue). De chaque côté, un éphèbe nu (chevelure rouge) galope sur un cheval (crinières blanches, cols et queues rouges). Trois simulacres d'inscriptions dans le champ. — *B*. Sur la panse, **Un char à quatre chevaux vu de face.** Dans le char est debout l'écuyer, le corps de face, la tête de profil (rehaut rouge sur les cheveux, longue tunique en partie blanche et ornée d'incisions). Les deux chevaux attelés, vus de face, inclinent leur tête de profil l'une vers l'autre (cols rouges, rehauts blancs sur les yeux, les dents, le harnais incisé du poitrail); les deux chevaux de volée inclinent symétriquement leur tête du côté opposé (crinières rouges, mêmes détails blancs). Dans le champ deux simulacres d'inscriptions : ΚΑΗΜΛΙ, ΚΗΛΛΙΗΕ.

Noir dans l'embouchure, sur le col, le dessus des anses, le revers du vase. Un cercle rouge (refait) dans l'embouchure, le rebord extérieur en rouge (refait). Un cercle rouge à la base du col (refait). En haut de l'épaule, godrons noirs et rouges. Sous chaque sujet, un filet noir. De chaque côté du sujet *B*, une bande verticale de feuilles de lierre alternativement rouges et noires, accostées de rosaces pointillées qui figurent les baies. En dessous, zone noire avec quatre cercles rouges. Près de la base, zone claire avec arêtes noires rayonnantes. Le pied noir avec le rebord rouge (refait). Sous le pied, trace d'une marque de fabrique en grosses lettres rouges peintes ΙΩ.
Terre jaunâtre, surface orangée très luisante. Peinture en beau noir lustré. Vives retouches de rouge sombre et de blanc épais. Travail d'incisions soigné. Très belle technique. Les repeints ne portent que sur des détails accessoires. Haut. 0,38.
(Inv. MNC 192). Acquis en 1882. Pas de provenance indiquée (probablement l'Italie).
Vue d'ensemble dans notre pl. 63.

F 10. Hydrie à tableaux (forme trapue, épaule en pente, petites anses horizontales, grande anse en arrière à double rainure, ornée en haut d'un masque de femme en ronde bosse, en bas d'une palmette en relief). — Le devant du vase est divisé en deux sujets. — *A*. Sur l'épaule et dépassant l'étendue du second sujet, **Procession et sacrifice devant l'autel.** A droite, le feu est allumé sur un autel (représenté par un cube de maçonnerie orné de losanges noirs et clairs et d'un quadrillé rouge), que surmonte un petit dais. Derrière cet autel, un homme barbu, drapé (barbe rouge, himation rouge), joue de la double flûte, suivi d'un personnage imberbe, drapé (visage restauré, bandelette rouge dans les cheveux, himation noir à doublure rouge, semé de rosaces rouges). A gauche de l'autel et lui tournant le dos, est debout un jeune enfant (bandelette rouge dans les cheveux, himation semé de points rouges), tenant un rameau dans sa main; il lève la tête vers un homme drapé, imberbe (bandelette rouge, longue tunique rouge), qui s'approche de l'autel pour y déposer une grande couronne de feuillages (rehauts rouges). Derrière lui s'avancent deux sacrificateurs et six assistants. Les deux sacrificateurs (buste nu, courte tunique en pagne, rehauts rouges sur les seins) marchent de chaque côté d'un taureau (rehauts rouges) qu'ils amènent pour le sacrifice; l'un tient une corde nouée à la corne de l'animal et, de la main gauche, élève une couronne (bandelette rouge dans les cheveux); l'autre est en arrière-plan dans une pose semblable (cheveux rouges et bandelette rouge retombant par devant). Suivent six hommes barbus, enveloppés dans leur himation, portant une bandelette rouge dans les cheveux (les deux premiers entièrement restaurés, le troisième avec himation constellé de points rouges, le quatrième en partie et les deux derniers entièrement restaurés). — *B*. **Le char nuptial (Noces de Pélée et de Thétis ?).** Sur un char à quatre chevaux, marchant au pas vers la droite, est debout le couple des mariés, l'éphèbe drapé tenant les rênes à deux mains (très grosse tête pour le corps, bandelette rouge sur les cheveux pendants, tunique rouge), ayant à sa gauche l'épouse drapée (chairs blanches, mêmes proportions de visage), écartant de la main gauche l'himation ramené en voile sur sa tête. En arrière-plan, de l'autre côté des chevaux, et venant à la rencontre du couple, trois femmes drapées et voilées (bandelettes rouges sur les cheveux, chairs blanches, proportions des têtes énormes, avec des restaurations, un himation rouge, les deux autres constellés de points rouges) font un geste d'adieu ou de félicitation. Deux des chevaux baissent la tête (crinières rouges, harnais rouges sur le poitrail, queues rouges) et deux la relèvent (un blanc avec crinière rouge). Au-dessus d'eux, comme symbole d'heureux augure, une chouette avec la tête de face est placée dans le champ. Devant les chevaux est debout un homme barbu, drapé (visage rouge, himation en partie rouge, mêmes proportions exagérées de la tête).

Noir dans l'embouchure avec cercle rouge, le rebord en clair avec deux cercles rouges. Noir sur le col, le dessus des anses horizontales, les côtés de l'anse verticale dont le milieu reste en clair ainsi que la palmette en relief. Le masque de femme, à l'attache du haut, est de type archaïque finement exécuté (deux tresses de cheveux pendant de chaque côté, boucles symétriques sur le front, œil triangulaire, diadème peint en rouge). Noir sur tout le revers du vase. En haut de l'épaule, godrons noirs et rouges. Sous chaque sujet, un filet noir. De chaque côté du sujet *A*, trois bandes verticales contenant des feuilles de lierre rouges et noires et un quadrillé à points noirs. De chaque côté du sujet *B*, bande verticale de lotus et de palmettes à rehauts rouges, reliés par une chaînette centrale. En dessous, zone noire avec trois cercles rouges. Près de la base, zone claire avec double série d'arêtes noires rayonnantes. Le pied noir avec deux cercles rouges et le rebord en rouge. Sous le pied, marque de fabrique en grosses lettres rouges peintes I H. On peut rapprocher certaines œuvres du style de Xénoclès (par exemple, la coupe du Jugement de Pâris, R. Rochette, *Monuments inédits*, pl. 49, n° 1).

Terre jaunâtre, surface orangée. Peinture en noir lustré. Retouches blanches et rouges abondantes. Incisions soignées. Plusieurs parties du vase ont été recollées et quelques-unes restaurées, surtout dans le sujet *A* et la partie centrale de *B*. Haut. 0,52.

(Inv. Campana, numéro disparu). Trouvé en Étrurie et entré en 1863.

Vue d'ensemble dans notre pl. 63. Le détail de l'autel dans *A* publié par E. Saglio, *Dict. des Antiq.*, article *Ara*, figure 427. Cf. *Cataloghi Campana*, série II, n° 16.

F 12. Amphore à tableaux (panse trapue, deux anses verticales rondes, pied en pente). — La panse porte de chaque côté un tableau réservé. — *A*. **Départ du cavalier.** Un vieillard drapé, appuyé sur un bâton (cheveux et barbe en blanc effacé, himation constellé de points rouges), fait un geste d'adieu à un cavalier qui marche devant lui, vêtu en hoplite, le bouclier à double échancrure attaché dans le dos, l'épée au côté (barbe rouge, œil rouge, bonnet conique à rehaut rouge, courte tunique blanche); il tient de la main droite les rênes du cheval qu'il monte (tête baissée, crinière rouge restaurée) et, de la main gauche, sa lance et les rênes d'un second cheval placé tout contre l'autre. Devant les chevaux et leur faisant face, est debout un hoplite barbu, tenant deux lances et se couvrant d'un bouclier rond (casque rouge à cimier bas, cnémides rouges, épisème du bouclier en forme de protome de lion blanc, une patte levée). Dans le champ, trois inscriptions dénuées de sens : +PENEONEO, +OEAϟEOΠA, TOEOKENΦK, et une quatrième qu'on pourrait interpréter : AOENI . EϟT ('Αθηναῖός ἐστι?). — *B*. **Homme drapé, debout entre deux guerriers.** A gauche, un hoplite barbu (casque rouge à cimier bas et à rehaut blanc disparu, corps nu, bras restauré, cnémides rouges), tenant une lance de la main droite et du bras gauche, passé par l'armature intérieure, un bouclier rond et rouge, accompagné d'un chien qui marche devant lui, s'avance vers la droite. Au centre un homme drapé lui tourne le dos, appuyé sur un bâton (bandelette rouge sur les cheveux flottants, himation en partie rouge). En face de lui, s'avance un hoplite barbu analogue, dans une pose symétrique à l'autre et accompagné d'un chien semblable (bras restauré, casque rouge à cimier haut, tunique, épée au côté, cnémides rouges, cercle rouge autour du bouclier et épisème disparu). Dans le champ, trois inscriptions dénuées de sens : TOE, IEϟ, TAOKETϘ (rétrograde), ... KAO (id.).

Noir dans l'embouchure, avec un cercle rouge, le plat du rebord en clair, le rebord extérieur noir avec un cercle rouge. Noir sur le col, les anses et la plus grande partie de la panse. En haut de chaque tableau, entre deux filets noirs, une bande de fleurs et de boutons de lotus (rehauts rouges et blanc effacé); à droite et à gauche un filet noir, en bas deux filets noirs. En dessous, zone noire avec quatre cercles rouges. Près de la base, zone claire avec arêtes noires rayonnantes. Le pied noir, avec deux cercles rouges. Le dessous du pied en noir (détail rare).

Terre jaunâtre, surface orangée. Peinture en noir lustré. Retouches rouges et blanches. Incisions soignées. Plusieurs morceaux ont été recollés. Quelques repeints, peu importants, dans les personnages. Haut. 0,38.

(Inv. Campana 229). Trouvé en Étrurie et entré en 1863.

Vue d'ensemble (côté A) et détail de *B* dans notre pl. 64. Cf. *Cataloghi Campana*, série VI-VII, n° 782.

F 13. Amphore à tableaux (structure analogue). — La panse porte de chaque côté un tableau réservé. — *A*. **Jugement de Pâris.** Les trois déesses marchent à la file vers la droite, toutes trois semblables, drapées, levant la main gauche et tenant de la main droite basse une couronne (rehauts blancs effacés, la première avec grosses rosaces à centre rouge sur sa tunique, la seconde avec tunique rouge dont la bordure noire porte quelques rosaces du même genre, la troisième comme la première, les chevelures pendantes et ceintes d'une bandelette rouge). Elles sont précédées par Hermès barbu et drapé, qui tient un long caducée à poignée en forme de pomme (barbe rouge, pétase rouge, tunique courte et chlamyde à rehauts rouges, brodequins avec ailette rouge recourbée en avant) et qui, marchant rapidement vers la droite, saisit de la main gauche le poignet gauche de Pâris barbu et drapé, faisant mine de s'enfuir vers la droite et retournant la tête vers le dieu (barbe rouge, chevelure pendante, ceinte d'une bandelette rouge, longue tunique rouge et himation constellé de rosaces blanches à centre rouge); de la main gauche, il tient une cithare à sept cordes (ornements blancs sur la caisse). — *B*. **Même sujet.** Même composition, avec de faibles différences dans les détails (deux déesses avec tuniques rouges, l'himation d'Hermès avec des rosaces rouges, celui de Pâris rouge; rehauts blancs effacés).

Noir dans l'embouchure, le plat du rebord en clair avec deux filets rouges sur les tranches. Noir sur le rebord extérieur, sur le col avec deux cercles rouges, sur les anses. En haut de chaque tableau, un filet rouge et une bande de lotus, la pointe en bas, reliés par des entrelacs; sur chaque côté et en bas, deux filets noirs. En dessous, zone noire avec trois cercles rouges. Près de la base, arêtes rayonnantes. Le pied noir avec un cercle rouge.

Terre rosée, surface orangée. Peinture en noir lustré. Retouches blanches (effacées) et rouges. Incisions assez rapides. Bon état de conservation. Haut. 0,405.

(Inv. MNB 168). Acquis en 1871. Provenance exacte inconnue (sans doute l'Italie).

Vue d'ensemble dans notre pl. 64.

F 18. Hydrie à tableaux (forme trapue, épaule plate, deux anses horizontales et anse assez courte en arrière). — Le devant du vase est décoré de deux sujets. — *A*. Sur l'épaule (entièrement refaite et restaurée), **Motif floral accosté de coqs.** Deux coqs affrontés et perchés sur les pédoncules d'un ornement floral formé de fleurs et boutons de lotus; de chaque côté, un coq posé et, dans le champ, trois rosaces incisées, deux lotus sur court pédoncule. — *B*. **Thésée tuant le Minotaure.** Au centre, Thésée barbu (cuirasse rouge sur tunique courte) tient son épée de la main droite et cherche à percer le corps de son adversaire (restaurations dans le corps et le bras); il a passé son bras gauche autour du Minotaure qui, lui-même, a passé son bras droit autour du cou du héros. Thésée serre avec force le poignet du monstre; le Minotaure penche la tête à droite, comme cherchant à s'arracher à cette étreinte; son bras gauche est replié sur sa poitrine, le poing fermé (tête de taureau de profil, cuirasse rouge sur tunique courte dont le haut est orné d'une bordure blanche incisée). A gauche, deux femmes drapées, représentant le tribut athénien, regardent la scène (têtes restaurées, chairs blanches, chevelures pendantes, long himation rouge à bordure incisée); la seconde fait un geste de surprise avec la main gauche avancée. A droite, Ariane voilée, dirigée vers la droite, mais retournant la tête pour voir le combat (chairs blanches, tunique noire, himation rouge ramené sur la tête). Devant elle, le roi Minos, barbu (bandelette rouge sur les cheveux, tunique blanche, himation rouge), tient une lance en arrêt de la main droite, comme s'il allait se porter au secours du Minotaure. Dans le champ, des inscriptions nomment les personnages principaux : ⊕ESEVS, ..VPOSMINOIOC, AP . . DE (rétrograde), MINOS (id.).

Noir dans l'embouchure, sur le rebord, le col, les anses et tout le revers du vase. A la base du col, anneau saillant en rouge. Sur le haut de l'épaule, godrons noirs et rouges. Sous le premier sujet un filet noir, sous le second deux filets. De chaque côté du tableau principal, un filet noir vertical. En dessous, zone noire avec deux cercles rouges. Près de la base, zone claire avec arêtes noires rayonnantes et fort anneau saillant en rouge. Le pied noir avec deux cercles rouges. Sous le pied, une zone noire.

Terre jaunâtre, un peu rosée; surface orangée. Peinture en noir lustré. Retouches blanches et rouges. Travail des incisions assez soigné. Beaucoup de parties recollées et des restaurations importantes, mais portant sur les figures accessoires. Haut. 0,43.

(Inv. Campana 94). Trouvé en Étrurie et entré en 1863.

Publié par Roulez, *Monumenti Inst.* VI-VII, pl. 15; *Annali*, 1858, p. 136; S. Reinach, *Répertoire des Vases*, I, p. 147, n°s 3 et 4. Cf. *Cataloghi Campana*, série II, n° 1; Dumont et Chaplain, *Céramiq.* I, p. 327.

F 10. Amphore (panse forte, anses plates trifides, pied plat et large). — Le col et la panse sont décorés d'une zone circulaire de figures, chacune divisée par les anses en deux sujets. — *A*. Sur le col, **Le Retour du guerrier**. Un hoplite marche à droite, tenant la lance de la main droite, le bras gauche passé dans l'armature de son bouclier à double échancrure et saisissant de la main gauche une des lanières intérieures (casque rouge à petit cimier très bas orné d'un pointillé blanc, cuirasse ciselée sur une tunique courte rouge, cnémides rouges); entre ses jambes, un petit pliant recouvert d'un coussin rouge. Devant lui, à droite, un homme barbu lève les deux bras en signe d'allégresse (corps nu avec rehaut rouge sur la poitrine, himation court à rosaces pointillées en rouge et blanc, cheveux rouges, pointillé blanc passant en baudrier sur la poitrine); il retourne la tête et paraît faire signe à un autre homme barbu, drapé, qui apporte une couronne comme récompense au guerrier vainqueur (cheveux rouges, himation rouge, tunique constellée des mêmes rosaces) et qui disparaît en partie sous l'attache de l'anse. Entre les jambes du premier, une courte étoffe ou bandelette est suspendue dans le champ à une sorte d'anneau de suspension. A gauche et derrière le guerrier, un homme barbu, drapé, tient une lance (cheveux rouges, tunique à rosaces, himation rouge); dans le champ, près de sa tête, est suspendue une étoffe semblable. Derrière lui, un homme drapé, tenant une lance, lève la main gauche, en signe de joie (himation à rosaces dégageant l'épaule nue); il disparaît en partie sous l'attache de l'anse. — *B*. **Trois danseurs devant un dieu** (?). A gauche, trois hommes nus font des gestes de danse. Le premier lève la tête et fait claquer les doigts de la main gauche (cheveux rouges, rehaut rouge sur la poitrine, chaînette passée en baudrier et indiquée en pointillé blanc, le poil de la région pubienne figuré par des incisions); de chaque côté de sa tête, dans le champ, étoffes suspendues. Le second marche à droite, retournant la tête et levant le bras droit (rehaut rouge sur la poitrine, même chaînette en pointillé blanc, himation à rosaces sur le bras droit); entre ses jambes, un pliant (sous lequel une bandelette suspendue est indiquée en rouge). Le troisième marche aussi à droite, retournant la tête, les deux mains abaissées (mêmes détails sans l'himation); autour de lui, dans le champ, trois étoffes suspendues, deux bandelettes rouges. A droite, un homme barbu, drapé, appuyé sur une hampe, les regarde, tenant de la main gauche un petit dauphin (Poseidon? cheveux rouges, himation rouge, tunique à rosaces); près de sa tête, dans le champ, bandelette rouge. — *C*. Sur la panse, **Départ d'un héros en présence de dieux assemblés** (?). Au centre, un hoplite marche à droite, tenant sa lance et un bouclier rouge vu de profil (épisème saillant en tête de Silène, casque rouge à palmette ciselée et à cimier bas pointillé de blanc, cuirasse ciselée à rehauts rouges sous laquelle est placée une peau de bête à pattes pendantes et une tunique courte rouge, longue épée soutenue par un baudrier de points blancs, cnémides rouges); entre ses jambes, un petit pliant à coussin rouge; dans le champ, une étoffe à rosaces blanches suspendue; devant le bouclier, deux traits rouges indiquent une bandelette suspendue, mais elle est reliée au bouclier par quatre traits obliques dont le sens m'échappe. Hermès précède le guerrier, portant une sorte de panier suspendu à son bras droit levé (départ de Persée allant tuer la Gorgone?), tenant un très long caducée et retournant la tête vers celui qu'il guide (pétase à pointillé blanc, tunique rouge et himation à rosaces, brodequins rouges avec ailette en avant et en arrière); entre ses jambes, un petit autel bas d'où sortent des flammes rouges. A la rencontre d'Hermès, s'avance Poseidon barbu, s'appuyant sur son trident, tenant de la main gauche un petit dauphin (bandelette de pointillé blanc dans les cheveux, tunique à rosaces, himation rouge); dans le champ, une bandelette rouge. Derrière lui marche Apollon (?) imberbe, tenant une lance et levant la main droite (longue chevelure, corps nu avec rehaut rouge, himation à rosaces); entre ses pieds, un petit autel très bas; devant lui, dans le champ, deux étoffes et deux bandelettes rouges suspendues (un anneau de suspension visible); derrière lui, une étoffe suspendue. La scène se termine à droite par un homme drapé, beaucoup plus petit que les autres, qui marche à droite, retournant la tête (cheveux rouges, tunique rouge, himation à rosaces). A gauche, derrière le guerrier, un homme barbu, drapé, s'appuie sur une lance et tient de la main droite un petit dauphin (dieu? même costume que Poseidon); dans le champ, une étoffe suspendue. Il est suivi d'un guerrier analogue au premier qui marche vers la droite en retournant la tête (compagnon du héros? même costume, mêmes armes); à son bras droit est suspendue une bandelette rouge; entre ses jambes, le même petit pliant; dans le champ, une étoffe suspendue. Il regarde un dernier personnage drapé, placé à gauche, qui paraît lui parler en levant la main gauche et qui tient aussi un petit dauphin sur sa main droite (dieu? même costume que Poseidon); dans le champ, trois étoffes suspendues. — *D*. **Départ d'un héros cavalier en présence de dieux assemblés** (?). Au centre, un homme barbu tenant deux lances (tunique courte à rehaut blanc et à points rouges) est monté sur un cheval allant à droite (rehauts rouges, pointillés blancs sur les harnais) et ayant contre lui, en arrière-plan, un second cheval qui baisse la tête; un chien fait face aux chevaux et paraît japper; dans le champ, trois bandelettes rouges et une petite étoffe sont suspendues. Le cavalier est suivi d'un aigle volant, emportant dans son bec un serpent (rehauts blancs et rouges). Il est précédé par Hermès qui marche à droite, retournant la tête, tenant un long caducée de la main gauche et levant la main droite en signe d'encouragement. Un homme barbu, drapé, vient à sa rencontre, s'appuyant d'une main sur une lance et tenant une autre lance de la main gauche (tête restaurée, tunique et himation à rosaces); bandelette rouge et étoffes suspendues dans le champ. Il est suivi d'un homme barbu tenant une lance, dont le corps disparaît en partie sous l'attache de l'anse (himation à rosaces, jambes nues); entre ses jambes, une petite étoffe suspendue à un anneau. Derrière le cheval s'avance Poseidon barbu, s'appuyant sur son trident et tenant un petit dauphin de la main droite (tête restaurée, tunique à rosaces, himation rouge); dans le champ, étoffe et bandelette rouge suspendues. Derrière lui marche un hoplite armé, le compagnon du cavalier, tenant une lance et un bouclier à épisème en tête de Silène (même costume, mêmes détails que le premier du sujet *C*); entre ses jambes, jappe un chien retournant la tête. La scène se termine à gauche par un homme barbu, appuyé sur une lance (restauré, tunique à rosaces, himation rouge); dans le champ, une bandelette. — Les attaches des anses forment à la base deux petits compartiments superposés dans lesquels sont peintes des figures très petites (haut. 2 à 3 centimètres). *E*. **Discobole, cavaliers (Bellérophon sur Pégase ?)**. En haut, homme nu courant à droite en retournant la tête (rehauts rouges sur la poitrine et les cheveux) et tenant de la main gauche levée un disque rouge; près de son pied, dans le champ, petite étoffe suspendue. Il est précédé par un cheval ailé (rehaut rouge et pointillé blanc sur l'aile) que monte un éphèbe (tunique blanche, cheveux rouges), tenant une lance (Bellérophon sur Pégase?). En bas, un éphèbe cavalier (tunique blanche) suivi d'un oiseau volant (rouge et blanc sur les ailes); derrière le cavalier, un pliant recouvert d'un coussin rouge. — *F*. **Cavaliers et fantassin, sanglier de Calydon** (?). En haut, éphèbe cavalier (tunique à points blancs) tenant une lance et suivi d'un éphèbe drapé tenant une lance (himation en partie rouge); courte étoffe suspendue dans le champ. En bas, cavalier barbu, armé d'une lance, sur un cheval ailé (rehauts rouges et pointillé blanc); étoffe suspendue dans le champ; devant le cheval, un grand sanglier dressé sur ses pattes de derrière (rehauts rouges et pointillés blancs). Scène de la chasse de Calydon?

Beau noir lustré dans l'embouchure, sur le plat du rebord (avec deux cercles rouges), sur le rebord extérieur, sur les anses. En haut et en bas du col, anneau saillant rouge. En haut de l'épaule, godrons noirs et rouges, zone de lotus noirs à entrelacs entre huit filets noirs. Sous la zone principale, deux filets noirs, une large zone noire avec quatre cercles rouges. Près de la base, zone claire avec bande de lotus noirs à entrelacs et double série d'arêtes noires rayonnantes. A l'attache du pied, fort anneau saillant rouge. Le pied plat et un peu concave en noir, avec rebord divisé par une double rainure. Sous la base, une zone en beau noir lustré et, au centre, un petit bouton saillant (reste de l'opération du tournassage) en rouge.

Terre jaunâtre, surface orangée. Peinture en noir très lustré. Retouches rouges et blanches abondantes. Incisions fines et détaillées. Très belle exécution. Quelques parties recollées, peu de restaurations. Haut. 0,41.

(Inv. Campana 97). Trouvé en Étrurie et entré en 1863.

Vue d'ensemble et détail des sujets dans notre pl. 64. Cf. *Cataloghi Campana*, II, nº 60. Cf. Karo, *Journal of hell. Studies*, 1899, p. 161, nº 21.

F 20. Amphore (panse forte, anses verticales rondes, pied plat et large). Le col et la panse sont décorés d'une zone circulaire de figures, chacune divisée par les anses en deux sujets. — *A*. Sur le col, **Réunion de quatre hommes drapés (Dispute d'Ulysse et d'Ajax ?)** Au centre, groupe de deux hommes parlant et gesticulant, l'un les deux mains tendues en avant (court himation constellé de points rouges, jambes nues), l'autre faisant mine de s'en aller vers la droite et retournant la tête avec les deux bras levés en l'air (même costume); de chaque côté, un homme barbu les regarde, levant une main en l'air avec un geste de surprise ou d'apaisement (longue tunique rouge, himation à points rouges, et chez l'un bandelette rouge sur la chevelure). — *B*. **Même sujet**. Les deux assistants sont pareils aux précédents. Dans le groupe central, l'homme qui s'en va, retournant la tête, est nu (les seins marqués d'un cercle rouge) et porte son himation sur le bras droit; il abaisse la main gauche. — *C*. Sur la panse: **Réunion de six hommes drapés et d'un enfant**. Au centre, un homme drapé, semblable aux précédents assistants (longue chevelure pendante), les deux mains avancées, paraît parler à un homme nu qui fait mine de s'en aller, retournant la tête et gesticulant du bras droit (bandelette rouge sur les cheveux, seins marqués d'un cercle rouge, himation à points rouges sur le bras droit). A gauche, homme nu (chevelure rouge, seins rouges, himation sur le bras gauche abaissé) et homme drapé (bandelette rouge, barbe rouge, himation à points rouges). A droite, homme drapé tenant une couronne de la main gauche et levant la main droite (cheveux rouges, tunique rouge); près de lui vient se réfugier un enfant nu (cheveux rouges), dans la même attitude que le personnage du centre, et portant aussi un himation plié sur le bras droit. Derrière l'homme drapé, un homme nu s'en va vers la droite, retournant la tête (bandelette rouge, longs cheveux pendants, seins rouges). — *D*. **Même sujet** avec quelques variantes dans la pose et les costumes des personnages. A gauche du groupe central, l'homme nu est remplacé par un homme drapé (himation à points rouges), retournant la tête. A droite, l'enfant nu porte l'himation plié sur le bras gauche, l'homme nu porte un himation plié sur son bras droit levé et il disparaît en partie sous l'attache de l'anse (himation à points rouges, seins rouges). — Les deux scènes sont reliées dans cette zone circulaire par des personnages plus petits placés sous l'attache des anses. *E*. **Scène de sacrifice?** Un cratère (dinos) posé sur un haut support entre un homme drapé, barbu, tenant une couronne de la main gauche, tourné vers la gauche, et un homme nu (barbe rouge, cheveux pendants), marchant vers la droite et retournant la tête. — *F*. **Homme barbu fuyant.** Il court vers la droite et retourne la tête en levant le bras droit qui porte un himation plié à points rouges (rehauts rouges sur les cheveux et les seins).

Noir dans l'embouchure, sur le rebord et les anses. Sous la zone du col, deux filets noirs et anneau saillant rouge à la base. En haut de la panse, zone de godrons noirs et rouges surmontant une zone de lotus noirs reliés par des entrelacs. En haut et en bas de la zone de personnages, deux filets noirs. Sous l'attache inférieure de chaque anse, une bande de godrons noirs et rouges surmontée de deux volutes noires. Sur le bas de la panse, large zone noire avec cercles rouges effacés. Près de la base, zone claire avec double série d'arêtes rayonnantes. Le pied noir avec cercle rouge. Sous la base, marque de fabrique incisée [marque].

Terre jaunâtre, surface orangée. Peinture en noir bien lustré. Retouches rouges. Pas de blanc. Incisions très fines et soignées. Style fin. Beaucoup de morceaux recollés, mais restaurations peu importantes. Haut. 0,41.

(Inv. N 3501). Ancien fonds. Pas de provenance connue (probablement l'Étrurie).

Vue d'ensemble et détail des sujets dans notre pl. 65. Cf. Karo, *l. c.*, p. 161, nº 22.

F 24. Amphore à tableaux (forme analogue, col évasé refait et mal restauré). — La panse est divisée en deux tableaux réservés. — *A*. **Départ d'un héros en présence de divinités?** Au centre, une femme drapée et voilée (Thétis? Amphitrite?) tient de la main gauche élevée une couronne (chairs blanches, bandelette en pointillé blanc sur les cheveux, tunique rouge à bande centrale incisée et quadrillée, himation constellé de rosaces rouges à pointillé blanc, bandelette dans le champ) qu'elle paraît offrir à un hoplite barbu (Achille?); celui-ci tient de la main droite deux lances et de l'autre main son épée au fourreau (poignée blanche), et il marche à droite retournant la tête (casque rouge à palmette incisée et à cimier bas avec pointillé blanc, cuirasse rouge ciselée sur tunique rouge à bordure incisée, chlamyde courte constellée de rosaces, cnémides rouges avec pointillé blanc); entre ses pieds, un petit cygne posé (rehaut rouge). Un homme barbu, drapé, s'appuyant sur une lance et tenant de la main gauche un petit dauphin (Poseidon? bandelette rouge dans les cheveux, tunique rouge, himation à rosaces), s'avance à sa rencontre; deux bandelettes suspendues dans le champ. Derrière la femme, un second hoplite, le compagnon du héros, tenant une lance, un bouclier vu de profil avec épisème en tête de Silène, retourne la tête en arrière (bras droit restauré, casque, cuirasse, tunique et cnémides pareils à l'autre; peau de bête à pattes pendantes sous la cuirasse). Derrière lui, dans le champ et posé verticalement, un lièvre (tête mal restaurée, rehaut rouge); près de sa tête, deux bandelettes suspendues. Dans le champ, trois inscriptions dénuées de sens : ΝΕΡΜΕΝΤΟΚΟ, . . ΤΡΕΕΟΡΕΟΤΕ ; ΗΕΡΕ+Ν. — *B.* **Sujet analogue.** Au centre, la même femme drapée tient une couronne ; dans le champ, un pédoncule terminé par des enroulements ; devant elle, un hoplite analogue marche à droite en retournant la tête, mais il tient d'une main sa lance et de l'autre son bouclier vu de profil (tête et corps restaurés, brodequins aux pieds avec ailette des deux côtés de la cheville, peau de bête sous la cuirasse) ; entre ses jambes est posée une petite sirène retournant la tête (rehauts blancs). De chaque côté de ce groupe central, un homme drapé, barbu, regarde la scène (celui de droite entièrement restauré, celui de gauche tenant une lance, himation constellé de rosaces) ; derrière ce dernier, dans le champ et posé verticalement, un petit renard à longue queue ; près de la tête de chaque assistant une bandelette suspendue. En bas, entre les deux personnages du centre, inscription : +ΑΙΡΕΚΑΙΠΙΕΙ ΜΕΞ, χαῖρε καὶ πίει (με ?), en trois lignes superposées et de bas en haut.

Noir dans l'embouchure (refaite), sur le col, les anses et la plus grande partie de la panse. Chaque tableau est encadré en haut par une bande de lotus à entrelacs, la pointe en bas (rehauts rouges), de côté par un filet noir, en bas par deux filets. En dessous, large zone noire avec quatre cercles rouges. Près de la base, zone claire avec double série d'arêtes rayonnantes. Le pied noir avec deux cercles rouges.

Terre jaunâtre, surface orangée luisante. Peinture en beau noir lustré. Retouches rouges et blanches. Incisions fines. Belle exécution. Le haut du vase très restauré ; le reste en morceaux recollés, sans repeints importants. Haut. 0,34.

(Inv. Campana 98). Trouvé en Étrurie et entré en 1863.

Publié par G. Karo, *Journal of hell. Studies*, 1899, p. 157 (les sujets *A* et *B*). Vue d'ensemble dans notre pl. 65. Sur la formule inscrite, cf. Kretschmer, *Vaseninschriften*, p. 195-196.

F 25. Petite Amphore à tableaux (deux anses verticales rondes, pied en pente). La panse est divisée en deux tableaux réservés. — *A.* **Réunion de dieux.** Au centre, Dionysos barbu tient un canthare de la main droite élevée, de l'autre main une branche de lierre semée de baies qui traîne jusqu'à terre (couronne de pampres dans les cheveux, barbe rouge, tunique constellée de rosaces rouges à pointillé blanc, himation à franges et rehauts rouges). Il est précédé d'Hermès barbu, marchant à gauche et retournant la tête, la main droite levée, l'autre tenant un long caducée (pétase à bord rouge, tunique courte à rosaces et à bordure avec franges incisées, himation à rehauts rouges plié et jeté sur les épaules, brodequins rouges avec ailettes recourbées par devant). A droite, un homme nu (Apollon ?), la main droite levée, tient une lance de la main gauche (barbe indiquée par de légères incisions, chevelure pendante, himation à rehauts rouges plié et jeté sur les épaules). — *B.* **Pandareus enlevant le chien de Crète ? Hercule et Cerbère ?** Au centre, un hoplite barbu marche à droite, la main droite levée et retournant la tête (casque à cimier haut, cuirasse ciselée sur une tunique courte à bord frangé, cnémides rouges, épée à poignée blanche au côté) ; il tient de la main gauche le bout d'une chaîne qui est passée au cou d'un chien marchant auprès de lui et de la même main il porte une couronne. A droite, Athéné drapée (chairs blanches, tunique à croix incisées et rehauts rouges, bandelette rouge dans les cheveux) s'appuie sur une lance de la main droite et tient de l'autre une couronne. A gauche, Poseidon barbu et drapé s'appuie sur son trident (bandelette rouge dans les cheveux, barbe rouge, tunique constellée de rosaces, himation à rehauts rouges et pointillé blanc).

Zone noire avec cercle rouge dans l'embouchure, le plat du rebord en clair. Noir sur le rebord extérieur, le col, les anses, la plus grande partie de la panse. En haut de chaque tableau, entre quatre filets noirs, une bande de lotus opposés à des palmettes et reliés par des entrelacs (rehauts rouges) ; de chaque côté et dans le bas, un filet noir. Pas de cercles rouges sur la panse. Près de la base, zone claire avec arêtes noires rayonnantes. Le pied noir.

Terre jaunâtre, surface orangée. Peinture en très beau noir lustré. Retouches rouges et blanches. Travail d'incisions très soigné. Style fin. Très bel état de conservation. Haut. 0,18.

(Inv. MNB 1088). Trouvé à Vulci en 1832. Anciennes collections Durand, Révil, Paravey. Acquis par le Musée en 1879.

Vue d'ensemble et détail de *A* dans notre pl. 65.

Cf. De Witte, *Catalogue coll. Durand*, 1836, n° 262 (avec l'interprétation des sujets par Ch. Lenormant) ; *Catalogue coll. Paravey*, 1879, n° 11 ; Karo, *Journal of hell. Studies*, 1899, p. 138, n° 8.

F 26. Amphore à tableaux (forme analogue, couvercle à bouton). — La panse est divisée en deux tableaux réservés. — *A.* **Les Argonautes ?** A gauche, un éphèbe drapé (courte tunique frangée à points rouges, bandelette rouge dans les cheveux, brodequins avec ailettes par devant), ayant deux ailes dans le dos (l'une abaissée en aile d'oiseau, l'autre recoquillée, rehauts rouges et pointillés blancs), s'appuie sur une lance (Calaïs ou Zéthos ? Boréade ?) et paraît converser avec un guerrier barbu qui marche à droite en retournant la tête (pétase conique, tunique courte rouge avec pointillés blancs et frange incisée, épée au côté soutenue par un baudrier) ; il tient de la main droite une lance et de l'autre un bouclier blanc vu de profil (épisème saillant en tête de lion rugissant). A droite, venant à la rencontre des précédents, un éphèbe nu tient une lance (bandelette rouge, rehauts rouges sur la coiffure, sur le sein), suivi d'un éphèbe drapé tenant une lance (bandelette rouge, himation à points rouges). — *B.* **Retour du chasseur.** A droite, un éphèbe nu (bandelette rouge, rehaut rouge sur le sein) marche à gauche, tenant de la main droite un lièvre (rehauts rouges et blancs) ; il est suivi d'un éphèbe drapé tenant une lance (bandelette rouge, himation à points rouges et à croix blanches accostées de points, rehauts rouges et blancs). A gauche, venant à leur rencontre, un homme barbu s'appuie sur une lance (bandelette rouge, tunique à points rouges, himation à bordures rouges et frangées) ; il est suivi d'un homme barbu, nu (pétase rouge, rehaut rouge sur le sein), portant sur le bras gauche un himation plié (rehauts rouges et blancs) et levant la main gauche avec un geste accueillant ; près de lui, un chien retourne la tête (rehauts rouges).

Dans l'embouchure, noir (tourné au brun jaune) avec cercle rouge, le plat du rebord en clair. Le rebord extérieur noir avec deux cercles rouges. Noir sur le col, les anses, la plus grande partie de la panse. En haut de chaque tableau, boutons de lotus noirs reliés par des entrelacs et accostés de points. En haut du sujet, deux filets noirs et, sur chaque côté, un filet. Pas de terrain indiqué sous les pieds des personnages. En dessous, zone noire avec deux cercles rouges. Près de la base, zone claire avec arêtes rayonnantes et un cercle rouge. Le pied noir. Sous la base, marque incisée [marque]. Le couvercle, noir avec deux cercles rouges et un réservé en clair, est surmonté d'un gros bouton clair dont la pointe supérieure est ébréchée.

Terre jaunâtre, surface orangée. Peinture en beau noir lustré. Retouches rouges et blanches. Incisions soignées. Bon style. Plusieurs morceaux recollés, mais sans restaurations importantes. Haut. 0,30.

(Inv. L.P. 2878 ; N 3503). Acquis sous le règne de Louis-Philippe. Sans provenance connue (probablement l'Italie).

Vue d'ensemble (côté A) dans notre pl. 65. Le sujet *B* publié par Fossey, *Revue Archéologique*, 1891, II, p. 359, fig. 3. Cf. Karo, *Journal of hell. Studies*, 1899, p. 138, n° 7.

F 28. Œnochoé à tableau (forme d'olpé, panse allongée, bouche ronde, anse verticale courte avec arête en dos d'âne). — Le devant du vase est décoré d'un tableau réservé. — **Armement d'Achille.** Au centre, Achille barbu, nu (cheveux et barbe rouges), la jambe droite déjà couverte d'une cnémide rouge, se penche en avant et met l'autre cnémide à sa jambe gauche levée ; entre ses jambes, un casque à haut cimier, ceint d'une bandelette rouge, est posé par terre. A droite, devant lui, Thétis drapée (bandelette rouge sur les cheveux, tunique rouge avec bande centrale noire incisée et quadrillée) tient de la main droite une lance et pose la main gauche sur le haut d'un bouclier rouge vu de profil et appuyé contre elle. A droite, deux éphèbes nus conversent face à face, s'appuyant chacun sur une lance (chevelures rouges, rehauts rouges sur les seins). A gauche, derrière le guerrier, s'avance un éphèbe nu tenant une lance (mêmes détails) et élevant la main gauche en l'air, suivi d'un autre éphèbe nu tenant une lance (chevelure rouge) et d'un homme drapé, barbu, s'appuyant aussi sur une lance (barbe et cheveux rouges, tunique à points rouges, himation rouge à points rouges et à rehauts rouges).

Zone noire dans l'embouchure avec un cercle rouge; autre cercle rouge sur la lèvre du vase. Noir sur le col, l'anse et toute la panse en dehors du tableau. En haut du tableau, entre deux filets noirs, lotus opposés à des palmettes et reliés par des entrelacs (rehauts rouges); filet noir de chaque côté et en dessous. Deux cercles rouges sur la zone noire du bas. Pied très peu débordant avec cercle rouge.

Terre jaunâtre, surface orangée. Peinture en beau noir lustré avec retouches rouges. Incisions assez soignées. Bon état de conservation. Haut. 0,245.

(Inv. Campana 208). Trouvé en Étrurie et entré en 1863.

Vue d'ensemble dans notre pl. 66. Cf. G. Karo, *Journal of hell. Stud.*, 1899, p. 139, n° 15.

F 30. Œnochoé à tableau, signée d'Amasis (panse allongée, base large et en pente, bouche légèrement trilobée, anse verticale longue, s'élevant au-dessus de l'embouchure et bifide). — Le sujet est placé dans un tableau réservé, sur le flanc droit du vase. Au flanc gauche, on a réservé sur l'argile deux petits triangles symétriquement disposés. — *A.* **Réunion de dieux** ou **Introduction d'Hercule dans l'Olympe.** A gauche, Poseidon barbu, drapé, s'appuie sur son trident (chevelure longue en mèches, bandelette rouge, tunique constellée de rosaces rouges à pointillé blanc, himation à bordure rouge et frangée). Vers lui s'avancent Hermès tenant son caducée, retournant la tête et levant la main droite en signe d'encouragement (pétase rouge, tunique courte constellée de rosaces, chlamyde à rehauts rouges, brodequins avec ailettes en avant), puis Athéné (chairs blanches, casque à haut cimier ceint d'une bandelette rouge, tunique à croix incisées), s'appuyant sur sa lance et se couvrant d'un bouclier rond (épisème gravé en forme de chouette aux ailes éployées tête de face, rehauts rouges et blancs), et derrière elle Héraclès barbu, tenant son arc de la main gauche, levant la main droite en signe de salutation (tunique courte à points rouges, grande épée à poignée blanche suspendue au côté par un baudrier, carquois dans le dos avec couvercle abaissé laissant voir les extrémités de quatre flèches). Dans le champ, entre Hermès et Athéné, inscription en deux lignes verticales : ΜΕΠΟΙΕ . . Ν ΑΜΑΣΙΣ, με (ἐ)ποίε[σε]ν Ἄμασις.

Noir dans l'embouchure, sur le col et la panse, sauf les tableaux réservés, les ornements du flanc gauche et un cercle réservé près de la base. L'anse en clair avec quatre filets noirs. Encadrement du tableau comme dans le précédent. Le pied noir, avec cercle réservé en clair sur le bord.

Terre jaune, un peu rougeâtre; surface orangée. Peinture en très beau noir lustré avec retouches rouges et blanches. Incisions soignées. Très beau style. Plusieurs morceaux recollés, sans restaurations ni repeints. Haut. 0,27.

(Inv. MNB 2056). Acquis en 1880. Sans provenance exacte connue.

Publié par E. Pottier, *Revue Archéologique*, 1889, I, pl. 4; Benndorf, *Wiener Vorlegeblätter*, 1889, I, pl. 4, n° 3. Cf. Klein, *Meistersignaturen*, p. 45; Adamek, *Unsignirte Vasen d. Amasis*, 1895, p. 12, 23, 31.

F 31. Amphore à tableaux (panse rebondie, col court, pied en pente, deux anses verticales rondes). — La panse est divisée en deux tableaux réservés. — *A.* **Jugement de Pâris.** A gauche deux déesses drapées, portant de la main droite une couronne, levant la main gauche, l'index en avant, marchent vers la droite (chairs blanches restaurées, bandelette rouge sur les cheveux; la première avec tunique rouge, la seconde avec tunique à quadrillés et croix incisées). Elles sont précédées d'Hermès, barbu, portant un grand caducée et faisant le même geste de la main gauche levée (pétase et barbe rouges, peau de bête en bandoulière sur une tunique blanche courte à bordure incisée, brodequins rouges à ailettes recourbées en avant) du côté de Pâris, barbu et drapé, qui fuit à droite levant la main gauche et retournant la tête (bandelette rouge dans les cheveux, chlamyde rouge sur une tunique blanche à bordure incisée). Dans le champ inscriptions dénuées de sens : Κ?ΝΟΙ . Ν, Κ?ΦΙΝΙΝΙΝΙ, Κ?ΥΚΣVΙ, ΚΠVΚΣΚ, ΚΠΣΛ. — *B.* **Combat d'Hercule et de Kyknos.** Au centre, Hercule barbu (peau de lion sur la tête, nouée sur la poitrine, les pattes pendantes entre les jambes, par-dessus une tunique courte) court à grandes enjambées, tenant une énorme épée à lame rouge et poignée blanche (fourreau suspendu au côté); il saisit de la main gauche le fourreau d'épée suspendu au côté de Kyknos barbu, qui, tombé sur un genou, la main droite passée dans l'armature de son bouclier rouge à bordure blanche, retourne la tête vers Hercule (casque à palmette incisée et haut cimier rouge et blanc, corps nu, cnémides); le sang coule de la blessure que lui fait Hercule au bras droit en enfonçant son épée. De chaque côté, une femme drapée, appuyée sur une lance, regarde la scène; l'une à gauche, Athéné, tenant une couronne (chairs blanches, guirlande incisée dans les cheveux, tunique à points rouges et croix incisées), l'autre à droite, la mère de Kyknos, Pelopeia? (chairs blanches, tunique rouge à bordure incisée). Dans le champ, inscriptions dénuées de sens : ΚΣ+Ε+ΣΚΣ (rétrograde), ΚΝΣΝΦΕΣ (id.), ΚϘΣΝΕΣΝϘ (id.), ΚΣΕΣΚΣΝ+Σ.

Noir dans l'embouchure avec deux cercles rouges, sur le rebord extérieur avec un cercle rouge, sur les anses et la plus grande partie de la panse. En haut de chaque tableau, lotus opposés à des palmettes et reliés par des entrelacs (rehauts rouges); filet noir sur les quatre côtés. En dessous, zone noire avec deux cercles rouges. Près de la base, zone claire avec arêtes rayonnantes. Le fond noir avec cercle rouge. Sous la base, marque en grandes lettres rouges peintes ΙΔ.

Terre jaunâtre, un peu rosée; surface orangée. Peinture en noir bien lustré. Retouches rouges et blanches. Incisions soignées. Bon style. Bon état de conservation. Haut. 0,405.

(Inv. Campana 104). Trouvé en Étrurie et entré en 1863.

Vue d'ensemble dans notre pl. 66, et détail de *B.* Cf. Heydemann, *Pariser Antiken*, p. 66, n° 28.

F 34. Amphore à tableaux (deux anses verticales rondes, col assez haut, pied plat à rebord un peu saillant). — La panse est divisée en deux tableaux réservés. — *A.* **Cerbère ramené des Enfers.** A gauche Iolaos? (plutôt qu'Héraclès) sous les traits d'un éphèbe (bandelette rouge dans les cheveux, corps nu avec tunique à rehauts rouges et rosaces nouée autour des reins, himation à rehauts rouges et rosaces sur le bras gauche, épée au côté) marche vers la droite; tenant une longue laisse attachée au cou de Cerbère sous forme de grand chien à deux têtes (une à col rouge retournée en arrière, l'autre avec une bandelette rouge autour du col, gueule ouverte et dents blanches). En arrière-plan, derrière Cerbère, Athéné, sous l'aspect d'une femme drapée sans attributs (chairs blanches, bandelette rouge sur les cheveux, tunique à points rouges et à rosaces). A droite, en avant, marche un homme barbu, retournant la tête et levant la main gauche en l'air (Eurysthée plutôt qu'Héraclès; tête et bras gauche restaurés, corps nu, himation jeté sur les épaules). — *B.* **Le départ des Dioscures?** Deux éphèbes cavaliers vus de face occupent le centre; les têtes des chevaux et des cavaliers s'inclinent symétriquement l'une vers l'autre pour se présenter de profil (bandelettes rouges dans les cheveux, corps nus, crinières des chevaux rouges). Entre les deux chevaux, un chien blanc lève la patte droite de devant en retournant la tête. A droite et à gauche, une femme drapée (chairs blanches, celle de gauche complètement restaurée, celle de droite avec bandelette rouge dans les cheveux, tunique et himation à rehauts rouges).

Noir dans l'embouchure; le plat du rebord en clair, le rebord extérieur noir avec un cercle rouge. Noir sur le col avec deux cercles rouges, sur le dessus des anses, sur la plus grande partie de la panse. En haut de chaque tableau, lotus et palmettes reliés par des entrelacs (restaurés, rehauts rouges). En haut et en bas de chaque sujet, un filet noir; sur chaque côté, un filet rouge. En dessous, zone noire avec trois cercles rouges. Près de la base, zone claire avec arêtes rayonnantes. Attache du pied restaurée. Le pied noir.

Terre jaunâtre, surface orangée. Peinture en noir lustré. Retouches rouges et blanches. Incisions assez soignées. Plusieurs morceaux recollés. Restaurations et repeints dans quelques figures et les ornements. Haut. 0,42.

(Inv. MI 394). Ancien fonds. Sans provenance connue (probablement l'Italie).
Vue d'ensemble et détail de *B* dans notre pl. 66.

F 36. Amphore à tableaux (col court, deux anses verticales rondes, pied en pente). — La panse est divisée en deux tableaux réservés. — *A*. **Combat d'Hercule et de Kyknos.** Au centre, Héraclès (barbe rouge, peau de lion à rehauts rouges sur la tête, nouée sur la poitrine, les pattes pendantes entre les jambes, en dessous courte tunique rouge, épée au côté) darde la lance haute et saisit de la main gauche le cimier du casque de Kyknos barbu, vêtu en hoplite, dardant la lance et se couvrant d'un grand bouclier rond (casque à bandelette rouge et à cimier haut, courte tunique blanche incisée, épée au côté, épisème de bouclier en protome de lion rugissant et levant la patte de devant, rehaussé de rouge). A gauche, derrière Héraclès, Athéné sous les traits d'une femme drapée s'appuie sur une lance (chairs blanches, bandelette rouge sur les cheveux, tunique rouge à bandes verticales noires incisées). A droite, derrière Kyknos, Arès barbu, en hoplite, tenant la lance et se couvrant d'un bouclier rond vu de profil, avec épisème saillant en forme de serpent qui se dresse (casque à bandelette rouge et cimier bas, tunique courte semée de points rouges et de croix blanches). — *B*. **Dionysos et le thiase bachique.** Au centre, Dionysos barbu, drapé, tient un canthare et lève la main gauche comme pour parler (couronne de lierre rouge et noire, tunique semée de points rouges et de petites rosaces blanches, himation constellé de points rouges). Devant lui, à droite, Ménade drapée dansant, le bras droit au-dessus de la tête (même couronne, chairs blanches, boucle d'oreille en large anneau et petites pendeloques, tunique rouge à bandes noires incisées), suivie d'un comaste ou compagnon de Bacchus nu, barbu, dansant avec les mêmes gestes (bandelette rouge sur les cheveux, rehauts rouges sur la poitrine et le ventre). A gauche, derrière Dionysos, une Ménade drapée analogue (bandelette rouge sur les cheveux, boucle d'oreille, tunique à croix incisées et bandes rouges verticales) s'avance en dansant et retourne la tête vers un comaste nu, barbu, levant le bras droit et faisant des gestes burlesques (bandelette rouge).

Noir dans l'embouchure avec cercle rouge; le plat du rebord en clair. Noir sur le rebord extérieur, le col, les anses et la plus grande partie de la panse. En haut de chaque tableau, entre quatre filets noirs, lotus et palmettes reliés par des entrelacs (rehauts rouges). En bas et de chaque côté, deux filets noirs. En dessous, zone noire avec quatre cercles rouges. Près de la base, zone claire avec arêtes rayonnantes. Le pied noir.

Terre jaunâtre foncé, surface orangée. Peinture en très beau noir lustré avec retouches rouges et blanches. Incisions soignées. Beau style. Bon état de conservation. Haut. 0,385.

(Inv. LP 2021; N 3502). Acquis sous le règne de Louis-Philippe. Provenance inconnue (probablement l'Italie).

Vue d'ensemble et détail de *A* dans notre pl. 66. Cf. Hydemann, *Pariser Antiken*, p. 49, n° 29: Karo, *Journal of hell. Stud.*, 1899, p. 139, n° 9.

F 37. Œnochoé à tableau (grosse panse, bec faiblement trilobé, anse verticale courte en dos d'âne). — Le devant du vase porte un tableau réservé. — *A*. **Combat d'Hercule et du lion de Némée.** Au centre, Héraclès, nu, barbu (cheveux rouges), serre entre ses deux bras et étouffe le lion de Némée qu'il tient par la tête; l'animal (rehauts rouges sur la tête, la crinière et la cuisse, ligne blanche sur le ventre, dents et griffes blanches) est dressé sur ses pattes de derrière, griffant son adversaire à l'épaule droite et à la jambe gauche. Derrière le héros, à gauche, Iolaos barbu (cheveux rouges, cuirasse à rehaut rouge sur tunique courte frangée avec bordure de points rouges et de pointillé blanc, épée au côté suspendue à un baudrier en pointillé blanc) tient de la main droite la massue du héros, de la main gauche son arc et une flèche. A droite, Athéné, sous les traits d'une femme drapée (pas de chairs blanches, visage rouge, particularité très rare chez une femme, bandelette rouge dans les cheveux, tunique à croix incisées et à rehaut rouge) tient une lance et élève la main droite en signe d'encouragement.

Noir dans l'embouchure, trait rouge sur les lèvres, noir (tourné au rouge brun) sur l'anse et le revers de la panse. En haut du tableau, bande de lotus noirs reliés par des entrelacs et deux filets noirs de chaque côté; en dessous des personnages, un filet noir. Sur la zone noire du bas, un cercle rouge. Le pied noir, peu débordant, avec cercle rouge.

Terre jaunâtre, surface orangée. Peinture en noir lustré. Retouches rouges et blanches. Incisions soignées. Bon style. Bon état de conservation. Haut. 0,18.

(Inv. Campana 3237). Trouvé en Étrurie et entré en 1863.

Vue d'ensemble dans notre pl. 67.

F 38. Hydrie à tableaux signée par Timagoras (forte panse, épaule en pente, anse verticale courte avec trois clous d'attache au rebord du vase). — Le devant du vase est décoré de deux tableaux réservés. — *A*. Sur l'épaule, **Scène d'hommage.** Un homme barbu, drapé, assis au centre sur un pliant (cheveux et barbe rouges, himation semé de gros points rouges) tient une lance ou sceptre de la main gauche. Une femme drapée, à droite, lui présente deux couronnes (chairs blanches, tunique rouge, figure très restaurée dans le haut). Derrière elle, un guerrier s'éloigne, retournant la tête (casque à haut cimier, cuirasse sur tunique courte), tenant une lance et un bouclier rond à épisème blanc vu de profil (rosace). Devant lui, un homme barbu, drapé, tient une lance (quelques repeints, bandelette rouge dans les cheveux, himation à rosaces). A gauche, derrière l'homme assis, s'avance un éphèbe nu, tenant une lance et faisant de la main gauche un geste de salutation (en partie restauré, chlamyde à rosaces sur le bras gauche). Derrière lui, une femme drapée, la main gauche avancée (chairs blanches, tunique à rehaut rouge, fortes restaurations), suivie d'un éphèbe nu s'appuyant sur une lance (cheveux rouges, en partie restauré). — *B*. Sur la panse, **Combat d'Hercule avec Triton.** Le dieu marin, barbu (visage rouge, bandelette blanche sur les cheveux pendants), la partie inférieure en corps de poisson couvert d'écailles, terminé par la queue fourchue d'un scorpion (ligne blanche soulignant le ventre, rehauts rouges sur les piquants, les seins marqués d'un cercle rouge), cherche, la tête baissée et levant le bras droit, à se dégager de l'étreinte d'Hercule qui s'est mis à califourchon sur son dos et qui a noué les deux mains autour de sa poitrine (peau de lion sur la tête, patte pendante sur la cuisse droite du héros, tunique courte rouge avec bordure incisée). Dans le champ, deux inscriptions disposées verticalement : ΤΙΜΑΛΟΡΑ ΕΠΟΙΕΣΙ et (en deux lignes superposées) .ΝΔΟΚΙΔΕΣΚΑ.ΟΣ ΔΟΚΕΙ ΤΙΜΑ.ΟΡΑΙ (rétrograde), Τιμαγόρα[ς] ἐποίεσε[ν], [Ἀ]νδοκίδες κα[λ]ός δόκει Τιμαγόραι.

Noir dans l'embouchure, sur le rebord et le col, le dessus des anses et la plus grande partie de la panse. En haut de l'épaule, bande de godrons noirs et rouges. En haut et en bas du sujet principal, un filet noir; de chaque côté, une bande verticale de feuilles de lierre, alternant avec des baies en pointillé noir, et deux filets noirs verticaux. En dessous, zone noire avec trois cercles rouges. Près de la base, zone claire avec arêtes rayonnantes. Le pied noir, avec deux cercles rouges.

Terre jaunâtre, surface orangée. Peinture en beau noir lustré, avec retouches rouges et blanches. Incisions soignées. Beau style. Recollé en plusieurs morceaux. Des repeints dans les cassures et des restaurations assez importantes en *A*. Un trou dans le fond du vase. Haut. 0,42.

(Inv. Campana 134). Trouvé en Étrurie et entré en 1863.

Publié par de Witte, *Étude sur les vases peints de la Coll. Campana*, p. 71; Benndorf, *Wiener Vorlegeblätter*, 1883, pl. 5, n° 3. Cf. Klein, *Meistersignaturen*, p. 50, n° 1. Sur le nom de Timagora (qui pourrait être une femme ?), cf. Hauser, *Jahrbuch des arch. Inst.*, 1895, p. 157, note 7; mais sur la chute du Σ dans les noms masculins, cf. Kretschmer, *Vaseninschriften*, p. 184-185.

F 39. Hydrie à tableaux signée par Timagoras (même forme, col un peu plus haut, pas de clous d'attache au rebord). — Le devant du vase est décoré de deux tableaux réservés. — *A*. Sur l'épaule, **Combat de Thésée et du Mino-**

taure. Thésée sous les traits d'un éphèbe (cheveux rouges, corps nu avec tunique rouge bordée d'un pointillé blanc, roulée autour des reins, fourreau d'épée suspendu par un baudrier blanc) saisit de la main gauche le bras du Minotaure et lui enfonce de l'autre main son épée (poignée blanche) dans la poitrine; le sang coule de la blessure. Le Minotaure (naseaux blancs) est tombé sur le genou droit; de la main droite, il entoure le corps de Thésée et, de la main gauche, il tient une pierre blanche qu'il se préparait à lancer. Le tribut des jeunes gens et des jeunes filles d'Athènes est représenté à droite par une femme drapée, les deux mains avancées (chairs blanches, tunique rouge), suivie de deux éphèbes nus avançant la main droite (chevelures rouges); à gauche, par trois figures semblables placées symétriquement (mêmes détails). — *B*. Sur la panse, **Départ du char de guerre**. Sur le char (rehauts rouges) est debout en arrière-plan un homme barbu, drapé, tenant une lance sur l'épaule gauche et s'appuyant de la main droite sur la balustrade du char (bandelette incisée dans les cheveux, tunique longue, himation à rosaces rouges entourées d'un pointillé blanc); près de lui, à sa droite, l'écuyer imberbe et drapé (chevelure rouge, longue tunique blanche incisée, himation à bandes rouges) tient des deux mains les rênes et un long aiguillon. Les quatre chevaux de l'attelage marchent au pas vers la droite, deux baissant la tête, deux la relevant (rehauts rouges sur le harnais du poitrail, sur les cuisses, sur deux queues). En arrière-plan, faisant vis-à-vis au char, une femme drapée (bandelette rouge, chairs blanches, tunique rouge à bordure noire incisée) fait un geste d'adieu de la main droite. Devant les chevaux est debout un éphèbe nu qui lève la main droite (chevelure rouge nouée en queue par derrière, incisions indiquant les parties pileuses de la poitrine). Dans le champ inscription placée verticalement : ΤΙΜΑΓΟΡΑ ΕΠΟΙΕΣΕΝ, Τιμαγόρα[ς] ἐποίεσεν.

Noir dans l'embouchure, avec deux cercles rouges, sur le rebord avec un cercle rouge, sur le col, le dessus des anses horizontales et la totalité de l'anse verticale et tout le revers du vase. Même décor que dans le précédent. Sur le fond du vase, marque incisée ╛T ✗

Terre jaunâtre un peu rosée, surface orangée. Même technique. Bon état de conservation. Haut. 0,43.

(Inv. Campana 131). Même provenance.

Publié par Benndorf, *Wiener Vorlegebl.* 1839, pl. 5, n° 4. Cf. Klein, *Meistersignaturen*, p. 50, n° 2.

F 51. Hydrie à tableaux (panse trapue, col court, anse d'arrière courte, pied en pente). — Un sujet sur l'épaule et un sur la panse, placés sur le devant du vase, avec deux petites bandes d'animaux sous le tableau principal. — *A*. Sur l'épaule, **Combat de quatre guerriers**. Ils combattent deux à deux, dardant la lance et portant un bouclier rond (dans le groupe de gauche, casques à cimier bas, cuirasses ciselées, pas de tunique visible, cnémides; rehauts rouges sur le casque et les cnémides de droite et épisème en blanc effacé représentant une rosace rayonnante; dans le groupe de droite, mêmes détails avec rehauts rouges sur la cuirasse et les cnémides de gauche, les boucliers, le casque et la tunique du guerrier de droite, même épisème). Dans le champ, quatre simulacres d'inscriptions en petites lettres noires peu lisibles. — *B*. Sur la panse divisée en trois compartiments par deux traits verticaux, au centre, **Combat d'Hercule et de Triton**. Le groupe est tourné vers la gauche. Triton barbu (visage et poitrine rouges, corps de dragon à écailles tachetées de points rouges et blancs, queue de scorpion à rehaut rouge, bande réservée, peut-être de blanc effacé, sur le ventre) penche sa tête à longs cheveux flottants et essaie de dénouer l'étreinte des mains d'Hercule qui, à califourchon sur son dos, l'enserre et l'étouffe dans ses bras (barbe rouge, peau de lion sur la tête et sur le corps, tunique courte à bordure incisée, dans le dos carquois ouvert avec cinq bouts de flèches visibles). Dans le champ, à droite, un dauphin symbolise la mer. — Dans chaque compartiment, plus étroit, de droite et de gauche, on voit trois personnages nus. **Conversation et cadeaux entre éphèbes et hommes barbus**. Le groupe de gauche se compose d'un homme barbu entre deux éphèbes : une couronne enfilée à son bras gauche (couronne en pointillé blanc sur la tête) et tourné vers l'éphèbe de gauche, il lui tend les deux mains que l'éphèbe (rehauts rouges sur les cheveux) saisit par les poignets; l'autre éphèbe (collier en pointillé sur la poitrine) s'éloigne à droite en retournant la tête. Le groupe de droite comprend un éphèbe entre deux hommes barbus : l'homme de gauche (cheveux rouges), une couronne enfilée autour de son bras droit, étend les mains pour saisir l'éphèbe plus petit (bandelette rouge sur les cheveux, collier rouge sur la poitrine); l'autre homme (barbe et cheveux rouges) s'éloigne à droite en retournant la tête, le coude gauche très haut levé avec la main pendante. — *C* et *D*. Sous le tableau, deux bandes superposées, l'une d'**Oiseaux à la file**, dix-huit cygnes posés (rehauts rouges, un seul retournant la tête); l'autre d'**Animaux passant**, lionne tête de face entre deux cygnes aux ailes déployées (rehauts rouges), cygne aux ailes déployées entre un bouc paissant et une lionne tête de face, dont l'arrière-train disparaît dans le cadre (rehauts rouges).

Noir dans l'embouchure, sur le rebord, le col, les anses et tout le revers du vase. En haut de l'épaule, bande de godrons noirs et rouges. Entre chaque tableau, un filet noir. Le tableau principal est encadré à droite et à gauche par un filet rouge. En dessous, zone noire avec quatre cercles rouges. A la base, zone claire avec arêtes noires rayonnantes. Le pied noir avec deux cercles rouges.

Terre jaunâtre, surface orangée. Peinture en noir lustré. Retouches rouges et blanches. Incisions soignées. Bon style. Bon état de conservation, anses recollées. Haut. 0,41.

(Inv. Campana 139). Trouvé en Étrurie et entré en 1863.

Vue d'ensemble dans notre pl. 67.

F 53. Amphore à tableaux, signée par Exékias et portant le nom de Stésias (col court, large embouchure, pied plat et un peu concave, deux anses courtes et rondes). — La panse est divisée en deux tableaux réservés. — *A*. **Combat d'Hercule et de Géryon**. A gauche, Héraclès barbu (barbe rouge, peau de lion à dents blanches sur la tête, nouée sur la poitrine, serrée à la taille par une ceinture rouge, les pattes pendantes, placée par-dessus une tunique courte à bordure incisée, grand carquois au côté gauche avec couvercle ouvert et laissant voir les extrémités de six flèches) brandit l'épée de la main droite et tend le bras gauche (sans doute portant l'arc) qui disparaît derrière le bouclier rond du triple Géryon. Celui-ci fait vis-à-vis sous forme de trois hoplites dont les corps sont serrés les uns contre les autres. Du plus éloigné à l'arrière-plan, on ne voit que les jambes (cnémides), le bouclier rond (bordure rouge) et le haut du casque (cimier élevé, rehauts rouges); une des flèches d'Hercule est plantée dedans à la hauteur de l'œil. Du second, formant le centre, on voit les jambes (cnémides), la tête barbue (casque rouge à cimier bas), le haut du corps et le bouclier rond (bordure rouge portant au centre une tête de Gorgone incisée). Le troisième, barbu, est vu en pied, tout le buste et la tête retournés en arrière, comme s'il voulait fuir le combat, une flèche plantée dans le nez, tenant sa lance la pointe en bas, le bras passé dans l'armature intérieure d'un bouclier rond à bordure rouge (casque à double cimier, cuirasse sur tunique courte ornée de quadrillés et de croix admirablement incisés, cnémides rouges à pointillé blanc). Entre les deux combattants, est étendu par terre le berger Eurytion mourant, la tête traversée de part en part par une flèche, se soulevant sur le coude gauche et tenant de la main droite une épée en forme de long coutelas à poignée blanche (barbe rouge, pétase ceint d'une bandelette rouge, baudrier rouge soutenant le fourreau de l'épée, tunique courte par-dessus laquelle une peau de bête est serrée à la taille par une ceinture rouge). Près de ses pieds, un javelot, dont l'*amentum* s'enroule encore en partie sur la hampe, est piqué en terre. Dans le champ, inscriptions peintes en lignes horizontales et verticales : E+ΣEKIAΣ EΠOIEΣE (Ἐξσκίας ἐποίεσε),

HEPAKLES, EVPVTION (rétrograde), ΛEPVONE, STESIASKALOS (rétrograde). — *B*. **Départ du guerrier en char.** Sur un char (rehauts rouges), attelé de quatre chevaux dont deux inclinent la tête (rehauts rouges sur les harnais, marque en forme de cercle incisé sur la croupe du premier cheval), est debout l'écuyer imberbe (bandelette sur les cheveux longs, peau de bête serrée par-dessus la tunique longue) qui tient les rênes et l'aiguillon, ayant à sa gauche un hoplite barbu, la main droite posée sur le joug (main mal restaurée, car elle devrait tenir la lance qui paraît sortir du bouclier et se projette en avant au-dessus des chevaux), la main gauche passée dans l'armature intérieure de son bouclier rond bordé de rouge (casque à haut cimier ceint d'une bandelette rouge, cuirasse à rebord rouge sur tunique courte ornée d'écailles incisées). Au-dessus des chevaux, plane une sirène aux ailes déployées (rehauts rouges). Dans le champ, inscriptions peintes donnant les noms des personnages, ANTIΓOS, SEMOS (rétrograde), et les noms des chevaux, KALIΦOPA, ΓVPOKOME, KALIϘOME. — *C*. Sur le couvercle, zone d'**Animaux passant**, répétant trois fois le groupe d'une sirène aux ailes déployées devant un cerf paissant (rehauts rouges).

Noir dans l'embouchure, plat du rebord clair. Noir sur le rebord extérieur, sur le col, avec trois cercles rouges, sur la totalité des anses, la panse, sauf les tableaux réservés. En haut de chaque tableau, entre deux filets noirs, une bande de lotus opposés alternant avec des palmettes opposées (rehauts rouges), divisée au centre par une chaînette horizontale, composée de petits cercles ayant au centre un point. Sur chaque côté du tableau et en bas, un filet noir. En dessous, zone noire avec quatre cercles rouges. Près de la base, zone claire avec arêtes noires rayonnantes Le pied noir avec deux cercles rouges. Sur le couvercle, série de cercles noirs; la zone d'animaux entre deux zones de pointillés noirs encadrés dans des filets noirs; au pied du bouton noir, languettes rayonnantes et zone de pointillés.

Terre jaune foncé, surface orangée. Peinture en très beau noir lustré. Retouches en rouge violet pâli. Peu de retouches blanches. Travail d'incisions extrêmement soigné et détaillé. Le vase a été cassé en plusieurs morceaux et recollé. Les restaurations sont très adroitement faites. Elles sont nombreuses dans la partie basse du vase et dans le sujet *B*, mais elles n'altèrent pas les figures importantes. Haut. avec le couvercle 0,50; sans le couvercle 0,45.

(Inv. MNC, 495 *A* et *B*). Trouvé en Étrurie, à Vulci. Anciennes collections Durand, Magnoncourt, Roger. Acquis en 1883.

Publié par Gerhard, *Auserlesene Vasenbilder*, pl. 107; Benndorf, *Wiener Vorlegeblätter*, 1888, pl. 5, n° 1; S. Reinach, *Répertoire des Vases*, II, p. 59, n°s 1 et 2. Cf. Klein, *Meistersignaturen*, p. 38, n° 1; *Lieblingsinschriften*, p. 33; de Witte, *Collection Durand*, n° 296; *Collection Magnoncourt*, n° 39.

F 54. Coupe signée par Exékias (vasque profonde avec ressaut près du rebord, anses horizontales élancées et minces, pied court et trapu). — Un sujet dans l'intérieur et un de chaque côté sur le rebord extérieur. — Int. *A*. **Niké ou Iris volant.** La déesse a deux ailes d'oiseau déployées; elle court dans l'attitude agenouillée vers la droite, tournant la tête en arrière et levant le bras gauche (corps et bras restaurés, pas de traces des chairs blanches probablement effacées, bandelette rouge sur les cheveux, rehauts rouges sur les ailes, tunique courte rouge à bordure incisée, aux pieds ailettes recourbées par devant). — Rév. *B*. **Gazelle paissant** (rehauts rouges). — *C*. **Même sujet.** — En dessous de chaque sujet des revers, inscription peinte en petites lettres noires E+SEKIAS: MEΓOIΣEN : EV : **Ἐξεκίας μ' ἐποίεσεν (εὖ?).**

L'intérieur noir, sauf le centre réservé pour le sujet qui est encadré d'une zone circulaire de godrons noirs et rouges entre sept cercles. La partie supérieure du revers en clair, divisée en deux zones par le ressaut de l'argile souligné d'un trait noir. Près de chaque attache des anses, dont le dessus est noir, petite palmette à rehaut rouge portée par un long pédoncule. Noir sur tout le bas des revers, sauf un cercle réservé en clair, et sur le pied. Le dessous du pied porte deux cercles noirs et une marque en grande lettre rouge peinte Ɛ.

Terre jaune, surface orangée. Peinture en noir lustré. Retouches rouges. Incisions rapides. Le centre du vase a souffert et est fortement réparé. On y distingue quatre trous ronds qui semblent indiquer qu'une réparation avait déjà eu lieu dans l'antiquité. Haut. 0,13. Diam. 0,23; avec les anses 0,31.

(Inv. Campana 392). Trouvé en Étrurie et entré en 1863.

Publié par Benndorf dans les *Wiener Vorlegeblätter*, 1888, pl. 5, n° 2. Cf. Klein, *Meistersignaturen*, p. 41, n° 8.

F 55. Amphore à tableaux (même structure que F 53, le pied en pente). — La panse est divisée en deux tableaux réservés. — *A*. **Combat d'Hercule et de Géryon.** Imitation plus tardive et moins soignée du même sujet que F 53. A gauche, Héraclès barbu (même costume sans carquois, baudrier blanc croisé sur la poitrine et soutenant l'épée au côté) brandit une massue de la main droite et tend le bras gauche (portant l'arc) qui disparaît derrière les boucliers ronds du triple Géryon. Celui-ci se présente sous le même aspect que le précédent avec quelques différences de détail (pas de flèches dans les têtes; les corps sont plus cachés sous les boucliers dont l'un a pour épisème blanc un oiseau volant et l'autre un trépied; la tunique à croix incisées est d'un travail ordinaire; les trois casques ont des cimiers élevés, les six jambes ont des cnémides rouges). Le berger Eurytion, tombé par terre (barbe rouge, tunique courte rouge à bordure incisée, bandelette rouge sur les cheveux), est assis et essaie de se soulever sur le bras gauche; de la main droite, il tient une grosse pierre qu'il s'apprêtait à jeter contre le héros. Pas d'inscriptions. — *B*. **Dionysos et le thiase bachique.** Au centre, Dionysos barbu, drapé (barbe rouge, couronne de pampres sur la tête, tunique blanche, himation à rehauts rouges), tient un kéras à rebord rouge. Devant lui, à droite, un Silène nu (barbe rouge, bandelette rouge dans les cheveux, queue de cheval rouge) danse avec des gestes burlesques; un comaste barbu, nu, tournant le dos aux précédents (cheveux et barbe rouges), danse aussi, le bras et la jambe gauche levés. A gauche, derrière le dieu, un Silène nu, ithyphallique, se tient debout, les mains avancées (barbe, cheveux, queue rouges); un comaste nu, lui tournant le dos, court en dansant vers la gauche (énorme tête barbue vue de face).

Même décor que le précédent, mais négligé. Pas de couvercle. Sous la base, marque en grandes lettres incisées ΧΛ.

Terre plus rosée. Peinture en noir lustré. Retouches de blanc et de rouge. Travail d'incisions rapide. La partie *B* fêlée et raccommodée. Haut. 0,43.

(Inv. N 3506; MN 40). Acquis en 1848. Sans provenance connue.

Vue d'ensemble (côté A) dans notre pl. 67.

F 56. Grande Amphore à tableaux (structure analogue au précédent, le pied en pente). — Un tableau est réservé sur chaque côté de la panse. — *A*. **Départ en char du couple conjugal (Dionysos et Ariane? Pélée et Thétis?).** — Un homme barbu, couronné de lierres, le corps nu et portant une chlamyde jetée sur l'épaule gauche, met le pied gauche sur le caisson du char pour y monter et tient des deux mains les rênes de l'attelage. Sur le char est déjà debout, à sa gauche et en arrière-plan, une femme drapée, les deux mains sous la draperie appuyées sur le joug (blanc des chairs effacé, bandelette rouge sur les cheveux, himation à rehauts rouges et à svastikas incisés). Le char est attelé de quatre chevaux dont deux penchent la tête (harnais du poitrail à piquants incisés, deux crinières et deux queues rouges). En arrière-plan et faisant face au char, un guerrier barbu, tenant une lance, dont on ne voit que la tête (casque à haut cimier), le bouclier rond à bordure rouge et les jambes (cnémides); derrière lui, et en partie caché par le même bouclier, un vieillard chauve, drapé (visage restauré, bandelette rouge sur la tête); près de la tête des chevaux, Hermès barbu tenant un caducée et retournant la tête vers les précédents (barbe rouge, pétase, chlamyde à croix incisées et points rouges, brodequins munis d'ailettes par devant). Devant les chevaux se tient debout une femme drapée (chairs blanches, bandelette rouge sur les cheveux, tunique à croix incisées et points rouges, himation à rehauts rouges). — *B*. **Départ du char de guerre.** L'écuyer barbu (pétase rouge, barbe rouge, corps nu, chlamyde à rehauts rouges jetée sur l'épaule) met le pied gauche sur le caisson du char pour monter et tient à deux mains les rênes de quatre chevaux dont deux inclinent la tête (harnais du poitrail rouge, deux crinières et deux queues rouges). En arrière-plan, tournant la tête du côté du char, une femme drapée fait un geste de la main gauche (chairs blanches, bandelette rouge sur les cheveux). Devant les chevaux se tient debout un guerrier barbu, tenant la lance et le bouclier rond à épisème blanc en forme de jambe humaine (casque à cimier bas et blanc, cnémides à rebords rouges).

Noir dans l'embouchure, le plat du rebord clair. Noir sur le rebord extérieur, sur le col avec deux cercles rouges, sur la totalité des anses et la panse, en dehors des tableaux. En haut de chaque sujet, entre deux filets noirs, bande de lotus opposés à des palmettes et reliés par des entrelacs (rehauts rouges). Sur chaque côté et en bas, un filet noir. En dessous, zone noire avec trois cercles rouges. Près de la base, zone claire avec arêtes noires rayonnantes. Le pied noir avec un cercle rouge. Sous la base, marque en grands traits incisés I I V Ⴗ.

Terre jaunâtre, surface orangée. Peinture en beau noir lustré. Retouches rouges et blanches. Travail d'incisions soigné. Beau style. Des parties recollées et des repeints dans les cassures, sans restaurations importantes. Haut. 0,59.

(Inv. N 3394; MN 49). Acquis en 1848. Sans provenance connue.

Vue d'ensemble (côté A) dans notre pl. 67.

F 57. Amphore (panse large, anses trifides, pied plat). — La panse est décorée d'une zone de figures divisée en deux sujets par les ornements. — *A.* **Dispute d'Ajax et d'Ulysse.** Deux hoplites se précipitent l'un contre l'autre avec violence et sont maintenus chacun par trois hommes nus qui s'interposent et les saisissent par leurs armes ou à bras-le-corps. L'hoplite de gauche (casque rouge à cimier bas, cuirasse blanche incisée sur une tunique courte à rehauts rouges, cnémides ciselées) lève le bras droit tenant la lance et ramène en arrière le bras gauche passé dans l'armature de son bouclier (courroies blanches, intérieur rouge). Un éphèbe nu (cheveux bouclés incisés), en partie caché par le bouclier de l'adversaire, lui fait face et lève le bras pour arrêter le coup de lance; un autre éphèbe dont la tête est invisible le saisit à bras-le-corps par devant; en arrière, un troisième éphèbe (cheveux bouclés) le retient en saisissant une des courroies internes du bouclier. L'hoplite de droite (casque à cimier bas, cuirasse blanche incisée, tunique courte à bordure incisée, cnémides) se couvre d'un bouclier rond ayant en épisème une grande tête de Gorgone incisée (pourtour rouge et pointillé blanc); il est retenu à bras-le-corps par un homme nu dont la tête reste invisible et qui est à demi agenouillé; un autre homme barbu, nu (barbe rouge), debout derrière, passe son bras par-dessus l'épaule du guerrier pour saisir la hampe de sa lance qu'il tient basse; un troisième homme barbu tient le bout de la hampe et se penche sur la main du guerrier pour lui faire lâcher prise. — *B.* **Combat de deux guerriers entre deux femmes (Achille et Memnon?).** L'hoplite de gauche barbu (casque à cimier bas et pointillé rouge, cuirasse ciselée, baudrier blanc soutenant l'épée au côté, tunique courte rouge, cnémides à rehauts rouges) darde la lance, la pointe basse, et porte sur le bras gauche un bouclier à échancrure. L'adversaire qui lui fait vis-à-vis (même costume) répète symétriquement la même attitude d'attaque; son bouclier échancré porte comme épisème blanc deux oiseaux volant de chaque côté d'un gros point (pointillé rouge sur le pourtour du bouclier). Derrière chaque combattant, une femme debout, drapée (chairs blanches, tuniques à rehauts rouges et semis de petites rosaces en pointillé blanc, repeints dans la femme de droite).

Noir dans l'embouchure, le plat du rebord clair. Noir sur le rebord extérieur, sur le dessus des anses. Sur chaque côté du col, palmettes opposées entre des lotus très allongés, divisées au centre par une chaînette horizontale composée de petits cercles juxtaposés. En haut de chaque tableau, bande de godrons noirs. Sous l'attache de chaque anse, grand motif floral composé de quatre palmettes opposées d'où partent quatre longs pédoncules dont l'extrémité s'épanouit en palmette. Sous la zone de figures, quadrillé à gros points noirs entre quatre filets, zone de boutons de lotus reliés par des entrelacs et accostés de points, second quadrillé pareil au premier. Près de la base, arêtes rayonnantes. Anneau saillant rouge à l'attache du pied. Le pied noir avec la tranche claire.

Terre jaunâtre, surface orangée. Peinture en noir bien lustré. Retouches blanches et rouges. Travail d'incisions soigné. Quelques repeints dans les blancs. Haut. 0,41.

(Inv. Campana, numéro disparu). Trouvé en Étrurie et entré en 1863.

Vue d'ensemble (côté A) dans notre pl. 67.

F 59. Amphore (même structure). — La panse est décorée d'une zone de figures divisée en deux sujets par les ornements. — *A.* **Hercule rapportant à Eurysthée le sanglier d'Erymanthe.** A gauche, Héraclès barbu, vêtu de la peau de lion qui recouvre sa tête, l'épée au côté, le carquois dans le dos (barbe rouge, double baudrier blanc croisé sur la poitrine pour soutenir le carquois à couvercle ouvert et l'épée à poignée blanche, tunique courte rouge à bordure incisée et ornée d'un pointillé blanc, griffes de la peau de lion en blanc), porte sur son épaule gauche et soutient des deux bras élevés le sanglier qu'il tient la tête en bas (rehauts rouges, défense et dents blanches) et qu'il menace de jeter dans le pithos enterré dans le sol (bordure de points blancs à la base du col). Il a déjà posé le pied gauche sur le bord du vase, d'où sort la tête effarée d'Eurysthée barbu, levant les deux bras et la bouche ouverte comme s'il criait (barbe rouge). Derrière le pithos, Athéné (chairs blanches, casque à haut cimier, égide à écailles et serpents dressés, tunique ornée de quadrillés incisés et de petites rosaces en pointillés blancs), le corps dirigé vers la droite, se retourne pour regarder la scène; de la main droite, elle tient la lance et de la main gauche un bouclier rond orné d'une grande rosace à pétales blancs et rouges (retouchés). A droite, Hermès barbu (tête refaite, main droite refaite, proportions trop courtes), un long caducée dans la main gauche, marche vers la déesse (pétase à bord rouge, barbe rouge, chlamyde à bordure rouge et à croix incisées, endromides à ailettes recourbées par devant). — *B.* **Dionysos et le thiase bachique.** Dionysos barbu, drapé (barbe rouge, grosse couronne de lierre à feuilles noires et rouges, himation très serré à rehauts rouges, semé de points rouges et de croix incisées accostées de points blancs) est tourné vers la droite et tient dans chaque main un rameau de vigne feuillu dont l'un retombe à terre, l'autre s'élève en l'air et remplit en partie le champ. Devant lui, Ariane drapée fait un geste de salutation (chairs blanches, tête retouchée, himation à rehauts rouges et à rosaces en pointillé blanc). De chaque côté du couple, un Silène nu danse (barbe et queue rouges), celui de gauche, les deux mains basses et fléchissant les genoux, celui de droite penchant la tête en arrière et levant le pied droit, le torse de face.

Noir dans tout l'intérieur du col, le plat du rebord clair. Noir sur le rebord extérieur, sur le dessus des anses. Sur chaque côté du col, même décor que dans le précédent. Sous l'attache des anses, motif floral composé d'un grand bouton de lotus, la pointe en bas, d'où partent quatre longs pédoncules qui s'épanouissent en palmettes. En haut de chaque sujet, bande de godrons noirs et rouges. Sous la zone de personnages, grecque simple entre quatre filets, zone de boutons de lotus reliés par des entrelacs. Près de la base, arêtes rayonnantes. Anneau saillant rouge à l'attache du pied noir. Sous la base, marque incisée A.

Terre jaunâtre, surface orangée. Peinture en beau noir lustré. Retouches rouges et blanches. Travail d'incisions soigné. Quelques restaurations dans les figures. Le vase brisé en plusieurs morceaux a été recollé et restauré avec soin. Haut. 0,51.

(Inv. LP 67; N 3271). Acquis sous Louis-Philippe. Provenance inconnue (probablement l'Italie).

Vue d'ensemble (côté A) dans notre pl. 67.

F 60. Amphore (même structure). — La panse est décorée d'une zone de figures divisée en deux sujets par les ornements. — *A.* **Hercule ramenant Alceste** (?). Au centre, Héraclès barbu et nu-tête (visage retouché, barbe et cheveux rouges, tunique courte à rehauts rouges par-dessus laquelle est posée une cuirasse ciselée à rehauts rouges et à rebord blanc, ornée au col d'une série de gros points rouges) marche vers la gauche, tenant sa massue de la main gauche (distorsion extraordinaire de tout le corps, le torse étant de face, les jambes de profil et vues par derrière, la main gauche disparaissant derrière le corps par suite d'une mauvaise reproduction de l'ombre portée du modèle). A gauche, Hermès barbu lui fait face tenant le caducée (visage retouché, barbe et cheveux rouges, pétase, tunique blanche incisée et chlamyde à rehauts rouges, brodequins avec ailette recourbée en avant). A droite, une femme drapée et voilée suit Héraclès, écartant de la main droite un pli de son manteau et tenant de la même main une couronne (sans doute Alceste, rendue à son époux Admète par le héros qui a été la chercher aux Enfers et la ramène sous la conduite d'Hermès, le dieu psychopompe). — *B.* **Femme se balançant, l'Aiora?** Au centre, une femme drapée (chairs blanches, cheveux pendants, ceints d'une bandelette rouge, œil indiqué en rouge, bracelet rouge à chaque bras, tunique incisée de svastikas et de grecques et serrée par une ceinture rouge) est assise sur une balançoire formée d'un tabouret à pieds tournés, suspendu à deux cordes auxquelles elle se tient de sa main gauche levée et de son bras droit abaissé. Elle tourne la tête à gauche vers un homme barbu, drapé, étroitement enveloppé dans son himation (barbe et cheveux rouges, petites rosaces blanches et rehauts rouge ssur l'himation); devant lui, un tout petit personnage, drapé dans un himation à rehauts rouges, qui représente un enfant, touche des deux mains comme pour l'arrêter dans son mouvement le pied de la balançoire. A droite, un autre homme drapé, analogue au premier (barbe rouge, bandelette rouge sur les cheveux), lui fait pendant. (Je ne sais si l'on peut mettre ce curieux tableau en rapport avec le texte de Pausanias qui, dans la description de la *Nekyia* peinte à Delphes par Polygnote, montre Phèdre dans les Enfers assise sur une balançoire [X, 29, 3] ou avec la fête attique de l'*Aiora*. Il n'est pas impossible que le symbole soit ancien et que Polygnote ait trouvé des prototypes dans la peinture du VIᵉ siècle. Mais les détails ne sont pas suffisamment clairs pour préciser cette hypothèse.)

L'intérieur du col noir avec deux cercles rouges, le plat du rebord en clair, le rebord extérieur et les anses en noir. Sur chaque côté du col, même ornement que dans les précédents. A la base du col, anneau saillant. En haut de chaque tableau, bande de godrons noirs et rouges. Sous l'attache des anses, motif floral composé de trois boutons de lotus opposés de chaque côté d'une croix, d'où partent quatre longs pédoncules qui se terminent par une palmette. Sous la zone de personnages, entre quatre filets, fleurs de lotus et boutons reliés par des entrelacs. Près de la base, arêtes rayonnantes. Le pied noir, avec un cercle rouge. Sous le pied, en grandes lettres rouges peintes, marque I△.

Terre foncée, un peu rosée; surface orangée. Peinture en noir lustré. Retouches blanches et rouges. Incisions soignées. Beau style assez particulier. Quelques morceaux recollés, avec des restaurations, surtout en *A*. Haut. 0,42.

(Inv. MN 43; N 3264). Ancienne collection Canino. Trouvé à Vulci, vers 1828. Acquis en 1848.

Vue d'ensemble (côté B) et détail de *A* dans notre pl. 68. Cf. de Witte, *Notice d'une Collection de Vases antiques*, 1843, nº 87.

F 62. Cratère ou Dinos (sans anses et destiné à être placé sur un pied séparé). — Toute la panse du vase est noire. Les sujets sont placés en deux zones sur le pourtour intérieur de l'embouchure et sur le plat du rebord. — I. Dans l'embouchure, **File de six bateaux**, voguant vers la gauche sur une mer représentée par des flots noirs ondulés et incisés. Chaque bateau, avec quelques variantes de détail, présente les mêmes dispositions d'ensemble : en avant, une tête de dauphin fendant l'eau, au-dessus un tillac élevé, garni sur le côté d'une balustrade ou d'une petite paroi basse quadrillée; un mât central et une voile blanche déployée, à demi carguée, retenue par une dizaine de cordages; de vingt à vingt-quatre rameurs dont les têtes seules dépassent le plat bord, tenant leurs rames, peintes en blanc, allongées au-dessus de l'eau; une poupe relevée sur laquelle est assis, face aux rameurs, un pilote qui tient le gouvernail en forme de grandes rames. — II. Sur le rebord, une zone d'une trentaine de petits personnages formant des groupes ou des sujets distincts, sans autre séparation que des femmes ou des hommes drapés qui relient l'un à l'autre ces différents épisodes. 1º Éphèbe drapé assis sur un pliant et faisant face à un **Char attelé de quatre chevaux**, conduit par un éphèbe nu qui monte dans le char, son bouclier attaché sur le dos, et qui est suivi d'un homme nu marchant et levant la main droite. 2º Personnage drapé (restauré) levant la main gauche, **Deux guerriers combattant**, femme drapée avançant la main droite. 3º Éphèbe drapé assis sur un pliant, **Écuyer montant en char**, son bouclier attaché sur le dos, et tenant les rênes de quatre chevaux attelés; devant les chevaux, une femme drapée, levant la main gauche, en face d'un éphèbe drapé assis sur un pliant. 4º Entre deux femmes drapées **Deux guerriers combattant**. 5º Homme drapé assis sur un pliant devant un **Char à quatre chevaux** sur lequel monte un éphèbe nu, son bouclier attaché dans le dos; il est suivi d'un homme barbu, drapé. 6º **Hercule étouffant le lion de Némée**; il est barbu, nu, épée au côté, le lion dressé contre lui; femme drapée élevant la main droite. 7º **Thésée et le Minotaure**; le héros imberbe, l'épée à la main, saisit par la tête le Minotaure tombé sur un genou et tenant une pierre dans chaque main, éphèbe drapé avançant la main droite. 8º Éphèbe nu, son bouclier attaché dans le dos, montant sur un **Char attelé de quatre chevaux**, homme barbu, drapé, avançant la main gauche devant un homme barbu assis sur un pliant. 9º Femme drapée (restaurée), **Deux guerriers combattant**, femme drapée levant la main gauche.

Sur le rebord extérieur, guirlande de lierre. En haut de l'épaule, godrons noirs et rouges. Le fond du vase porte une zone réservée en clair avec cercle noir central.

Terre rosée, surface orangée. Peinture en noir lustré. Retouches blanches en I; retouches rouges en II. Incisions assez soignées. Le vase a beaucoup souffert; il est recollé en un très grand nombre de morceaux. Les repeints sont fréquents dans les figures. Haut. 0,36. Diam. de l'embouchure 0,29.

(Inv. Campana, numéro disparu). Trouvé en Étrurie et entré en 1863.

Vue d'ensemble dans notre pl. 68. Cf. J. Harrison, *Journal hell. studies*, 1885, p. 28.

F 64. Coupe (vasque profonde avec ressaut près du bord, anses horizontales minces, pied court). — Un sujet dans l'intérieur et une zone circulaire sur le rebord extérieur, divisée en deux sujets par les attaches d'anses. — Int. *A.* **Niké ou Iris volant.** La déesse a deux ailes d'oiseau déployées; elle court vers la droite dans l'attitude agenouillée, levant le bras gauche (restaurations et incisions refaites dans le buste, les bras, les ailes; pas de trace de blanc sur les chairs, tunique courte à rehauts rouges, ailettes recourbées en avant aux pieds). — Rev. *B.* **Course à pied.** Dix hommes nus (cheveux rouges) courent à la file vers la droite, levant le bras gauche; un seul, le sixième, est barbu (barbe rouge). — Rev. *C.* **Course de quatre cavaliers.** Quatre éphèbes à cheval galopent à la file vers la gauche (crinières des chevaux rouges); le dernier est suivi d'un oiseau volant (rehauts rouges).

L'intérieur noir, sauf le centre réservé pour le sujet, qui est encadré d'une zone circulaire de godrons noirs et rouges. Au-dessus des godrons, zone de pointillé noir entre six cercles. La partie supérieure des revers en clair, divisée en deux zones par le ressaut de l'argile souligné d'un trait noir. Noir sur le bas des revers avec un cercle réservé en clair et rehaussé de quatre filets noirs. Le dessous du pied porte un cercle noir, et le point d'attache sur le tour est resté sous forme d'appendice ou queue pointue.

Terre un peu rosée, surface orangée. Peinture en noir lustré. Retouches rouges. Incisions rapides. Les recollages sont nombreux et les figures ont subi d'assez fortes restaurations. Haut. 0,145. Diam. 0,26; avec les anses 0,35.

(Inv. Campana 684). Trouvé en Étrurie et entré en 1863

Détail de *B* publié dans notre pl. 68.

F 65. Coupe (même structure). — Un sujet dans l'intérieur et une zone circulaire sur le rebord extérieur, divisée en deux par les attaches d'anses. — Int. *A*. **Sphinx accroupi**, retournant la tête et levant la patte gauche de devant (rehaut rouge sur l'aile, peut-être du blanc effacé sur le visage, collier indiqué au cou par deux traits incisés). — Rev. *B*. **Combat de six hoplites**. Ils sont groupés deux par deux, le corps nu, dardant leur lance et se couvrant de leur bouclier (le dernier à gauche très restauré, casques à timbre rouge et cimier haut, boucliers ronds, ceux dont on voit l'intérieur en rouge, les trois autres noirs avec des épisèmes effacés). — Rev. *C*. **Course de quatre cavaliers**. Ils galopent vers la gauche, le premier imberbe, les autres barbus (le deuxième avec barbe et cheveux rouges); ils sont vêtus d'une courte tunique et tiennent de la main droite une lance (rehauts rouges sur le col et le corps des chevaux).

Même décor et mêmes détails que dans le précédent.

Terre jaune un peu foncée, surface orangée. Peinture en noir lustré. Retouches rouges. Quelques recollages et restaurations. Haut. 0,13. Diam. 0,25; avec les anses 0,32.

(Inv. Campana 613). Même provenance.

Vue d'ensemble (côté C) dans notre pl. 68.

F 66. Coupe (même structure). — Un sujet dans l'intérieur seulement. — **Homme barbu courant**, dans l'attitude agenouillée, le bras gauche levé (barbe et cheveux rouges, tunique courte finement incisée, himation court à rehauts rouges et à bordure incisée). Tout autour, dans le champ, inscription peinte en lettres noires dont plusieurs sont effacées et quelques-unes restaurées : ΛΓΒΙΜΑΡΟΜ (rétrograde, les trois dernières lettres dans une cassure restaurée), ..ΟΣΡΛΕΟ . Μ (rétrograde), ΟΒΜΙ ΟΨΚΚΒ et près de la tête du personnage ΤΑ. Le premier mot semble désigner un nom propre comme Ἀλεξ(ί)μα(χ)ος, avec un mélange de lettres attiques et corinthiennes. Chaque rebord extérieur porte aussi une inscription peinte en lettres noires : 1° ΚΑΛΟΕΝΣ ΤΟΠΟΤΒΡΣΟΝΚΑV, καλό(ν) ἔνι τὸ ποτήριον καλ(όν); 2° le mot ΚΑV (καλόν) neuf fois répété, mais résultant en majeure partie d'une restauration; on ne compte guère que six ou sept lettres bonnes.

Même décor que dans les vases précédents avec quelques variantes. La zone de godrons est comprise entre deux zones de pointillés noirs. Le dessous du pied ne porte ni cercle noir, ni queue pointue.

Terre rosée, surface orangée. Peinture en noir lustré. Retouches rouges. Incisions soignées. Recollages nombreux; mais les restaurations intéressent plus les rebords et les revers, que le sujet central. Haut. 0,11. Diam. 0,30; avec les anses 0,25.

(Inv. Campana 339). Trouvé en Étrurie et entré en 1863.

L'intérieur publié dans notre pl. 68.

F 67. Coupe (structure analogue, un peu plus ventrue). — Un sujet dans l'intérieur; sur le rebord extérieur, une zone circulaire divisée en deux sujets par les attaches d'anses. — Int. *A*. **Combat d'Hercule et de Nessos**. Hercule, tenant la massue de la main droite (barbe et cheveux rouges, le corps nu), marche vers la droite et saisit par la tête le Centaure placé en arrière-plan derrière lui; celui-ci, marchant dans le même sens, paraît s'affaisser sur les jambes de devant fléchissantes et retourne la tête (grande barbe et cheveux rouges, rehauts rouges sur le corps); du bras droit, il paraît s'accrocher à l'épaule droite d'Hercule, sa main gauche pend vers le sol comme pour y chercher un point d'appui. — Rev. *B*. **Lutte dans la palestre**. Trois groupes de lutteurs nus, barbus (barbe et cheveux rouges), les mains recouvertes des courroies du ceste, luttent à coups de poing; ils sont séparés les uns des autres par quatre juges de combat, symétriquement disposés, deux de chaque côté du groupe central, penchés et appuyés sur un bâton (barbes et cheveux rouges, himation rouge roulé en écharpe par-dessus la tunique dont la partie inférieure est blanche), les deux autres à chaque extrémité, celui de gauche avançant la main gauche (restauré), celui de droite courbé et appuyé sur un bâton (barbe et cheveux rouges, himation et tunique blanche dans le bas). — Rev. *C*. **Course à cheval**. Cinq éphèbes nus (cheveux rouges), montés sur des chevaux (le premier, le troisième et le cinquième à rehauts rouges sur le col et le corps, les deux autres blancs à crinière rouge), galopent vers la gauche (des repeints dans les deux premiers cavaliers et dans le dernier). — *D*. Sous une des anses, **Lion accroupi** retournant la tête (repeint; la queue maladroitement refaite rejoint la main du juge de combat du revers *B* et paraît faire partie de ce sujet).

Intérieur noir, avec trait rouge ou réservé près de l'embouchure (repeint en jaune). Le sujet central est encadré par une zone de larges godrons noirs et rouges entre cinq cercles noirs. Sur le rebord extérieur, entre deux filets noirs, guirlande de lierre accostée de points (interrompue à l'endroit des anses). Sous les personnages des revers, zone de pointillé entre six filets noirs, zone de godrons noirs et rouges, autre zone de pointillé entre six filets. Près de la base, arêtes noires rayonnantes et large cercle rouge. Le pied noir. Sous la base, et dans l'intérieur du pied, deux cercles noirs.

Terre jaune un peu foncée, surface orangée. Peinture en noir lustré, tourné au rouge dans une partie du sujet intérieur. Retouches rouges et blanches. Incisions sobres, assez soignées. Style un peu lourd et trapu. Nombreuses cassures recollées et restaurées avec quelques repeints dans les personnages. Haut. 0,14. Diam. 0,235; avec les anses, 0,32.

(Inv. Campana 610). Trouvé en Étrurie et entré en 1863.

Vue d'ensemble (côté *B*) et détail de *A* dans notre pl. 68.

F 68. Coupe (structure analogue, la vasque plus évasée, le pied plus haut avec base plus large et légèrement concave). — Un sujet dans l'intérieur seulement. — **Dénicheur d'oiseaux**. Au centre, un homme barbu, dans l'attitude de la course, les deux bras levés (devant de la chevelure et barbe rouges, tunique rouge en pagne roulée autour des reins, technique au trait réservé et non incisé). De chaque côté de lui, s'étendent deux troncs d'arbres qui, par la perspective conventionnelle, paraissent couchés à plat et dont la ramure feuillue remplit presque tout l'intérieur de la vasque, mais qu'il faut se représenter debout devant l'homme qui fait le geste d'y grimper en s'accrochant aux branches. Au sommet fourchu de l'arbre de droite, est perché un oiseau (corneille? parties réservées et rehaut rouge sur le corps). A la fourche de l'autre arbre, est posé un nid d'oiseau, représenté par une sorte de treillis d'où sortent quatre petites têtes d'oiseaux piaulant, le bec ouvert, vers la mère qui accourt à tire-d'ailes, apportant dans son bec une grosse mouche (parties réservées et rehauts rouges sur les ailes). Sur le tronc, près du nid et un peu en dessous, rampe un serpent enroulé deux fois sur lui-même, prêt à menacer la couvée. Un peu plus loin, sur une branche, est posée une grosse cigale. Tout ce petit tableau champêtre forme un sujet des plus rares et des plus curieux.

Tout l'intérieur, en clair, est occupé par le sujet; le rebord noir avec cercle réservé en clair sur la lèvre de la vasque. Sur le rebord extérieur, entre deux cercles, guirlande de lierre faisant tout le tour. A la hauteur des anses noires, zone claire. En dessous, le reste noir, sauf un cercle réservé en clair. Le pied noir. Sous la base, dans l'intérieur du pied, reste de l'attache sur le tour en forme de queue pointue (brisée au bout).

Terre rosée, surface orangée. Peinture en noir lustré. Retouches rouges. Pas d'incisions; les détails indiqués par des traits réservés (survivance de la technique ionienne). Quelques cassures recollées; pas de restauration importante. Haut. 0,15. Diam. 0,235; avec les anses, 0,30.

(Inv. Campana 623). Trouvé en Étrurie et entré en 1863.

Détail de l'intérieur dans notre pl. 68. Signalé par Klein, *Euphronios* p. 138, note.

F 69. Petit Cyathos, signé par Théozotos (ouverture évasée, une grande anse verticale surplombant l'embouchure, pied court). — Une zone circulaire de figures sur la panse. — **Berger menant son troupeau**. Un homme barbu, tenant de la main droite une lance, de l'autre un fouet à double lanière qu'il brandit (barbe et cheveux rouges, courte tunique, chlamyde sur les épaules), marche vers la droite, poussant devant lui un troupeau de quatorze chèvres, escortées de deux chiens. Les attitudes sont ingénieusement variées, les unes retournant la tête, d'autres paissant, marchant (quatre chèvres et un chevreau ont le corps blanc, les autres en noir avec rehauts rouges). Un des chiens marche en arrière-plan près de la troisième chèvre; l'autre jappe en levant la tête, derrière son maître. Au-dessus du troupeau, dans le champ, inscription peinte en lettres noires : ΘΕΟΙΟΤΟ, et plus loin ΜΕΠΟΕΣΕΝ, Θεόζοτο(ς) μέπο(ι)εσεν.

Tout l'intérieur noir, avec cercle rouge près du rebord. L'anse noire, avec décor en damier noir et rouge (réservé en clair), à l'attache avec la panse. Sur le rebord extérieur, zone de godrons allongés, noirs et rouges. Sur le haut de l'épaule, zone de fleurs et boutons de lotus, la pointe en bas, reliés par des entrelacs (rehauts rouges). Au-dessus de la zone de figures, un cercle noir. En dessous, zone de godrons noirs et rouges entre six cercles noirs. Près de la base, arêtes rayonnantes. Anneau saillant rouge à l'attache du pied, qui est noir avec deux cercles rouges. Sous le fond du pied, plusieurs cercles concentriques noirs et bouton saillant noir, marquant l'attache sur le tour.

Terre jaune, surface orangée. Peinture en beau noir lustré. Retouches blanches et rouges. Incisions fines et détaillées. Beau style. Plusieurs cassures recollées, mais sans restaurations. Haut. 0,10; avec l'anse, 0,145.

(Inv. MNB 1683). Anciennes collections Durand, Paravey. Trouvé en 1831, à Vulci, et acquis en 1879.

Publié par Lenormant et de Witte, *Élite des mon. céramogr.*, III, pl. 84; Benndorf, *Wiener Vorlegeblätter*, 1888, pl. 1, nos 9 et 10. Cf. de Witte, *Coll. Durand*, no 884; *Coll. Paravey*, no 28; Klein, *Meistersignaturen*, p. 30; Kretschmer, *Vaseninschriften*, p. 53.

F 70. Petit Skyphos (deux anses verticales à mi-hauteur de la panse, embouchure ronde, panse ovoïde, pied court et plat). — Une zone de figures autour de la panse, divisée en deux sujets par les anses. — *A*. **Apprêts du concours musical.** Au centre, une femme drapée (chairs blanches, bandelette rouge et feuillages rouges dans les cheveux, collier au cou, tunique à rehaut rouge, semée de rosaces rouges à pointillé blanc et de croix incisées), tient un rameau feuillu de la main gauche abaissée et tend de la main droite une cithare (sept cordes, lien de suspension) à un éphèbe nu qui s'avance vers elle et saisit un montant de la cithare avec sa main droite; de la gauche, il tient une grosse couronne (grosse couronne de feuillages rouges sur les cheveux, rehauts rouges sur les seins). A gauche, derrière la femme, un autre éphèbe nu (même couronne) s'avance les deux mains avancées. — *B*. **Libation en l'honneur de la victoire.** Au centre, une femme drapée (chairs blanches, bandelette rouge sur les cheveux, collier au cou, tunique à rehaut rouge avec rosaces en pointillé blanc et en gros points rouges, avec bande verticale en postes incisées) tient de la main gauche une couronne et présente de la main droite une coupe à un éphèbe drapé (cheveux rouges, chlamyde à franges avec rehauts rouges et rosaces en pointillé blanc), qui verse dedans le contenu d'une œnochoé (liquide en filets rouges). A gauche, derrière la femme, un homme barbu, nu (grosse couronne incisée sur les cheveux), s'avance, levant la main gauche et tenant de la main droite un rameau feuillu.

Noir dans tout l'intérieur, sur le rebord extérieur et le dessus des anses. Un cercle noir en dessus et en dessous de la zone de figures. Tout le bas de la panse et le pied en noir. Le dessous du pied noir avec centre réservé en clair.

Terre jaune, surface orangée. Peinture en très beau noir lustré. Retouches rouges et blanches. Incisions fines et détaillées. Beau style. Bon état de conservation. Haut. 0,11.

(Inv. MNB 1686). Anciennes collections Canino, Paravey. Trouvé à Vulci entre 1828 et 1837; acquis en 1879.

Vue d'ensemble (côté *A*) et détail de *B* dans notre pl. 69. Cf. de Witte, *Description d'une collection de vases* (Canino), 1837, no 102; *Collect. Paravey*, no 9 (où le sujet est interprété comme une scène des Kissotomies, fête de Phliunte).

F 71. Lécythe (panse trapue, épaule en pente, col court, anse plate, base assez large). — Un sujet placé sur le devant de la panse. — **Artémis Persique entre deux éphèbes drapés.** Au centre, la déesse ailée (chairs blanches, ailes recoquillées, tunique rouge à bande verticale noire pointillée) tourne la tête à gauche et tient suspendu de chaque main par une patte un lion qui retourne la tête en rugissant (rehauts rouges). De chaque côté, un éphèbe drapé, tenant une lance, regarde la scène (cheveux rouges, himation rouge sur tunique noire).

Noir dans l'embouchure, sur le haut du col et l'anse. Anneau saillant rouge à la base du col. Sur l'épaule, zone noire et, en dessous, zone de boutons et fleurs de lotus (rehauts rouges) reliés par des entrelacs. Le sujet est encadré de chaque côté par une bande verticale de grecque sommaire entre quatre traits noirs, en bas, par un filet noir. Tout le bas de la panse en noir avec un cercle rouge. Le pied noir.

Terre jaunâtre, surface orangée. Peinture en noir lustré. Retouches rouges et blanches. Incisions assez soignées. Des recollages et quelques repeints dans l'épaule, le col et l'anse. Haut. 0,15.

(Inv. Campana 3411). Trouvé en Étrurie et entré en 1863.

Vue d'ensemble dans notre pl. 69.

F 72. Coupe (vasque profonde, anses horizontales assez élancées, pied très haut sur base plate et concave). — Zone circulaire de petites figures sur le pourtour extérieur, divisée en deux sujets par les anses. — *A*. **Combat d'hoplites et de cavaliers.** Quatre cavaliers combattent quatre hoplites, mais la composition est conçue de façon à introduire un peu de variété dans cette donnée simple. A gauche, un cavalier galopant vers la droite (casque à cimier bas et rouge, tunique blanche, crinière du cheval rouge) se couvre d'un petit bouclier (rouge avec pointillé blanc) et darde sa lance contre un hoplite qui lui fait face (même casque, corps nu, cnémides), se couvrant d'un bouclier vu de profil et dardant la lance. Derrière le cavalier, accourt un hoplite (restauré, même casque, cnémides) dont le bouclier porte un épisème (une protome de lion qui se dresse et rugit). Au centre, un cavalier barbu (pas de casque visible, tunique courte) galope vers la gauche et tire de l'arc. A droite, deux groupes répètent le motif de l'hoplite faisant face à un cavalier qui le charge (un des hoplites a un casque rouge, une protome de serpent dressé sur son bouclier; l'autre, levant les deux bras, est en grande partie restauré et maladroitement privé de ses armes; les cavaliers imberbes portent une courte tunique dont une blanche, rehauts rouges sur tous les chevaux). Le champ est semé de dix-sept inscriptions peintes en petites lettres noires qui ne donnent pas de sens. On distingue à plusieurs reprises ΕΠΟΙ. . (début de ἐποίεσεν ?). — *B*. **Même sujet.** Composition analogue. A gauche, un éphèbe cavalier menace de sa lance un hoplite qui fuit à droite, se retournant et dardant sa lance derrière son bouclier (restaurations). Second groupe de cavalier (tunique blanche) menaçant de sa lance un hoplite (très restauré), dont le bouclier blanc porte un serpent dressé en épisème. Il est suivi d'un cavalier (tunique blanche, tête du cheval refaite) que poursuit un hoplite (casque à cimier rouge, bouclier rouge). Derrière l'hoplite accourt un cavalier, la lance haute (tunique courte). A droite, la scène se termine par deux hoplites à pied combattant; le premier tombe sur un genou et se retourne pour donner un coup de lance en se couvrant de son bouclier; le second (très restauré) darde la lance haute et se couvre d'un bouclier rouge. Le champ est également rempli de vingt et une petites inscriptions en lettres noires où l'on distingue surtout le mot ΕΠΟΙΕ. . plus ou moins défiguré.

Tout l'intérieur noir, sauf un centre réservé en clair avec deux cercles noirs; le rebord en clair. Tout le revers noir, sauf une zone étroite réservée en clair à la hauteur des anses pour les figures, et un cercle réservé en clair un peu plus bas. Noir sur le dessus des anses. Anneau saillant rouge à l'attache du pied, qui est noir avec tranche en clair.

Terre jaune un peu foncé, surface orangée. Peinture en noir lustré. Retouches rouges et blanches. Incisions assez rapides. Style soigné dans des figures très petites (hautes d'environ 0,04). Grand nombre de cassures, dont les recollages ont nécessité des repeints et des restaurations assez nombreuses dans les figures. Haut. 0,20. Diam. 0,29; avec les anses, 0,39.

(Inv. N 3184, MN 54). Trouvé en Italie. Acquis en 1848.

Vue d'ensemble publiée dans notre pl. 69.

F 76. Coupe (même structure, pied moins haut). — Une zone circulaire de petites figures sur le pourtour extérieur, divisée en deux sujets par les anses. — *A*. **Combat d'hoplites et de cavaliers.** Au centre, deux hoplites se font face, dardant la lance, portant le bouclier rond (chez celui de gauche, casque à cimier haut, cuirasse blanche incisée et ciselée sur une tunique courte, rouge et frangée, bouclier rouge à armature intérieure ; chez celui de droite, casque à cimier bas en aigrette blanche, cuirasse à rehauts rouges sur tunique courte frangée, bouclier rouge à épisème blanc en rosace). A gauche, un éphèbe à cheval (bonnet conique, tunique blanche incisée, rehauts rouges sur le cheval) tient une lance et galope à la rencontre d'un hoplite courant vers la gauche, la lance haute, couvert d'un bouclier rond portant en épisème un coq blanc à crête rouge (casque à cimier haut, cuirasse à rehaut rouge sur tunique frangée). A droite, un éphèbe à cheval (bonnet blanc, tunique rouge) poursuit au galop un hoplite qui s'enfuit vers la droite, se retournant et dardant sa lance (casque à cimier bas, cuirasse sur tunique à franges, bouclier à rebord rouge et épisème blanc en forme d'abeille). — *B*. **Dionysos et le thiase bachique.** Au centre, Dionysos barbu (couronne de lierre, tunique blanche incisée et himation rouge à franges) tient un kéras et fait face à Ariane drapée, voilée, tenant une couronne de la main droite (chairs blanches, œil rouge, boucle d'oreille, tunique à pointillé incisé, himation rouge en voile sur la tête). A gauche, derrière le dieu, s'avance une Ménade dansant (chairs blanches, tunique à pointillé incisé et à rehauts rouges), suivie d'un Silène barbu, nu et ithyphallique (rehauts rouges sur cheveux, barbe, poitrine) qui danse aussi ; derrière lui, une deuxième Ménade dansant (mêmes détails). A droite, derrière Ariane, un autre Silène dansant (mêmes détails), une Ménade courant (mêmes détails et couronne de feuillage sur la tête), un troisième Silène levant la tête et fléchissant les genoux (mêmes détails).

Même décor que dans le précédent.

Même technique, et probablement même fabrique. Très beau noir lustré avec restauration dans l'intérieur et au centre. Retouches rouges et blanches. Incisions fines et très détaillées. Beau style ; exécution très adroite de personnages minuscules, mesurant environ 0,03 de haut. Quelques recollages bien faits, sans restaurations dans les figures. Haut. 0,145. Diam. 0,25, avec les anses, 0,32.

(Inv. MNB 1684). Anciennes collections Canino, Beugnot, Paravey. Trouvé entre 1828 et 1837 en Étrurie. Acquis en 1879.

Vue d'ensemble dans notre pl. 69. Cf. de Witte, *Description d'une coll. de vases* (Canino), 1837, n° 41 ; *Coll. Beugnot*, n° 21 ; *Coll. Paravey*, n° 7.

F 77. Coupe (même structure, pied assez haut). — Une zone circulaire de petites figures sur le pourtour extérieur, divisée en deux sujets par les anses. — *A*. **Labourage et ensemencement.** A gauche, devant un éphèbe drapé (refait sauf la tête à cheveux rouges), un homme nu courbé porte sur ses épaules un fardeau (disparu) qu'il tient des deux mains. Derrière lui, un homme barbu, nu, pioche la terre. Au centre, un éphèbe nu, penché, appuie d'une main sur le soc d'une charrue (forme de bois recourbé, lié par des cordes) et, de la main gauche, agite un fouet à lanière double pour faire avancer les deux bœufs attelés à la charrue (rehauts rouges). Devant les bœufs, marche à grands pas un homme nu, retournant la tête (cheveux rouges) et levant le bras gauche. Devant lui, un éphèbe nu (cheveux rouges) porte suspendu au bras droit un panier pour les graines et paraît tenir, dans son poing gauche fermé, la poignée de semences qu'il va jeter dans le sillon. Derrière lui, un âne s'éloigne vers la droite (très restauré). — *B*. **Transport des grains et labourage.** A gauche, devant un éphèbe drapé s'appuyant sur un bâton, un éphèbe drapé dans une chlamyde rouge s'éloigne vers la droite, retournant la tête en tenant l'aiguillon muni de deux glands qui lui sert de fouet. Devant lui, un petit haquet chargé de deux grandes amphores coiffées de leur couvercle, la base enfoncée dans des espèces de sacs (indiqués en rouge), que traînent deux mules (col rouge). Sur le haquet, derrière les vases, on aperçoit la tête d'un autre conducteur qui se penche pour toucher les mules de son aiguillon. Devant la voiture, marche un homme nu, retournant la tête et levant le bras gauche (cheveux rouges) ; un homme drapé vient à sa rencontre (cheveux rouges). A droite, un laboureur dans la même attitude que celui de l'autre sujet (barbe et cheveux rouges) ; la charrue est attelée de deux mules (rehauts rouges).

Même décor que dans les précédents.

Terre un peu plus rosée, surface orangée. Peinture en noir lustré. Retouches rouges. Incisions sobres et assez soignées. Moins beau style dans un sujet beaucoup plus rare et plus intéressant. Plusieurs cassures soigneusement recouvertes et repeintes. Haut. 0,15. Diam. 0,21 ; avec les anses, 0,30.

(Inv. Campana 630). Trouvé en Étrurie et entré en 1863.

Publié par O. Jahn, *Leipziger Berichte*, 1867, p. 78, pl. 1, n° 2 ; Baumeister, *Denkmäler des klass. Alterthums*, I, pl. 1, n° 13 *a* et *b* ; Duruy, *Hist. des Grecs*, I, p. 307 et 378. Cf. Froehner, *Musées de France*, p. 45.

F 83. Coupe (même structure, parois minces, bout des anses plus pointu). — Un sujet dans l'intérieur seulement. — **Thésée tuant le Minotaure.** Thésée imberbe et drapé (chevelure rouge, tunique courte rouge à bordures noires incisées sur laquelle est passée une peau de bête tachetée de blanc) tient de la main droite son épée et saisit de la main gauche le mufle du Minotaure qui, lui tournant le dos, dans l'attitude agenouillée (torse rouge), lève la tête droite en l'air et essaie avec la main gauche de se débarrasser de cette étreinte ; de la main droite basse, il tient une pierre (indiquée en rouge). — Sur chaque revers extérieur, l'inscription peinte en lettres noires ΧΑΙΡΕ : ΚΑΙΠΙΕΙΕΥ (χαῖρε καὶ πίει εὖ).

Tout l'intérieur noir, sauf le sujet central, encadré par une zone de godrons noirs et rouges, entre cinq filets noirs. Le pourtour extérieur en clair jusqu'à la hauteur des anses ; il est divisé en deux zones par un ressaut de l'argile que souligne un filet noir. Le bas de la vasque en noir, sauf un cercle réservé en clair. Près de l'attache des anses, dont le dessus est noir, une petite palmette droite portée par un pédoncule (rehauts rouges). Le pied noir avec tranche en clair.

Terre jaunâtre. Peinture en noir lustré. Retouches rouges et blanches. Incisions assez soignées. Bon état de conservation ; une restauration au rebord. Haut. 0,13. Diam 0,19 ; avec les anses, 0,25.

(Inv. Campana 836). Trouvé en Étrurie et entré en 1863.

Détail de *A* dans notre pl. 69. Sur la formule inscrite, cf. Kretschmer, *Vaseninschriften*, p. 82.

F 84. Petite Coupe (même structure). — Un sujet dans l'intérieur seulement. — **Cerf paissant** (ou blessé ?). L'animal, dont le corps est vu de profil vers la droite, tourne la tête en arrière et l'allonge vers la terre, comme s'il s'affaissait. De grands bois (indiqués en blanc) dominent la tête (col rouge, bout du museau et queue en blanc).

Même décor que dans le précédent. Pas de palmettes à l'attache des anses. Dans l'intérieur six filets noirs au lieu de cinq.

Terre jaunâtre, un peu rosée. Même technique. Bon état de conservation. Haut. 0,11. Diam. 0,14 ; avec les anses, 0,21.

(Inv. Campana 3351). Même provenance.

Détail de *A* dans notre pl. 69.

F 86. Coupe signée par Tléson (structure analogue, vasque profonde à parois plus minces, bout des anses plus pointu, pied haut sur base large et un peu concave). — Un sujet en petites figures sur chaque côté du pourtour extérieur. — *A*. **Bélier** marchant à droite (rehauts rouges, corne en blanc). — *B*. **Même sujet.** Sous chaque sujet, inscription peinte en lettres noires : ΤΛΕΣΟΝΗΟΝΕΑΡΧΟΕΠΟΙΕΣΕΝ (Τλέσον ὁ Νεάρχο (υ) ἐποίεσεν).

Tout l'intérieur noir, sauf le centre en clair avec un cercle noir ; cercle réservé en clair sur le haut du rebord intérieur. Le pourtour extérieur en clair jusqu'à la hauteur des anses et divisé en deux zones par un ressaut de l'argile que souligne un filet noir. Le bas de la vasque en noir, sauf un cercle réservé en clair. Aux attaches de chaque anse, une palmette droite portée par un pédoncule (rehaut rouge). Le pied noir avec tranche en clair.

Terre jaunâtre foncé, surface orangée. Peinture en noir lustré. Retouches rouges et blanches. Incisions sobres (refaites dans le sujet *B*). Restauration aux attaches d'une anse. Le pied a été réuni à la vasque par une tige et un écrou de métal. Haut. 0,19. Diam. 0,28 ; avec les anses, 0,34.

(Inv. Campana 618). Trouvé en Étrurie et entré en 1863.
Vue d'ensemble dans notre pl. 69. Cf. Klein, *Meistersignaturen*, p. 73, n° 17.

F 87. Coupe signée par Hermogènès (même structure). — Un sujet en petites figures sur chaque côté du pourtour extérieur. — *A*. **Buste de femme**, vu jusqu'aux épaules, tourné à gauche (bandelette rouge sur les cheveux pendants et réunis en queue par un lien serré, boucle d'oreille et collier, haut de la tunique rouge). — *B*. **Même sujet** (mêmes détails, sauf le haut de la queue de cheveux remontée et passée sous la bandelette des cheveux). Sous chaque sujet, inscription peinte en petites lettres noires : ΗΕΡΜΟΛΕΝΕϟΕΠΟΙΕϟΕΝΕΜΕ (Ἑρμογένες ἐποίεσεν ἐμέ).

Même décor (au centre restauré un gros point noir au lieu d'un cercle).
Terre foncée un peu rosée, surface orangée. Peinture en noir lustré. Retouches rouges. Incisions rares. Toute la figure est exécutée au trait noir sur le fond d'argile ; il n'y a d'incisions que quelques traits dans les cheveux, pour exprimer les liens, et sur les palmettes. Cassures assez nombreuses, soigneusement recollées et restaurées ; une anse refaite, le pied réuni à la vasque par une restauration. Haut. 0,14. Diam. 0,20 ; avec les anses, 0,255.
(Inv. N 3257 ; LP 2315). Anciennes collections Canino, Dubois. Acquis sous le règne de Louis-Philippe. Trouvé à Vulci vers 1828-29.
Vue d'ensemble dans notre pl. 69. Cf. *Notice d'une collect. de vases*, 1843, n° 253 ; Klein, *Meistersignaturen*, p. 83, n° 10.

F 90. Grande Coupe (même structure). — Un sujet en petites figures sur chaque côté du pourtour extérieur. — *A*. **Apprêts d'un combat de coqs.** Deux hommes nus, un genou en terre, l'un imberbe, l'autre barbu (barbe et cheveux rouges), se font face et tiennent chacun un grand coq de combat (traces de blanc effacé sur le corps, crêtes rouges). — *B*. **Même sujet** (les deux hommes sont barbus). Une inscription, peinte en lettres noires, dénuée de sens, est placée sous chaque sujet. Sous le sujet *A* : Ε+ . CKTF+E+ϘF+E+Ϙ⊦+ϘE+E. Sous le sujet *B* : ϘVE+EVΛKKϘE+F+EK+F+E+ϘK+EVA.

Même décor (le centre restauré avec un écrou rond de métal).
Même terre, surface orangée. Peinture en noir lustré. Retouches rouges et blanches. Incisions rapides. Très grand nombre de cassures recollées. Restauration rattachant le pied à la vasque. Haut. 0,175. Diam. 0,30 ; avec les anses, 0,40.
(Inv. N 3194 ; MN 55). Trouvé en Italie. Acquis en 1848.
Vue d'ensemble dans notre pl. 70.

F 91. Coupe (même structure). Un sujet en petites figures sur chaque côté du pourtour extérieur. — *A*. **Hercule et le lion de Némée.** Le héros barbu, le corps nu (manche de tunique indiquée par une incision, barbe et cheveux rouges), tient par la patte de devant le lion dressé qui retourne la tête en arrière (restauré, crinière rouge). De chaque côté, un éphèbe drapé, appuyé sur une lance (chevelures rouges, rouge sur l'himation de gauche, rouge sur la tunique de droite). — *B*. **Même sujet.** Le héros est imberbe (sans doute par confusion avec Thésée) ; son bras gauche est passé autour du col du lion et l'étreint fortement (spectateur de gauche restauré, l'autre avec himation rouge). — Sous chaque sujet, une inscription peinte en petites lettres noires, dénuée de sens. Sous le sujet *A* : ΠΠΗΟΝΝΓVΓΝΝΝ. Sous le sujet *B* : ΝΟLʘFPFↃ AVVON+ΛYN.

Même décor (le centre en clair, restauré). Pas de palmettes aux attaches d'anses.
Même terre, surface orangée. Peinture en noir lustré. Retouches rouges. Incisions fines. Plusieurs cassures soigneusement dissimulées. Quelques repeints dans les figures. Haut. 0,13. Diam. 0,20 ; avec les anses, 0,26.
(Inv. N 3223 ; MN 146). Trouvé en Italie. Acquis en 1850.
Détail de *A* dans notre pl. 70.

F 92. Coupe (même structure). — Un sujet en petites figures sur chaque côté du pourtour extérieur. — *A*. **Deux coqs et une poule.** Les deux coqs se font face (crêtes rouges, rehauts de rouge violacé sur les plumes), la poule en arrière-plan, tournée à gauche. — *B*. **Même sujet.** La poule est placée devant le coq de gauche (mêmes détails). — Sous chaque sujet, inscription peinte en petites lettres noires, dénuée de sens. Sous le sujet *A* : ΠLIEYΛΓΟΙΕΤΝ. Sous le sujet *B* : ΛΛΓΤΕL+ΕΝΙΝΟL.

Même décor, avec cercle noir dans le centre, palmettes aux attaches d'anses.
Même terre, surface orangée. Peinture en noir lustré. Retouches rouges. Incisions très fines. Beau style. Plusieurs cassures soigneusement dissimulées, mais sans restaurations nuisibles dans les figures. Haut. 0,175. Diam. 0,23 ; avec les anses, 0,33.
(Inv. N 3190 ; MN 58). Trouvé en Italie. Acquis en 1848.
Détail de *A* dans notre pl. 70.

F 99. Amphore non signée, du type de Nicosthènes (base plate dont l'attache inférieure est décorée d'un Gorgoneion peint et de deux têtes de serpent en relief). — La panse est décorée d'une zone circulaire qui comprend deux sujets. — *A*. **Réunion d'hommes.** Au centre, sur un pliant recouvert d'un coussin rouge, est assis un homme barbu, drapé (dieu ? roi ?), s'appuyant de la main gauche sur un sceptre (chevelure longue rouge, barbe rouge, longue tunique blanche, himation constellé de fines rosaces à centre rouge et pointillé blanc). Vers lui, à droite, s'avancent deux hommes barbus, drapés, la main droite avancée (cheveux et barbe rouges, têtes restaurées, tunique constellée des mêmes rosaces et himation rouge pour l'un, tunique rouge et himation à rosaces pour l'autre). A gauche, s'avancent deux hommes drapés semblables, dans la même attitude et le même costume (têtes restaurées). — *B*. **Départ du cavalier.** Au centre, un éphèbe (chevelure rouge pendante et serrée au bout par un lien, tunique courte à bordure incisée) tient les rênes du cheval qu'il monte et se penche en arrière comme pour le retenir. A droite, devant le cheval, s'avance un personnage imberbe, drapé, dans le même costume que les précédents (tunique à rosaces, himation rouge), suivi d'un homme drapé (tête restaurée, himation en partie rouge et en partie constellé de rosaces). A gauche, par derrière, un homme drapé fait un geste d'adieu (tunique rouge, himation à rosaces) ; il est suivi d'un autre homme drapé (tête restaurée, himation en partie rouge et en partie constellé).

L'embouchure noire. Sur le plat du rebord, zone de boutons de lotus (rehauts rouges) reliés par des entrelacs. Le rebord extérieur rouge, divisé par une rainure. Sur le plat des anses, branche verticale de feuilles de lierre accostées de pointillés noirs formant les baies. En bas, cette branche aboutit à une tête de Gorgone vue de face, tirant la langue, le nez en spirale (cheveux rouges, barbe noire et rouge, langue rouge, dents blanches, yeux blancs à prunelle rouge et noire) ; de chaque côté du Gorgoneion, se dresse le cou et la tête plate d'un serpent en relief (écailles et yeux dessinés au trait noir). Près de chaque tête de serpent est peint dans le champ, sur la panse, un lézard, les pattes écartées. A la partie supérieure, l'anse s'attache au rebord du vase par une saillie imitant un rivet métallique dont la tête est décorée d'une rosace à pétales noirs. Le col noir se termine à la base par un anneau saillant. En haut de la panse, au-dessus de chaque sujet, fine bande de palmettes opposées (rehauts rouges et pointillés blancs), reliées par des entrelacs et accostées de petites feuilles noires. Sous la zone de personnages, trois cercles noirs, une large zone noire avec deux cercles rouges. Près de la base, entre six cercles noirs, une zone de boutons de lotus blancs, accostés de feuilles noires et alternant avec des palmettes (rehauts rouges et pointillés blancs) ; en dessous, les arêtes noires rayonnantes. Le pied noir, avec anneau saillant à l'attache et rebord rouge divisé par une rainure. Sous le pied, une marque de fabrique incisée.
Terre jaunâtre, surface orangée. Peinture en noir bien lustré. Retouches rouges et blanches abondantes. Incisions très soignées. Très belle exécution. Grande finesse dans les détails. Plusieurs morceaux recollés et quelques restaurations. Haut. 0,275.
(Inv. Campana 571). Même provenance.
Publié par de Witte, *Étude sur les vases peints de la collection Campana*, p. 70 (*Extrait de la Gazette des Beaux-Arts*, 1862-65) ; par E. Pottier, *Bull. de Corr. Hell.*, 1893, p. 432-440, fig. 10, 11, 12. Cf. *Cataloghi Campana*, série VIII, n° 73.

F 100. Amphore signée par Nicosthènes (col plus étroit

en haut, panse divisée par deux filets saillants, anses larges et plates, pied à bourrelet saillant). — Un sujet de chaque côté du col et une zone circulaire sur la panse, divisée en deux sujets par les anses. — *A*. Sur le col, **Guerrier à cheval sur un hippalektryon**. Il est tourné à droite (casque restauré, himation à rehauts rouges roulé par-dessus une tunique courte, jambes nues), monté sur un cheval-coq dont il tient les rênes dans ses mains (protome de cheval galopant, soudée sur un corps de coq, la queue étalée, avec rehauts rouges et blancs). — *B*. **Éphèbe à cheval sur un hippalektryon.** Il est tourné à droite (pétase, tunique courte) sur un cheval-coq (mêmes détails, une des pattes du coq levées). — Sur la panse : *C*. **Départ du cavalier**. Éphèbe à cheval (bandelette rouge sur les cheveux, chlamyde restaurée, crinière du cheval rouge avec pointillé blanc) devant un homme barbu, assis sur un pliant (bandelette rouge, barbe rouge, himation à rehauts rouges sur tunique, pieds du pliant blancs). A gauche, un éphèbe nu (bandelette rouge) tient de la main droite abaissée une lance et lève la main gauche en signe d'adieu ; derrière lui, un éphèbe drapé s'appuie sur une lance (bandelette rouge, himation à rehauts rouges et rosaces en pointillé blanc sur tunique rouge). A droite, derrière l'homme assis, autre éphèbe drapé, symétriquement placé (mêmes détails, pas de tunique). — *D*. **Même sujet**. Une femme drapée (chairs blanches, tunique et himation à rehauts rouges) lève la main gauche en signe d'adieu, entre deux éphèbes cavaliers qui s'éloignent, lui tournant le dos (dans le cavalier de gauche, bandelette rouge, chlamyde à rehauts rouges, crinière du cheval rouge; dans celui de droite, cheveux rouges, corps nu, crinière du cheval blanche, restaurations dans le corps). Sur l'épaule, au-dessus des personnages, inscription en petites lettres noires : NIKOSOENESEI . . . . . N, Νικοσθένες ἐ[ποίεσε]ν.

Noir dans l'embouchure, languettes noires sur le rebord supérieur laissé en clair. Sur chaque anse, bande verticale de quatre ou cinq grandes rosaces (rehauts rouges), accostées de points noirs entre quatre filets noirs. Sous les figures de la panse, large zone noire avec cercle réservé en clair. Près de la base, arêtes noires rayonnantes. Anneau saillant rouge à l'attache du pied. Le pied noir, avec filet saillant en rouge.

Terre rosée, surface orangée. Peinture en noir lustré. Retouches rouges et blanches. Incisions rapides. Beaucoup de recollages. Les repeints sont nombreux, mais pas très importants dans les figures. Haut. 0,305.

(Inv. Campana 562). Trouvé en Étrurie et entré en 1863.

Vue d'ensemble (côté *C*) et détail de *D* dans notre pl. 70. Détail de *B* publié par H. Lechat dans le *Dict. des Antiquités* de Saglio, figure 3840. Cf. *Cataloghi Campana*, série VIII, n° 55 ; Klein, *Meistersignaturen*, p. 57, n° 14.

F 101. Amphore signée par Nicosthènes (même structure). Un sujet de chaque côté du col et une zone circulaire sur la panse divisée en deux sujets par les anses. — Sur le col : *A*. **Fantassin et cavalier**. Éphèbe (chevelure rouge, tunique blanche) sur un cheval arrêté (crinière rouge) devant un hoplite casqué qui s'avance au pas de course, tenant un bouclier rehaussé de points blancs (très restauré, cnémides). Entre les deux, une petite borne (?) basse. — *B*. **Même sujet**. L'hoplite marche derrière le cavalier (restaurations dans le corps et le bouclier, casque à cimier bas). Entre les deux sujets et formant liaison entre eux, un éphèbe courant (corps nu avec himation roulé et passé en écharpe). — Sur la panse : *C*. **Dionysos et le thiase bachique**. Au centre, Dionysos barbu, drapé, tenant un canthare de la main droite élevée (barbe rouge, couronne de lierre, himation frangé à rehauts rouges et à petites rosaces de pointillés blancs, tunique rouge). A gauche, devant lui, Ménade dansant et retournant la tête en arrière (chairs blanches, bandelette rouge et lierres dans les cheveux, tunique à points rouges, haut du corps restauré); derrière elle, un Silène barbu, nu (barbe et cheveux rouges, bras droit restauré), la main gauche abaissée et les jambes fléchissant. A droite, un groupe analogue (la Ménade porte une peau de bête par-dessus sa tunique, bandelette rouge dans les cheveux). — *D*. **Même sujet**. Dionysos est à droite (mêmes détails, pieds restaurés), tenant de la même main que le canthare un rameau feuillu qui pend à terre, ayant derrière lui un Silène nu, barbu, qui marche vers la droite en retournant la tête (mêmes détails). Au centre, devant le dieu, Ménade dansant et retournant la tête (chairs blanches, lierres dans les cheveux, haut de tunique rouge avec peau de bête à patte pendante); elle est suivie d'un Silène nu dansant (mêmes détails que les autres), la main droite levée au-dessus de la tête ; derrière lui marche, en retournant la tête, une autre Ménade (mêmes détails, points rouges sur la tunique). — Sur une des anses : *E*. **Ménade dansant**, la tête retournée (très restaurée) et au-dessous d'elle, une autre Ménade (bandelette rouge et lierres dans les cheveux, points rouges sur le haut de la tunique) qui lève en l'air le bras droit ; le corps de cette femme se continue au-dessous de l'attache de l'anse et vient prendre place dans la zone des figures de la panse, entre *A* et *B*. — Sur l'autre anse : *F*. **Silène dansant**, nu, levant le bras gauche en l'air (barbe et cheveux rouges) ; sous l'attache, entre *A* et *B*, un rameau feuillu. — Sur l'épaule du vase, en *D*, au-dessus de Dionysos, inscription peinte en petites lettres noires : NIKOSOENES EΠOIESEN, Νικοσθένες ἐποίεσεν.

Décor semblable au précédent, sauf, sur le rebord supérieur, une zone de palmettes (restaurées, rehauts rouges) accostées de languettes noires et surmontant une chaînette composée de cercles noirs juxtaposés avec point central. Sous la base, marque peinte en grandes lettres rouges [marque].

Même technique. Beaucoup de recollages et plusieurs restaurations. Haut. 0,31.

(Inv. Campana 577). Trouvé en Étrurie et entré en 1863.

Vue d'ensemble (côté *C*) dans notre pl. 70. Cf. *Cataloghi Campana*, série VIII, n° 64 ; Klein, *op. l.*, p. 60, n° 26.

F 102. Amphore signée par Nicosthènes (même structure). — Une zone circulaire de figures sur la panse, divisée en deux sujets. — *A*. **Éos et Céphale? Niké et éphèbes?** Entre deux éphèbes nus, celui de gauche une main levée (cheveux rouges, himation à rehaut rouge et à rosaces de pointillé blanc pendant sur le bras gauche), celui de droite s'éloignant et retournant la tête, la main gauche avancée (cheveux rouges), une déesse ailée, dans l'attitude de la course, retourne la tête à gauche (chairs blanches, bandelette rouge sur les cheveux, rehauts rouges sur les ailes d'oiseau, le haut de la tunique, croix incisées sur le bas de la tunique et peau de bête à patte pendante par devant) ; à ses pieds, de chaque côté, un petit chien jappant. Il semble qu'il y ait aussi dans cette composition un souvenir du motif dit de l'« Artémis Persique ». — *B*. **Même sujet** avec des variantes de détail ; l'éphèbe de droite porte aussi un himation plié sur le bras gauche ; gros points rouges sur les ailes de la déesse ; un seul chien jappe à ses pieds, à droite. — Sur l'épaule, inscription peinte en petites lettres noires : NIKOSOENESEΠOIIESEN, Νικοσθένες ἐποί(ι)εσεν. — Autour de l'embouchure, zone de seize **Dauphins** (le ventre souligné d'un trait blanc).

De chaque côté du col, grand motif floral en quatre palmettes opposées. Sur chaque anse, bande de palmettes opposées à des boutons de lotus et reliées par des entrelacs. Pour le reste, même décor que dans les précédents. Sous la base, marque en grande lettre rouge [marque].

Terre un peu plus claire. Même technique que dans les précédents. Bon état de conservation. Haut. 0,32.

(Inv. Campana 579). Trouvé en Étrurie et entré en 1863.

Vue d'ensemble (côté *A*) dans notre pl. 70. Cf. Klein, *op. l.*, p. 63, n° 38 ; *Cataloghi Campana*, série VIII, n° 58.

F 103. Amphore signée par Nicosthènes (même structure). — Sur l'épaule, un sujet de chaque côté ; sur le bas de la panse, une zone circulaire de figures. — Sur l'épaule : *A* **Deux sphinx affrontés entre deux éphèbes nus**. Un motif floral sépare les deux sphinx (visages blancs, ailes recoquillées, rehauts rouges) ; l'éphèbe de gauche porte une draperie (rehaut rouge) sur le bras gauche élevé ; celui de droite s'éloigne en retournant la tête. La signature est peinte en petites lettres noires à côté de ce personnage et s'étend sous l'anse : NIKOSΘENES EΠOIESEN, Νικοσθένες ἐποίεσεν. — *B.* **Même sujet.** Chaque sphinx porte un appendice en crochet sur la tête; l'éphèbe de gauche tient un manteau à pointillé blanc sur son bras gauche; celui de droite a une chlamyde dans le dos. — Sur la panse : *C.* **Dionysos et le thiase bachique.** Dionysos barbu et drapé (barbe rouge, lierres dans les cheveux, himation à rehauts rouges et à rosaces de pointillé blanc), monté sur un mulet ithyphallique (crinière rouge), marche à droite, précédé d'une file de sept Ménades drapées et de six Silènes nus dansant, groupés deux par deux (les Ménades ont les chairs blanches, une bandelette rouge sur les cheveux, une tunique à rehauts rouges et à rosaces de pointillé blanc, quatre ont une peau de bête avec patte pendante par devant; les Silènes ont la barbe et les cheveux rouges); tous dansent avec des gestes burlesques. Une branche feuillue réunit la dernière Ménade au mulet portant le dieu. — Sur chaque anse *D* et *E*, un **Silène nu dansant** (mêmes détails).

Noir dans l'embouchure. Sur le rebord, boutons de lotus reliés par des entrelacs et accostés de points. De chaque côté du col, un grand motif floral composé de lotus et de palmettes opposés (rehauts rouges et pointillés blancs) que relient de grands pédoncules. Sous les sujets de l'épaule, entre les deux filets saillants, une zone étroite de palmettes et de boutons de lotus reliés par des entrelacs. Sous les figures de la panse, une zone de languettes noires obliques entre deux larges cercles noirs. Près de la base, arêtes rayonnantes. Anneau saillant rouge à l'attache du pied ; le pied noir avec filet saillant en rouge.

Terre rosée, surface orangée. Peinture en noir lustré. Retouches rouges et blanches. Incisions rapides. Bon état de conservation. Haut. 0,31.

(Inv. Campana 564). Trouvé en Étrurie et entré en 1863.

Vue d'ensemble et détail d'une anse dans notre pl. 70. Cf. *Cataloghi Campana*, série VIII, n° 25 ; Klein, *op. l.*, p. 60, n° 25.

F 104. Amphore signée par Nicosthènes (même structure). — Un sujet de chaque côté du col; un sujet de chaque côté de l'épaule ; une zone circulaire sur la panse. — Sur le col : *A.* **Niké ou Iris.** La déesse ailée marche à droite, retournant la tête, les mains réunies (chairs blanches, ailes d'oiseau rehaussées de rouge, points rouges sur la tunique). — *B.* **Même sujet.** La déesse vole vers la droite, levant le bras gauche (chairs blanches, tunique rouge à bordures noires). — Sur l'épaule : *C.* **Éphèbe sur un hippalektryon entre deux Sirènes affrontées** (crinière du cheval rouge, la queue du coq à rehauts blancs, visages des sirènes en blanc, rehauts rouges sur les ailes d'oiseau). En dessous de ce tableau, traces de l'inscription peinte qui paraît être un morceau antique mal placé : NIKO . . . , Νικο[σθένες]. — *D.* **Même sujet** (en majeure partie refait). Les deux sirènes ont des jambes humaines, et il y a, en effet, deux jambes humaines qui sont antiques dans la partie droite du sujet, mais tout le reste est refait et moderne, de sorte que ce détail n'a pas de valeur. Sous l'anse, de ce côté, restes de l'inscription peinte dont le commencement paraît avoir été mal placé plus haut : S:EΠOIESE. . , [Νικοσθένε]ς ἐποίεσε[ν]. — Sur la panse : *E.* **Le thiase bachique.** Il est composé de huit Ménades drapées et de neuf Silènes nus, qui dansent deux par deux avec des gestes burlesques. Les détails sont semblables à ceux du vase précédent. Les cassures ont amené des repeints dans trois Silènes et deux Ménades. Il est remarquable que dans ces scènes bachiques de Nicosthènes les Silènes ne sont jamais ithyphalliques.

Noir dans l'embouchure. Sur le rebord clair, zone de traits ondulés obliques. Sur une anse, bande de palmettes opposées à des boutons de lotus (rehauts rouges et blancs) et reliées par des entrelacs. Sur l'autre anse, deux palmettes opposées entre quatre boutons de lotus opposés, traversés au centre par une chaînette de petits cercles, aboutissant à chaque extrémité à une large palmette épanouie. Les attaches des anses sont recollées et restaurées ; il paraît vraisemblable qu'on a mis au vase des anses d'origine différente. Entre les deux filets saillants zone étroite contenant une guirlande de lierres accostés de points noirs. Sous les personnages de la panse, une zone de spirales accostées de points entre deux larges cercles noirs. Près de la base, arêtes noires rayonnantes. Anneau saillant rouge à l'attache du pied, qui est noir avec filet saillant en rouge. Sous la base, grande marque peinte en rouge .

Même technique que dans le précédent. Cassures et recollages assez nombreux ; quelques restaurations importantes. Haut. 0,325.

(Inv. Campana 587). Trouvé en Étrurie et entré en 1863.

Publié par Benndorf, *Wiener Vorlegeblätter*, 1890-91, pl. 1, n° 2. Cf. *Cataloghi Campana*, série VIII, 65 ; Klein, *op. l.*, p. 57, n° 15.

F 105. Amphore signée par Nicosthènes (même structure). — Même disposition. — Sur le col : *A.* **Niké ou Iris.** La déesse drapée, ailée, court vers la droite, levant la main gauche, retournant la tête qui est surmontée d'un appendice à double volute (chairs blanches en partie effacées, bandelette rouge sur les cheveux, rouge sur les boucles de cheveux par devant, rehaut rouge sur le haut de la tunique courte et sur les ailes ; deux paires d'ailes, une recoquillée en haut, l'autre en ailes d'oiseau abaissées). — *B.* **Même sujet.** La déesse court vers la gauche (mêmes détails, mais pas d'appendice sur la tête, une seule paire d'ailes d'oiseau, tunique à bord incisé en postes). — Sur l'épaule : *C.* **Combat d'Hercule et du lion de Némée.** Le héros nu, barbu (barbe et cheveux rouges), étreint entre ses bras le lion dressé (ventre souligné de blanc, rehauts rouges et poils indiqués par des incisions); entre les jambes d'Hercule, une draperie posée dans le champ (sa chlamyde à petites rosaces incisées). — *D.* **Même sujet.** Le groupe est tourné de l'autre côté, de droite à gauche; la draperie (à rehaut rouge) est suspendue dans le champ au-dessus du lion. — Sur la panse : *E.* **File d'animaux** (rehauts rouges). Sirène (visage blanc, ailes d'oiseau) entre deux lionnes tête de face, gazelle se sauvant à gauche et retournant la tête, pendant qu'une lionne tête de face a bondi sur elle et lui mord la croupe, taureau entre deux lions retournant la tête et rugissant. Au-dessus du taureau, la signature d'artiste peinte en petites lettres noires : NIKOSΘENES EΠOIESEN, Νικοσθένες ἐποίεσεν. — Sur chaque anse : *F* et *G*. **Grande femme drapée et voilée, tenant une fleur** de la main droite élevée (chairs blanches, voile sur la tête, l'un rouge et à franges, l'autre à rosaces incisées et à bordure en denticules, himation à rehauts rouges).

Noir dans l'intérieur. Sur le rebord, ruban ondulé réservé en clair. A l'attache des anses, palmette à centre rouge portée par un pédoncule. Entre les deux filets saillants de la panse, guirlande de feuilles lancéolées (laurier?). La zone d'animaux entre deux larges cercles noirs. Près de la base, arêtes rayonnantes. Anneau saillant rouge à l'attache du pied, qui est noir avec filet rouge saillant. Pas de marque sous la base, mais la terre est tendre et effritée.

Terre claire, surface peu orangée. Peinture en noir lustré. Retouches rouges et blanches. Incisions soignées. Une anse recollée. Assez bon état de conservation. Haut. 0,315.

(Inv. Campana 597). Trouvé en Étrurie et entré en 1863.

Publié par Benndorf, *Wiener Vorlegeblätter*, 1890-91, pl. 1, n° 1, et pl. II, fig. 2. Cf. *Cataloghi Campana*, série VIII, n° 54 ; Klein, *op. l.*, p. 53, n° 2.

F. 106. Amphore signée par Nicosthènes (structure analogue, le col plus court et d'égale dimension, le pied sans filet saillant). — Zone circulaire de figures sur le col, un sujet de chaque côté de l'épaule, une zone circulaire et étroite en bas de la panse. — Sur le col : *A.* **Dionysos et le thiase bachique.** Dionysos barbu, drapé (barbe et cheveux rouges, lierres dans les cheveux, himation à rehauts rouges sur tunique blanche) tient un kéras de la main gauche. Devant lui danse un Silène nu (tête chauve, barbe et cheveux rouges, queue de cheval rouge), suivi d'une Ménade qui court la main droite levée (chairs blanches, rehaut rouge et petites rosaces en pointillé blanc sur la tunique, patte pendante de la pardalide). Derrière le dieu, accourt un autre Silène nu, suivi d'une autre Ménade drapée (détails analogues). Entre les deux extrémités du sujet et complétant la zone circulaire, une grande vigne forme une espèce de bosquet d'où pend une grosse grappe de raisin. — Sur l'épaule : *B.* **Combat d'Hercule et du lion de Némée.** Hercule nu, imberbe (cheveux rouges), s'avance en courant vers la droite et va saisir de la main gauche la patte levée du lion qui retourne la tête en rugissant (col rouge, ventre blanc). Dans le champ, au-dessus d'Hercule, sont suspendues la massue et une chlamyde. — *C.* **Même sujet.** C'est la suite du précédent épisode. Hercule nu (bandelette rouge sur les cheveux, fourreau d'épée au côté) a étreint dans ses bras le lion dressé (rehauts rouges). A droite, Iolaos nu s'approche, tenant la massue, une chlamyde sur le bras droit (cheveux rouges, rehaut sur la draperie, massue blanche). Sous ses pieds la signature d'artiste peinte en petites lettres noires : ΝΙΚΟΣΘΕΝΕΣ ΕΠΟΙΕΣΕΝ, Νικοσθένης ἐποίησεν. — Sur la panse : *D.* **Niké et juge de concours (?) entre deux éphèbes à cheval.** Un homme barbu, drapé (bandelette rouge sur les cheveux, himation à rehauts rouges et à petites rosaces de pointillé blanc), est assis sur un siège en forme de cube. Devant lui, sur un pliant, est assise une déesse ailée, drapée, faisant le geste de parler (chairs blanches, rehauts rouges sur les ailes d'oiseau, rehauts rouges et rosaces de pointillé blanc sur la tunique). De chaque côté de ce groupe central, un éphèbe cavalier (à gauche tunique blanche, crinière et queue de cheval rouges; à droite, tunique rouge à pointillé blanc, crinière de cheval rouge et queue blanche). La zone continue sans interruption par une **File d'animaux passant,** aussi grands que les personnages précédents, un lion rugissant et bondissant devant une lionne tête de face, un lion et une lionne tête de face opposés et retournant la tête (rehauts rouges sur les animaux, indication des poils par des incisions parallèles). — Sur chaque anse : *F.* et *G.* **Grand trépied** (rehauts rouges et blancs).

Noir dans l'embouchure. Sur le rebord, grecque noire. Filet saillant à la base du col. A l'attache des anses, un bouton de lotus porté par un long pédoncule. Entre les deux filets saillants de la panse, zone de boutons de lotus noirs reliés par des entrelacs et accostés de points noirs. Large zone noire au-dessus du sujet de la panse ; cercle noir en dessous. Près de la base, arêtes rayonnantes. Anneau saillant rouge à l'attache du pied noir. Sous la base, marque peinte en grandes lettres rouges Œ

Même technique. Incisions plus fines et plus détaillées. Anses recollées. Bon état de conservation. Haut. 0,275.

(Inv. Campana 563). Trouvé en Étrurie et entré en 1863.

Vue d'ensemble (côté *C*) publiée dans notre pl. 71. Cf. *Cataloghi Campana*, série VIII, n° 56 ; Klein, *op. l.*, p. 54, n° 3.

F 107. Amphore signée par Nicosthènes (structure comme dans *F* 100 et suiv.). — Un sujet sur chaque côté de l'épaule, zone circulaire de figures sur le bas de la panse. — Sur l'épaule : *A.* **Départ en char (Priam ?)** Un vieillard drapé (barbe et cheveux blancs, himation à rehauts rouges et rosaces de pointillé blanc) est debout sur un char attelé de quatre chevaux (un blanc à détails incisés et à harnais en noir jauni, les autres noirs à rehauts rouges). A côté de lui un éphèbe, vêtu d'une longue tunique blanche, tient les rênes et l'aiguillon. A gauche, derrière le char, court un éphèbe nu, le bras gauche levé (cheveux rouges). A droite, devant les chevaux, un éphèbe nu allant vers la droite retourne la tête (cheveux rouges) ; un éphèbe drapé lui fait vis-à-vis (cheveux rouges, himation à rehauts rouges et rosaces de pointillé blanc). La signature d'artiste est peinte verticalement, entre les chevaux et l'éphèbe de droite, en petites lettres noires : ΝΙΚΟΣΘΕΝΕΣ ΕΠΟΙΕΣΕΝ, Νικοσθένης ἐποίησεν. — *B.* **Hercule et le lion de Némée.** Le héros nu, barbu (barbe et cheveux rouges), court vers la droite, une main levée, la droite tenant une épée (poignée blanche). Devant lui accourt en bondissant le lion rugissant (dents blanches, ventre souligné d'un trait blanc). De chaque côté de la scène, un éphèbe drapé (celui de gauche avec cheveux rouges, himation à rehauts rouges et rosaces de pointillé blanc, celui de droite le corps nu, à demi caché par l'himation semblable qu'il soutient de ses deux bras en marchant. — Sur la panse : *C.* **Sphinx et personnages.** Sphinx retournant la tête et levant une patte de devant (visage blanc, rehaut rouge et pointillé blanc sur les ailes) ; devant lui un éphèbe nu (cheveux rouges) marche en retournant la tête et tient une massue (ornée d'un pointillé blanc) ; homme barbu, drapé, assis sur un siège en forme de cube (orné d'une grecque blanche) et tenant de la main gauche une baguette noueuse (barbe et cheveux rouges, himation à rehauts rouges et à rosaces de pointillé blanc) ; devant lui accourt, en retournant la tête, un homme nu, barbu, portant une lance et tenant sur son bras une chlamyde (barbe et cheveux rouges, rehauts rouges et rosaces de pointillé blanc sur la draperie) ; deux sphinx affrontés (visages blancs, ailes recoquillées à rehauts rouges et pointillés blancs) de chaque côté d'un ornement en double spirale ; éphèbe courant à droite, en retournant la tête, et tenant une lance, le corps nu à demi caché par un himation qu'il porte sur ses deux bras (cheveux rouges, rehauts rouges et rosaces de pointillé blanc sur la draperie) ; devant lui est assis sur un cube un homme barbu, drapé, tenant une baguette noueuse (mêmes détails que dans l'autre ; rosace en blanc sur le siège).

Noir dans l'embouchure. Sur le rebord, boutons de lotus noirs accostés de points et reliés par des entrelacs. De chaque côté du col, grand motif floral en lotus et palmettes opposés (rehauts rouges et blancs), reliés par des pédoncules (d'où sortent de petits boutons à pointe blanche sur la face *A* seulement). Sur les anses, bande de palmettes et de lotus opposés, traversés au centre par une chaînette de cercles à point blanc central, encadrée en haut et en bas par une large palmette épanouie (rehauts rouges et pointillés blancs). Sur la panse, entre deux filets saillants, zone de palmettes (rehauts rouges et pointillés blancs) accostées de languettes noires et surmontant une chaînette de cercles juxtaposés avec point central blanc. La zone de figures entre deux larges cercles noirs. Le reste comme dans les précédents. Sous la base, large zone noire et même marque rouge Œ.

Terre un peu foncée, surface orangée. Peinture en beau noir lustré. Retouches rouges et blanches. Incisions assez soignées. Bon état de conservation. Haut. 0,315.

(Inv. Campana 591). Trouvé en Étrurie et entré en 1863.

Vue d'ensemble (côté *B*) et détail de *A* dans notre pl. 71. Publié en vignette par de Witte, *Étude sur les Vases peints de la collection Campana*, p. 7 et 69. Cf. *Cataloghi Campana*, série VIII, n° 57 ; Klein, *op. l.*, p. 54, n° 4.

F 108. Amphore signée par Nicosthènes (même structure). — Un sujet de chaque côté du col, sur chaque côté de l'épaule, sur chaque anse. — Sur le col les deux sujets séparés ne forment qu'un même épisode, **Hercule et le lion de Némée.** *A.* Hercule barbu, nu, court à gauche, le bras droit levé, la main gauche tenant la massue (cheveux rouges). Devant lui, dans le champ, deux flèches et l'arc auquel est suspendue la chlamyde. Derrière lui (sous l'anse), le carquois est suspendu dans le champ à un point d'attache duquel pend aussi une draperie ; en dessous un oiseau vole à droite. — *B.* Le lion seul, bondissant à la rencontre d'Hercule, une patte de devant levée et rugissant (col et langue rouges, rehauts blancs sur la croupe et sous le ventre). — Sur l'épaule : *C.* **Hercule et le lion de Némée.** Hercule nu, barbu, lève la main gauche armée de la massue et se garantit avec sa chlamyde enroulée autour du bras droit (rehaut rouge) ; le lion lui fait vis-à-vis, levant la patte de devant et rugissant (col rouge). Par terre, entre les deux combattants, une sorte de butte de terre avec deux traits plantés dedans verticalement (?). A droite, derrière le héros, Iolaos, sous les traits d'un éphèbe nu, porte une autre massue et lève le bras droit (cheveux rouges). A gauche, derrière le lion, un éphèbe portant une lance s'éloigne en retournant la tête ; il est nu et soutient de la main une chlamyde qui le cache en partie (rehaut rouge) ; devant lui un éphèbe drapé s'appuie sur une lance (restauré, himation à rehauts rouges et blancs). Au-dessus du lion, dans le champ, une rosace en pointillé noir. Sous le lion, la signature d'artiste peinte en petites lettres noires : ΝΙΚΟΣΘΕΝΕΣ ΕΠΟΙΕΣΕΝ, Νικοσθένης ἐποίησεν. — *D.* **Même sujet.** Hercule nu (pas de barbe visible) s'avance rapidement vers la droite, se garantissant avec sa chlamyde enroulée autour du bras gauche et tenant la massue de la main droite (rehaut blanc sur les cheveux, rouge sur la draperie). Devant lui, le lion bondissant et rugissant (rehaut rouge); sous ses pattes, par terre, une amphore brisée. A droite accourt un éphèbe portant une lance, une chlamyde jetée sur les deux bras (rehaut rouge). A gauche, derrière Hercule, un éphèbe drapé (himation à rehaut rouge) s'appuie sur une lance.— Sur une anse : *E*. **Femme nue**, les jambes pliées, les deux mains et la tête levées (blanc effacé par-dessus le noir, tête restaurée). — Sur l'autre anse : *F*. **Même sujet**. La femme est tournée à gauche et retourne complètement le buste et la tête vers la droite, les mains levées en l'air (extraits de scènes de bain, femmes se douchant?).

Noir dans l'embouchure. Sur le rebord, boutons et fleurs de lotus noirs reliés par des entrelacs et accostés de points. Sur la panse, entre les deux filets saillants, guirlande de lierres accostés de points. Sur la partie inférieure de la panse, large zone de palmettes et de lotus opposés (rehauts rouges et blancs), traversés au centre par une chainette de cercles juxtaposés. En dessous, large cercle noir. Près de la base, arêtes rayonnantes. Le pied noir restauré. Un trou sous la base.

Terre rosée, surface claire, jaunâtre. Peinture en noir lustré. Retouches rouges et blanches. Incisions rapides. Anses recollées, bas du vase restauré. Des repeints dans la zone d'ornements. Haut. 0,315.

(Inv. Campana 584). Trouvé en Étrurie et entré en 1863.

Publié par Benndorf, *Wiener Vorlegeblätter*, 1890-91, pl. 1, n° 5. Cf. Klein, *op. l.*, p. 55, n° 5.

F 109. Amphore signée par Nicosthènes (même structure). — Une zone circulaire de figures sur le bas de la panse et un sujet sur chaque anse. — Sur la panse, deux sujets sans séparation matérielle. *A*. **Niké entre des juges de concours.** La déesse ailée vole vers la droite, retournant la tête (chairs blanches, œil en rouge, ailes recoquillées à rehauts rouges, peau de bête piquetée par-dessus une tunique à croix incisées et à points rouges); à droite et à gauche sont assis sur des pliants des juges de concours, deux hommes barbus, drapés, faisant un geste d'une main comme pour parler, une lance ou grande baguette à côté d'eux (barbes rouges, bandelettes rouges sur les cheveux, himation à rehauts rouges, tuniques à croix incisées). Derrière chaque juge, un homme nu, tenant une lance, et un cavalier; l'homme de gauche (restauré, imberbe avec cheveux rouges) étend la main gauche comme pour parler; celui de droite (barbe et cheveux rouges, lien en baudrier rouge sur la poitrine) s'éloigne vers la droite et retourne la tête avec un geste de la main gauche; le cavalier de gauche en éphèbe tenant une lance (jambe restaurée, cheveux rouges, tunique courte blanche, crinière et queue du cheval rouges), celui de droite analogue (très restauré). — *B*. **Cavalier entre deux hoplites.** L'hoplite de gauche s'avance vers la droite, la lance en arrêt, couvert de son bouclier (casque à cimier bas, barbe rouge, cuirasse incisée sur tunique courte à rehauts rouges, ceinture à franges pendant par devant, cnémides rouges, bouclier rouge à pointillé blanc); l'éphèbe à cheval marche dans le même sens, tenant une lance (cheveux rouges, tunique courte blanche, crinière et queue du cheval rouges, quelques parties restaurées). A droite, un éphèbe s'éloigne, retournant la tête, dardant sa lance et se couvrant de son bouclier (mêmes détails que dans l'autre, parties restaurées dans le corps et dans le bouclier). — Sur une anse : *C*. **Guerrier.** Homme nu, barbu, ayant une lance près de lui et une épée au côté (cheveux et barbe rouges, restaurations dans le corps et les bras). — Sur l'autre anse : *D*. **Panoplie.** Un grand casque à cimier haut (rehaut blanc) et en dessous un bouclier vu de profil (au centre, un large point rouge entouré d'un pointillé blanc, un point rouge à chaque extrémité, le rebord blanc et sur la partie convexe, en dessin incisé, un oiseau volant entre deux têtes de lionnes vues de face). Sous l'attache de la même anse, un serpent rampant vers la droite (restauré).

Noir dans l'embouchure. Sur le rebord, zone de languettes noires. De chaque côté du col, un grand motif floral en forme de palmettes opposées et accostées de grandes volutes (quelques pédoncules terminés en boutons de lotus). Sur un côté de l'épaule, une bande de palmettes opposées (rehauts rouges) et de longs lotus noirs, le tout traversé au centre par une chainette de cercles juxtaposés avec point blanc central. Sur l'autre côté de l'épaule, même motif plus simplifié et sans rehauts rouges; en dessous la signature d'artiste : NIKOSΘENESEΠOI[ESE]N (la fin restaurée), Νικοσθένες ἐποίεσεν. Zone noire entre les deux filets saillants de la panse. Sous la zone de figures, large cercle noir. Près de la base, arêtes rayonnantes. Anneau saillant rouge à l'attache du pied noir avec filet saillant rouge. Sous la base, la marque en grandes lettres rouges peintes (E.

Terre jaune un peu foncé, surface orangée. Peinture en noir lustré. Retouches rouges et blanches. Incisions assez soignées. Nombreuses cassures recollées, avec restaurations et repeints. Haut. 0,32.

(Inv. Campana 582). Trouvé en Étrurie et entré en 1863.

Vue d'ensemble (côté *A*) et détail de *B* dans notre pl. 71. Cf. *Cataloghi Campana*, série VIII, 62; Klein, *op. l.*, p. 56, n° 11.

F 110. Amphore signée par Nicosthènes (même structure). — Un sujet de chaque côté de l'épaule et un sur chaque anse. — Sur l'épaule. *A*. **Cerf entre deux lionnes.** Le cerf rejetant la tête en arrière s'affaisse sur les deux jambes de devant (rouge sur le col, ligne blanche sous le ventre); chaque lionne, la tête de face, élève symétriquement une patte de devant, prête à saisir la proie (cols rouges, ventre souligné de blanc, rehaut blanc sur le front de la lionne de gauche). Au-dessus de cette dernière la signature d'artiste en ligne irrégulière : NIKOSΘENES EΠOIESEN, Νικοσθένες ἐποίεσεν. — *B*. **Même sujet.** Faibles variantes de pose (détails semblables, pas de blanc sous le ventre du cerf). — Sur chaque anse *C* et *D*, une bande de **Quatre cygnes passant** (rehaut rouge sur l'aile, pointillé blanc sur le col).

Noir dans l'embouchure. Sur le rebord, une grecque simple. Sur le col, zone circulaire de longs lotus et palmettes opposés (rehauts rouges), traversés au centre par une chainette de cercles juxtaposés. — Entre les deux filets saillants de la panse, zone de boutons de lotus noirs reliés par des entrelacs et accostés de points. En dessous, guirlande de lierre et large zone noire. Près de la base, arêtes rayonnantes. Le pied comme dans les précédents. Sous la base, zone noire. Aucune marque peinte.

Même technique que dans le précédent. Travail assez soigné. Bon état de conservation. Haut. 0,30.

(Inv. Campana 581). Trouvé en Étrurie et entré en 1863.

Vue d'ensemble (côté *A*) et détail de *C* dans notre pl. 71. Cf. *Cataloghi Campana*, série VIII, 64; Klein, *op. l.*, p. 63, n° 39.

F 111. Amphore signée par Nicosthènes (même structure). — Un sujet de chaque côté de l'épaule. — *A*. **Combat de Grec et d'Amazone entre deux sphinx.** Entre deux sphinx accroupis, levant une patte de devant (visage blanc, rehaut rouge sur l'aile recoquillée), un hoplite marchant vers la droite (casque rouge à cimier bas, cuirasse sur tunique courte, épée au côté) tient une lance (bas de la hampe seul visible) et se couvre de son bouclier vu de profil (rehaut rouge et épisème saillant en serpent dressé); devant lui, une Amazone dans l'attitude archaïque de la course fuit à droite, retournant la tête (chairs blanches, casque à cimier haut, tunique courte rouge); elle darde la lance et se couvre de son bouclier vu de profil. Devant chaque sphinx, un bouton de lotus porté par un pédoncule sort du sol. Derrière le sphinx de gauche, un pliant recouvert d'une étoffe et au-dessus une draperie suspendue dans le champ. Derrière le sphinx de droite, sous l'attache de l'anse, la signature d'artiste : NIKOSΘENES EΠOIESEN, Νικοσθένες ἐποίεσεν. — *B*. **Même sujet** avec peu de variantes (pointillé blanc sur la tunique de l'hoplite, sur les bords des deux boucliers). — Sur chaque anse *C* et *D* : **Femme nue debout** (chairs blanches, œil en rouge). L'une, à chevelure pendante, lève le coude gauche et ramène la main vers le ventre (tenant peut-être une fleur? indiquée par un rehaut rouge); l'autre, aux cheveux serrés en chignon, tient de chaque main une branche de vigne ou de lierre dont le bout pend à terre.

Noir dans l'embouchure. Sur le rebord, zone de palmettes à rehauts rouges et de lotus à pointe blanche, surmontant une chainette de cercles noirs juxtaposés à centre blanc. De chaque côté du col, un grand motif floral de palmettes et lotus opposés deux à deux, reliés par des entrelacs et par une chaînette de cercles (rehauts rouges et pointillés blancs). Entre les deux filets saillants de la panse, zone de palmettes (rehauts rouges et blancs) et de languettes noires, surmontant une chaînette de cercles à centre blanc. Sur le bas de la panse, large zone de palmettes et de lotus opposés deux à deux (rehauts rouges et blancs), traversés au centre par une chaînette de cercles à centre blanc. En dessous, large cercle noir. Près de la base, arêtes rayonnantes. Le pied, comme dans les précédents. Sous la base, zone noire, et la marque peinte en grandes lettres rouges CE.

Terre claire, surface orangée. Peinture en noir lustré. Retouches rouges et blanches. Incisions rapides. Cassures et restaurations assez nombreuses dans la partie inférieure du vase; le pied en grande partie refait. Haut. 0,305.

(Inv. Campana 575). Trouvé en Étrurie et entré en 1863.

Publié en vignette par Rayet et Collignon, *Céramique grecque*, p. 112, fig. 53. Cf. *Cataloghi Campana*, série VIII, 53; Corey, *De Amazonum antiq. figuris*, p. 61. Ce vase ne figure pas dans la liste de M. Klein, *op. l.*

F 112. Amphore signée par Nicosthènes (même structure). — Même disposition et décor très analogue au précédent. — Sur l'épaule, *A*. **Cavalier entre quatre éphèbes**. Le cavalier imberbe galope vers la droite (rehauts rouges sur le cheval), précédé d'un éphèbe nu, marchant rapidement et retournant la tête; un éphèbe drapé (himation sans ornements) lui fait vis-à-vis. A gauche, derrière le cavalier, court un autre éphèbe nu, la main gauche avancée (draperie suspendue dans le champ près de lui); derrière lui, un éphèbe drapé fait un pendant symétrique à l'autre. — *B*. **Même sujet**. Le cavalier galope vers la gauche (rehaut blanc sur son corps pour indiquer une tunique, rehauts rouges sur le cheval, draperie suspendue dans le champ). Devant le cavalier, un éphèbe nu courant vient à sa rencontre; derrière lui, un éphèbe nu s'éloigne retournant la tête. De chaque côté un éphèbe drapé comme dans l'autre tableau. Près des pieds de celui de gauche, la signature d'artiste peinte : N . KOSOENES . . . . SE., Ν[ι]κοσθένες [ἐποίε]σε[ν]. — Sur chaque anse *C* et *D*, une **Femme nue**, debout, la main gauche élevée, l'autre cachant le sexe (chairs blanches, cheveux pendants).

Même décor que dans le précédent. Le pied tout noir, mais repeint et rajusté au vase. Sous la base, on voit les restes de la marque usuelle peinte en grandes lettres rouges CE.

Même technique. Style rapide et négligé. Des restaurations et des repeints. Haut. 0,30.

(Inv. Campana 593). Trouvé en Étrurie et entré en 1863.

Publié par Benndorf, *Wiener Vorlegeblätter*, 1890-91, pl. 1, n° 3, et pl. 11, fig. 3 *a*. Cf. *Cataloghi Campana*, série VIII, n° 60; Klein, *op. l.*, p. 57, n° 13.

F 113. Amphore signée par Nicosthènes (même structure). — Il n'y a de figures que sur les anses. — *A*. **Guerrier debout**. Les mains serrées devaient tenir des accessoires disparus dans des restaurations fautives (casque à cimier bas, cuirasse blanche à lamelles mobiles, cnémides rouges; fortes restaurations et repeints). — *B*. **Même sujet** (casque à cimier haut, mêmes détails avec des repeints; l'ensemble de la figure est meilleur que l'autre).

Noir dans l'embouchure. Sur le rebord, ruban ondulé réservé en clair (restauré). De chaque côté du col, motif floral composé de quatre palmettes opposées, reliées par des cercles à point blanc central et de longs pédoncules. De chaque côté de l'épaule, une bande de palmettes, à rehauts rouges, opposées à des lotus à pointe blanche, le tout traversé au centre par une chaînette d'ellipses allongées avec point central blanc. Sous l'une de ces bandes, la signature d'artiste peinte en petites lettres noires : NIKOSΘENES EΠOIESEN, Νικοσθένες ἐποίεσεν. Entre les deux filets saillants de la panse, guirlande de feuillages allongés. Sur le bas de la panse, large zone de palmettes et de longs lotus opposés deux à deux, traversés au centre par la même chaînette d'ellipses à point central blanc. En dessous, large cercle noir. Près de la base, arêtes rayonnantes. Anneau saillant rouge à l'attache du pied noir (repeint). Sous la base, traces de la marque peinte en grandes lettres rouges CE.

Terre d'un jaune assez foncé, surface orangée. Peinture en noir lustré. Retouches rouges et blanches. Fortes restaurations dans les figures. Assez bon état de conservation. Haut. 0,30.

(Inv. Campana 576). Trouvé en Étrurie et entré en 1863.

Vue d'ensemble dans notre pl. 71. Cf. Klein, *op. l.*, p. 64, n° 42.

F 114. Amphore à figures blanches, signée par Nicosthènes (même structure, le pied sans filet saillant). — Un sujet de chaque côté du col et un sur chaque anse. — Sur le col, *A*. **Femme nue flattant un chien**. Debout, tournée vers la droite, la main gauche levée et tenant une fleur qu'elle respire (chairs en blanc épais par-dessus le noir, couronne rouge sur les cheveux noirs pendants, boucle d'oreille, collier, bracelets et bagues indiqués par des incisions), elle baisse la main droite et touche du bout des doigts le museau d'un chien qui s'approche d'elle en retournant la tête (tout le chien en blanc incisé par-dessus le noir, collier au cou). — *B*. **Même sujet** avec faibles variantes d'attitudes (mêmes détails). Au-dessous, la signature d'artiste peinte en petites lettres rouges : NIKOSΘENES EMΠOIESEN, Νικοσθένες ἐμ(ὲ)(ἐ)ποίεσεν. — Sur chaque anse *C* et *D*, en blanc par-dessus le noir, avec détails incisés, **Grand trépied** à deux oreillettes.

Noir dans l'embouchure. Toute la surface extérieure du vase en noir lustré par-dessus lequel on a peint les silhouettes en blanc, avec quelques retouches rouges. L'anneau saillant, rattachant le pied à la base, est peint en rouge comme dans les autres exemplaires. La tranche du pied est restée en clair. Sous la base, pas de traces de la marque peinte en rouge.

Terre d'un jaune un peu foncé. Peinture en blanc épais et crémeux par-dessus le noir, incisé pour tous les détails, avec quelques retouches rouges. La chevelure noire de la femme est séparée du reste du fond noir, d'un côté par un trait incisé, de l'autre par un trait rouge. Incisions soignées. Quelques recollages sans restaurations dans les figures. Haut. 0,32.

(Inv. Campana 569). Trouvé en Étrurie et entré en 1863.

Publié par J. Six, *Gazette archéologique*, 1888, pl. 28 *A*, et p. 194, fig. 1; Benndorf, *Wiener Vorlegeblätter*, 1890-91, pl. 11, n° 4. Cf. *Cataloghi Campana*, série VIII, n° 51; Klein, *op. l.*, p. 65, n° 48.

F 115. Amphore à fond blanc non signée, du type de Nicosthènes (le col d'égales dimensions, l'anse moins large et moins plate, filet saillant réservé en clair sur le milieu de l'anse, le pied plus plat et avec filets saillants sur la tranche). — Un sujet sur chaque côté du col en figures noires sur fond rouge et un sur chaque côté de la panse en figures noires sur fond blanc. — Sur le col : *A*. **Dionysos assis**. Le dieu est barbu et drapé, couronné de pampres, tenant une corne à boire de la main gauche (barbe et partie des cheveux rouges, feuillages de la couronne en partie rouges, himation à rehauts rouges sur une tunique à gros points rouges et croix incisées). De la main droite, il tient le bout d'un cep de vigne qui, s'élevant au-dessus de lui, s'épanouit dans le champ en plusieurs branches. — *B*. **Silène portant deux outres**. Il est nu (visage de face, barbe rouge, queue de cheval rouge) et marche vers la droite, courbé sous le poids de deux outres de vin (gros points rouges). De la main droite, il touche un cep de vigne qui s'épanouit dans le champ comme le précédent. — Sur la panse : *C*. **Hercule combattant Géryon**. Le héros barbu (tête restaurée avec peau de lion dont les pattes sont nouées sur la poitrine, les deux autres retombant entre les jambes, tunique courte à rehauts rouges) marche à droite, pointant la lance vers le bas, portant sur le bras gauche un bouclier à double échancrure (bordé de rouge, armature intérieure pour passer le bras et la main). Le triple Géryon lui fait face, sous la forme de trois hoplites accolés, deux en arrière-plan se dirigeant vers la gauche, dardant la lance et se couvrant chacun d'un bouclier à décor incisé (restaurés, casques à cimier bas, cnémides à filets rouges), le troisième en premier plan dans un mouvement de retraite, retournant la tête, tenant un bouclier vu de profil et la lance basse (casque à cimier haut, toute la figure très restaurée, sauf une jambe avec cnémide, et mal refaite). Entre les deux combattants, dans le champ, l'inscription peinte ΛEPVOΣ (rétrograde), Γερυόν[ες]. Par terre, est étendu le corps du berger Eurytion, gardien du troupeau de Géryon, sur le dos, les jambes repliées, les bras allongés au-dessus de la tête, perdant le sang par trois blessures, à la tête, au flanc, à la jambe (tête barbue de face, œil de mourant rendu par une seule incision, mains crispées, le sang indiqué par des filets rouges). Derrière Hercule, Athéné s'avance dardant la lance basse et se couvrant d'un bouclier rond vu de profil (casque à haut cimier, égide en écailles et serpents dressés formant une sorte de vêtement à dessins incisés par-dessus une tunique longue à rehauts rouges). — *D.* **Guerrier en char** (Iolaos?). Les quatre chevaux galopent vers la droite (chaque tête de cheval visible, les deux du centre convergeant l'une vers l'autre, deux crinières rouges, deux harnais rouges, deux queues rouges); le char se présente obliquement. Le conducteur, barbu, tient une lance de la même main que les rênes (barbe rouge, bandelette rouge sur les cheveux, cuirasse incisée sur une tunique à rehauts rouges) et il porte attaché dans le dos un bouclier vu de profil, orné d'une tête de Silène incisée (rehauts rouges).

Noir dans l'intérieur. De chaque côté de l'épaule, au-dessus du tableau, bande de godrons rouges et noirs. Sous l'attache de chaque anse, motif linéaire en losanges avec croix et point au centre, accosté de quatre longs pédoncules symétriques terminés en fleurs de lotus. Cercle noir sous les sujets de la panse; en dessous, entre quatre filets noirs, zone de boutons de lotus reliés par des entrelacs. Près de la base, deux filets noirs et les arêtes rayonnantes. Anneau saillant rouge à l'attache du pied noir, avec filet clair près du rebord; la tranche à trois filets saillants, deux en clair et un en noir.

Terre jaune foncé, un peu rougeâtre. Même ton sur le col. Toute la panse recouverte d'un engobe blanc par-dessus lequel on a peint en couleur noire lustrée avec retouches rouges. Incisions assez soignées. Les restaurations et repeints sont importants, surtout en C. Haut. 0,28.

(Inv. Campana 560). Trouvé en Étrurie et entré en 1863.

Vue d'ensemble de chaque côté dans notre pl. 72.

F 116. Œnochoé à fond blanc, signée par Nicosthènes (bec trilobé, pied plat, anse surplombant l'embouchure, tête d'homme en relief sous le bec). — Le sujet est placé sur le devant de la panse. — **Apothéose d'Hercule.** Au centre, le héros barbu, vêtu de la peau de lion qui coiffe sa tête et couvre son corps comme d'une tunique serrée à la taille (faibles rehauts rouges sur les cheveux et la peau de lion), tient de la main gauche basse sa massue (épée au côté, dans le dos le carquois ouvert, montrant les extrémités de six flèches, et le bout de l'arc); il tend la main droite vers Athéné, debout, qui du bout des doigts lui présente un bouquet de trois lotus portés par de longs pédoncules (pas de traces de blanc sur les chairs, casque à cimier haut avec rehauts rouges, égide en écailles et serpents dressés sur une tunique à rehauts rouges et à croix incisées); elle tient, de la main gauche, sa lance. A gauche, derrière le héros et pour l'introduire dans l'Olympe, se tient Hermès barbu, tenant un long caducée de la main droite et élevant la main gauche avec un geste de salutation (barbe rouge, pétase, chlamyde à rehauts rouges et croix incisées retombant sur les deux bras, tunique courte à rehauts rouges et à petites croix incisées, ailettes liées aux chevilles avec rehauts rouges). Derrière Hermès, en ligne verticale, la signature d'artiste peinte en petites lettres noires : ....ՏMEΠ.IEՏEN [Νικοσθένε]ς μ'ἐπ[ο]ίεσεν. Derrière Athéné l'inscription peinte ΚΑLOՏ, καλός. — Sous le bec, une assez grande **Tête d'homme barbu** (haut. 0,06), modelée en relief. C'est une tête d'Hercule, si l'on s'en rapporte au sujet de la panse, ou de Dionysos, dieu du vin, si l'on considère le vase seul et le pendant qui lui est donné dans F 117.

Noir dans l'embouchure, sur le rebord, tout le col et l'anse. Noir sur la chevelure de la tête en relief, les sourcils, les yeux, la moustache et la barbe. En haut de l'épaule, zone de godrons noirs. Sous l'attache de l'anse, motif floral en palmette surmontée d'une double volute d'où partent de longs pédoncules terminés en boutons de lotus. Sous les figures, trois cercles noirs, une grecque et deux cercles noirs. Près de la base, arêtes rayonnantes, tantôt opaques, tantôt au trait, et un cercle noir. Anneau saillant rouge à l'attache du pied, qui est noir avec cercle rouge sur le bord.

Terre jaune foncé. Toute la panse recouverte d'un engobe blanc par-dessus lequel on a peint en couleur noire lustrée avec retouches rouges. Les cassures et recollages sont assez nombreux, mais les restaurations n'altèrent pas les figures. Haut. avec l'anse 0,33.

(Inv. Campana 576). Trouvé en Étrurie et entré en 1863.

Publié par Braun, *Annali dell' Instituto*, 1854, pl. 5; Benndorf, *Wiener Vorlegeblätter*, 1890-91, pl. IV, n° 1; Duruy, *Histoire des Grecs*, I, p. 86. Cf. *Cataloghi Campana*, série VIII, n° 66; Klein, *op. l.*, p. 66, n. 50.

F 117. Œnochoé à fond blanc, signée par Nicosthènes (même structure avec le pied plus haut et muni d'un tore saillant; elle fait une sorte de pendant avec la précédente, quoique étant plus forte et plus grande). — Le sujet est placé sur le devant de la panse. — **Apothéose d'Hercule.** Au centre, le héros demi-nu, assis sur un siège en cube (tête restaurée, barbe rouge, couronne de laurier incisée sur les cheveux, le haut du corps nu, himation à rehauts rouges et croix incisées enroulé sur le bas du corps), tient la massue de la main droite et tend la main gauche ouverte vers Athéné qui lui fait face, assise sur un pliant recouvert d'une étoffe, présentant de la main droite une fleur de lotus (pas de traces de blanc sur les chairs, tête refaite, mêmes détails que dans le vase précédent, sauf la tunique à gros points rouges et à croix incisées). Derrière elle, Hermès, barbu, est assis sur un cube, tenant un long caducée de la main droite, avançant la main gauche ouverte (main refaite, mêmes détails que dans le précédent, sauf les ailettes rouges recourbées par devant). A gauche, derrière Hercule, déesse assise sur un siège (Aphrodite? Amphitrite?), présentant, de la main gauche, une fleur de lotus (pas de blanc, couronne incisée sur la chevelure pendante, tunique et himation à rehauts rouges et croix incisées) et retournant la tête vers un dieu barbu, assis sur un pliant recouvert d'une draperie (Zeus? Poseidon?); celui-ci s'appuie de la main gauche sur une canne (barbe rouge, couronne incisée, himation à rehauts rouges et croix incisées sur tunique noire à croix incisées). Au-dessus de lui, la signature d'artiste peinte en petites lettres noires : N.ΚOՏΘEN..., N[ι]κοσθέν[ες ἐποίεσεν]. — Sous le bec, **Tête de femme**, modelée en relief, les cheveux ceints de huit disques saillants, formant couronne, et ornés de rosaces peintes en traits noirs et rouges. Tête d'Ariane? Voir le vase précédent.

Décor semblable au précédent, avec quelques variantes : le motif floral, sous l'attache de l'anse, comprend une palmette autour de laquelle se groupent huit volutes; sous les figures, entre quatre cercles, une zone de boutons de lotus reliés par des entrelacs et accostés de points.

Même technique. Les recollages et repeints sont plus forts que dans l'autre et intéressent les figures. La partie inférieure de la panse est tout entière refaite. Il en résulte que le pied, de forme inusitée, n'est pas sûrement celui du vase. Haut. avec les anses 0,365.

(Inv. Campana 580). Trouvé en Étrurie et entré en 1863.

Publié par Braun, *Annali dell' Inst.*, 1854, pl. 6; Benndorf, *Wiener Vorlegeblätter*, 1890-91, pl. IV, n° 2. Cf. *Cataloghi Campana*, série VIII, n° 67; Klein, *op. l.*, p. 66, n° 51.

F 118. Œnochoé à fond blanc, non signée, du style de Nicosthènes (long bec coupé en biseau, anse à rainure concave et portant un buste de femme en relief à l'attache supérieure, pied en pente). — Le sujet est placé sur le devant du vase. — **Énée portant son père Anchise.** Il est représenté sous les traits d'un hoplite barbu, marchant courbé vers la droite, tenant deux lances de la main droite basse, le bras gauche passé dans l'armature interne d'un bouclier à double échancrure (casque à cimier haut, cuirasse sur tunique courte à rehauts rouges, cnémides dont une à rehaut rouge); sur son dos, il porte le vieil Anchise, barbu (tête chauve, ceinte d'une bandelette rouge, cartilage thyréoïde très marqué pour indiquer un cou maigre, himation à rehauts rouges sur tunique longue), qui des deux mains se cramponne au cou et au bras de son fils, les deux genoux repliés. Devant lui courent, la jambe gauche levée, deux guerriers retournant la tête; l'un, en arrière-plan, archer asiatique, barbu, tenant une hachette de guerre, sur le côté droit le carquois à couvercle ouvert (bonnet à pointe élevée ceint d'une bandelette rouge, tunique collante et anaxyrides à croix incisées); l'autre, en premier plan, hoplite barbu, tenant deux lances et se couvrant de son bouclier vu de profil (casque à cimier bas avec rehaut rouge et ceint d'une bandelette rouge, cuirasse incisée sur tunique courte à rehauts rouges, cnémides). Derrière Énée marche Créuse drapée, levant la main gauche (pas de blanc sur les chairs, bandelette rouge sur les cheveux, tunique longue retroussée par un pli à la ceinture, avec rehauts rouges et croix incisées, himation à rehauts rouges mis sur les épaules). — La figure en relief à l'attache de l'anse représente un **Buste de femme**, vue à mi-corps, les bras appuyés sur les petites rondelles saillantes, qui ornent chaque côté du bec.

Noir sur l'anse et tout le bec, rouge sur les trondelles saillantes. A la base du col, zone de quadrillé noir sur fond rouge réservé et anneau saillant peint en rouge. Sous l'attache inférieure de l'anse, trois lotus opposés d'où partent quatre longs pédoncules terminés en lotus. Sur l'épaule, zone de godrons noirs. Sous les figures, deux cercles noirs. Près de la base, large zone noire avec un cercle rouge. Le pied noir.

Terre jaune foncé, un peu rosée, très fine. Engobe blanc sur toute la panse. Peinture en noir lustré avec retouches rouges. Incisions soignées. Bon état de conservation. Haut. 0,26.

(Inv. MNB 1634). Anciennes collections Castellani, Paravey. Trouvé dans l'Italie méridionale et acquis en 1879.

Publié par Raoul Rochette, *Monuments inédits*, pl. 68, n° 2. Cf. *Catalogue Collect. Castellani*, n° 34; de Witte, *Collect. Paravey*, n° 32.

F 120. Coupe à revers blancs, ornée d'yeux prophylactiques (vasque peu profonde, pied trapu et très bas, à base un peu concave). — Un sujet dans l'intérieur et sur chaque côté du pourtour extérieur. — Dans l'intérieur à fond rouge : *A*. **Tête de Gorgone.** Elle est vue de face, tirant la langue (rouge sur la langue et les cheveux, sur la prunelle des yeux, blanc sur les dents, quatre points noirs sur le front). — Sur les revers à fond blanc : *B*. **Silène et Ménades dansant.** Au centre, entre deux grands yeux (dans la prunelle un cercle blanc, le centre rouge), un Silène nu, ithyphallique, danse en levant les mains (barbe et cheveux rouges, repeints dans le corps). A droite et à gauche, au delà des yeux, une Ménade drapée danse avec des gestes semblables, retournant la tête (celle de gauche avec tunique rouge, celle de droite avec rouge sur le haut de la tunique et points rouges dans le bas). Dans le champ, quelques longs rameaux feuillus accompagnent les personnages et les encadrent. — *C*. **Même sujet**, avec quelques variantes de détail (Silène avec queue de cheval rouge, Ménade de gauche avec points rouges sur le bas de la tunique et rehaut rouge sur le haut, Ménade de droite avec rehaut rouge sur le haut de sa tunique). — Sous chaque anse *D* et *E*, un **Dauphin nageant.**

L'intérieur noir, sauf le centre réservé; cercle réservé en rouge sur le rebord. Noir sur le dessus des anses. A chaque attache, long pédoncule portant une palmette (centre rouge). Sous les figures, un large cercle noir entre six filets noirs. Près de la base, arêtes rayonnantes au trait noir (et non opaques). A l'attache du pied, anneau saillant peint en rouge. Le pied noir avec tranche réservée rouge. Sous la base, zone noire.

Terre jaune foncé, un peu rosée, fine. Engobe blanc sur les revers jusqu'au-dessous des anses, le reste en rouge réservé. Peinture en noir lustré avec retouches rouges. Quelques retouches blanches en *A*. Plusieurs morceaux recollés et restaurés : quelques repeints dans les figures. Haut. 0,09. Diam. 0,205; avec les anses 0,27.

(Inv. Campana 607). Trouvé en Étrurie et entré en 1863.

Vue d'ensemble (côté *B*) et détail de *A* dans notre pl. 72.

F 121. Coupe ornée d'yeux prophylactiques, signée par Nicosthènes (vasque large et assez profonde, anses courtes et solides, un peu relevées du bout, pied bas et trapu à base concave). — Même disposition. — Int. *A*. **Tête de Gorgone** (mêmes détails que dans le précédent). — Sur les revers à fond rouge : *B*. Au centre, entre deux grands yeux (un cercle blanc et un rouge), **Hercule taillant sa massue?** Il est penché, marchant vers la droite (tout le haut refait, peau de lion sur la tête et formant tunique serrée à la taille par-dessus une tunique courte rouge, rehauts blancs sur les griffes et dents de la bête, épée au côté, carquois refait dans le dos, restaurations dans les jambes), et il tient de la main gauche (refaite) le haut d'une sorte de massue noueuse (?), dont le bout repose à terre et qu'il paraît travailler de la main droite. (On pourrait penser aussi au sujet représenté par F 338, Hercule sacrifiant?) Sous le sourcil de l'œil placé à gauche, la signature d'artiste peinte en petites lettres noires : ΝΙΚΟΣΘΕΝΕΣ, et au-dessus de l'autre œil, à droite : ΕΠΟΙΕΣΕΝ, Νικοσθένες ἐποίεσεν. — *C*. Au centre, entre deux yeux semblables, **Dionysos et Hermès** (toute la partie supérieure des deux figures refaite, les jambes seules antiques). Dionysos est drapé (himation à rehauts rouges et croix incisées sur une tunique blanche); Hermès a les jambes nues (ailettes recourbées par devant aux chevilles). — Le dessous de chaque anse est orné d'un double cep de vigne entrelacé, dont les rameaux, chargés de grosses grappes de raisin, retombent à droite et à gauche, encadrant les sujets.

L'intérieur noir, sauf le centre réservé; cercle réservé rouge sur le rebord. Noir sur le dessus des anses. Sous les figures, large cercle noir entre deux filets. Près de la base, arêtes rayonnantes, alternant en dessin opaque et en dessin au trait. Anneau saillant peint en rouge à l'attache du pied noir, dont la tranche est réservée en rouge. Sous la base, cavité intérieure du pied en noir.

Terre jaune foncé, un peu rosée, fine; surface orangée. Peinture en noir lustré avec retouches rouges et blanches. Nombreuses cassures soigneusement dissimulées. Repeints importants dans les figures et les ornements. Haut. 0,115. Diam. 0,30; avec les anses, 0,385.

(Inv. Campana 585). Anciennes collections Depoletti, Campana. Entré en 1863.

Calque dans l'*Apparatus* du Musée de Berlin, n° 343. Cf. *Cataloghi Campana*, série VIII, 69; Klein, *Meistersignaturen*, p. 68, n° 62.

F 122. Coupe semblable signée par Nicosthènes (même structure). — Même disposition. — Int. *A*. **Tête de Gorgone** (pas de dents visibles; rouge sur la langue, le nez, les prunelles des yeux; pas de blanc; un seul point noir sur le front). — Sur les revers : *B*. **Énée portant son père Anchise.** Énée est en hoplite et marche courbé vers la droite (casque à haut cimier rehaussé de rouge, épée au côté, cuirasse sur tunique courte à rehauts rouges, cnémides rouges); il porte, assis sur son dos, le vieil Anchise, barbu, drapé, qui lève le bras droit et tient de la main gauche une baguette ou canne (blanc effacé sur le crâne et sur la barbe, himation à rehauts rouges sur tunique). De la main droite, Énée soutient les pieds de son père; de la gauche, il porte deux lances basses et un grand bouclier à double échancrure (bord rouge). Près de lui, en arrière-plan, marche le petit Ascagne dont on ne voit que le bas du corps (draperie pendante sur le bras, tunique courte). Sous le sourcil de l'œil prophylactique, placé à gauche, la signature d'artiste peinte en lettres noires : ΝΙΚΟΣΘΕΝΕΣ ΕΠΟΙΕΣΕΝ, Νικοσθένες ἐποίεσεν. — *C*. **Combat de trois guerriers.** Au centre, un hoplite, tombé sur un genou, retourne la tête et darde la lance en se couvrant de son bouclier vu de profil (casque à haut cimier ceint d'une bandelette rouge, cuirasse incisée sur tunique courte à croix incisées, cnémides dont une seule rouge, baudrier blanc et gros points blancs sur le bouclier). De chaque côté de ce blessé deux autres hoplites se chargent avec furie, une jambe levée, tenant la lance et se couvrant d'un bouclier vu de profil (celui de gauche avec le casque rouge à cimier haut, cuirasse incisée à points rouges sur tunique courte rouge, cnémides, gros points blancs sur le bouclier et baudrier blanc; celui de droite avec casque à cimier bas ceint d'une bandelette rouge, cuirasse ciselée sur tunique courte rouge, baudrier blanc, épée au côté, cnémide rouge). — Même décor que dans le précédent sous le dessous de chaque anse.

Même ornementation (sauf une zone de pointillés noirs entre cinq cercles dans l'intérieur, et le même ornement sous les sujets des revers). Sous la base, outre la cavité peinte en noir, un bouton saillant peint en noir marque l'attache sur le tour.

Même technique. Quelques cassures soigneusement réparées. État de conservation bien meilleur que dans le précédent. Pas de repeints importants dans les figures. Haut. 0,12. Diam. 0,33; avec les anses, 0,41.

(Inv. Campana 578). Anciennes collections Canino, Campana. Entré en 1863.

Publié par O. Benndorf, *Wiener Vorlegeblätter*, 1890-91, pl. v, n° 1. Cf. *Cataloghi Campana*, série VIII, 68; Canino, *Museum etruscum*, n° 567; Klein, *op. l.*, p. 68, n° 64.

F 123. Coupe signée par Nicosthènes (même structure). — Les revers seuls sont décorés de sujets. — *A*. **Course de bateaux.** Deux navires, ayant leurs voiles à demi carguées, se dirigent vers la droite, l'un à côté de l'autre, celui d'arrière-plan ayant une légère avance sur l'autre. Tous les détails de structure sont les mêmes : la proue en forme de tête de sanglier, la poupe très relevée au-dessus de l'eau et terminée en tête d'oiseau, une échelle suspendue à la poupe, un pilote assis à l'arrière et manœuvrant le gouvernail en forme de double rame, une vigie debout à l'avant, sur un petit tillac plus élevé, et surveillant l'horizon (personnages drapés avec chevelures rouges, rehauts rouges sur les détails des bateaux, blanc épais et incisé sur les voiles et appliqué par-dessus le noir). En haut et à droite, la signature d'artiste, peinte en petites lettres noires : ΝΙΚΟΣΘΕΝΕΣ ΕΠΟΙΕ, Νικοσθένες ἐποίε(ι). — *B*. **Même sujet**, avec quelques variantes et sans inscription. Il y a des pilotes, mais pas de vigie; le petit tillac d'avant est décoré d'un gros œil prophylactique (l'un en blanc et rouge par-dessus le noir, l'autre noir incisé). — Sous chaque anse, un **Dauphin** qui indique la mer. A l'attache de chaque anse, une **Sirène** perchée sur une petite volute, retournant la tête (blanc des visages absent ou effacé, ailes d'oiseaux à rehaut rouge). Cette petite figure de sirène a pu faire penser à une relation avec le mythe connu d'Ulysse (*Journ. of hell. studies*, 1885, p. 20); mais, à mon avis, ce détail est ici purement décoratif.

Noir dans l'intérieur, sauf un centre réservé en rouge avec deux cercles concentriques noirs et le cercle réservé du rebord. Au-dessus des sujets des revers, un cercle noir; en dessous, un large cercle noir. Près du pied, arêtes rayonnantes dessinées au trait simple. Anneau saillant rouge à l'attache du pied noir avec tranche réservée en clair. Sous la base, la cavité intérieure du pied en noir.

Terre jaune foncé, un peu rosée, fine; surface orangée. Peinture en noir lustré avec retouches rouges et blanches. Cassures soigneusement dissimulées et restaurées. Les repeints n'altèrent pas les sujets. Haut. 0,115. Diam. 0,28; avec les anses, 0,34.

(Sans numéro d'inventaire). Autrefois dans les collections Durand, Beugnot, Hope, Rondel. Acquis en 1866.

Publié par Miss J. Harrison, *Journ. of hell. studies*, VI, 1885, p. 21, pl. 4; Benndorf, *Wiener Vorlegeblätter*, 1890-91, pl. 5, n° 2, et pl. 6, n° 2; Cecil Torr, *Ancient ships*, pl. 4, n° 19. Cf. de Witte, *Collect. Durand*, n° 418; *Collect. Beugnot*, n° 56; Klein, *op. l.*, p. 69, n° 69.

F 124. Coupe signée par Nicosthènes (même structure). — Il n'y a pas de sujet sur les revers. L'intérieur contient un sujet central et, tout autour, une zone plus large de personnages. — *A*. Au centre, **Gorgone ailée courant**, tête de face (blanc du visage disparu, ailes recoquillées à rehauts rouges, tunique courte et peau de bête rouge pendant par-dessus, pieds rouges avec ailettes rouges recourbées par devant). — *B*. **Dionysos et son thiase.** La zone circulaire est séparée en deux sujets par un double cep de vigne entrelacé, d'où pendent de grosses grappes de raisin et des rameaux feuillus qui s'étendent dans tout le champ, au-dessus et auprès des personnages. On voit d'un côté Dionysos assis sur un tabouret et tenant une corne à boire (barbe rouge, pampres rouges dans les cheveux, tunique et himation à rehauts rouges); devant lui, s'avance une Ménade drapée, la main droite avancée, tenant de la main gauche une œnochoé (pampres rouges dans les cheveux, pas de blanc visible sur les chairs, tunique à rehauts rouges). Derrière le dieu, un Silène ithyphallique (visage rouge, barbe rouge, bandelette rouge sur la tête) s'avance en jouant de la double flûte. De l'autre côté, entre deux Silènes ithyphalliques (mêmes détails), dont l'un marche en dansant, les mains avancées, et dont l'autre (queue de cheval rouge) porte une grosse outre rouge sur son dos, danse une Ménade drapée (mêmes détails que chez l'autre). La signature d'artiste, peinte en petites lettres noires, est placée sur un des revers, de chaque côté de l'ornement en lotus : ΝΙΚΟΣΘΕΝΕΣ ΕΠΟΙ.. Νικοσθένες ἐποί[ει] ou ἐποί[εσεν].

Autour du sujet central, zone de godrons noirs et rouges entre sept cercles. Au-dessus de la zone circulaire, large cercle noir; le rebord en noir. Sur les revers tout entiers en clair, un cercle noir près du rebord; dans l'espace compris entre les anses, de chaque côté, une fleur de lotus accostée de longs pédoncules qui se terminent en palmettes à double volute (centre rouge). Sur le reste des revers, série de quatre cercles formés chacun de quatre filets fins. Le dessus des anses noir. Anneau saillant rouge à l'attache du pied tout noir. Sous la base et dans la cavité intérieure du pied, quatre cercles noirs.

Même technique. Pas de blanc visible, mais peut-être effacé. Cassures soigneusement réparées, mais sans importantes restaurations dans les figures. Haut. 0,09. Diam. 0,20; avec les anses, 0,25.

(Inv. N 3494; MN 22). Pas de provenance exacte connue. Acquis en 1848.

Publié par O. Benndorf, *Wiener Vorlegeblätter*, 1890-91, pl. 5, n° 3. Cf. Klein, *op. l.*, p. 69, n° 70.

F 125. Coupe signée par Nicosthènes, avec yeux prophylactiques et emploi simultané de figures noires et rouges (même structure, le pied un peu plus haut). — Une figure noire dans l'intérieur; une figure rouge sur chaque revers. — Int. *A*. Fig. noire. **Homme barbu courant** (grosse couronne de pampres à rehauts rouges, barbe rouge, chlamyde à rehauts rouges jetée sur les bras par devant, le reste du corps nu, hautes bottes ou κόθορνοι aux pieds avec rehauts rouges aux talons); il court vers la droite en retournant la tête à gauche et tendant la main droite. Dans le champ, la signature d'artiste placée circulairement et peinte en lettres noires : ..ΚΟΣΘΕΝΕΣ ΕΠΟΙ... [Νι]κοσθένες [ἐ]ποί[ει] ou [ἐ]ποί[εσεν]. — Sur les revers : *B*. Fig. rouge. **Éphèbe nu marchant** (corps restauré, contour des cheveux incisé); il marche vers la droite, la main gauche avancée, l'autre en arrière. — *C*. Fig. rouge. **Bélier** (corne blanche); il marche vers la droite et retourne la tête en arrière.

Intérieur noir, sauf le centre réservé en clair; un cercle noir autour du sujet central. Cercle rouge au rebord supérieur (repeint). Le dessus des anses noir. Chaque sujet des revers est placé entre deux grands yeux réservés en rouge (cercles noirs, blanc et rouge). A chaque attache des anses, une large palmette réservée en rouge, portée par un pédoncule (retouche centrale en rouge violacé). Cercle rouge réservé sous les sujets; le reste en noir. A l'attache du pied, anneau saillant noir, souligné par un trait incisé rouge. Le pied noir avec tranche réservée en clair. Sous la base, cavité intérieure du pied en noir.

Terre jaune foncé, un peu rougeâtre, fine; surface orangée. Peinture en noir lustré avec retouches rouges et blanches. La technique des figures rouges est timide, avec peu de traits noirs, conservant l'incision et la retouche blanche; style meilleur dans l'animal que dans la figure humaine; traces de l'esquisse très visibles. L'exécution de la figure noire incisée est facile et rapide. Nombreux morceaux recollés; quelques repeints en *B*. Haut. 0,125. Diam. 0,31; avec les anses, 0,39.

(Inv. N 3431; MN 147). Trouvé en Italie et acquis en 1850.

Détails de *A*, *B*, *C*, dans notre pl. 72. Cf. Klein, *Meistersignaturen*, p. 70, n° 73.

F 126. Coupe à yeux prophylactiques, avec emploi simultané de figures noires et rouges (même structure). — Même disposition. — Int. *A*. Fig. noire. **Guerrier asiatique courant.** Il s'élance vers la droite en retournant la tête et tient de la main droite une hachette de guerre, de l'autre son arc (barbe et cheveux rouges, bonnet phrygien ceint d'une bandelette rouge, anaxyrides et tunique à manches constellées de petits losanges incisés et de points rouges, grand carquois ouvert avec couvercle rouge pendant sur la jambe droite). — Revers : *B*. Fig. rouge. **Discobole.** Éphèbe nu tenant à deux mains le disque (restauré) qu'il soulève avant de le lancer (repeints dans le corps, contour de la chevelure incisé, couronne rouge). — *C*. Fig. rouge. **Éphèbe lançant le**

javelot. Il marche vers la droite et retourne la tête, élevant le javelot (peint en rouge) et mesurant la longueur de la hampe, pour voir le point exact de la prise (repeints dans le corps, contour des cheveux incisé, couronne rouge).

Même décor que dans F 125 (sans retouches rouges dans les palmettes). Sous la base du pied, une inscription étrusque incisée en grandes lettres : ϟVCAV.

Même terre. Peinture en noir lustré, avec retouches rouges. Style assez ferme et sûr dans les figures rouges, comme dans la figure noire. L'esquisse n'est pas visible comme dans F 125. Quelques repeints. Haut. 0,18. Diam. 0,315 ; avec les anses, 0,40.

(Inv. Campana 631). Trouvé en Étrurie et entré en 1863.

Vue d'ensemble dans notre pl. 72 ; détail de *A* dans notre pl. 73.

F 127. Coupe semblable (même structure). — Même disposition. — Int. *A*. Fig. noire. **Hoplite grec courant.** Il marche à droite et retourne la tête, se couvrant de son bouclier vu de profil (bord rouge) et tenant la lance (casque à cimier bas, cuirasse avec tunique courte incisée d'une croix, cnémides dont une rouge). — Sur les revers : *B*. Fig. rouge. **Sirène.** Elle est tournée vers la droite (ailes recoquillées, contour des cheveux incisé, couronne rouge, boucle d'oreille). — *C*. **Même sujet** (les pattes repeintes).

Même décor que F 126 (point rouge réservé dans la palmette ; la tranche du pied ornée de deux filets saillants et tout le dessous du pied noir).

Même technique que F 126. Le style est beaucoup plus ferme et plus soigné dans les figures rouges que dans la figure noire. Esquisse visible. Beaucoup de morceaux recollés, sans restaurations importantes. Haut. 0,18. Diam. 0,32 ; avec les anses, 0,41.

(Inv. N 3482 ; MN 58). Trouvé en Italie. Acquis en 1848.

Vue d'ensemble (côté *B*) dans notre pl. 73.

F 127 (3). Coupe semblable, signée par Panphaios (?) (même structure). — Une figure noire dans l'intérieur, mais elle est complètement refaite ; une figure rouge sur chaque revers. — Int. *A*. Fig. noire. **Guerrier.** Éphèbe nu, coiffé d'un bonnet conique, armé d'une lance et d'un bouclier, marchant vers la gauche (figure complètement refaite et moderne). Comme le pied lui-même a été rajusté et que la partie centrale manquait complètement, on ne peut pas affirmer que le décor intérieur ait compris une figure noire, autrement que par analogie avec les coupes semblables. — Revers : *B*. Fig. rouge. **Le Minotaure**, marchant à droite, les deux bras levés et retournant la tête (une pierre dans la main gauche, repeints dans les jambes et le bras droit). — *C*. Fig. rouge. **Vasque posée sur un pied** (partie inférieure refaite). Au-dessus, dans le champ, la signature d'artiste incisée en petites lettres peu régulièrement tracées : ΠΑΝΦΑΙΟϟ ΕΠΟΙΕ.ΕΝ, Πανφαῖος ἐποίε[σ]εν. (Les autres signatures de Panphaios sont peintes et les caractères de l'inscription me font douter de l'authenticité. En tout cas, c'est une œuvre de l'école contemporaine.)

Même décor que dans F 126, sauf au pied qui est ici rajouté.

Même technique ; esquisse visible. Restaurations importantes ; le pied trop petit et tout noir n'appartient pas à ce vase. Haut. 0,13. Diam. 0,30 ; avec les anses, 0,385.

(Inv. Campana 568). Trouvé en Étrurie et entré en 1863.

Vue d'ensemble (côté *B*) publiée dans notre pl. 73. Cf. Klein, *Meistersignaturen*, p. 91, n° 7.

F 128. Coupe avec emploi simultané des figures noires et rouges (même structure). — Une figure noire dans l'intérieur ; un sujet à figures rouges sur chaque revers. — Int. *A*. Fig. noire. **Poseidon armé du trident.** Il est barbu et drapé ; il marche vers la droite et retourne la tête en arrière, tenant de la main droite la hampe du trident dont la pointe est abaissée et tournée vers la gauche (barbe rouge, rehaut rouge sur les cheveux par devant, himation à rehauts rouges et croix incisées par-dessus une tunique à bordure rouge). — Revers : *B*. Fig. rouge. **Combat d'Hercule et du lion de Némée.** L'animal est aplati par terre, la gueule ouverte (langue rouge) ; d'une de ses pattes d'arrière il essaie d'atteindre la tête d'Hercule. Celui-ci, allongé en avant et presque couché, la jambe gauche repliée, a passé ses bras autour du cou du lion et noué ses deux mains qu'il serre fortement. Il est barbu, nu, et porte une épée au côté (couronne de feuillage rouge, contour des cheveux incisé, baudrier rouge soutenant l'épée, quelques restaurations dans le visage et le corps). En arrière-plan, derrière le lion, un arbrisseau étend ses rameaux au-dessus de la scène (feuillages rouges) ; derrière Hercule, draperie suspendue dans le champ. — *C*. Fig. rouge. **Deux Silènes saisissant un cheval** (ou mulet de Dionysos?). Un Silène nu, tenant une houssine de la main droite (refaite, queue de cheval refaite, repeints dans les corps, contour des cheveux incisé), court vers la droite et saisit de la main gauche la queue (refaite) d'un cheval ou mulet fuyant (fortement restauré). Un second Silène, faisant face à l'animal, tient des deux mains avancées une outre de vin (queue de cheval rouge, tête refaite, restaurations dans le corps et l'outre).

Décor intérieur comme dans les précédents. Sur les revers, à l'attache des anses, palmette entourée d'un long pédoncule qui se termine en dessous par un bouton de lotus. Le pied comme dans F 127.

Même technique ; esquisse visible. Recollages nombreux et restaurations assez importantes. Haut. 0,14. Diam. 0,32 ; avec les anses, 0,41.

(Inv. Campana 988). Trouvé en Étrurie et entré en 1863.

Vue d'ensemble (côté *C*) et détail de *B* dans notre pl. 73.

F 129. Coupe portant le nom d'Epilykos, avec emploi simultané des figures noires et rouges (vasque peu profonde, anses plus fines, pied court et mince à base plate ornée d'un filet saillant). — Dans l'intérieur une figure rouge ; sur chaque revers, une figure noire sur un fond rouge-corail. — Int. *A*. Fig. rouge. **Éphèbe jouant avec une amphore.** Il est nu, couronné d'une guirlande (feuilles rouges, contour des cheveux incisé), et se penche pour soutenir une amphore à base pointue (guirlande de feuillages noirs sur la panse) en équilibre sur le bout de son pied gauche levé ; sa chlamyde a glissé sur la même jambe et y reste suspendue ; les deux mains avancées surveillent le mouvement de l'amphore, prêtes à la saisir. Tout autour inscription en lettres rouges peintes sur le fond noir : .ΠΙΛVΚΟϟ ΚΑΛΟϟ ['Ε]πίλυκος καλός. — Rev. *B*. Fig. noire. **Hercule dans l'attitude du combat.** Il est barbu, vêtu de la peau de lion qui couvre la tête, se noue par devant sur la poitrine, et retombe sur le bras gauche avancé pour former bouclier ; de la main droite basse il tient la massue, de la main gauche tendue l'arc et une flèche. — *C*. Fig. noire. **Kyknos dans l'attitude du combat.** Il est en hoplite (casque à cimier bas, cuirasse sur tunique courte, cnémides), brandissant la lance et se couvrant de son bouclier rond (presque toute la figure restaurée et moderne, sauf le bras avec la lance, la jambe droite et le bouclier).

Intérieur en rouge-corail, sauf le sujet central sur fond noir et un cercle noir près du rebord. Dessus des anses noir. Tout le revers en rouge-corail, sauf les deux figures noires et une precque noire formant zone circulaire en dessous. Le pied du même rouge, sauf le filet saillant en *noir*. Même le dessous du pied montre le même rouge, sauf le rebord extérieur qui est du rouge ordinaire de l'argile ; ces deux parties sont séparées par un cercle noir.

La technique fait de cette pièce un monument unique, à ma connaissance. Terre rosée, fine et légère, recouverte d'un enduit noir qu'on a dû faire passer au rouge vif, de ton corail, par une forte cuisson ; c'est, je crois, l'utilisation d'un accident qui se produisait souvent dans le four et dont on a essayé de tirer parti. Après cette première cuisson, donnant le ton corail, on a peint le sujet et quelques ornements en noir lustré, de très beau ton. Dans les incisions des deux figures noires, le trait gravé fait réapparaître en dessous le ton rouge. Style fin et soigné. Quelques cassures ; les restaurations intéressent surtout le sujet *C*. Deux pointes de bronze oxydé, encore visibles près du rebord, montrent que dès l'antiquité la pièce avait dû subir un raccommodage. Haut. 0,08. Diam. 0,22 ; avec les anses, 0,29.

(Inv. Campana 971). Trouvé en Étrurie et entré en 1833.

Vue de l'intérieur *A* dans notre pl. 73. Cf. *Cataloghi Campana*, série VII, 755 ; Klein, *Meistersignaturen*, p. 115, n° 8.

F 130. **Coupe à yeux prophylactiques** (structure analogue à F 121, pied remarquablement trapu et fort). — Un sujet dans l'intérieur, un de chaque côté des revers et un auprès de chaque attache d'anse. — Int. *A*. **Silène et Ménade dansant.** Le Silène nu, ithyphallique, le visage de face (rehauts rouges sur la barbe et la queue de cheval, repeints dans les jambes), étend la main gauche, comme pour la poser sur l'épaule de la Ménade qui, allant vers la droite, retourne la tête et lève le bras droit en l'air (chairs blanches retouchées, couronne de feuillages, rehauts rouges sur la tunique serrée à la taille). — Sur les revers, entre deux grands yeux prophylactiques (rehauts rouges et blancs retouchés) : *B*. **Grande tête de Silène barbu, vue de face** (couronne de feuillage incisé, deux points noirs sur le front, prunelles rouges, longues oreilles pointues, cheveux pendants); dans le champ, deux petits rameaux feuillus. — *C*. **Même tête.** — Près des anses : *D*. **Combat de trois hoplites grecs.** Deux hoplites dardant la lance se font face de chaque côté d'un hoplite blessé tombé par terre (celui-ci placé sous l'arcade de l'anse), les jambes repliées sous lui et retournant le buste tout entier en arrière. Les parties restaurées sont nombreuses (dans l'hoplite de gauche, le bas du corps seul est antique; dans celui de droite, une partie de la tête, la cuirasse avec une épée, à fourreau orné, suspendue à un baudrier, les jambes avec dessins incisés, cnémides rouges). Le blessé du milieu est antique (casque à haut cimier, œil incisé ovale, cuirasse ciselée sur tunique à quadrillé incisé, longue lance et bouclier vu de profil). — *E*. Près de l'autre anse, **Même sujet,** avec quelques variantes. Le blessé est tombé sur un genou et se retourne en arrière, tenant sa lance et son bouclier vu de profil (casque à haut cimier, cuirasse sur tunique courte, cnémides). L'hoplite de gauche n'a d'antique que les jambes ; celui de droite, le bras droit tenant la lance et le bas du corps.

L'intérieur noir, sauf le sujet central réservé avec cercle noir tout autour (refait). Cercle rouge réservé près du bord (refait). Noir sur le dessus des anses. Sur les revers clairs, en haut, cercle noir; sous les sujets, trois cercles noirs. Près de la base, arêtes rayonnantes, alternativement opaques et au trait simple; en dessous, deux cercles noirs. Anneau saillant noir à l'attache du pied noir, avec tranche réservée en clair. Sous la base, noir dans la cavité intérieure du pied.

Pièce lourde. Terre jaune foncé, surface orangée. Peinture en noir lustré avec retouches rouges et blanches. Incisions assez soignées. Le système du dessin au trait, dans les figures noires *B* et *C*, est à noter.

Nombreux morceaux recollés, restaurations importantes. Haut. 0,15. Diam. 0,255; avec les anses, 0,42.

(Inv. Campana 619). Trouvé en Étrurie et entré en 1863.

Vue de l'intérieur *A* et détail du revers *B* dans notre pl. 74.

F 130 (2). **Coupe supportée par une base à trois pieds** (vasque large et peu profonde, anses solides, base composée d'une demi-sphère creuse à laquelle adhèrent trois appendices ronds formant pieds). — La pièce était importante et curieuse, mais elle est extrêmement restaurée et complétée. Dans l'intérieur, un sujet central entouré d'une zone circulaire de personnages; sur les revers, une zone circulaire de personnages interrompue à l'endroit des anses. — Int. *A*. **Tête de Gorgone vue de face,** tirant la langue (les cheveux en sorte de godrons noirs et rouges, sur le front languette noire entourée de quatre points, rehauts rouges sur la langue et la barbe). — Zone circulaire *B*. **Dionysos et le thiase bachique.** La zone est interrompue en trois points par un double cep de vigne entrelacé qui étend ses branches dans le champ et forme au-dessus des personnages un dôme de feuillages, ce qui divise la scène en trois groupes : *a*. Dionysos assis sur un pliant tient une corne à boire (couronne de pampres noirs et rouges, barbe rouge, himation à rehauts rouges sur tunique); devant lui, un Silène nu (corps restauré) joue de la double flûte (barbe et cheveux rouges); derrière lui, une Ménade s'éloigne vers la droite (pas de blanc sur les chairs, couronne de pampres à rehauts rouges, tunique serrée à rehauts rouges) du côté d'un Silène nu, chargé d'une grosse outre (tête et bras restaurés), devant lequel marche un Papposilène (?) à cheval sur un mulet ithyphallique (groupe complètement restauré ou moderne). — *b*. Scène analogue, complètement refaite ou moderne, où l'on voit des Silènes nus, dont l'un joue de la double flûte devant Dionysos assis ; derrière lui, s'éloignent vers la droite une Ménade et un très grand Silène nu. — *c*. Même scène que dans *a* avec les trois premiers personnages entièrement refaits, et des portions antiques dans le groupe de Silène (sans outre sur le dos) et du mulet monté par un Papposilène? (tunique courte à rehauts rouges); devant le mulet marche une petite Ménade (pas de blanc sur les chairs, peau de bête retombant sur une tunique rouge) qui lève la main gauche et s'éloigne vers la droite en retournant la tête; elle est précédée d'un très grand Silène nu (queue de cheval rouge, barbe rouge, bandelette rouge sur les cheveux), qui marche en levant la main gauche, la droite baissée. — Sur les revers : *C*. **Hommes nus et femmes nues.** Douze couples à la file, dans des attitudes obscènes et variées (restaurations nombreuses, mais moins importantes que dans l'intérieur, chairs des femmes blanches, rehauts rouges sur les barbes des hommes, les bandelettes des cheveux); près de l'attache d'une des anses, un petit personnage isolé et accroupi. — Sous chacune des anses, un double cep de vigne entrelacé, d'où partent des rameaux qui forment un dôme feuillu au-dessus de toute la zone.

Dans l'intérieur, autour du sujet central, large zone noire divisée en deux par un cercle rouge réservé (refait). Près du bord, large zone noire. Le dessus des anses noir. Sur les revers, au-dessus des personnages, un cercle noir; en dessous, quatre cercles noirs. Près de la base, arêtes rayonnantes, alternativement opaques et au trait; en dessous, un cercle rouge réservé et une zone noire. Anneau saillant rouge à l'attache de la base ; les appendices ronds, formant trépied, en noir lustré.

Terre jaune foncé, surface orangée. Peinture en noir lustré, avec retouches rouges et blanches. Incisions assez soignées dans les morceaux antiques conservés. Très grand nombre de morceaux recollés et restaurés. Un des appendices ronds formant pied est totalement refait. Haut. 0,10 à 0,12 (la base donnant une assiette inégale). Diam. 0,325; avec les anses, 0,41.

(Inv. Campana 9681). Trouvé en Étrurie et entré en 1863.

Vue d'ensemble de l'intérieur *A* et *B* dans notre pl. 74.

F 133. **Coupe avec yeux prophylactiques** (structure analogue à F 121, le pied plus haut). — Un sujet dans l'intérieur et un sur chaque revers. — Int. *A*. **Tête de Gorgone vue de face,** tirant la langue (endommagée, analogue à celle de F 130 (2), d'après les détails subsistants). — Revers *B*. Entre deux yeux prophylactiques (plus petits que dans les spécimens précédents, rehauts blancs et rouges) **Dionysos sur un mulet entre un Silène et une Ménade.** Le dieu marche vers la droite (barbe rouge, couronne incisée sur les cheveux, himation à rehaut rouge, rehaut blanc sur la tunique courte, les jambes nues), à cheval sur un mulet ithyphallique (crinière rouge, gros points blancs sur le corps); derrière lui un vieux Silène nu, courbé (barbe blanche, cheveux blancs avec bandelette rouge), porte sur son dos une grosse outre (peinte en rouge). Devant le mulet marche une Ménade drapée, le bras gauche levé, retournant la tête en arrière (chairs blanches, bandelette rouge, tunique serrée avec rehauts rouges). Tout le groupe est entouré de fins rameaux feuillus disposés dans le champ. — *C*. **Même sujet,** avec quelques variantes (bandelette rouge sur les cheveux du dieu, pas de points blancs sur le mulet, peau de bête nouée par-dessus la tunique de la Ménade, corps du Silène repeint). — Sous chaque anse, deux ceps de vigne entrelacés, d'où partent des rameaux chargés de grappes de raisin qui retombent de chaque côté de l'anse.

Noir dans l'intérieur, sauf le sujet central entouré de cinq cercles rouges réservés. Cercle rouge réservé près du rebord. Le dessus des anses noir. Sur le haut des revers, guirlande de feuillage se détachant sur un fond blanc et large cercle noir. Sous les sujets, deux larges cercles noirs entre six filets fins. Près de la base, arêtes rayonnantes, alternativement opaques et au trait; en dessous, petite zone noire. A l'attache du pied, anneau noir peu saillant et, en dessous, filet rouge réservé. Tout le pied en noir, y compris le dessous de la base et la cavité intérieure.

Terre rosée, fine; surface orangée et engobe blanc en une seule zone, en haut du revers. Peinture en noir lustré. Retouches rouges et blanches. Incisions rapides, mais assez détaillées. Recollages assez nombreux, sans restaurations importantes. Haut. 0,13. Diam. 0,29; avec les anses, 0,37.
(Inv. Campana 629). Trouvé en Étrurie et entré en 1863.
Détail de C dans notre pl. 73.

F 136. Coupe avec yeux prophylactiques (structure analogue à F 122, anses plus rondes et moins relevées, base très large). — Un sujet sur chaque revers et un sous chaque anse. — Rev. *A*. **Têtes de Dionysos et Ariane** (?) Entre les deux yeux prophylactiques (rehauts blancs et rouges), deux grandes têtes se profilent l'une sur l'autre, celle de l'homme barbu en arrière-plan (détails du visage de la femme au trait, bandelette rouge sur les cheveux en masse pendante nouée à l'extrémité, haut de la tunique rouge). — *B*. **Même sujet** (repeints dans les têtes). — Sous les anses : *C*. **Sirène posée** (ailes d'oiseau, bandelette rouge sur la tête, pas de blanc sur le visage), encadrée entre deux petits rameaux feuillus. — *D*. **Même sujet.**

Intérieur noir, sauf le centre réservé avec deux cercles noirs et un point central. Près du bord, cercle réservé en rouge. Dessus des anses en noir. Sur les revers, en haut, cercle noir. Sous les figures, deux filets noirs, et deux larges cercles noirs près de la base. Anneau saillant, peint en rouge, à l'attache du pied qui est noir avec tranche réservée en clair. Sous la base, cavité du pied en noir.
Terre jaune foncé, un peu rosée, fine; surface orangée. Peinture en noir lustré, avec retouches rouges et blanches. Incisions rares. Plusieurs morceaux recollés; quelques restaurations. Haut. 0,115. Diam. 0,29; avec les anses, 0,36.
(Inv. Campana 626). Trouvé en Étrurie et entré en 1863.
Détail de *A* dans notre pl. 74.

F 137. Coupe avec yeux prophylactiques (même structure). — Même disposition. — Rev. *A*. Entre deux grands yeux (rehauts blancs et rouges) **Buste d'un hoplite casqué** (cimier très élevé à double aigrette blanche, retombant en pointe de chaque côté de la tête, longue plume blanche plantée sur le timbre du casque, œil point ovale sur fond réservé, tunique à rehauts rouges avec bordure blanche au col). Près de l'attache des anses, de l'autre côté de chaque œil, un **Silène nu debout et dansant**, les bras élevés (barbe et cheveux rouges; celui de gauche retournant la tête en arrière). — *B*. **Même sujet**, avec quelques variantes (la double aigrette du cimier, à rehauts blancs et rouges, est portée par des bois de cerf plantés dans le casque; la bordure de la tunique en pointillé blanc; les deux Silènes se font vis-à-vis et celui de gauche a les bras baissés).

Même décor que dans F 136 (un filet noir sous les figures).
Même technique. Cassures recollées, avec des repeints peu importants. Haut. 0,115. Diam. 0,26; avec les anses, 0,33.
(Inv. Campana 560). Même provenance.
Détail de *A* dans notre pl. 74.

F 143. Petite Coupe avec yeux prophylactiques (structure analogue à F 121). — Un sujet dans l'intérieur et un sur chaque revers. — Int. *A*. **Tête de Gorgone vue de face**, tirant la langue (front et yeux restaurés, dents en pointillé blanc, langue rouge). — Rev. *B*. A droite et à gauche des grands yeux prophylactiques (rehauts blancs et rouges), **Dauphin ailé** (aile très haute et recoquillée, rehaut rouge). — *C*. **Même sujet.**

L'intérieur en noir, sauf le sujet central entouré d'un cercle rouge réservé; cercle rouge près du bord. Le dessus des anses noir. Sur les revers, en haut, un cercle noir (en partie effacé); en bas, deux filets minces et un large cercle noir. Près de la base, une zone noire. Le pied noir, avec tranche réservée en clair. Sous la base, cavité intérieure du pied en partie noire.
Même technique que dans les précédents. Le pied est rajusté au centre de la vasque par une importante restauration. Haut. 0,085. Diam. 0,20; avec les anses, 0,27.
(Inv. Campana 611). Même provenance.
Détail de l'intérieur *A* et du revers *B* dans notre pl. 74.

F 145. Coupe (vasque profonde, anses solides et relevées du bout, pied haut et mince sur base très légèrement concave). — Dans l'intérieur, un sujet central et une zone circulaire au-dessus; sur les revers, une zone circulaire divisée en deux sujets par les anses. — Int. *A*. Au centre **Poseidon sur un cheval marin**. Le dieu tient de la main droite son trident (barbe et cheveux blancs, himation drapé sur le corps nu); le cheval se termine en corps de poisson avec la queue fourchue du scorpion (crinière rouge, écailles incisées, rehauts blancs sur les nageoires et la queue). — *B*. Dans la zone circulaire, **quatre Bateaux à un mât naviguant sur la mer**. La proue est en protome de sanglier (rehaut rouge), l'avant muni d'un tillac élevé avec balustrade (en quadrillé incisé), la voile blanche à demi carguée et retenue par de nombreux cordages, le pilote assis sur la poupe relevée et manœuvrant les deux palettes du gouvernail. Des incisions parallèles le long du bord indiquent une quinzaine de rames sortant des flancs du navire, mais on ne voit aucun équipage; les flots sont indiqués par une ondulation de la peinture noire et par des traits incisés; un dauphin sautant au-dessus de la mer sépare chaque bateau du voisin (il manque en un point restauré). — Revers : *C*. **Trois chars de guerre** (sujet très restauré, incisions refaites) : au centre, un char à quatre chevaux au galop, conduit par un guerrier casqué ; de chaque côté, un char à quatre chevaux au repos, sur lequel monte un hoplite; près de celui de gauche, un autre hoplite en arrière-plan (rehauts blancs et rouges sur les chevaux). — *D*. **Même sujet** avec quelques variantes : le char du centre est au repos, un hoplite y monte et un autre guerrier est debout en arrière-plan; les chars de côté galopent et sont conduits par un hoplite (repeints nombreux, incisions refaites, rehauts rouges et blancs).

Noir dans l'intérieur, sauf le sujet central entouré de quatre cercles noirs) et la zone circulaire du haut. Le dessus des anses noir. Noir sur les revers, sauf la zone étroite des personnages et un cercle réservé en dessous. Anneau saillant noir à l'attache du pied qui est noir avec tranche en clair.
Terre rosée, surface orangée. Peinture en noir lustré. Retouches rouges et blanches. Incisions rapides. Surface extérieure fatiguée et noircie. Restaurations dans les sujets des revers. Haut. 0,185. Diam. 0,31; avec les anses, 0,41.
(Inv. Campana, numéro effacé). Trouvé en Étrurie et entré en 1863.
Détail de l'intérieur *A* et *B* dans notre pl. 75. Cf. *Cataloghi Campana*, série IV-VII, n° 751.

F 146. Petit Plat rond ou assiette (un cercle saillant sous la base). — Dans l'intérieur, un sujet divisé en deux parties inégales par une ligne de terrain. — Dans le segment supérieur *A*, **Éphèbe nu à cheval.** Il marche vers la droite et est accompagné d'un chien qui, placé sous le cheval, flaire le sol (rehaut rouge sur les cheveux, tunique courte en blanc effacé, crinière et queue du cheval rouges, rehauts rouges sur le chien); dans le champ, deux rameaux feuillus forment remplissage. — Dans le segment inférieur *B*, **Serpent** rampant vers la droite.

Noir sur le dessus et le dessous du rebord de l'assiette, sur le cercle saillant de la base, qui porte, au centre, deux cercles noirs concentriques avec point central.
Terre jaune foncé, surface orangée. Peinture en noir lustré. Retouches rouges, blanc effacé. Incisions rapides. Quelques morceaux recollés; restaurations sur le rebord. Haut. 0,02. Diam. 0,17.
(Sans numéro d'inventaire). Ancien fonds. Provenance inconnue.
Détail de l'intérieur dans notre pl. 75.

F 148. Plat rond (base cylindrique, faible rebord, intérieur creux). — Un sujet au centre de l'intérieur. — **Le dieu Triton.** Il a le buste d'un homme barbu, surmontant un corps de poisson terminé en queue de scorpion, et il retourne la tête en arrière, à gauche, les deux mains appuyées sur la poitrine (barbe et cheveux rouges, gros points rouges sur le corps de poisson à écailles incisées).

Tout l'intérieur noir, sauf le sujet central encadré dans deux cercles noirs. Noir sur les revers et la base. Sous la base, centre réservé en clair avec un cercle noir, et large point central noir.
Terre rosée, surface un peu plus foncée. Peinture en noir lustré.

Retouches rouges. Incisions assez soignées. Bon état de conservation. Haut. 0,055. Diam. 0,25.
(Inv. Campana 1289). Trouvé en Étrurie et entré en 1863.
Détail de *A* dans notre pl. 75.

F 150. Skyphos (sans anses et sur pied haut ; une rainure circulaire au rebord indique que le vase devait avoir un couvercle). — Zone circulaire de personnages sur tout le pourtour des revers. — **Départ du cavalier et de l'hoplite pour la guerre.** La scène se divise en trois groupes. 1° Éphèbe cavalier (chevelure rouge, tunique courte rouge), tenant une lance, sur un cheval marchant à droite (queue rouge) ; il est précédé d'un homme barbu, tenant une lance et retournant la tête (visage restauré, barbe et cheveux rouges, chlamyde à rehaut rouge pendue sur le bras droit) ; il est suivi d'un hoplite armé de la lance et du bouclier, retournant la tête (casque à bas cimier rouge, corps nu, cnémides rouges), d'une femme drapée, voilée (blanc des chairs effacé, rosaces de pointillé rouge sur le voile, tunique rouge) et d'un éphèbe drapé tenant une lance (rehauts rouges sur les cheveux et l'himation, points rouges sur la tunique). — 2° Entre deux femmes drapées tenant une lance (chairs blanches, effacées chez celle de gauche, tuniques à rehauts rouges), dont une à droite tient un bouclier posé en terre, un guerrier nu, penché, chausse sa jambe gauche d'une cnémide (barbe et cheveux rouges, bouclier attaché dans le dos et incisé, cnémides rouges). — 3° Entre deux éphèbes, l'un à gauche drapé et tenant une lance (cheveux rouges, rosaces rouges sur l'himation), l'autre à droite, nu et tenant une lance, le bras droit avancé comme pour parler (bandelette rouge sur les cheveux, chlamyde pliée sur le bras droit), un éphèbe cavalier, tenant une lance (cheveux rouges, tunique courte blanche) monte un cheval marchant à gauche. Le champ est rempli d'inscriptions, au nombre de trente-deux, semées dans le champ, dans toutes les directions, et dénuées de sens : ϟ<ΚΟΕΙ, Λ+ΟΝΙ+ΟΜΙΝΟΙ, ΟΝΙΓΕΙ+ (rétrograde), ΕΟVΙΟ (id.), ΕΟVΕΙ (id.), VΙΤΟVΙΑ, etc.

Tout l'intérieur noir, avec trois cercles peints en rouge. La zone de personnages entre huit filets noirs. Près de la base, zone de grosses feuilles en rouge réservé, suivant la méthode à figures rouges. Anneau saillant noir à l'attache du pied noir, avec tranche réservée en clair. Sous la base, grande marque incisée [marque].

Terre pâle, un peu rosée, surface orangée. Peinture en noir lustré. Retouches rouges et blanches. Incisions soignées. Cassures assez nombreuses, réparées sans repeints importants. Haut. 0,19. Diam. 0,18.
(Inv. Campana 3229). Trouvé en Étrurie et entré en 1863.
Vue d'ensemble et détail des sujets dans notre pl. 75.

F 151. Brûle-parfums (?) **en forme de trépied** (partie supérieure en forme de vasque très ouverte, les pieds larges et rectangulaires). — Sur chaque pied de l'ustensile est placé un sujet, formant une sorte de métope séparée. L'ensemble est tiré du cycle de la guerre de Troie. — *A*. **Jugement de Pâris.** Les trois déesses drapées marchent à la file vers la droite (chairs blanches ; la première, Athéné, porte une tunique à croix incisées ; la seconde voilée, Héra, tient une couronne ; la troisième, Aphrodite, tient une fleur ? de la main gauche élevée ; au-dessus d'elle, une guirlande dans le champ). Elles sont conduites par Hermès qui marche devant et retourne la tête vers elles (barbe peu indiquée ou absente, pétase et caducée, tunique blanche et chlamyde, brodequins avec ailette recourbée en avant). — *B*. **Armement d'Achille.** Au centre, Achille barbu, la jambe gauche levée et pliée, tient des deux mains une petite cnémide, grossièrement figurée, qu'il se prépare à mettre (cuirasse blanche ciselée sur une tunique courte, cnémide à la jambe droite) ; entre ses jambes, un petit chien assis lève la patte gauche de devant et semble japper. Devant Achille, à droite, Thétis drapée apporte un casque à cimier bas (chairs blanches, tunique à rosaces blanches) ; elle a posé par terre un grand bouclier, vu de profil, dont le haut est appuyé contre elle (ornements blancs). A gauche, derrière le héros, un jeune guerrier asiatique s'avance, tenant un arc et deux flèches de la main gauche (bonnet phrygien à bouts pendants, cuirasse ciselée, carquois dans le dos, jambes nues). — *C*. **Rencontre d'Hélène et de Ménélas.** Au centre Ménélas, marchant vers la droite, se retourne et, apercevant Hélène, lève la main droite et fait le geste de tirer son épée de la main gauche (casque à cimier bas, cuirasse sur tunique courte, cnémides) ; entre ses jambes, une petite figure de sirène, perchée sur une volute, sort du sol. A gauche, Hélène drapée et voilée s'avance, présentant une couronne de la main gauche (chairs blanches, himation à petites rosaces et ornements blancs) ; à droite, une femme semblable, sans doute Aphrodite, drapée et voilée, fait symétriquement le même geste avec une couronne (chairs blanches, tunique blanche, croix blanches sur l'himation).

Noir dans l'intérieur, sur le rebord extérieur, sur la base des pieds.
Terre rosée, surface orangée. Peinture en noir lustré. Retouches blanches ; pas de rouge. Incisions rapides. Style négligé et facile, avec des souvenirs archaïques. Un morceau du rebord est refait, deux pieds brisés et recollés avec restaurations légères. Haut. 0,135.
(Inv. LP 2003 ; N 3218). Acquis sous Louis-Philippe. Provenance exacte inconnue (sans doute l'Italie).
Vue d'ensemble des trois tableaux dans notre pl. 75.

F 153. Cyathos sur pied haut (anse à rainure concave, élevée au-dessus du rebord et décorée au point d'attache intérieur d'une grosse tête de lion en relief ; deux saillies imitant des têtes de clous auprès de l'attache ; base du pied large et concave). — Sur le pourtour extérieur, une zone circulaire de personnages, interrompue en arrière par l'anse. — **Réunion de sept dieux et sept déesses** (?). Tous les personnages sont assis sur un siège en cube haut. La scène est répartie en cinq groupes : 1° deux femmes drapées face à face, chacune tenant une longue baguette ou sceptre (chairs blanches, himation semé de petites rosaces en pointillé blanc, tunique longue) ; 2° homme barbu, drapé, entre un homme à cheveux blancs et une femme (mêmes vêtements à rosaces blanches, mêmes sceptres ; l'homme au centre se tourne comme pour parler à la femme) ; 3° homme à cheveux blancs parlant à une femme drapée et voilée (mêmes détails) ; 4° femme entre deux hommes et se retournant vers celui de gauche, pendant que l'autre fait le geste de parler (mêmes détails ; quelques rehauts rouges) ; 5° homme entre deux femmes et se retournant de même vers celle qui est à gauche ; un quatrième personnage, homme barbu, termine la scène à droite (mêmes détails, bandelettes rouges sur les cheveux). Au-dessus de ces différents groupes, dans le champ, sont suspendues neuf petites draperies pliées.

Noir dans l'intérieur et sur toute l'anse ; la tête de lion en clair et entourée d'un cercle noir. En haut et en bas de la zone de personnages, un cercle noir. Le reste noir. Anneau saillant à l'attache du pied. En haut du pied, cercle noir et cercle rouge réservé ; en dessous, longues arêtes rayonnantes, la pointe en bas ; dans le bas, entre quatre cercles noirs, zone de boutons de lotus noirs renversés, reliés par des entrelacs et accostés de points ; cercle rouge par-dessus le noir de la base.
Terre rosée, surface rosée dans la zone des personnages, et orangée sur le pied. Peinture en noir lustré. Retouches blanches et rouges. Incisions rapides. Bon état de conservation. Haut. avec l'anse, 0,29. Diam. 0,195.
(Inv. Campana 628). Trouvé en Étrurie et entré en 1863.
Vue d'ensemble dans notre pl. 76.

F 159. Œnochoé à bouche ronde ou olpé (col large et court, anse longue en dos d'âne, base plate et peu débordante). — Un sujet sur le devant du vase. — **Hermès criophore.** Le dieu court vers la droite, retournant la tête en arrière ; de ses deux bras appuyés contre sa poitrine, il maintient les pattes du bélier posé à califourchon sur son cou et retournant la tête du même côté ; de la main gauche, il tient le caducée à très longue hampe (barbe rouge, pétase rouge, chlamyde à rehauts rouges et à gros points rouges ou petites rosaces de pointillé blanc par-dessus une tunique courte blanche, endromides serrées aux chevilles avec ailettes recourbées par devant; dans le bélier, col rouge, corne blanche, taches blanches sur le corps pour imiter les boucles de la toison).

Noir dans l'embouchure, avec cercle rouge, et sur l'anse presque tout entière, sur le rebord; toute la panse en clair. Sur le col, guirlande de lierre noire. La figure se détache librement sur la panse, sans cadre ni ligne de terrain. En arrière, à l'attache de l'anse, petit losange, avec croix centrale, inscrit dans un losange plus grand d'où partent six longs pédoncules portant à leur extrémité un bouton de lotus noir. Sous la base noire, petite dépression circulaire.
Terre jaunâtre, un peu rosée, fine; surface orangée. Peinture en noir lustré. Retouches rouges et blanches. Incisions soignées. Bon style. Bon état de conservation. Haut. 0,21.
(Inv. Campana 639). Trouvé en Étrurie et entré en 1863.
Vue d'ensemble dans notre pl. 76. Cf. Heydemann, *Pariser Antiken*, p. 63, n° 78.

F 160. Œnochoé semblable (même structure, l'attache de l'anse légèrement saillante sur le rebord). — Même disposition. — **Dionysos tenant la corne à boire.** Il est debout, tourné à droite, et tient le kéras de la main gauche avancée (barbe rouge, grosse couronne de pampres à rehauts rouges, himation à rehauts rouges sur tunique blanche); de la main droite, il tient le bout d'un sarment de vigne dont les rameaux feuillus remontent à droite et à gauche en retombant jusqu'à terre. Dans le champ, de chaque côté, d'autres rameaux feuillus d'où pendent de grosses grappes de raisin.

Noir dans l'embouchure, sur le rebord et sur l'anse entière. Pas de décor sur le col. Même aspect de la panse, mais une zone noire termine le bas de la panse et forme terrain; cercle rouge par-dessus. De l'attache inférieure de l'anse partent deux pédoncules qui se relient aux rameaux de vigne du champ de la panse. Même base; sur la petite dépression centrale, marque incisée X.
Même technique et même style. Bon état de conservation. Haut. 0,21.
(Inv. Campana, 640). Même provenance.
Vue d'ensemble dans notre pl. 76.

F 161. Œnochoé analogue (l'anse plus haute et relevée au-dessus de l'embouchure, avec attache saillante). — Même disposition. — **Silène enlevant une Ménade.** Le Silène nu marche vers la droite (barbe et devant des cheveux rouges, queue de cheval), retournant la tête et portant dans ses bras une Ménade drapée, qui se cramponne à lui des deux mains (chairs blanches, couronne de pampres à rehauts rouges, himation à rehauts rouges et points rouges par-dessus tunique longue).

Noir dans l'embouchure et sur toute l'anse. Toute la panse claire comme F 159. En haut du col, cercle noir. La figure détachée librement comme dans F 159, avec le même décor au revers (deux des pédoncules du haut se terminent en larges palmettes à double volute). Même base (cercle rouge sur le noir).
Même technique et même style. Bon état de conservation. Haut. avec l'anse, 0,23.
(Inv. Campana 638). Même provenance.
Vue d'ensemble dans notre pl. 76.

F 166. Petit Skyphos sans anses (forme de bol haut, rebord droit et peu évasé, base plate sans saillie débordante). — Zone circulaire de personnages sur la panse. — **Silène prisonnier devant le roi Midas.** Le roi drapé est assis sur un pliant (barbe rouge, bandelette rouge sur les cheveux, himation à rehauts rouges sur tunique) et il s'appuie de la main gauche sur une longue baguette ou sceptre. Vers lui s'avance Silène nu, les mains liées derrière le dos (barbe et cheveux rouges) et retournant la tête vers l'éphèbe drapé qui, tenant une lance, le conduit et tient l'extrémité du lien qui l'enchaîne (cheveux rouges, peau de bête par-dessus une tunique courte à rehauts rouges, fourreau d'épée au côté, ailettes recourbées par devant et attachées aux chevilles); derrière cet éphèbe est debout un autre éphèbe tenant de chaque main une lance (cheveux rouges, tunique courte à partie inférieure rouge). A gauche, derrière Midas, une femme drapée tenant une lance (bandelette rouge, tunique à rehauts rouges), derrière laquelle arrive au pas de course un éphèbe nu tenant une lance (cheveux rouges); un éphèbe drapé s'appuyant sur une lance (cheveux rouges, himation à rehauts rouges sur tunique) termine la scène à gauche.

Noir dans tout l'intérieur et sur le rebord. Un cercle noir forme ligne de terrain sous les personnages. Le bas de la panse noir avec cercle rouge.
Terre jaunâtre, surface orangée. Peinture en noir lustré, avec retouches rouges. Incisions rapides. Style assez bon, facile. Bon état de conservation. Haut. 0,095. Diam. 0,09.
(Inv. MNB 1687). Anciennes collections Durand, Paravey. Trouvé à Vulci avant 1836. Acquis en 1879.
Vue d'ensemble et détail dans notre pl. 76. Cf. de Witte, *Collect. Durand*, n° 261; *Collect. Paravey*, n° 10; Heydemann, *Jahrbuch des deut. Inst.*, 1887, p. 112; Bulle, *Athenische Mittheilungen*, 1897, p. 389-390; Lucas, *Römische Mitth.* 1900, p. 232, note 1, E.

F 167. Petit Skyphos sans anses (structure analogue). — Même disposition. — **Combat d'Hercule et du lion de Némée.** Le héros, sous les traits d'un éphèbe imberbe et nu, marche à droite, tenant la massue de la main droite basse, présentant l'arc de la main gauche avancée (cheveux rouges); devant lui, le lion lève sa tête rugissante, la patte droite levée (langue et crinière rouges). A droite du lion, Iolaos, sous les traits d'un éphèbe nu accroupi, tient une sorte de bâton de la main gauche et tend la main droite (cheveux rouges). Derrière lui et comme détaché de la scène principale (figure de remplissage ?), un éphèbe drapé, assis sur un tabouret, tient une longue baguette de la main droite, comme un juge de concours (rehaut rouge sur le devant des cheveux, himation à rehauts rouges).

Même décor. Même technique. Style un peu plus négligé. Bon état de conservation. Haut. 0,10. Diam. 0,09.
(Inv. Campana 3304). Trouvé en Étrurie et entré en 1863.
Détails du sujet dans notre pl. 76.

F 177. Petit Skyphos avec yeux prophylactiques (même structure, deux anses horizontales et un peu relevées). — Un sujet de chaque côté de la panse. — *A*. Entre deux grands yeux (rehauts blancs et rouges) **Silène marchant.** Il est nu (barbe rouge et rehaut rouge sur le devant des cheveux) et marche vers la droite, un peu penché, tenant de la main droite une couronne ou guirlande (indiquée en blanc effacé). — *B*. **Même sujet.** — Sous chaque anse, une feuille de lierre portée par deux courts pédoncules.

Même décor et même technique que dans les précédents. Une anse brisée, le rebord ébréché. Haut. 0,09. Diam. 0,09.
(Inv. Campana 3319). Même provenance.
Vue d'ensemble dans notre pl. 76.

F 185. Petit Lécythe (col assez court, anse plate, panse droite, base en pente). — Un sujet sur l'épaule du vase et un sujet sur le devant de la panse. — *A*. Sur l'épaule, **deux Gazelles paissant** affrontées (col rouge). — *B*. Sur la panse, **deux Athlètes luttant.** Deux éphèbes nus, face à face, lèvent l'un contre l'autre leurs poings garnis de cestes (cheveux rouges), tandis que deux éphèbes drapés, debout à droite et à gauche, appuyés sur de hautes baguettes, les assistent comme juges du combat (himation rouge).

Noir dans l'embouchure, sur le rebord, le col et le dessus de l'anse. Cercle noir séparant l'épaule de la panse. Sous les personnages, cercle noir formant terrain. Sur le bas de la panse, zone noire avec trois cercles rouges. Le pied noir. Sous la base, forte dépression centrale.
Terre un peu rosée, surface orangée. Peinture en noir lustré avec retouches rouges. Incisions rapides. Bon état de conservation. Haut. 0,12.
(Inv. Campana 3265). Trouvé en Étrurie et entré en 1863.
Vue d'ensemble dans notre pl. 77.

F 188. Petit Lécythe (col plus haut, anse plate et un peu concave, panse ovoïde, base en pente). — Même disposition.

— *A.* **Chien poursuivant un lièvre** (rehauts rouges). — *B.* **Thésée tuant le Minotaure.** Le héros tient une épée de la main droite et se prépare à l'enfoncer dans le corps du monstre, tandis que de la main gauche il le saisit par sa corne (rehauts rouges sur les cheveux, baudrier rouge sur la poitrine, tunique rouge courte à bordure de points blancs). Le Minotaure (col rouge) fuit vers la droite et a la tête retournée en arrière ; de chaque main, il tient une pierre (indiquée en rouge). A droite et à gauche, sont debout deux éphèbes nus tenant une baguette (rehaut rouge sur les cheveux).

Noir dans l'embouchure, le rebord en clair; noir sur le goulot, le col en clair, avec deux cercles rouges; noir sur le dessus de l'anse. Cercle noir en haut de la panse, cercle noir sous les personnages. Sur le bas de la panse, zone noire avec deux cercles rouges. Le pied noir avec un cercle rouge. Sous la base, dépression centrale.
Terre rosée. Surface orangée. Peinture en noir lustré avec retouches rouges. Incisions rapides. Bon état de conservation. Haut. 0,15.
(Inv. N 1584; LP 1007). Acquis sous le règne de Louis-Philippe. Provenance inconnue (sans doute l'Italie).
Vue d'ensemble dans notre pl. 77.

F 190. Petit Lécythe (col très mince, anse en dos d'âne, panse ovoïde, base en pente). — Même disposition. — *A.* **Éphèbe debout devant un personnage assis.** Le premier, nu, marche à droite, portant une draperie enroulée sur le bras gauche tendu, dans une attitude d'attaque (cheveux rouges); le second drapé est assis sur un cube haut (cheveux rouges, rehaut rouge sur l'himation). Le sens du sujet est incertain. — *B.* **Deux cavaliers entre deux éphèbes.** Les premiers sont vus de face, chaque cheval (crinières rouges) inclinant la tête du côté de son voisin, chaque cavalier (cheveux rouges) tournant la tête en sens contraire. De chaque côté, un éphèbe nu s'éloigne, retournant la tête, une chlamyde pliée sur le bras (cheveux rouges). Les quatre personnages sont armés d'une lance.

Noir dans l'embouchure et sur le goulot, le col en clair avec un cercle rouge à la base; noir sur le dessus de l'anse. Le reste comme dans le précédent. Le pied noir.
Même technique. Plusieurs morceaux recollés sans repeints. Haut. 0,13.
(Inv. Campana 3324). Trouvé en Étrurie et entré en 1863.
Vue d'ensemble dans notre pl. 77.

F 196. Petit Lécythe à figures blanches et rouges (col haut, anse plate et longue, panse ovoïde, base plate à deux degrés). — Un sujet sur le devant de la panse. — **Deux femmes au bain.** Elles sont nues (bandelettes sur les cheveux) et s'éloignent l'une de l'autre en retournant la tête; celle de gauche porte sur le bras une grande draperie rouge qui retombe à terre ; celle de droite tient de la main droite une bandelette (chaque personnage en blanc incisé, trait noir pour indiquer les bandelettes, la draperie en rouge incisé).

Noir dans l'embouchure, avec le rebord en clair; col en clair avec languettes noires à la base; feuilles noires juxtaposées sur l'épaule; noir sur le dessus de l'anse. Toute la panse noire avec deux cercles rouges en haut et un cercle rouge formant terrain sous les personnages. Le pied noir avec tranche en clair. Petite dépression sous la base.
Terre rosée, surface rougeâtre. Sur la technique spéciale du blanc et rouge par-dessus le noir, voir l'article de M. J. Six dans la *Gazette archéologique*, 1888, p. 193. Incisions rapides. Style négligé, mais encore archaïque. Assez bon état de conservation. Haut. 0,16.
(Inv. N. 2592; ED 909). Ancienne collection Durand. Acquis en 1825. Pas de provenance connue (sans doute l'Italie).
Vue d'ensemble dans notre pl. 77. Cf. J. Six, *Gazette arch.*, 1888, p. 209 (qui y voit deux hommes nus).

F 197. Petit Lécythe de technique semblable (col plus court, goulot plus évasé, base plate). — Même disposition. — **Femme nue nageant horizontalement**; deux dauphins au-dessous d'elle indiquent l'eau (blanc non incisé pour la silhouette de femme ; rouge non incisé pour les dauphins).

Noir dans l'embouchure et sur le rebord, col et épaule en clair; noir sur le dessus de l'anse. Le reste comme dans le précédent.
Même technique, sans incisions. Le blanc en partie effacé. Haut 0,125.
(Inv. Campana 3481). Trouvé en Étrurie et entré en 1863.
Vue d'ensemble dans notre pl. 77. Cf. Six, *op. l.*, p. 209 (qui y voit un homme).

F 198. Grand Cratère à anses en volutes, avec yeux prophylactiques (large embouchure, col court, anses courtes et droites supportant une grande volute soudée au-dessus et dépassant le rebord, panse ovoïde, base plate à deux degrés). — Aucun décor sur la panse. Les sujets sont placés, l'un sur un côté du col, l'autre sur le rebord extérieur, tous deux dans une bande étroite et longue. — *A.* **Chars de guerre et soldats s'armant.** A gauche, hoplite armé de la lance et d'un bouclier rond (casque à cimier bas, cnémides, épisème du bouclier en rouge effacé représentant un caisson de char) entre deux archers asiatiques tenant leur arc (barbes à rehaut rouge, bonnets phrygiens, tuniques courtes, baudriers en rouge effacé soutenant le carquois) ; char à quatre chevaux où monte un homme barbu, nu, portant un bouclier échancré dans le dos, tenant les rênes, pendant qu'à l'arrière-plan on voit les têtes d'un guerrier casqué tenant une lance et d'un éphèbe drapé (?) (restauré), levant le bras gauche. Au centre, devant les chevaux, archer tenant son arc (tête restaurée, tunique courte, carquois) et derrière lui un hoplite semblable au premier (tout entier restauré). A droite, second char faisant face à l'autre avec des personnages symétriquement disposés (l'écuyer portant son bouclier dans le dos, un éphèbe et un hoplite causant en arrière-plan ; queues des chevaux en rouge effacé) ; derrière eux, terminant la scène, un éphèbe nu près duquel marche un chien. — *B.* La scène est placée entre deux grands yeux prophylactiques accostés d'un sphinx accroupi (rehauts rouges effacés, ailes recoquillées). **Char de course et éphèbes s'apprêtant aux jeux gymniques.** Au centre, un char à quatre chevaux sur lequel monte un homme nu, barbu, tenant les rênes, est placé entre un homme barbu, drapé, assis sur un pliant et tenant une longue baguette (juge de concours) et une femme drapée debout, tandis qu'à l'arrière-plan un éphèbe nu, tenant un javelot, se tourne vers le conducteur du char. A gauche, éphèbe à cheval armé d'une lance, vers lequel s'avancent deux éphèbes nus dont l'un porte une lance et l'autre enroule les courroies d'un ceste autour de son poing. A droite, derrière le juge assis, s'avancent un éphèbe à cheval, tenant une lance, et un éphèbe vêtu d'une chlamyde jetée dans le dos; il tient aussi une lance et avance la main droite comme pour parler.

Tout l'intérieur noir, avec le rebord en clair. Sur le rebord extérieur, grecque noire. En dessous, du côté *A*, zone de palmettes et de boutons de lotus opposés deux à deux, traversés au centre par une chaînette de petits cercles juxtaposés; cette même partie, de l'autre côté, porte le sujet *B*. Le col est de même occupé inégalement, d'un côté par le sujet *A*, de l'autre par une bande entièrement noire, mais qui présente en dessous une bande de godrons noirs et rouges. Les volutes supérieures des anses sont décorées d'une guirlande de lierre noir; aux attaches inférieures, godrons noirs. Toute la panse noire avec petite zone claire à la base et arêtes noires rayonnantes. Anneau rouge à l'attache du pied noir.
Terre rosée, surface claire, un peu jaunâtre. Peinture en noir lustré avec retouches effacées (en certains points, du rouge visible). Incisions assez soignées (exécution plus négligée en *B*). Des repeints et des restaurations en *A*. La panse, du côté *B*, a subi une altération qui a fait tourner en rouge une grande partie du noir. Haut. avec les anses, 0,565.
(Inv. Campana 752). Trouvé en Étrurie et entré en 1863.
Vue d'ensemble (côté *A*) et détail de *B* dans notre pl. 77.

F 201. Amphore (col mince, anses longues et en dos d'âne, avec attaches supérieures en rivets, panse ovoïde, pied refait). — Un sujet sur chaque côté du col ; rien sur la panse. — *A.* **Ajax portant le corps d'Achille.** Il marche courbé (casque à cimier haut et rehauts blancs, cuirasse sur tunique courte rouge, cnémide à une jambe), couvert d'un grand bouclier à double échancrure (épisème blanc en serpents affrontés de chaque côté d'un point central); de la main droite basse, il tient deux lances et porte sur son dos le cadavre d'Achille dont les pieds touchent presque la terre ; sur le dos du mort est encore attaché son bouclier à double échancrure ; on ne voit pas la tête invisible sous le bouclier d'Ajax (tunique courte à croix incisées et à points rouges, bordure rouge et gros points blancs sur le bouclier). Devant Ajax marche un archer asiatique, tenant son arc, qui se retourne vers lui (bonnet à longue pointe, barbe rouge, grand carquois ouvert à rehauts rouges suspendu à un baudrier blanc, tunique courte). Derrière Ajax une femme drapée (Thétis? Briséis?) s'éloigne à droite, retournant la tête et levant les deux bras en signe de douleur (chairs blanches, tunique à croix incisées et points rouges, himation à rehauts rouges rejeté sur les épaules). — *B.* **Dionysos entre un Silène et une Ménade.** Il tient un canthare de la main gauche avancée, de la main droite un double cep de vigne dont les rameaux feuillus s'étendent dans le champ (barbe rouge, couronne de pampres à rehauts rouges, himation à rehauts rouges sur tunique blanche) ; à gauche s'avance un Silène nu, dansant, la tête penchée en avant (barbe rouge, queue de cheval rouge) ; à droite, une Ménade s'éloigne, retournant la tête et serrant les doigts comme si elle tenait des crotales (chairs blanches, tunique à rehauts rouges et à croix incisées sur des points blancs, bandelette rouge sur les cheveux).

Noir dans l'embouchure, plat du rebord clair et extérieur noir (en partie refait). Anses noires (repeintes et en partie refaites). A la base du col, godrons noirs sur une bande légèrement saillante. Toute la panse noire (très restaurée, en partie refaite). Le pied noir refait.

Terre rosée, surface orangée. Peinture en noir lustré, avec retouches rouges et blanches. Incisions soignées ; style fin. Le col avec les sujets est bien conservé, mais presque tout le reste est reconstitué. Haut. 0,375.

(Inv. Campana 114). Trouvé en Étrurie et entré en 1863.

Vue d'ensemble dans notre pl. 78.

F 202. Amphore à tableaux et à yeux prophylactiques (anses trifides, pied plat à surface légèrement concave). — Un sujet placé dans une métope sur chaque côté de l'épaule. — *A.* **Hercule apportant à Eurysthée le sanglier d'Erymanthe.** D'un grand vase à demi enfoncé dans le sol sort la tête d'Eurysthée, qui lève les deux bras en l'air avec désespoir (barbe rouge). Hercule a mis un pied sur le bord du pithos et fait mine d'y précipiter le sanglier qu'il tient à deux mains, la tête en bas (barbe rouge, cuirasse ciselée sur tunique courte à rehauts rouges, épée suspendue à un baudrier blanc, rehauts rouges sur le sanglier). A gauche, Iolaos porte la massue du héros (barbe rouge, cuirasse sur tunique courte rouge, épée au côté). A droite, Hermès tient le caducée à longue hampe (barbe rouge, pétase à pointillé blanc, peau de bête à points blancs sur tunique courte rouge et à croix incisées, ailettes liées aux chevilles et inclinées en avant). La scène est placée entre deux grands yeux (blancs avec rehauts rouges), sous lesquels est jeté dans le champ un rameau feuillu. — *B.* **Dionysos entre deux Silènes.** Il tient une corne à boire de la main gauche avancée et, de la main droite, un cep de vigne dont les rameaux feuillus s'étendent dans le champ (barbe rouge, grosse couronne de pampres à rehauts rouges, himation à rehauts rouges sur tunique à rehauts blancs). A gauche, un Silène nu s'approche, baissant la tête ; à droite, un autre Silène gesticule en dansant (quelques rehauts rouges sur la barbe et les cheveux). La scène est encadrée par deux yeux semblables aux précédents.

Noir dans l'embouchure, plat du rebord en clair et extérieur en noir. Dessus des anses noir. Sur le col, palmettes et lotus allongés opposés deux par deux et traversés au centre par une chaînette de petits cercles juxtaposés (rehauts rouges). En haut et en bas du col, filet saillant. Au-dessus de chaque sujet, une bande de godrons noirs et rouges ; en bas, une ligne noire formant terrain. Le reste de la panse en noir, sauf les métopes des sujets et une large ligne réservée en rouge sous chaque sujet. Près de la base, cercle rouge par-dessus le noir et petite zone claire avec arêtes noires rayonnantes. Anneau saillant rouge à l'attache du pied noir. Sous la base, en grandes lettres incisées, marque ϟΜΙ.

Terre jaunâtre foncé, surface orangée. Peinture en noir lustré avec retouches rouges et blanches. Incisions fines. Bon style. Des cassures recollées sans repeints nuisibles. Haut. 0,395.

(Inv. N 3504 ; MN 38). Acquis en 1848, sans provenance connue.

Vue d'ensemble et détail de *B* dans notre pl. 78.

F 203. Amphore à tableaux et à figures blanches, signée par Andokidès (anses plates et fortes à double bordure saillante, col assez mince, pied à bourrelet saillant). — Un sujet dans une métope sur chaque côté de la panse. — *A.* **Amazones s'armant** (tout le sujet repris au trait et restauré). Au centre, une Amazone à cheval, tenant les rênes des deux mains (bonnet asiatique en rouge, crinière du cheval rouge) ; par terre, sous le cheval, un casque à double cimier (mal restauré). A droite, une Amazone s'éloigne, retournant la tête et tenant une lance (coiffure en cécryphale, boucles d'oreille et himation en écharpe sur une tunique courte avec semis d'étoiles pointées, mais toute cette partie refaite ou imaginée). A gauche, une Amazone, tournant le dos aux précédentes, attache un lien rouge autour de sa taille par-dessus sa cuirasse à décor géométrique et ailettes mobiles (mais toute cette partie repeinte, ainsi que la couronne rouge sur la tête et l'indication en rouge d'une tunique courte sous la cuirasse). Devant elle est debout, par terre, un bouclier vu de profil (épisème en croissant entre deux points noirs) et, dans le champ, est suspendue une épée à poignée en tête d'oiseau, suspendue à un baudrier rouge (le tout est repeint). — *B.* **Bain de femmes** (également repeint et refait). L'eau est indiquée par deux poissons nageant ; au centre, en arrière-plan, une femme nue nage horizontalement dans la piscine, lançant le bras droit en avant et retournant la tête en arrière. A gauche, comme placée sur le bord, une femme nue (coiffure en cécryphale ceint d'une bandelette rouge, boucle d'oreille, collier) verse sur sa main le contenu d'un aryballe rond. Au centre, une femme, les pieds posés sur une petite planchette, fait le geste de se hausser et se penche en avant, les mains tendues, comme pour se jeter à l'eau (bandelette rouge, boucle d'oreille, collier). A droite, une quatrième femme nue s'éloigne, retournant la tête et passe derrière une colonnette à chapiteau dorique qui représente l'édifice balnéaire (complètement restaurée et mal refaite). Dans le champ est suspendu une sorte de sac avec lien rouge (repeint et mal restauré).

Noir dans l'embouchure, le plat du rebord en clair, l'extérieur noir. Le col noir avec un cercle rouge. Noir sur le plat intérieur et extérieur des anses, la tranche en clair avec guirlande de lierre noir, la bordure saillante peinte en rouge. Au-dessus de chaque tableau, une bande réservée en rouge avec palmettes et lotus allongés, opposés deux à deux, traversés au centre par une chaînette de cercles juxtaposés (pas de rehauts). La métope dans laquelle se place chaque sujet est bordée par un filet blanc en haut et en bas, par une bande verticale de zigzags noirs à fond blanc sur les côtés. Le reste de la panse en noir avec deux cercles rouges sous les tableaux et, à la base, une zone réservée en clair avec arêtes noires rayonnantes. Anneau saillant rouge à l'attache du pied. Le pied en noir, sauf deux cercles en rouge réservé et formant un sillon creux. Sur le bourrelet noir du rebord extérieur, en fines lettres gravées, la signature de l'artiste : ΑΝΔΟΚΙΔΕϟ ΕΠΟΕϟΕΝ, Ἀνδοκίδης ἐποί(ησεν). L'intérieur de chaque lettre gravée avait été avivé par un trait de couleur rouge, en grande partie disparu. Sous la base, en grandes lettres incisées, la même marque répétée deux fois ΔΚ ΔΚ.

Terre rougeâtre un peu foncé, surface orangée. Une couverte blanche a été déposée sur la surface des deux tableaux et, par-dessus, on avait peint en noir lustré avec retouches rouges. Malheureusement le vase a subi de profondes retouches qui peuvent en avoir complètement dénaturé le caractère et la technique. On reconnaît à de nombreux traits antiques, conservés sous la forme d'un noir jauni, que la silhouette générale du sujet existait ; mais on a repris tous les contours et les détails avec un noir moderne ; on a ajouté du rouge de retouche. Il en résulte que ce vase, qui eût été des plus précieux pour la connaissance du style d'Andokidès et pour l'étude de son outillage de peintre, n'offre plus de garanties suffisantes pour servir de point de comparaison. La signature n'a pas été retouchée. *Cf.* le vase d'Andokidès G 1. Les cassures, très soigneusement réparées et dissimulées, n'étaient pas très nombreuses et intéressaient surtout le bas de la panse et la partie droite du sujet *B*. Haut. 0,41.

(Inv. Campana 970). Trouvé en Étrurie et entré en 1863.

Publié par Kochel, *Kunstgewerb. Vorbild.*, pl. 19; Schreiber, *Bilderatlas*, pl. 57, fig. 5; Norton, *American Journal of archaeol.*, XI, 1896, p. 2, 3, fig. 1 et 2. Vue d'ensemble (côté *A*) et détail de *B* dans notre pl. 78. Cf. Klein, *Meistersignaturen*, p. 189, n° 2; Loeschcke, *Ath. Mittheilungen*, 1879, p. 290, note 4; Hartwig, *Jahrbuch des deut. Inst.*, 1900, p. 158, note 12; Corey, *De Amazonum antiq. figuris*, p. 50.

F 204. Grande Amphore à tableaux, avec figures rouges et figures noires (structure semblable aux amphores d'Andokidès, anses fortes et plates à bordures saillantes, pied à deux degrés et bourrelet saillant). — Un sujet à figures rouges sur un côté de la panse, l'autre côté en figures noires. — *A*. Fig. rouges. **Hercule emmenant Cerbère enchaîné.** A gauche, Athéné tenant la lance étend la main gauche vers Hercule (casque à haut cimier, rehaut rouge sur le devant des cheveux épars sur le dos, collier, égide en écailles avec une vingtaine de serpents dressés, court himation à quadrillé et étoiles serré sur une tunique longue, rehauts rouges sur la ceinture). Le héros, à demi agenouillé et penché, tient de la main gauche une chaîne à larges anneaux (rehaut rouge sur la barbe, peau de lion sur la tête et sur le dos par-dessus une tunique courte rouge, carquois ouvert dans le dos, épée au côté); il avance la main droite vers Cerbère (deux têtes de chien, corps et griffes de lion, queue terminée en tête de serpent, deux petits serpents dressés au-dessus des oreilles, collier rouge à un des cous), qui se présente derrière une colonnette dorique, portant un entablement à quatre triglyphes, représentant la Porte des Enfers. Entre Hercule et Cerbère s'élève en arrière-plan un arbrisseau, dont les rameaux à feuilles rouges remplissent une partie du champ. — *B*. Fig. noires. **Dionysos et son thiase.** Au centre, Dionysos tient de la main droite un canthare et de la main gauche le bout d'un cep de vigne dont les rameaux, en partie chargés de grosses grappes de raisin, remplissent le champ autour de lui (barbe rouge, grosse couronne de pampres rouges, himation à rehauts rouges et rosaces de pointillé blanc par-dessus une tunique blanche). Devant lui Ariane (ou une Ménade) présente une œnochoé de la main droite élevée (chairs blanches, couronne de pampres à rehauts rouges, himation à rehauts rouges et rosaces blanches sur une tunique noire à croix incisées). Derrière la femme s'avance un Silène nu, portant une outre sur l'épaule gauche (barbe rouge, même couronne, queue de cheval rouge). A gauche, derrière le dieu, un Silène nu joue de la lyre et tient le plectre de la main droite (barbe et queue rouges, cercle rouge sur le sein droit); il est suivi d'un autre Silène nu (mêmes détails et couronne de pampres) qui joue des crotales.

Noir dans l'embouchure avec le plat du rebord en clair et l'extérieur en noir. Sur le col noir, deux filets rouges. Au-dessus de chaque tableau, entre deux traits noirs, une bande de palmettes et lotus allongés, opposés deux à deux et traversés au centre par une chaînette de cercles juxtaposés (rehauts rouges). Sur la face *A*, le tableau est encadré de chaque côté par une bande de zigzags noirs sur fond rouge réservé; sur le revers *B*, pas d'ornement. En dessous des sujets, une ligne de terrain, en rouge réservé du côté *A*, en noir du côté *B*. Noir sur le plat des anses, rouge sur les bordures saillantes, la tranche claire avec une guirlande de lierre noir. Sous l'attache de chaque anse, une petite palmette noire sur fond rouge réservé. Le reste de la panse noir, avec deux cercles rouges sous les tableaux, un troisième près de la base. Le bas de la panse en clair, avec arêtes noires rayonnantes. A l'attache du pied, anneau saillant rouge; un filet rouge sur le degré supérieur du pied noir. Quatre attaches de plomb, qui consolident le pied et le fixent à la base, paraissent une restauration antique. Sous la base, en grandes lettres incisées, la marque ; cf. celle de l'amphore d'Andokidès, F 203.

Terre jaunâtre, un peu rosée; surface orangée. Peinture en très beau noir lustré. Retouches rouges et blanches. Style très soigné. Les cassures ont été soigneusement réparées et dissimulées, sans repeints nuisibles dans les figures. Haut. 0,595.

(Inv. N 3396; LP 1265). Acquis sous le règne de Louis-Philippe. Provenance inconnue (sans doute l'Italie).

Publié par Norton, *American Journal of arch.*, XI, 1896, p. 14-15, fig. 11 et 12, comme amphore de la fabrique d'Andokidès. Vue d'ensemble (côté *B*) et détail de *A* dans notre pl. 78. Cf. Klein, *Meistersignaturen*, p. 189; Furtwængler, dans le *Lexikon der Mythologie* de Roscher, p. 2205; *Arch. Zeitung*, 1881, p. 301; Hartwig, *Jahrbuch des deut. Inst.*, 1893, p. 158.

F 208. Grande Amphore à tableaux (même structure). — Un sujet à figures noires sur chaque côté de la panse. — *A*. **Hercule tuant le géant Alkyoneus.** A gauche, Hercule bande l'arc sur lequel il place une flèche, tenant deux autres flèches dans sa main gauche (barbe rouge, peau de lion sur la tête et sur le corps, serrée par une ceinture rouge sur une tunique courte à points rouges et croix incisées); sur le flanc gauche, il porte attaché un grand carquois ouvert (points rouges) d'où sortent les extrémités de sept flèches. Devant lui, étendu sur un rocher et occupant tout le reste du tableau, le gigantesque Alkyoneus nu, endormi, la tête sur l'épaule gauche (grande barbe incisée, bandelette à grecque rouge et couronne de boutons de lotus incisés, œil formé d'un seul trait incisé, incisions refaites dans le corps et les mains); près de lui, une grande massue noueuse. Un arbrisseau à rameaux feuillus se dresse en arrière-plan (quelques gros points blancs formant des fleurs ou des fruits). Inscriptions peintes en noir dans le champ : HEPAKLEO, ALKVONEV. — *B*. **Couple nuptial sur un char, Noces de Pélée?** (tout le sujet fortement retouché, surtout dans les incisions). Sur un char à quatre chevaux (deux crinières rouges, deux harnais de poitrail rouges), un homme barbu, drapé, est debout à côté d'une femme voilée (barbe de l'homme rouge, himation à gros points rouges, chairs blanches de la femme effacées, bord du voile avec points rouges); il tient les rênes et l'aiguillon. En arrière-plan, Apollon imberbe jouant de la lyre (tête restaurée, bandelette rouge sur les cheveux, himation à points rouges) et Dionysos tenant un cep de vigne dont les rameaux se répandent dans le champ, en partie chargés de grosses grappes (barbe rouge, grosse couronne de lierre à rehauts rouges). Devant les chevaux, **Hermès** (tête mal refaite sous les traits d'un éphèbe) marche vers la droite et retourne la tête, le caducée en main (chlamyde à points rouges, ailettes rouges fixées aux chevilles et recourbées en avant).

Décor semblable au précédent (noir tourné au rouge dans l'embouchure, pas de filets rouges sur le col, chaque tableau encadré par un trait noir à droite et à gauche). Sous la base, marque en grandes lettres incisées XXI.

Terre rosée, surface orangée. Peinture en noir lustré terni. Retouches rouges (le blanc effacé). Style plus soigné en A. Très nombreuses cassures qui ont amené des repeints et surtout des reprises d'incisions dans les deux tableaux. Haut. 0,57.

(Inv. Campana 193). Trouvé en Étrurie et entré en 1863.

Détail de *A* publié par Kœpp, *Arch. Zeitung*, 1884, pl. 4 : S. Reinach, *Répertoire des Vases*, I, p. 452.

F 211. Grande Amphore à tableaux (structure analogue, anses rondes, pied en pente). — Même disposition. — *A*. **Combat d'Hercule et d'Achéloüs.** A gauche, Hermès tient le caducée et, de la même main, le bout de rameaux feuillus qui se répandent et remplissent le champ (corps restauré, pétase, barbe rouge, himation à points rouges sur tunique courte, ailettes aux chevilles recourbées en avant). Devant lui, Athéné est assise sur un cube haut, tenant la lance appuyée sur son épaule gauche, son bouclier posé par terre devant elle (tête restaurée, chairs blanches, casque à haut cimier, égide indiquée par des entrelacements serpentins tout autour du buste, tunique à points rouges et croix incisées). A droite, Hercule, le pied gauche levé et pris par la main droite de son adversaire, se penche vers le fleuve Achéloüs et le saisit des deux mains par sa corne et par le bras gauche (barbe rouge, peau de lion sur la tête et retombant par devant, le corps nu, carquois ouvert et arc fixés dans le dos, épée à poignée blanche au côté); sa massue est tombée par terre à ses pieds. Le fleuve Achéloüs a l'avant-corps d'un taureau et la tête d'un homme barbu avec une grande corne pointue (rehaut rouge sur la barbe; son bras gauche relevé et saisi par Hercule a été mal restauré en seconde corne; le bord du tableau coupe le corps en deux et ne laisse voir que l'avant-train); derrière lui, en arrière-plan, un arbrisseau feuillu auquel est suspendue une draperie. Dans le champ, inscriptions peintes et dénuées de sens : ϟX+ΔOI, ⊦+II (rétrograde). — *B.* **Deux cavaliers avec leurs chiens** (les Tyndarides?). Ils marchent vers la droite, armés de deux lances, portant leur bouclier attaché dans le dos, chacun escorté d'un chien (rehauts rouges sur les crinières et les queues des chevaux, sur le col d'un chien, chlamydes à points rouges, le cavalier de gauche à barbe rouge et bandelette rouge sur les cheveux, celui de droite imberbe avec pétase à bandelette rouge; sur le bouclier de gauche, épisème en relief en forme de tête de Silène avec rehauts rouges sur la barbe et les cheveux).

Noir dans l'embouchure, le plat du rebord en clair, l'extérieur noir. Noir sur les anses et sur le col, avec deux cercles rouges. En haut de chaque tableau, entre deux filets, zone de palmettes et lotus très allongés, traversés au centre par une chaînette de cercles juxtaposés (pas de rehauts); à droite, à gauche et en bas, un filet noir. Le reste de la panse noir, avec trois cercles rouges; le bas en clair, avec arêtes noires rayonnantes. Sur le pied noir, un cercle rouge et la tranche en clair. Sous la base assez plate, en lettres incisées, marque |ΨΓΘ /H.

Terre rosée, surface orangée. Peinture en noir lustré. Retouches rouges et blanches. Incisions assez soignées. Restaurations et retouches en *A*; bon état de conservation en *B*. Haut. 0,51.

(Inv. Campana 147). Trouvé en Étrurie et entré en 1863.

Détail de *A* publié par O. Jahn, *Arch. Zeitung*, 1862, pl. 167; S. Reinach, *Répertoire des Vases*, I, p. 393.

212. **F Grande Amphore à tableaux** (même structure). — Même disposition. — *A.* **Athéné préside au repas d'Hercule et Iolaos?** Deux hommes barbus, nus (barbe rouge, bandelette rouge sur les cheveux), sont assis et accoudés sur des rochers (rehauts blancs), tenant d'une main un couteau et de l'autre des objets de forme oblongue (pains?). Entre eux, au centre, est debout Athéné, le corps de face, tenant la lance, étendant la main vers l'homme de droite et retournant la tête vers l'autre (chairs blanches, casque à haut cimier qui dépasse beaucoup la bande supérieure d'ornements, bandelette rouge sur le casque, égide indiquée par des entrelacements de serpents autour du buste, tunique à rehauts et points rouges). Dans le champ, à gauche, sont suspendus un carquois ouvert avec deux liens de suspension en blanc, un arc et une chlamyde repliée (rehauts et points rouges). Des rameaux feuillus remplissent le champ avec quelques lettres dénuées de sens: ΝΟ, ΝΟ, ΝΙ. — *B.* **Départ pour la guerre d'un hoplite et d'un cavalier.** A gauche, un homme drapé, à longs cheveux blancs et à barbe blanche (himation à rehauts rouges, bandelette rouge sur les cheveux), converse avec un hoplite qui tient la lance et le bouclier, escorté d'un chien (casque à cimier bas et rehaut rouge, cnémides, épisème blanc en oiseau volant sur le bouclier). A droite, un cavalier à pied, portant deux lances, conduisant son cheval par la bride et escorté d'un chien (casque à haut cimier, barbe rouge, rehaut rouge sur les cheveux, chlamyde à points rouges), tend la main droite vers une femme drapée qui lui fait face, tenant une phiale et une œnochoé pour la libation (chairs blanches, bandelette rouge sur les cheveux, himation à rehauts rouges).

Même décor que dans le précédent. Sous la base, marque analogue en lettres incisées ϯVΞKE /H (surmonté de ×).

Même technique. Très nombreuses cassures, recollées sans repeints nuisibles. Haut. 0,515.

(Inv. Campana 553). Même provenance.

Vue d'ensemble (côté *A*) dans notre pl. 79.

F 215. Grande Amphore à tableaux (même structure). — Même disposition. — *A.* **Combat d'Hercule et du lion de Némée.** Le lion est aplati par terre, la langue tirée (rouge), le corps arc-bouté (trait blanc soulignant le ventre) et griffant avec une patte de derrière la tête d'Hercule. Celui-ci, allongé et presque couché sur la bête, a entouré le cou du lion de ses deux bras et serre pour l'étouffer (corps nu, barbe rouge); la massue, derrière lui, est appuyée contre un rocher (rehaut blanc) sur le haut duquel est perché un corbeau. Le pied d'Hercule entre tout entier dans la bande d'ornements placée à gauche. En arrière-plan, au centre, un palmier d'où partent des rameaux feuillus qui remplissent le champ. — *B.* **Départ du char de guerre.** L'écuyer (tout entier refait en longue tunique avec peau de bête par-dessus, barbe rouge et bandelette rouge) est monté sur le char (caisson refait) et tient les rênes des quatre chevaux (deux avec crinière, harnais de poitrail et queue en rouge). Debout près de lui, en arrière-plan, un hoplite lui fait face, armé de deux lances et d'un bouclier (casque à cimier bas et rehaut rouge, bouclier rond à bordure rouge et épisème central en blanc sous forme de guirlande de lierre entourant un gros point central, jambes et cnémides refaites). Au centre, en arrière-plan des chevaux, le père du guerrier, âgé, drapé, tient deux lances (tête chauve avec cheveux blancs retombant en arrière, barbe et moustache blanches, bandelette rouge sur la tête, himation à rehauts rouges). En avant, près des chevaux, marche un chien (collier rouge) et devant eux se tient un hoplite, armé d'une lance et d'un bouclier (casque à cimier bas avec rehaut rouge et blanc, bouclier rond à bordure rouge et épisème blanc en point central accosté de deux cercles, chlamyde pendante, jambes avec cnémides refaites).

Le tableau *A* est encadré, en haut par la bande de palmettes et de lotus opposés deux à deux et traversés au centre par une chaînette de petits cercles juxtaposés, à droite et à gauche par une bande de quadrillé à points noirs, en bas par une bande de palmettes noires couchées au-dessus d'une grecque noire. Le tableau *B*, formant revers plus simple, a, en haut, la même bande de palmettes et lotus, en bas la grecque noire. Pour le reste, le décor est semblable au précédent.

Terre assez foncée et grisâtre. Peinture en beau noir lustré avec retouches rouges et blanches. Incisions soignées et entamant à peine le lustre noir. Bon style. Le côté *B* a subi de profondes restaurations, ainsi que la partie inférieure du vase. Haut. 0,53.

(Inv. N 3161; MN 37). Ancienne collection du prince de Canino. Trouvé vers 1828 en Étrurie. Acquis en 1848.

Vue d'ensemble (côté *A*) dans notre pl. 79. Cf. *Catalogue de vente de la coll. Canino*, Londres, 1838, p. 9, n° 27.

F 216. Amphore (épaule plate, anses plates et trifides, pied à deux degrés). — Sur l'épaule, petite zone circulaire divisée en deux sujets par les anses; sur la panse, grande zone circulaire. — Sur l'épaule : *A.* **Course de chars.** Trois chars à quatre chevaux sont lancés au galop vers la droite, les chevaux du second char se plaçant en arrière-plan à la hauteur du premier conducteur. Les trois conducteurs penchés tiennent les rênes et l'aiguillon (longues tuniques blanches, celui du centre entièrement restauré, le premier avec rehauts rouges sur les cheveux, le troisième avec barbe rouge; rehauts rouges sur les crinières, les queues, les harnais de poitrail de quelques chevaux). — *B.* **Course de chars et hoplitodromie.** A gauche, près d'un char lancé au galop et semblable aux précédents, court un hoplite armé de deux lances et d'un bouclier (casque à haut cimier, épée au côté, rehauts blancs sur le casque et la cuirasse; la partie antérieure des quatre chevaux est complètement refaite). Le reste de la scène est restauré ou refait : au centre, un hoplite armé courant avec deux lances et un bouclier, à droite même groupe que celui de gauche (la partie antérieure des chevaux et une jambe de l'hoplite courant paraissent antiques). — Sur la panse: *C.* **Scènes de banquets.** Quatre couples, hommes et femmes, sont couchés sur des lits de banquet; cinq couples et un joueur de flûte sont debout près d'eux, en tout dix-neuf personnages. La scène peut se diviser en quatre groupes. 1° Un homme nu (barbe rouge, grosse couronne de lierre à rehauts rouges), tenant une corne à boire, a passé le bras droit autour du cou d'une femme drapée qui lui prend la main droite (tête restaurée, chairs blanches, bandelette rouge sur les cheveux, tunique à gros points rouges et peau de bête flottant dans le dos); tous deux marchent à droite vers un lit de banquet sur lequel est étendue une femme qui joue de la lyre à sept cordes (tête restaurée, chairs blanches, même costume sans peau de bête), ayant derrière elle un homme demi-nu, le bas du corps caché sous la couverture du lit, accoudé sur un coussin et se retournant pour regarder de l'autre côté (barbe rouge, grosse couronne de lierre rouge, himation à points rouges couvrant l'épaule gauche, main gauche refaite); sous le lit, à pieds découpés et ornés de palmettes blanches, deux chiens sont opposés, l'un retournant la tête (rehauts blancs); une petite table posée devant le lit porte des objets de forme allongée représentant la nourriture, le pain, etc. Dans le champ est suspendue une couronne ornée d'un pointillé blanc. 2° Une joueuse de flûte drapée (cécryphale à rehauts rouges, chairs blanches, tunique à gros points rouges et croix incisées) est précédée d'un homme nu (tête restaurée, grosse couronne comme les autres), tenant de la main gauche des rameaux feuillus qui s'étendent dans le champ ; au-dessus sont suspendues deux couronnes à pointillé blanc, semblables à la précédente. Ces deux personnages font face à un lit de banquet semblable au précédent (mêmes détails, chiens, table avec mets indiqués en blanc) sur lequel sont étendus une femme drapée, accoudée sur un coussin et levant le bras droit (tête restaurée, chairs blanches, grosse couronne de lierre rouge, tunique à gros points rouges), et un homme semblable au précédent, retournant aussi la tête ; au-dessus, deux couronnes à pointillé blanc sont suspendues. A droite du lit, un homme semblable aux précédents, demi-nu (himation à points rouges roulé autour des reins), met la main sur son flanc droit et tient de la main gauche un vase ; près de lui marche un chien (restauré) et devant lui une femme drapée joue de la double flûte (tête restaurée, chairs blanches, bandelette rouge, tunique à points rouges) ; même couronne dans le champ. 3° Un homme demi-nu (mêmes détails, himation à points rouges autour des reins), portant un sac sur l'épaule gauche et tenant de la main droite un double rameau feuillu, se tient debout à gauche d'un lit de banquet semblable aux précédents (deux chiens, mets en blanc) sur lequel est étendue une femme drapée, levant le bras droit, qu'attire vers lui un homme semblable aux précédents (restaurations importantes, tête de la femme et tout l'homme refaits) ; couronne suspendue dans le champ ; à droite du lit, femme drapée debout (également refaite). 4° A gauche, femme drapée (tout le haut refait, himation à rehauts rouges sur tunique à points rouges), tenant une couronne à pointillé blanc et, en arrière du lit, homme nu semblable aux précédents (entièrement restauré, sauf les pieds chaussés d'endromides à ailettes recourbées en avant) qui remet une couronne semblable entre les mains d'une femme drapée (tout entière refaite), assise sur le lit de banquet (refait sans les chiens et le détail des mets) ; derrière cette femme est étendu un homme demi-nu, semblable aux précédents, qui se renverse en arrière pour boire dans une coupe qu'il tient de la main droite ; couronne dans le champ. A droite du lit, un homme drapé (barbe rouge et grosse couronne comme dans les précédents, himation restauré à points rouges) joue de la double flûte.

Noir dans l'embouchure, avec deux cercles rouges. Le plat du rebord clair et l'extérieur noir. Noir sur le dessus des anses. Sur le col, entre deux filets noirs, bande de palmettes et hauts lotus opposés deux à deux et traversés au centre par une chaînette de petits cercles juxtaposés (rehauts rouges). Anneau saillant rouge à l'attache du col. En haut de l'épaule, zone de godrons noirs. Sous le sujet de la panse, un cercle noir formant ligne de terrain. En dessous, près de la base, grecque noire entre quatre cercles, zone de boutons de lotus reliés par des entrelacs, deux cercles, et arêtes rayonnantes.

Terre rosée, assez foncée. Surface orangée. Peinture en noir lustré. Retouches rouges et blanches. Incisions soignées. Bon style. Restaurations nombreuses et importantes dans les figures ; le bas du vase réparé et refait en partie. Haut. 0,46.

(Inv. Campana 161). Trouvé en Étrurie et entré en 1863.

Vue d'ensemble dans notre pl. 79. Cf. Furtwængler, *Jahrbuch des Inst.* 1893, *Anzeiger*, p. 85 (qui attribue ce vase à l'atelier de Kleisophos, en même temps que le stamnos F 314).

F 217. Amphore à yeux prophylactiques (col court, anses trifides avec rivet saillant à l'attache inférieure, panse très rebondie, pied légèrement concave). — Un sujet sur chaque côté de l'épaule et un sur chaque côté de la panse. — Sur l'épaule : *A*. Entre deux yeux prophylactiques (retouches effacées), **Deux athlètes luttant entre deux juges assis**. Les lutteurs, barbus, sont nus et se penchent en se prenant par les poignets (pas de retouches) ; entre eux, par terre, un dinos pour prix de concours. De chaque côté est assis sur un cube haut un homme barbu, drapé (traces de rouge effacé sur l'himation), qui, de la main droite, fait un geste d'encouragement. — *B*. **Même sujet** (retouches rouges mieux conservées). — Sur la panse : *C*. **Trois cavaliers et deux hoplites**. Les trois cavaliers armés de la lance sont vus de face ; deux sont barbus ; leurs têtes se présentent de profil, deux à gauche et une à droite ; mais la tête du cheval central est faite de face, tandis que les autres s'inclinent symétriquement à droite et à gauche (rouge sur les cheveux et la tunique courte des trois cavaliers, sur les chaussures du cavalier de gauche, sur le harnais de poitrail des chevaux). Les deux hoplites, tenant la lance et le bouclier, sont debout de chaque côté du cheval central, chacun tourné et causant avec le cavalier d'angle (casque à cimier haut chez l'hoplite de gauche, à cimier bas chez l'hoplite de droite, cuirasse ciselée sur tunique courte à rehauts rouges, épée au côté soutenue par un baudrier blanc, boucliers blancs vus de profil, cnémides rouges) — *D*. **Troupe de quatre hoplites entre deux cavaliers**. Les cavaliers sont semblables aux précédents (imberbes, chaussures rouges) ; les hoplites armés de la lance et du bouclier marchent à gauche, en partie recouverts les uns par les autres (deux casques à haut cimier et à rehauts rouges alternant avec deux casques à cimier bas, cnémides rouges alternant avec cnémides noires, boucliers à bordure rouge avec boucliers noirs ou à bordure de gros points rouges ; vestiges d'épisèmes en blanc et en rouge).

Noir dans l'embouchure avec traces d'un cercle rouge, le plat du rebord en clair et l'extérieur en noir. Noir sur les anses, sauf la saillie centrale en clair. Sous chaque attache, grand motif floral composé de quatre palmettes opposées et reliées par de longs pédoncules en volutes, accostés de quatre boutons de lotus. Sur le col, palmettes et lotus allongés, opposés deux par deux et traversés au centre par une double chaînette de cercles juxtaposés avec point noir central (rehauts rouges). Sur le haut de l'épaule, godrons noirs et rouges. Sous les sujets de l'épaule, deux cercles noirs ; sous les sujets de la panse, entre deux cercles noirs, une zone de boutons de lotus noirs accostés de points et reliés par des entrelacs ; en dessous, grecque noire et deux cercles. Près de la base, arêtes rayonnantes. Anneau saillant à l'attache du pied noir.

Terre jaunâtre, assez claire ; surface claire, peu orangée. Peinture en noir lustré avec retouches rouges et blanches. Incisions assez soignées. Bon état de conservation. Haut. 0,425.

(Inv. Campana 107). Trouvé en Étrurie et entré en 1863.

Vue d'ensemble et détails dans notre pl. 79.

F 218. Amphore portant le nom d'Aristoménès (épaule plate, anses trifides, pied à deux degrés). — Un sujet sur chaque côté de la panse. — *A*. **Apollon entre Latone et Artémis**. Le dieu imberbe est drapé et tient une lyre à cinq cordes dont il joue de la main gauche, la main droite tenant le plectre (bandelette rouge sur les cheveux, himation à rehauts rouges et à rosaces de pointillé blanc sur tunique longue, rehauts blancs sur la lyre, forte restauration dans le milieu du corps). A gauche, Latone drapée élève la main gauche (chairs blanches, prunelle rouge, tunique à rehauts rouges et petites rosaces de points blancs, tête et bras restaurés). A droite, Artémis drapée, coiffée d'un polos à cinq pointes (prunelle rouge, chairs blanches, tout le corps restauré), tient de la main droite une fleur et baisse la main gauche vers une biche qui se dresse contre elle (tête et pattes de devant refaites, trait blanc sous le ventre, rehaut rouge et tacheté blanc sur la croupe). Au-dessus des personnages, le nom d'Aristoménès en lettres noires : APISTO-MENES KALOS, Ἀριστομένης καλός. — *B.* **Combat d'Hercule et d'une Amazone.** A gauche, Hercule (barbe rouge, peau de lion coiffant la tête et, sur le corps, serrée à la taille par une ceinture dans laquelle la queue de la bête est repassée, tunique courte rouge, baudrier blanc en croix sur la poitrine pour soutenir le carquois attaché dans le dos avec l'arc et l'épée au côté) tient de la main gauche un grand bouclier à double échancrure (épisème blanc en forme de double palmette, petits cercles blancs sur le rebord, rehauts rouges dans les échancrures) et darde sa lance contre l'Amazone qui s'affaisse en arrière, la main droite sur la poignée de son épée, le bouclier couvrant le dos (casque à haut cimier, rehauts rouges et pointillé blanc, chairs blanches, prunelle rouge, cuirasse ciselée avec rehauts rouges et pointillé blanc sur tunique courte à rehauts rouges, baudrier blanc soutenant l'épée, cnémides à rehauts rouges restaurées, épisème du bouclier en forme de trépied blanc).

Même décor que dans F 216 sur le col, anses, etc. (pas de cercles rouges dans l'embouchure). Sur la panse, au-dessous de chaque attache d'anse, croix accostée de quatre points dans un losange d'où partent quatre longs pédoncules, qui se terminent en palmettes à double volute, et trois petits pédoncules terminés en boutons de lotus. Le bas de la panse comme dans F 216. L'attache du pied en rouge. Cercle rouge sur la tranche du premier degré du pied.

Terre rosée. Peinture en noir lustré. Retouches rouges et blanches. Incisions assez soignées. Restaurations importantes en *A*. Haut. 0,47.

(Inv. Campana, numéro disparu). Trouvé en Étrurie et entré en 1863.

Vue d'ensemble (côté *B*) dans notre pl. 79. Cf. *Cataloghi Campana*, IV-VII, n° 931; Klein, *Lieblingsinschriften*, p. 37; Corey, *De Amazonum antiq. figuris*, p. 13.

F 222. Amphore (structure analogue, pied plat sans degré). — Même disposition. — *A.* **Néoptolème tuant Astyanax et Priam.** Néoptolème ou hoplite barbu, portant sur le bras gauche un bouclier à double échancrure (pointillé et rehauts rouges), marche vers la droite (casque à cimier bas et rehaut blanc, bandelette rouge sur le timbre du casque, baudrier blanc soutenant l'épée au côté, cuirasse ciselée sur tunique courte à rehauts rouges, cnémides à rehaut rouge), brandissant de la main droite élevée le corps inanimé du jeune Astyanax (drapé dans un court himation à rehauts rouges) qu'il tient par la jambe droite. Devant lui, le vieux Priam, renversé sur un autel à deux degrés, étend vers le meurtrier un bras suppliant et rejette l'autre en arrière sur sa tête qui est complètement retournée à angle droit (blanc effacé sur la tête et la barbe, himation à rehauts rouges sur tunique longue). — *B.* **Combat de trois guerriers** (deux Grecs et un Troyen?). Au centre un hoplite, armé d'une lance et d'un bouclier rond vu de profil (casque à haut cimier avec rehaut rouge et bandelette rouge, baudrier blanc soutenant l'épée, cuirasse ciselée sur tunique courte rouge, cnémides à rehauts rouges), court vers la droite, fléchissant le genou droit, et se retourne pour darder la lance contre l'hoplite barbu de gauche qui le menace de sa lance (mêmes détails, avec casque à cimier bas), tandis qu'à droite accourt aussi, la lance en arrêt, un troisième hoplite (semblable au précédent; traces d'épisèmes blancs sur les boucliers dont deux à bordure rouge).

Noir dans l'embouchure (sans cercles rouges), le plat du rebord clair, l'extérieur noir. Noir sur le dessus des anses. Sur chaque côté du col, entre deux filets noirs, bande de palmettes et de lotus allongés, opposés deux à deux et traversés au centre par une chaînette de petits cercles juxtaposés (pas de rehauts). En haut de l'épaule, de chaque côté, bande de godrons noirs. Sous l'attache de chaque anse, losange accosté de deux palmettes et d'un bouton de lotus, d'où partent quatre longs pédoncules terminés par quatre palmettes. Sous les sujets, un cercle noir formant ligne de terrain. Sur le bas de la panse, deux cercles noirs, une zone de lotus reliés par des entrelacs, deux cercles noirs, une grecque circulaire, deux cercles noirs, arêtes rayonnantes. Anneau saillant rouge à l'attache du pied noir avec tranche claire. Sous la base, en grandes lettres incisées, marque [marque].

Terre rosée et claire; surface de même ton. L'humidité de la terre paraît avoir mangé le ton du lustre orangé et attaqué même la peinture en noir lustré. Les retouches blanches sont très effacées et le rouge a pris un ton violacé pâle. Pas de cassures. Haut. 0,38.

(Inv. N 3192; LP 1438). Ancienne collection Canino. Trouvé en Étrurie entre 1828 et 1837. Acquis en 1837.

Vue d'ensemble (côté *A*) dans notre pl. 80. Cf. de Witte, *Description d'une collection de vases*, 1837, n° 149; Heydemann, *Pariser Antiken*, p. 50, n° 85; Furtwængler, *Collection Sabouroff*, notice des planches 49 et 50, note 13.

F 223. Amphore (même structure). — Même disposition. — *A.* **Dressage de deux chevaux.** Deux petits éphèbes nus, accroupis à droite et à gauche (rehaut rouge sur les cheveux), tiennent les longes de deux grands chevaux qui se cabrent symétriquement, se tournant le dos, l'un en partie caché par l'autre (têtes restaurées, crinières rouges). Au centre, au-dessus d'eux, vole un oiseau (rehaut rouge sur les ailes déployées). Sujet en rapport avec l'épisode des chevaux de Rhésos? Cf. Lœschcke, *Bonner Studien*, p. 250. — *B.* **Combat de trois guerriers.** Même composition que dans l'amphore précédente (mêmes détails avec peu de variantes, boucliers semés de gros points blancs, lances indiquées en rouge, style plus lourd, le troisième hoplite restauré).

Même décor. Sous l'attache de l'anse, le losange est accosté de trois boutons de lotus; sous les sujets, deux cercles noirs; pied à tranche noire avec cercle rouge.

Terre jaunâtre, un peu rosée. Peinture en noir lustré. Retouches rouges et blanches. Incisions rapides; style peu soigné. Nombreuses cassures et quelques repeints, le bas de la panse et l'attache du pied refaits. Haut. 0,32.

(Inv. Campana 196). Trouvé en Étrurie et entré en 1863.

Vue d'ensemble (côté *A*) dans notre pl. 80.

F 224. Petite Amphore portant le nom de Pédieus (même structure). — Un sujet sur chaque côté de la panse. — *A.* **Scène de gynécée.** Réunion de sept femmes occupées à filer. Trois sont assises et quatre debout. La scène se répartit en trois groupes : 1° Femme assise sur un tabouret, tenant dans ses deux mains le fil qu'elle tord et recourbe (chairs blanches, couronne de lierre rouge, himation rouge avec étoiles incisées sur fond noir, tunique à quadrillé et à croix incisées); devant elle, une femme debout tient une quenouille chargée de laine (mêmes détails, pas d'himation, tunique à rehauts rouges et à croix incisées). 2° Femme debout, tenant un calathos sur la main gauche (mêmes détails, tunique à rehauts rouges et à croix ou svastikas incisés); devant elle, une femme assise sur un pliant tient le fil et le tord (mêmes détails et même costume que la première avec l'himation sur la tunique); derrière la femme assise, une femme debout (mêmes détails, tunique à rehauts rouges et croix incisées, sans himation). 3° Femme debout, vue en arrière-plan de la précédente (mêmes détails, tunique à croix incisées et points rouges), tenant une quenouille chargée qu'elle présente à une femme assise sur un tabouret (himation à rehauts rouges, croix incisées et petites rosaces de points blancs, par-dessus la tunique). Deux rameaux feuillus remplissent le haut du champ et en dessous court l'inscription en lettres noires, nommant Pédieus : ΠΕΔΙ.VS KALOS, Πεδι[ε]ὺς καλός. — *B.* **Réunion de divinités autour d'Athéné.** Au centre Athéné, assise sur un pliant (chairs blanches, casque à haut cimier, égide indiquée par des enroulements de serpents, tunique à rehauts rouges et à croix incisées), lève la main gauche et retourne la tête vers Hermès debout derrière elle, tenant le caducée à longue hampe (pétase rouge, barbe rouge, chlamyde à rehauts rouges et à croix incisées sur tunique courte, endromides à ailettes recourbées par devant); derrière lui, une déesse drapée, la main gauche avancée (chairs blanches, bandelette rouge sur les cheveux, himation à rehauts rouges et points rouges sur une tunique à croix incisées). A droite, devant Athéné, Poseidon (tête disparue, chlamyde à rehauts rouges, jambes nues), tenant le trident, s'éloigne en se retournant; près de lui, Amphitrite drapée (chairs blanches, himation à croix incisées et à points rouges sur tunique).

Même décor que dans le précédent (avec rehauts rouges sur le décor du col, côté *B*; les godrons du haut de l'épaule rouges et noirs; les zones du bas de la panse séparées les unes des autres par trois cercles noirs; cercle rouge sur le plat du pied à tranche noire). Sous la base, en grandes lettres incisées, marque ϟ E.

Terre jaunâtre un peu rosée, surface orangée. Peinture en noir lustré. Retouches rouges et blanches. Incisions soignées. Cassures assez nombreuses, recollées sans repeints. Haut. 0,25.

(Inv. N 3237; LP 2310). Ancienne collection Canino. Trouvé en Étrurie entre 1828 et 1837. Acquis en 1837.

Publié par Lenormant et de Witte, *Élite des monuments céramographiques*, III, pl. 36 A et 36 B. Cf. de Witte, *Description d'une collection de vases*, 1837, n° 66; *Corp. inscr. græcarum*, IV, 7872 *b*; *Archæolog. Anzeiger*, 1853, p. 400; Heydemann, *Pariser Antiken*, p. 51, n° 37.

F 225. Petite Amphore (même structure). — Même disposition. — *A*. **Réunion de divinités**. Au centre, Dionysos est assis sur un pliant, la tête penchée et tenant la corne à boire (barbe rouge, grosse couronne de lierre à rehauts rouges, himation à rehauts rouges sur tunique à rehaut blanc effacé). A gauche, derrière lui, Athéné assise sur un pliant (rehaut blanc des chairs effacé, casque à haut cimier, égide en écailles, tunique rouge) tient sa lance et tend la main vers un homme demi-nu, la tête penchée, assis sur un pliant, tenant un bâton ou massue de la main droite, sans doute Héraclès (barbe et cheveux rouges, chlamyde à rehauts rouges roulée autour des reins). A droite, déesse assise sur un pliant, retournant la tête du côté de Dionysos (blanc des chairs effacé, himation à rehauts rouges sur tunique), et devant elle Hermès assis sur un pliant, tenant le caducée (blanc du pétase effacé, barbe rouge, chlamyde à rehauts rouges). Des rameaux feuillus remplissent le champ. — *B*. **Dionysos et son thiase**. Au centre, Dionysos assis sur un pliant et tenant la corne à boire (semblable au précédent); de ses mains et de son vase partent des rameaux feuillus qui s'étendent dans le champ. A gauche, derrière lui, s'avance une Ménade (blanc effacé, peau de bête sur tunique à points rouges), qui de ses mains retient et entraîne un Silène nu, s'éloignant vers la gauche et retournant la tête (barbe et cheveux rouges). A droite, devant le dieu, danse une Ménade (mêmes détails), pendant que s'éloigne vers la droite en retournant la tête un Silène nu (mêmes détails).

Même décor que dans le précédent (cercle rouge dans l'embouchure, pas de rehauts sur le décor du col, godrons noirs en haut de l'épaule; sur le bas de la panse, la grecque est au-dessus de la zone de lotus).

Terre jaunâtre, assez claire; surface de même ton. Peinture en noir lustré. Retouches rouges; le blanc effacé. Incisions rapides. Style moins soigné que dans le précédent. Bon état de conservation. Haut. 0,265.

(Inv. Campana 448). Trouvé en Étrurie et entré en 1863.

Vue d'ensemble (côté *A*) dans notre pl. 80.

F 226. Amphore (structure analogue, col court, pied à degré faiblement indiqué). — Un sujet sur chaque côté de la panse. — *A*. **Poséidon combattant un Géant**. Le dieu porte sur son épaule gauche l'île de Nisyros (indiquée comme un gros rocher blanc) et dirige de la main droite son trident contre son adversaire, en marchant vers la droite (barbe et cheveux rouges, baudrier blanc, himation à rehauts rouges et rosaces de points blancs, plié et enroulé autour du corps par-dessus une tunique courte). Le Géant fuit vers la droite, dans l'attitude agenouillée, et retourne la tête en se couvrant d'un bouclier à double échancrure (épisème blanc en quatre volutes entre deux points blancs); il tient la lance basse et a le costume d'un hoplite (casque à cimier bas et rehaut rouge, avec l'indication curieuse d'un haut cimier silhouetté noir qui n'a pas été maintenu et qui est resté à l'état de tache noire au-dessus du casque, chlamyde courte à rehauts rouges et rosaces de points blancs, cnémides rouges, peut-être avec une correction analogue pour la jambe droite placée trop haut et rabaissée ensuite). Dans le champ, cinq lignes de points simulent des inscriptions. — *B*. **Latone portant ses enfants, Apollon et Artémis**. Le corps de face, les pieds tournés à droite, la tête à gauche (chairs blanches, prunelle rouge, bandelette rouge sur les cheveux, himation à rehauts rouges et rosaces de points blancs par-dessus une tunique décorée des mêmes rosaces), Latone est debout entre deux colonnettes doriques portant chacune une chouette (tête de face, rehaut rouge); sur chaque bras, elle tient un enfant enveloppé dans un himation à petites rosaces de points blancs (Apollon à gauche, les jambes nues visibles; Artémis à droite plus enveloppée).

Noir dans l'embouchure avec deux cercles rouges, plat du rebord clair, l'extérieur noir. Noir sur le dessus des anses, sauf le filet saillant du milieu en clair. Sur chaque côté du col, bande de fleurs et boutons de lotus noirs (sans retouches, la tête en bas du côté *B*). En haut de l'épaule, de chaque côté, bande de godrons noirs et rouges. Sous l'attache des anses, losange avec point central, accosté de trois lotus et d'où partent quatre longs pédoncules terminés en palmettes. Sous les sujets, deux cercles noirs. Sur le bas de la panse, zone de boutons et fleurs de lotus reliées par des entrelacs, deux cercles, grecque circulaire, deux cercles, arêtes rayonnantes. Anneau saillant rouge à l'attache du pied noir avec cercle rouge sur la tranche du degré. Traces d'un cercle rouge sous la base.

Terre jaunâtre un peu foncé; surface orangée. Peinture en noir lustré avec retouches rouges et blanches. Incisions assez rapides. Cassures recollées sans repeints nuisibles. Haut. 0,40.

(Inv. N 3247; L. P. 1434 et 1436). Ancienne collection Canino. Trouvé en Étrurie entre 1828 et 1837. Acquis en 1837.

Vue d'ensemble (côté *A*) et détail de *B* dans notre pl. 80. Cf. de Witte, *Description d'une coll. de vases*, 1837, n° 65.

F 228. Amphore (structure analogue aux précédentes, rebord très évasé, le pied plat et un peu en pente). — Un sujet sur chaque côté et une petite zone circulaire d'animaux sur le bas de la panse. — *A*. **Hercule emmenant le chien Cerbère des Enfers**. A gauche, Hermès tenant un caducée à très longue hampe penche la tête et avance la main gauche (barbe rouge, pétase, bandelette rouge sur les cheveux, chlamyde à rehauts rouges, endromides à ailettes recourbées par devant). Au centre, Hercule marche vers la droite (barbe rouge, peau de lion sur la tête et sur le corps, serrée par une ceinture rouge par-dessus une tunique courte à rehauts rouges, carquois ouvert et arc attachés dans le dos); il tient de la main droite la massue et de l'autre la laisse de Cerbère qui marche docilement devant lui (tête effacée, crinière à rehauts blancs, collier rouge, griffes de lion et queue terminée en tête de serpent); en arrière-plan du chien un arbrisseau feuillu. — *B*. **Ajax rapportant le cadavre d'Achille**. Il marche courbé, couvert d'un grand bouclier à double échancrure (épisème composé d'une rosace incisée entre deux serpents peints en blanc, bordure rouge et échancrures ornées de dessins incisés), et tient deux lances de la main droite basse (casque à haut cimier et rehauts blancs, cuirasse sur tunique courte à points rouges, épée au côté, cnémides à rehaut rouge); il porte sur l'épaule gauche le corps d'Achille, l'épée au côté, dont les jambes pendent un peu au-dessus du sol et dont la tête coiffée d'un grand casque à cimier, rehaussé de rouge, retombe par devant; sur le dos du mort est attaché son bouclier à double échancrure avec tête de Silène en relief (barbe et cheveux rouges). A gauche, en avant, marche une femme (Thétis? Briséis?) qui se retourne et fait un geste de lamentation (chairs blanches, prunelle rouge, bandelette rouge sur les cheveux, tunique à rehauts rouges et à croix incisées). A droite, le groupe est suivi d'un hoplite armé tenant une lance et un bouclier rond (casque à cimier rehaussé de blanc, visage effacé, cnémides, épisème blanc du bouclier en forme de chien accroupi). — *C*. Dans la zone inférieure **Animaux passant**: lion accroupi et rugissant devant un sanglier, lion marchant et rugissant devant un sanglier, même sujet.

Noir dans l'embouchure, le plat du rebord en clair, l'extérieur noir. De chaque côté du col, entre deux filets noirs, bande de palmettes et de lotus allongés, opposés deux à deux et traversés au centre par une chaînette de petits cercles juxtaposés (rehauts rouges). Anneau saillant peint en rouge à la base du col. En haut de l'épaule, de chaque côté, bande de godrons noirs et rouges. Noir sur le dessus des anses trifides. Sous chaque attache, même décor que dans le précédent. Le reste pareil, sauf la zone d'animaux qui remplace la grecque circulaire. Le pied noir. Le dessous de la base est percé d'un trou accidentel. Sous la base, en grande lettre incisée, marque ΛΚ.

Terre jaunâtre assez foncé; surface orangée. Même technique. Incisions soignées. Nombreuses cassures et des trous rebouchés, mais sans repeints. Haut. 0,42.

(Inv. Campana 165). Trouvé en Étrurie et entré en 1863.

Vue d'ensemble (côté *A*) dans notre pl. 80.

F 236. Amphore (même structure, le pied plat légèrement concave). — Un sujet sur chaque côté de la panse. — *A*. **Hercule s'emparant du sanglier d'Érymanthe**. Au centre Hercule, marchant vers la droite et penché en avant (barbe rouge, peau de lion à rehaut rouge sur la tête, nouée par devant sur la poitrine et serrée sur le corps par une ceinture rouge, le carquois ouvert et l'arc suspendus dans le dos, baudrier blanc soutenant l'épée), lève le bras droit armé de la massue et avance la main gauche comme pour saisir le sanglier (rehauts blancs, défense en blanc) qui marche dans le même sens et lève la tête comme s'il poussait un grognement. A gauche, Athéné, armée de la lance et levant la main gauche, regarde la scène en inclinant la tête (chairs blanches, casque à haut cimier avec rehaut rouge et bandelette rouge, égide indiquée par des enroulements de serpents dressés autour du buste, tunique à rehauts rouges). A droite, Hermès incline aussi la tête, tenant le caducée à longue hampe et avançant la main droite (pétase blanc, barbe rouge, bandelette rouge sur les cheveux, chlamyde, endromides à ailettes recourbées en avant). — *B*. **Départ du guerrier**. Au centre, un hoplite armé de deux lances et d'un bouclier rond (bordure rouge, épisème blanc en protome de lionne, tête de face) est tourné vers la droite (casque à cimier bas, les jambes refaites et mal tournées du côté opposé à la tête); près de lui, en arrière-plan, un chien (en grande partie refait). De chaque côté est debout un homme drapé s'appuyant sur une lance ou un sceptre haut (tête de vieillard chauve, le rehaut blanc probablement effacé, himation à rehauts et points rouges; le personnage de droite est tout entier restauré d'après celui de gauche).

Même décor que dans le précédent (sur le bas de la panse, seulement une zone de boutons de lotus reliés par des entrelacs entre quatre filets noirs et les arêtes rayonnantes; cercle rouge à l'attache du pied noir avec bas de la tranche en clair).

Terre rosée, surface orangée. Peinture en noir lustré. Retouches rouges et blanches. Incisions assez soignées. Le noir a tourné au rouge-corail sur une partie de la panse (côté *A*). Nombreuses cassures recollées et restaurations importantes, surtout dans le col du côté *A* (tout ce côté refait) et dans la panse du côté *B* (personnages repeints). Haut. 0,39.

(Inv. Campana 198). Trouvé en Étrurie et entré en 1863.

Vue d'ensemble (côté *A*) dans notre pl. 80.

F 238. Amphore (même structure que la précédente). — Même disposition. — *A*. **Hercule combattant le lion de Némée.** Au centre, le héros imberbe (corps nu, bandelette rouge sur les cheveux) est allongé et presque couché sur la bête aplatie contre terre, la gueule ouverte, arc-boutée sur le train de derrière (trait blanc sous le ventre), une patte levée et plantée dans la tête d'Hercule qui, de la main droite, saisit cette patte pour l'écarter, pendant que du bras gauche passé sous le col du lion il cherche à l'étouffer. (L'aspect d'Hercule est ici tout à fait semblable à celui qui est adopté pour Thésée dans la représentation d'exploits similaires; cette confusion est due au sujet de l'autre tableau.) A gauche Athéné, armée de la lance qu'elle étend au-dessus des combattants, tient sur le bras gauche avancé son égide à écailles et têtes de serpents entrelacées, comme un bouclier protecteur (blanc des chairs effacé, casque à haut cimier qui dépasse la zone d'ornements, tunique à rehauts et points rouges). En arrière-plan du groupe central, un arbrisseau feuillu et, sur la droite, Iolaos barbu tenant la massue, l'épaule et le bras gauche couverts d'une chlamyde (cuirasse sur tunique courte, mais rehauts effacés). — *B*. **Thésée tuant le Minotaure.** Tout le sujet a passé au rouge corail. Au centre, le héros imberbe et couronné d'une guirlande de feuillages rouges (tunique courte, baudrier en blanc effacé soutenant l'épée au côté) tient de la main droite une grande épée qu'il enfonce dans le flanc droit du Minotaure, tandis que du bras gauche passé autour du cou il lui retourne la tête de son côté et lui comprime la bouche avec sa main; le sang coule à flots de la blessure (indiqué en filets rouges). Le Minotaure tombe sur le genou droit et lève la main gauche, le bras droit abaissé en arrière. De chaque côté une femme drapée assiste à la scène, une main élevée, l'autre avancée (bandelettes rouges sur les cheveux, chairs blanches effacées, himation à points rouges sur tunique).

Même décor que dans le précédent (pas de rehauts rouges ni sur le col, ni sur les godrons de l'épaule).

Terre jaunâtre, surface orangée. Peinture en noir lustré. Retouches rouges et blanches (effacées). Incisions soignées. Le noir en grande partie a tourné au rouge, surtout du côté *B*; on remarque certains détails actuellement marqués par un noir plus épais, en particulier le baudrier de Thésée, la poignée de son épée, les chairs des femmes; ce qui prouve que ces parties destinées à être recouvertes par le blanc recevaient plusieurs couches de noir. Tout le reste a tourné, y compris les ornements de la panse et le pied, à un ton corail vif, où les retouches rouges sont reconnaissables, mais où le blanc a disparu complètement. Bon état de conservation. Haut. 0,41.

(Inv. N 3255, MN 136). Ancienne collection Canino. Trouvé à Vulci vers 1828. Acquis en 1850.

Vue d'ensemble (côté *A*) dans notre pl. 81. Cf. de Witte, *Notice d'une collection de vases*, 1843, n° 65.

F 242. Amphore (même structure). — Même disposition. — *A*. **Apollon et Hercule se disputant le trépied.** A gauche, Apollon imberbe (queue de cheveux ramenée sous la bandelette qui ceint la tête, tunique courte à étoiles incisées, baudrier en rouge effacé soutenant l'arc et le carquois ouvert suspendus sur le flanc gauche) marche vers la droite, retenant des deux mains et tirant par les pieds le trépied qu'Hercule emporte de la main droite, le bras gauche levé et brandissant la massue (barbe à rehaut rouge effacé, carquois ouvert et arc attachés dans le dos par un baudrier en rouge effacé, cuirasse ciselée sur tunique courte, pas de peau de lion). Entre les deux combattants, court une biche qui retourne la tête vers Apollon; à droite d'Hercule, draperie pliée suspendue dans le champ. — *B*. **Dionysos et son thiase.** Au centre, le dieu barbu (rehaut de la barbe effacé, grosse couronne de pampres, himation sur tunique à rehaut effacé) tient un canthare de la main gauche avancée, de la main droite l'extrémité de rameaux de vigne qui se répandent dans le champ (six grappes de raisin); il retourne la tête vers un Silène nu, qui, à gauche, danse en s'éloignant et retourne la tête vers le dieu (rehaut de la barbe effacé). A droite, devant Dionysos, une Ménade drapée s'éloigne retournant la tête et relevant sa tunique de la main droite (chairs blanches effacées).

Même décor que dans le précédent. Sous la base, en lettres incisées, marque ΣΟΠ.

Terre jaunâtre et pâle, surface de même ton. L'humidité du sol a altéré l'épiderme de l'argile, absorbé l'engobe et les rehauts de couleurs. Peinture en noir lustré; rehauts blancs et rouges effacés. Incisions assez soignées. Style un peu hâtif. Pas de cassures. Haut. 0,42.

(Inv. Campana 103). Trouvé en Étrurie et entré en 1863.

Vue d'ensemble (côté *A*) dans notre pl. 81. Cf. *Cataloghi Campana*, IV-VII, n° 499.

F 256. Amphore (même structure). — Même disposition. — *A*. **Énée portant Anchise.** Il marche vers la droite, courbé et portant deux lances de la main gauche (barbe rouge, casque à haut cimier rehaussé d'un pointillé blanc, cuirasse, chlamyde pliée sur le bras gauche, cnémides); de la main droite il soutient les jambes repliées d'Anchise qui est monté sur son dos, le bras gauche passé autour de son cou, et qui tient de la main droite une lance (barbe blanche, cheveux blancs ceints d'une bandelette rouge, himation laissant le bras droit et l'épaule nus). A gauche d'Énée et s'accrochant à lui, le petit Ascagne, nu (bandelette rouge sur les cheveux), marche à grands pas en retournant la tête, le bras gauche levé. A droite, une femme drapée (Créuse?) précède le groupe et retourne vers lui la tête en tendant la main droite au-dessus de l'enfant (chairs blanches, prunelle rouge, bandelette rouge sur les cheveux, himation en écharpe sur une tunique longue, quelques repeints dans le corps et la main). A gauche, une autre femme drapée (Troyenne?) s'éloigne en retournant la tête (mêmes détails, quelques repeints dans le haut du corps). — *B*. **Apollon Musagète.** Le dieu imberbe, drapé, escorté de la biche qui, ne arrière-plan, baisse la tête comme pour paître (trait blanc sous le cou), joue de la lyre à sept cordes de la main gauche et tient le plectre de la droite (bandelette rouge sur les cheveux, himation à points et croix rouges sur tunique longue, rehauts blancs sur la lyre). De chaque côté sont debout deux femmes qui se profilent l'une sur l'autre (quatre Muses?), une main avancée tenant de longs rameaux feuillus qui s'étendent dans le champ (chairs blanches, bandelette rouge sur les cheveux, himation à croix incisées et rehauts ou points rouges sur tunique longue).

Même décor que dans les précédents (avec rehauts rouges sur les ornements du col, godrons rouges et noirs sur l'épaule; sous l'attache des anses, au centre du losange, une croix). Sous la base en grandes lettres incisées les marques : ʅ ⊈ \ /H.

Terre jaunâtre assez foncé; surface orangée. Peinture en noir lustré. Retouches rouges et blanches. Incisions assez soignées. Nombreux morceaux recollés, sans repeints nuisibles. Haut. 0,46.

(Inv. N 3208; MN 44). Ancienne collection Canino. Trouvé à Vulci vers 1828. Acquis en 1848.

Vue d'ensemble (côté *A*) dans notre pl. 81. Cf. Heydemann, *Pariser Antiken*, p. 54, n° 57.

F 266. Petite Amphore (même structure). — Une zone circulaire sur la panse. — **Combat d'Hercule contre les Centaures.** Le héros, barbu, tenant de la main droite étendue son arc et de la main gauche brandissant sa massue (peau de lion couvrant la tête, serrée sur le corps et nouée sur le devant de la poitrine, un grand carquois sur le côté gauche avec rehaut rouge sur le couvercle), s'élance à grands pas vers la gauche; derrière lui, à moitié enfoui en terre, un pithos sur le bord duquel est posé un canthare, et à droite Athéné tenant une lance, levant la main droite et retournant la tête en arrière (tête refaite, pas de chairs blanches visibles, casque à haut cimier, égide à écailles et à bordure de serpents dressés sur une tunique longue). A gauche, devant Hercule, fuit le Centaure Pholeus barbu; il se retourne en arrière avec un geste de supplication vers le héros et tient, de la main droite, une branche d'arbre feuillue (corps et pieds de cheval, tête et bras gauche refaits, rehaut rouge sur la queue de cheval). Sous lui est tombé un autre Centaure barbu, dont la main droite, allongée par terre, tient encore une pierre. Plus loin, à gauche, et formant sans interruption l'autre côté du vase, un Centaure fuit au galop, portant une branche d'arbre de la main droite; un quatrième Centaure vient au galop à sa rencontre, armé de même et suivi d'un cinquième et semblable Centaure, qui se retourne en levant la main gauche. Le roi des Centaures est nommé par une inscription peinte en lettres noires : ϘOΛOϹ (Φόλος) ΚΕΝΤΑΟDΟΝ (Κέντα(υ)ρον).

Décor semblable à celui des précédents (pas de rehauts rouges sur le col, pas d'ornement sous l'attache des anses).

Terre jaunâtre assez foncé. Peinture en noir lustré. Retouches rouges rares; pas de blanc visible. Incisions assez soignées. Plusieurs morceaux recollés et quelques repeints. Haut. 0,28.

(Inv. N III 2668). Donné en 1867 par M. Antomarchi. Provenance inconnue.

Vue d'ensemble dans notre pl. 81.

F 276. Grande Amphore panathénaïque à tableaux (col court, panse très rebondie, anses courtes et un peu aplaties, base pointue sur petit pied en pente). — Un sujet sur chaque côté de la panse dans une métope. — *A*. **Athéné entre deux colonnettes doriques supportant chacune un coq.** La déesse est tournée à gauche (chairs blanches, visage restauré, casque ceint d'une bandelette rouge, à cimier haut qui pénètre dans la bande d'ornements, égide à écailles et à bordure de serpents dressés avec baudrier de pointillé blanc, himation à rosaces de points blancs serré à la taille par une ceinture rouge, en dessous tunique à quadrillé incisé, rempli d'étoiles à centre rouge et de carrés incisés); elle darde la lance de la main gauche (erreur de dessin due au silhouettage par ombre) et se couvre d'un bouclier rond (bordure rouge, épisème en Pégase blanc). De chaque côté, une colonnette dorique sur laquelle est perché un coq (rehauts rouges). Le long de la colonnette gauche, inscription en grandes lettres noires : TON AΘENEΘEN AΘΛON, τὸν 'Αθενεῖθεν ἆθλον (τῶν 'Αθηνῆθεν ἄθλων). — *B*. **Deux athlètes luttant au pancrace.** Deux athlètes nus (barbes rouges), les poings entourés de cestes, se portent des coups dans la figure; des ruisseaux de sang (rehauts rouges) coulent de leurs nez. A gauche, se tient le paidotribe demi-nu, sa baguette fourchue à la main (barbe rouge, bandelette rouge sur les cheveux, himation à points rouges, laissant le haut du corps nu). A droite, un troisième athlète nu (barbe rouge), les lanières de cuir dans la main droite, attend de prendre la place du vaincu.

Noir dans l'embouchure, plat du rebord en clair, noir sur l'extérieur et sur les anses. Sur chaque côté du col, bande de palmettes et de lotus allongés, opposés deux à deux et traversés au centre par une chaînette de petits cercles juxtaposés (sans rehauts). A la base du col, anneau saillant rouge. Sur l'épaule, au-dessus de chaque tableau, courte bande de godrons noirs et rouges (touchant le tableau en *A*, séparée par une zone noire en *B*). Un filet noir et un filet rouge à droite et à gauche de chaque tableau. En dessous, double cercle rouge. Le reste de la panse en noir. Près de la base, entre deux cercles rouges, zone claire avec arêtes noires rayonnantes. Le pied noir.

Terre rosée, surface orangée. Peinture en noir lustré. Retouches blanches et rouges. Incisions soignées. Vase très restauré et refait dans les parties qui ne touchent pas aux tableaux; quelques repeints dans ceux-ci, surtout en *A*. Les anses, une grande partie de la panse, la base et le pied sont refaits sur le modèle des amphores similaires. Haut. 0,67.

(Inv. Campana 192). Trouvé en Étrurie et entré en 1863.

Vue d'ensemble (côté *A*) et détail de *B* dans notre pl. 81. Cf. *Cataloghi Campana*, IV-VII, n° 19.

F 277. Grande Amphore semblable (même structure). — Même disposition. — *A*. **Athéné entre deux colonnettes supportant chacune un coq.** Même composition que dans le précédent (visage et bras restaurés, repeints dans le corps, pas de baudrier ni de ceinture, tunique ornée de svastikas et d'étoiles incisées; points rouges sur la bordure du bouclier). Même inscription : TON AΘENEΘEN AΘΛON (τῶν 'Αθηνῆθεν ἄθλων). — *B*. **Trois athlètes luttant à la course.** Ils sont nus et courent à toutes jambes vers la droite, le bras gauche levé, l'autre rejeté en arrière (barbes rouges); le premier en tête retourne la tête pour voir si ses concurrents le rattrapent; les deux derniers se profilent l'un sur l'autre. Une inscription étrusque a été gravée en grandes lettres à travers la peinture même, sur la tête des deux derniers coureurs : ΑИΙQV⟆, *Suthina*.

Même décor (de chaque côté des tableaux, seulement un filet noir et en dessous un cercle rouge; un seul cercle rouge au-dessus des arêtes rayonnantes).

Terre jaunâtre, assez claire; surface orangée. Même technique. Vase en meilleur état que le précédent, malgré les nombreuses cassures recollées et quelques repeints. Haut. 0,61.

(Inv. Campana 190). Même provenance.

Détail de *B* dans notre pl. 82. Cf. *Cataloghi Campana*, IV-VII, n° 25.

F 278. Grande Amphore semblable (même structure). — Même disposition. — *A*. **Athéné entre deux colonnettes supportant chacune un coq.** Même composition que dans les précédents (chairs blanches, prunelle noire, bracelet au poignet et collier au cou, cimier à rehauts blancs, himation à rehauts rouges et étoiles incisées, en dessous tunique à petites rosaces de points blancs, pas d'écailles sur l'égide ; sur le bouclier, épisème blanc en forme de jambe humaine). Même inscription : TON AΘENEΘEN AΘLON (τῶν 'Αθηνῆθεν ἄθλων). — *B*. **Deux athlètes luttant au pancrace.** Composition analogue à F 276. Un des deux lutteurs (bras droit restauré) porte un coup de poing sur le menton de son adversaire (éphèbes imberbes avec bandelette rouge dans les cheveux, pas de lanières aux poings). A gauche, le paidotribe (mains restaurées, sans bandelette, himation à rehauts rouges) ; à droite, le troisième athlète (semblable aux deux autres, pas de lanières) lève le bras droit.

Même décor (cercle rouge sur le noir de l'embouchure, rehauts rouges sur les ornements du col).
Terre rosée et pâle, surface orangée. Même technique ; style plus rapide et un peu négligé en *B*. Meilleur état de conservation. Des morceaux recollés, sans repeints très importants. Haut. 0,62.
(Inv. Campana, numéro disparu). Même provenance.
Vue d'ensemble (côté *A*) et détail de *B* dans notre pl. 82.

F 283. Amphore panathénaïque à tableaux (plus petites dimensions, la panse moins forte, le pied plus large et légèrement concave). — Même disposition. — *A*. **Athéné entre deux colonnettes supportant chacune un coq.** Même composition (chairs blanches repeintes, rehauts rouges sur le casque, égide à écailles, tunique à points rouges sans himation, bouclier à bordure rouge). Pas d'inscription. — *B*. **Deux écuyers luttant à la course de chars.** Les huit chevaux galopant et les deux chars se profilent les uns sur les autres, le cocher du premier plan gagnant un peu sur l'autre ; tous deux sont penchés et tiennent l'aiguillon avec les rênes (rehauts rouges sur la barbe et le devant des cheveux, longues tuniques blanches, bras restaurés ; rehauts rouges sur les caissons des chars, les queues et les crinières de quatre chevaux ; cheval du premier plan très restauré). Dans le champ, au-dessus des chevaux, trois mots peints en petites lettres noires : MVNON N . KON HIKETE (Μένων ? Νίκων ? 'Ηικέτη[ς]?). Sous les chevaux on distingue aussi les traces de mots dénués de sens : .IMOI, KONON.

Même décor (pas de rehauts rouges sur le col ni sur les godrons ; deux cercles rouges sous les tableaux, la zone claire du bas entre deux cercles rouges). Sous la base, en grandes lettres noires peintes, la marque 40.
Terre rosée, un peu foncée ; surface orangée. Même technique ; style plus rapide et plus facile. Des repeints et restaurations assez nombreuses. Haut. 0,455.
(Inv. Campana, numéro disparu). Trouvé en Étrurie et entré en 1863.
Vue d'ensemble (côté *B*) dans notre pl. 82. Cf. *Cataloghi Campana*, IV-VII, n° 40 ; Klein, *Lieblingsinschriften*, p. 95, n° 4 (qui compte cette amphore parmi les vases portant le nom d'Hikétès ; mais je ne crois pas que le style permette de ranger le vase dans cette catégorie).

F 285. Hydrie (épaule presque plate, anse verticale haute et dépassant peu le rebord, imitation de trois clous d'attache au rebord, pied plat). — Le devant du vase est décoré de deux tableaux réservés, un sur l'épaule, un sur la panse avec une bande inférieure d'animaux. — Sur l'épaule : *A*. **Combat d'Hercule contre les Amazones.** Au centre, Hercule barbu (barbe rouge, peau de lion sur la tête, nouée sur la poitrine, pattes pendantes, en dessous tunique courte rouge à bordure incisée, épée au côté) marche à droite, brandissant sa massue et portant de la main gauche avancée un accessoire disparu (restauration, probablement l'arc). Devant lui, une Amazone tombant en arrière (casque à cimier haut, ceint d'une bandelette rouge, cuirasse sur tunique courte rouge, épée au côté) brandit sa lance contre le héros et se couvre d'un bouclier rond (bordure rouge). Derrière elle, accourt une Amazone brandissant sa lance et se couvrant de son bouclier (mêmes détails). A droite, un hoplite barbu (casque à cimier bas, cuirasse sur tunique courte, cnémides), la main gauche passée dans l'armature d'un bouclier à double échancrure, se baisse, la lance dans la main droite, pour frapper une Amazone qui fuit, retournant la tête, tenant une lance et un bouclier rond à bordure rouge (même costume que les autres). A gauche, derrière Hercule, une Amazone fléchissant sur ses jambes (même costume) se couvre d'un bouclier échancré et darde sa lance contre un hoplite qui lui fait face, la lance haute, couvert d'un bouclier rond (casque à cimier bas, cuirasse sur tunique rouge, cnémides, chlamyde jetée sur le bras droit). — Sur la panse : *B*. **Départ en char.** Un homme barbu, drapé (barbe rouge, himation à rehauts rouges découvrant l'épaule droite), tient les rênes de l'attelage de la main gauche et fait un geste de la main droite, prêt à monter sur un char attelé de deux chevaux ; un guerrier, placé en arrière-plan, portant deux lances, amène par la bride le troisième cheval de volée (tête restaurée, casque à cimier bas relevé sur le haut de la tête qui est ceinte d'une bandelette rouge, cnémides ; la queue du cheval est repliée et liée à l'extrémité par un lien, crinière rouge, tête restaurée). A droite, deux serviteurs achèvent de harnacher les deux chevaux attelés ; des courroies rouges pendent encore sur le dos du cheval de premier plan, terminées par des espèces d'étriers (?). L'écuyer, imberbe, en arrière-plan (longue tunique dont le blanc est effacé, bandelette rouge sur les cheveux, tête restaurée), se penche pour fixer quelque lien. Un éphèbe nu (chlamyde à rehauts rouges jetée sur l'épaule gauche) se tient devant les chevaux (crinières rouges) et arrange le harnais du poitrail. — *C*. Sous le sujet principal une bande étroite **d'Animaux passant** : un lion rugissant entre deux sangliers, lion rugissant opposé à un sanglier (rehauts rouges et points rouges).

Noir dans l'embouchure, sur le rebord, le dessus des anses horizontales et toute l'anse verticale, sur le col et le revers du vase. En haut et en bas du sujet principal, un filet noir. De chaque côté, bande de feuilles de lierre opposées deux par deux entre deux filets verticaux. Sous la bande d'animaux, zone noire avec trois cercles rouges. Près de la base, zone claire avec arêtes noires rayonnantes. Le pied plat noir avec un haut rebord clair. Un trou dans le fond du vase.
Terre claire, un peu rosée. Surface rougeâtre orangée. Peinture en noir lustré. Retouches rouges et blanches (celles-ci effacées). Incisions soignées. Beaucoup de morceaux recollés. Restaurations assez nombreuses et repeints dans les cassures. Haut. 0,50.
(Inv. Campana 111). Trouvé en Étrurie et entré en 1863.
Vue d'ensemble dans notre pl. 82. Cf. *Cataloghi Campana*, IV-VII, n° 71 ; Corey, *De Amazonum figuris*, p. 24.

F 286. Grande Hydrie à tableaux (col haut, grande anse d'arrière dépassant l'embouchure et accostée de deux saillies à l'attache supérieure, anses de côté relevées, pied plate et légèrement concave). — La façade du vas est seule décorée ; un sujet sur l'épaule et un sur la panse. — Sur l'épaule : *A*. **Scène d'armement et départ du char de guerre.** A gauche, homme âgé assis (Priam ?) sur un siège en forme de cube haut (barbe et cheveux blancs, ceints d'une bandelette rouge, himation à rehauts et points rouges sur tunique longue) ; devant lui est debout un hoplite armé de deux lances et d'un bouclier rond (Hector ? casque à cimier bas avec rehauts rouges et blancs, chlamyde pendante, cnémides à rehaut rouge, épisème blanc du bouclier en forme de tortue ?). Au centre, un homme barbu (barbe rouge, rehaut rouge sur le devant des cheveux, himation à points rouges sur tunique blanche) monte sur un char et tient des deux mains l'aiguillon et les rênes des quatre chevaux (une queue de cheval rouge, trois crinières et deux harnais de poitrail rouges). Devant les chevaux, est assis sur un cube un homme âgé (tête refaite, himation à points rouges sur tunique longue) qui tient deux lances ; derrière lui se tient debout un hoplite armé, semblable à celui du premier groupe (cimier blanc, bouclier à bordure rouge et épisème blanc en forme de siège pliant). A droite, un homme drapé s'éloigne en retournant la tête et levant la main gauche (rehauts rouges sur la barbe et les cheveux, himation à points rouges laissant le bras droit et le corps demi-nu). Dans le champ, quelques inscriptions peintes en noir, dénuées de sens : KOIKO≷, +A≷ (rétrograde), LON (id.), TON (id.). — Sur la panse : *B* **Combat d'Hercule et de Triton.** Au centre le dieu marin, à corps de poisson, terminé en queue fourchue de scorpion (écailles incisées, rehaut blanc sur le ventre et le long de la queue, rehaut rouge sur la barbe, la moustache et les cheveux, couronne incisée sur la tête), lève le bras droit en l'air et de la main gauche essaie de dénouer l'étreinte d'Hercule qui, placé à califourchon sur son dos, a passé les bras autour de la taille de Triton, qu'il serre de toutes ses forces (barbe rouge, peau de lion à rehaut blanc sur la tête et serrée sur le corps par-dessus une tunique courte, carquois ouvert fixé dans le dos). De chaque côté, une Néréide drapée s'enfuit, levant une main en signe de frayeur (chairs blanches, bandelette rouge sur les cheveux; celle de gauche avec himation à points rouges en écharpe, par-dessus une tunique à points rouges et à petites rosaces de points blancs; celle de droite en tunique à points rouges et à petites rosaces). Dans le champ, plusieurs inscriptions en lettres noires, dénuées de sens : KONIKOI, TIMV≷, KO, ≷IKOLV≷.

Noir dans l'embouchure, le col, les anses et tout le revers du vase; rebord extérieur en clair. Au-dessus du sujet *A*, bande de godrons noirs. Au-dessus de *B*, quadrillé de gros points noirs entre filets noirs; sur les côtés, en bande verticale, guirlande de lierre entre filets noirs; en bas, une ligne de terrain. Le reste de la panse noire avec trois cercles rouges. Le bas de la panse clair avec arêtes rayonnantes. Anneau rouge à l'attache du pied noir avec tranche en clair. Sous la base, en grandes lettres incisées, marque V⊢ ⊢A
Terre rosée et claire; surface orangée. Peinture en noir lustré. Retouches blanches et rouges. Incisions très soignées. Beau style. Plusieurs morceaux recollés, sans restaurations nuisibles. Haut. 0,555.
(Inv. N 3404). Ancien fonds. Pas de provenance connue.
Vue d'ensemble dans notre pl. 82.

F 287. Hydrie à tableaux (col moyen, anse peu débordante accostée de deux saillies, anses de côté relevées, épaule peu en pente, pied un peu concave à tranche très haute). — Même disposition. — Sur l'épaule : *A*. **Char de guerre et combattants.** A gauche, deux hoplites se combattent, celui de gauche marchant à droite, la lance en arrêt, portant sur le bras gauche le bouclier à double échancrure (casque à haut cimier, cnémides, partie du corps et bras droit restaurés), celui de droite fuyant et se retournant pour darder la lance (casque à haut cimier, peau de bête sur tunique courte dentelée, cnémides, bouclier rond; peut-être Amazone?, mais pas de rehauts blancs). Au centre, un char à quatre chevaux galope vers la gauche, conduit par un écuyer barbu, qui porte le bouclier à double échancrure, attaché dans le dos, et qui tient une lance (longue tunique). A droite, un hoplite s'éloigne, retournant la tête et dardant la lance (casque à cimier haut, cuirasse sur tunique courte dentelée, épée au côté, bouclier rond; peut-être Amazone?) — Sur la panse : *B*. **Jugement des trois déesses par Pâris.** A gauche, Aphrodite marche la main gauche avancée (chairs blanches, bandelette rouge sur les cheveux, tunique à étoiles incisées, serrée à la taille par une ceinture en partie cachée par un repli d'étoffe); Athéné la précède et se retourne vers elle, tenant la lance, la main gauche levée (chairs blanches, casque à haut cimier débordant jusque sur le sujet précédent, égide à écailles et bordure de serpents enroulés, tunique à quadrillé et incisions restaurée); au centre, Héra tient une fleur de la main gauche levée (mêmes détails que l'autre). Devant elle marche Hermès, tenant le caducée à longue hampe (barbe rouge, pétase, chlamyde sur tunique blanche, jambes restaurées à ailettes recourbées en avant); il avance la main gauche vers Pâris imberbe, qui, s'éloignant vers la droite, retourne la tête et lève la main droite (bandelette rouge sur les cheveux longs, himation à croix incisées, restauré par-dessus une tunique). — Au-dessus du sujet de la panse, entre deux filets noirs, est peinte en lettres noires l'inscription donnant les noms des personnages : ... ΟΔΙΤΕΣ, ΑΘΕΝΑΑ≷, ΗΕΡΑ≷, ΗΕΡΜΟ, ΑLΕ+≷ΑΝ..

Noir dans l'embouchure, sur le rebord, le col, le dessus des anses et tout le revers du vase. Au-dessus de *A*, bande de godrons noirs et rouges. De chaque côté de *B*, en bande verticale, une guirlande de lierre entre filets noirs. En bas, une ligne de terrain. Sur le bas de la panse, courte zone noire avec deux cercles rouges et zone claire avec les arêtes rayonnantes (restaurée). Anneau saillant noir à l'attache du pied noir.
Terre grise; surface orangée. Peinture en noir lustré. Retouches rouges et blanches. Incisions soignées. Repeints dans la partie inférieure des personnages. Restaurations dans la partie inférieure de la panse. Haut. avec l'anse 0,405.
(Inv. Campana 180). Trouvé en Étrurie et entré en 1863.
Vue d'ensemble dans notre pl. 83.

F 291. Hydrie à tableaux (même structure). — Même disposition. — *A*. Sur l'épaule, **Deux guerriers combattant entre deux éphèbes drapés.** L'hoplite barbu de gauche s'élance vers la droite, tenant sa lance basse et portant le bouclier sur le bras gauche (casque à cimier bas et rouge, bandelette blanche sur la coiffe, tunique courte, cnémides, jambe gauche refaite, trois gros points blancs sur le bouclier à bordure rouge); son adversaire fuit vers la droite et s'affaisse, retournant la tête, tenant la lance basse et se couvrant de son bouclier (casque à haut cimier blanc et bandelette blanche sur la coiffe, tunique courte, cnémides, jambe droite refaite, épisème du bouclier en bucrâne blanc). De chaque côté, un éphèbe drapé s'appuie sur une lance ou longue hampe (himation à rehauts rouges; repeints à droite dans la tête et le corps). — *B*. Sur la panse, **Achille et Ajax jouant aux dés.** Tous deux sont en hoplites (barbes rouges, himation à rehauts rouges, cuirasse sur tunique courte à rehauts rouges, épée au côté, cnémides rouges refaites), assis l'un en face de l'autre sur des sièges en cubes hauts, ayant entre eux une table ou autel bas (sur lequel sont censés se trouver des dés invisibles). Celui de gauche, penchant la tête, dirige les doigts abaissés vers les dés; celui de droite montre trois doigts levés; tous deux portent deux lances sur l'épaule et ont placé derrière eux leur casque posé sur le bouclier dressé à double échancrure (casque à grand cimier rehaussé de blanc repeint, guirlande incisée sur la coiffe, épisème en bucrâne blanc sur le bouclier à échancrure rouge, couleurs repeintes).

Tout le col et une grande partie de la panse refaits, anse relevée mal appariée avec l'autre non relevée. L'ensemble des tableaux est bon, avec quelques restaurations et des repeints sur les couleurs. Au-dessus de *A*, bande de godrons noirs. En haut de *B*, une grecque entre quatre filets (restaurée); de chaque côté, en bande verticale, une guirlande de lierre entre filets noirs. En dessous, une bande de lotus et boutons reliés par des entrelacs. Près de la base, zone claire avec arêtes rayonnantes (restaurée). Cercle rouge à l'attache du pied noir avec bande rouge sur la tranche. Sous la base, quelques trous ronds semblent indiquer la place d'une restauration antique. Une inscription incisée en italien rappelle que le vase a été réparé par Pietro Pennelli (?).
Terre rosée, assez foncée; surface orangée. Peinture en noir lustré; retouches rouges et blanches. Incisions soignées. Restaurations mentionnées ci-dessus. Haut. 0,415.
(Inv. Campana 202). Trouvé en Étrurie et entré en 1863.
Vue d'ensemble dans notre pl. 83.

F 292. Petite Hydrie à tableaux et à yeux prophylactiques (même structure, épaule plate). — Même disposition. — *A*. Sur l'épaule, **Hoplite accroupi en embuscade** (Achille?), entre deux grands yeux prophylactiques (rehauts rouges). Il est tourné à droite, tenant la lance basse, le bouclier dressé et appuyé en terre (casque à cimier bas rehaussé de rouge, himation dans le dos, tunique courte, rehaut rouge sur le bord du bouclier). — *B*. Sur la panse, **Dispute du trépied entre Apollon et Hercule.** A gauche, une petite figure ailée (Kère? Niké?), tenant une baguette ou une lance de la main droite, voltige en l'air, la tête baissée (ailes recoquillées à rehauts rouges, himation à rehaut rouge qu'elle soutient de la main gauche). Au centre, Apollon imberbe court vers la droite, la main gauche élevée (bandelette incisée sur les cheveux ramenés en chignon sous le lien, chlamyde à rehauts, points rouges et croix incisées, jambes nues); de la main droite, il saisit par une des barres le trépied qu'Herculè emporte sous son bras droit, courant vers la droite et retournant la tête, la massue haute dans la main gauche (barbe rouge, la peau de lion rejetée en arrière de la tête, serrée sur le corps et nouée par devant, courte tunique rouge en dessous, repeints dans le bras droit et le corps).

Noir dans l'embouchure avec deux cercles rouges, sur le rebord avec un cercle rouge, sur le col sauf une zone claire contenant des palmettes et des lotus allongés traversés au centre par une chaînette de petits cercles juxtaposés; noir sur le dessus des anses et tout le revers du vase; cercle rouge à la base du col. Au-dessus de *A*, godrons noirs. Au-dessus de *B*, un filet noir et pour le reste même encadrement que dans le précédent. Près de la base, zone claire avec arêtes rayonnantes. Cercle rouge à l'attache du pied noir avec cercle rouge sur la panse. Sous la base en grandes lettres incisées, marque 70.

Terre jaunâtre pâle, surface peu orangée. Peinture en noir lustré. Retouches rouges; pas de blanc visible. Cassures assez nombreuses et soigneusement dissimulées, sans repeints nuisibles. Haut. 0,34.

(Inv. N 2867). Donné par M. Antomarchi en 1867. Provenance inconnue.

Vue d'ensemble dans notre pl. 83. Cf. Heydemann, *Pariser Antiken*, p. 63, n° 80.

F 294. Hydrie à tableaux (épaule presque plate, dessus du pied concave, anses de côté rondes et horizontales, anse d'arrière peu débordante et accostée de deux saillies en forme de rivets). — Le devant du vase est décoré de trois sujets, un sur l'épaule, un sur la panse, le troisième dans une zone inférieure plus étroite. — Sur l'épaule : *A*. **Départ du char de guerre.** Il est vu de face, attelé de quatre chevaux inclinant symétriquement leurs têtes, ceux du centre l'un vers l'autre, ceux de volée en sens contraire. Au-dessus du char on distingue les têtes des deux personnages qui le montent, un hoplite tenant deux lances (casque à très haut cimier qui entre dans la bande supérieure de godrons) et l'écuyer armé de même (tête nue, tunique). De chaque côté du char est placé un groupe de deux personnages s'opposant de façon symétrique, un hoplite armé (casques à cimier bas; à gauche cuirasse sur tunique courte à croix incisées, bouclier rond bordé de rouge, une seule lance la pointe basse; à droite, bouclier rond avec épisème rouge en forme de dauphin, cnémides, deux lances dans la main droite) et une femme drapée (chairs blanches effacées; à gauche, tunique à gros points rouges, himation à rehauts rouges plié et jeté sur l'épaule gauche, main gauche levée; à droite, simple tunique serrée à la taille, restaurations dans le bas). — Sur la panse : *B*. **Apothéose d'Hercule conduit dans l'Olympe sur le char d'Athéné.** A gauche, la déesse tenant la lance (chairs blanches, casque à cimier très haut qui déborde sur le tableau précédent, égide à écailles et à serpents dressés, tunique couverte d'un réseau incisé de quadrillés et de petits cercles avec large bordure rouge) monte sur son char attelé de quatre chevaux et tient les rênes de la main gauche. Près d'elle, en arrière-plan et lui faisant face, Hercule tenant sa massue (barbe rouge, peau de lion coiffant la tête et serrée sur le corps par-dessus une tunique courte à bordure incisée, épée au côté, carquois dans le dos) s'apprête à monter à ses côtés. Au centre, en arrière-plan, Dionysos tenant une corne à boire (barbe rouge, grosse couronne de pampres noirs et rouges, tunique talaire), Apollon imberbe jouant de la lyre (couronne incisée sur les cheveux, himation à rehauts rouges rejeté dans le dos et tunique talaire à longs plis incisés). Devant les chevaux (deux à crinière rouge, celui de devant avec harnais de poitrail rouge, autre harnais en denticules incisés, petit cercle de points incisés sur la croupe) marche Hermès, levant la main gauche et tenant un caducée à très longue hampe (barbe rouge, pétase, chlamyde sur tunique courte, ailettes recourbées par devant et fixées aux chevilles). — Dans la zone inférieure : *C*. **Chasse à la biche.** Au centre, une biche s'affaisse, percée de trois javelots (col rouge). A gauche, accourent deux éphèbes armés de deux lances (tuniques courtes) sur des chevaux lancés au galop (crinières rouges). A droite, accourent deux autres éphèbes cavaliers, le premier dardant la lance (tunique courte, chlamyde flottant en arrière), l'autre tenant une lance et sautant à bas de son cheval (chlamyde).

Noir dans l'embouchure, le rebord, le col, le dessus des anses et le revers du vase. En haut de *A*, godrons noirs et rouges; un filet noir à droite, à gauche et en bas. De chaque côté de *B*, en bande verticale, palmettes et lotus opposés deux à deux, traversés au centre par une chaînette de petits cercles juxtaposés; en bas, un filet noir formant terrain. Sous le sujet *C*, zone noire avec trois cercles rouges. Près de la base, zone claire avec arêtes rayonnantes. Cercle rouge à l'attache du pied noir. Sous la base, marque incisée en petits et fins caractères [marque].

Terre jaunâtre un peu rosée, surface orangée. Peinture en beau noir lustré. Retouches blanches (effacées) et rouges. Incisions soignées. Beau style. Bon état de conservation, malgré quelques recollages et restaurations peu importantes. Haut. avec l'anse, 0,50.

(Inv. Campana 125). Trouvé en Étrurie et entré en 1863.

Détail des sujets *A, B, C*, dans notre pl. 83.

F 296. Hydrie à tableaux (structure analogue). — Un sujet sur l'épaule et un sur la panse; en dessous une petite bande étroite d'animaux. — *A*. Sur l'épaule **Athéné en char et combats de guerriers.** A gauche, un hoplite fuyant et retournant la tête (casque à haut cimier rehaussé de rouge, cuirasse sur tunique courte à rehauts rouges, épée suspendue à un baudrier blanc, cnémides rouges) se couvre d'un bouclier et darde la lance contre un hoplite qui le presse, marchant à grandes enjambées, la lance pointée de haut en bas, couvert d'un grand bouclier rond (casque à cimier bas et rehauts blancs effacés, chlamyde à rehauts rouges, tunique courte à bordure rouge et à rosace de pointillé blanc, bouclier à bordure rouge et épisème blanc effacé en forme de serpent). Au centre, sur un char à quatre chevaux qui se dirigent obliquement vers le spectateur (crinières et queues rouges) est debout Athéné tenant les rênes et la lance (chairs en blanc effacé, casque à haut cimier rehaussé de rouge qui déborde sur la zone d'ornements, égide à serpents dressés). A droite, devant les pieds des chevaux, est étendu par terre un hoplite qui se retourne encore pour darder la lance et qui se couvre de son bouclier (casque à cimier bas et rouge, chlamyde et tunique à rehauts rouges, épée au côté, gros points blancs effacés sur le bouclier); il est assailli par un hoplite qui marche vers la gauche, dardant la lance et se couvrant d'un bouclier (mêmes détails, pas de tunique). — *B*. Sur la panse **Jeunes filles puisant l'eau à la fontaine Callirhoé.** La scène est divisée en deux compartiments par un mur (quadrillé noir et blanc effacé), couronné d'un entablement (triglyphes en blanc effacé), flanqué à gauche d'une tête de mulet et à droite d'une tête de lion, formant déversoirs pour l'eau. A gauche une jeune fille drapée, un coussinet posé sur la tête, a placé son hydrie sous le filet d'eau qui sort de la bouche du mulet (chairs blanches effacées, himation à rehauts rouges et croix incisées sur tunique à dessins géométriques incisés); elle a posé les pieds sur deux des cinq marches qui conduisent à la margelle de la fontaine et, tenant de la main gauche un rameau feuillu garni de gros fruits en forme de grenades (blanc effacé) qui se répand dans le champ, elle fait avec la main droite le geste de l'attacher comme parure au mascaron en tête de mulet. Derrière elle trois jeunes filles (chairs blanches effacées), ayant leurs hydries posées sur leur coussinet de tête, causent entre elles; la première respire une fleur et relève un pli de sa tunique (bandelette rouge sur les cheveux pendants, tunique serrée à la taille à rehauts rouges et croix incisées); la seconde élève la main pour soutenir son hydrie (mêmes détails); la troisième à gauche tient de la main gauche un rameau feuillu qui s'étend dans le champ (hydrie couchée sur le coussinet, cheveux relevés en chignon, himation à rehauts rouges enveloppant le bas de la tunique à croix incisées). A droite de la fontaine, quatre autres jeunes filles drapées (chairs blanches effacées) sont symétriquement placées : la première, répétant les gestes de l'autre, s'apprête à fixer au mufle de lion une couronne et un rameau feuillu qu'elle tient de la main gauche (mêmes détails). Derrière elle trois compagnes causent (mêmes détails avec peu de variantes; la seconde a un chignon relevé et pas de bandelette comme la troisième, elle tient de la main droite un rameau feuillu; la dernière élève la main vers son hydrie couchée sur le coussinet; cette figure déborde presque tout entière sur la bande verticale d'ornements). — *C.* Dans la zone inférieure **Animaux passant**; bouc affronté à une lionne tête de face (rehauts rouges), même motif répété (la lionne retournant la tête de face).

Même décor que dans le précédent. De chaque côté de *B*, en bande verticale, une guirlande de lierre entre filets noirs. De chaque côté de la bande d'animaux, une palmette portée par un pédoncule. En dessous, zone noire entre quatre cercles rouges. Près de la base, zone claire avec arêtes rayonnantes. Cercle rouge à l'attache du pied noir avec cercle rouge sur la tranche.

Terre jaunâtre un peu rosée, surface orangée. Peinture en très beau noir lustré. Retouches rouges et retouches blanches (effacées). Incisions soignées. Beau style. Bon état de conservation. Haut. avec l'anse, 0,50.

(Inv. MNC 18). Trouvé en Italie et acquis en 1881.

Vue d'ensemble dans notre pl. 83.

F 297. Hydrie à tableaux (col haut, anse peu débordante au-dessus de l'embouchure et accostée de deux saillies, anses relevées, pied un peu concave à tranche haute). — Un sujet sur l'épaule et un sur la panse. — *A.* Sur l'épaule **Iris entre deux chars de guerre**. Au centre, la déesse ailée (chairs blanches, ailes basses et recoquillées, tunique à rehauts rouges et petites rosaces de pointillé blanc) court vers la droite en retournant la tête. De chaque côté, un char de guerre attelé de quatre chevaux qui se présentent obliquement (crinières, queues et harnais de poitrail rouges), monté à gauche par un écuyer portant sur son dos un bouclier à double échancrure et tenant une lance (imberbe, tunique blanche, rehauts rouges et points blancs sur le bouclier), à droite par un guerrier tenant la lance et le bouclier rond (barbe et cheveux rouges, bouclier blanc avec épisème noir en forme de serpent). Dans le champ, au-dessus de la déesse, inscription en petites lettres noires : IOIΣ, (pour EPIΣ, Ἔρις?). — *B.* Sur la panse **Apollon sur son char, escorté par Artémis, Hermès et Léto**. A gauche, le dieu imberbe monte sur son char (rehaut rouge sur le devant des cheveux, himation à rehauts rouges et rosaces de pointillé blanc sur tunique longue); il tient des deux mains les rênes des quatre chevaux (crinières, deux queues et harnais de poitrail en rouge, caisson du char rouge). En arrière-plan, Artémis, tournée du côté de son frère, lui tend la lyre (chairs blanches, bandelette rouge sur les cheveux, boucle d'oreille, collier, tunique à manches avec rehauts blancs, rehauts blancs et rouges sur les montants de la lyre d'où pendent le lien du plectre et la sacoche pour l'envelopper). Derrière Artémis, Hermès barbu marche vers la droite, retournant la tête et levant le bras droit (pétase blanc, chlamyde à rehauts rouges et rosaces de pointillé blanc, ailettes rouges fixées aux chevilles et recourbées en avant). Devant les chevaux se tient Léto drapée et voilée (chairs blanches, voile sur la tête avec rehauts rouges et rosaces de points blancs, tunique à points rouges; son buste est complètement retourné vers la droite, les pieds et les jambes étant dirigés vers la gauche); de la main droite pendante, elle paraît tenir une fleur et avance la main gauche (qui déborde tout entière dans la bande d'ornements). Au-dessus de chaque personnage est peint son nom en petites lettres noires : AΠOLONOΣ (rétrograde), APTEMIΔoΣ, HEPMoY, LEToV.

Noir dans l'embouchure, clair sur le rebord extérieur; noir sur le col, tout le revers du vase, l'anse d'arrière, les anses horizontales en clair. En haut de *A*, godrons noirs et filet noir de chaque côté. En haut de *B*, filet noir; sur les côtés, en bande verticale, palmettes noires accostées de points; en bas, bande de lotus reliés par des entrelacs. En dessous, zone noire avec quatre cercles rouges. Près de la base, zone claire avec arêtes rayonnantes. Cercle noir à l'attache du pied noir avec cercle rouge.

Terre rosée assez foncée, surface orangée. Peinture en beau noir lustré. Retouches rouges et blanches. Incisions soignées. Beau style. Bon état de conservation. Haut. avec l'anse, 0,47.

(Inv. CA 299). Ancienne collection de Witte. Trouvé à Vulci. Légué au Musée en 1890 par M. le baron de Witte.

Vue d'ensemble dans notre pl. 84.

Publié par Lenormant et de Witte, *Élite des Monuments céramographiques*, II, pl. 50; Gerhard, *Auserlesene Vasenbilder*, pl. 20; S. Reinach, *Répertoire des vases antiques*, II, p. 26. Cf. de Witte, *Cabinet Durand*, n° 14; *Corp. inscr. græc.* 7419; Kretschmer, *Vaseninschriften*, p. 108; Heydemann, *Pariser Antiken*, p. 88, n° 5; E. Pottier, *Bulletin des Musées*, 1890, p. 107.

F 298. Hydrie à tableaux portant le nom de Nikésippos (même structure avec trois clous en saillie sur le rebord intérieur, près de l'attache de l'anse). — Un sujet sur l'épaule et un sur la panse. — *A.* Sur l'épaule **Départ du char de guerre et des fantassins**. A gauche, guerrier armé d'une lance et d'un bouclier échancré (casque à cimier bas, tunique courte à croix incisées, serrée à la taille par une ceinture rouge, cnémides à rehauts rouges). Devant lui, un écuyer (imberbe et nu, cheveux rouges, draperie rouge jetée sur l'épaule droite) monte sur le char et tient les rênes des quatre chevaux (deux crinières et deux queues rouges, harnais de poitrail incisé). Devant les chevaux est assis sur un pliant un homme barbu, le haut du corps nu, tenant une longue baguette (barbe rouge, sein rouge, himation à rehauts rouges roulé autour des jambes). A droite, une femme drapée (chairs blanches, tunique à rehauts rouges et croix incisées, bandelette rouge sur les cheveux) converse avec un guerrier armé d'une lance et d'un bouclier (casque à haut cimier débordant sur les ornements, bouclier à bordure rouge et épisème blanc en forme de trois croissants adossés à un point central, cnémides à rehaut rouge). — *B.* Sur la panse **Combat d'Hercule et de Triton**. Au centre, le dieu marin, barbu, avec un corps de poisson couvert d'écailles et une queue fourchue de scorpion (visage rouge, seins rouges, raie blanche soulignant le ventre, anneau rouge à la queue) penche la tête et essaie avec ses deux mains de dénouer l'étreinte d'Hercule qui, à califourchon sur son dos, l'a entouré de ses deux mains fortement nouées et cherche à l'étouffer (barbe rouge, peau de lion sur la tête, retombant sur le corps pardessus une tunique courte rouge). A gauche, le vieux Nérée, barbu et drapé, regarde la scène, appuyé sur une haute canne (barbe et cheveux blancs, couronnés d'une guirlande rouge, himation à rehauts rouges et croix incisées, restauré dans le bas). A droite, Amphitrite dans une attitude symétrique, élevant la main droite (chairs blanches, guirlande rouge sur les cheveux, himation à rehauts rouges sur tunique décorée de dessins géométriques incisés, repeints dans le corps et les bras). Les noms des personnages sont peints en lettres noires : HEPAKLEΣ, NEPEVΣ, ANΦITPITE, et au-dessus le nom d'éphèbe NIKEΣIΠOΣ KALOΣ, Νικέσιπ(π)ος καλός.

Noir dans l'embouchure, sur le rebord, le col, le dessus des anses, tout le revers du vase. Palmette rouge réservée à l'attache inférieure de la grande anse d'arrière. En haut de l'épaule, zone de godrons noirs et rouges. De chaque côté de *A* deux filets noirs. En haut de *B*, un filet noir; sur les côtés, en bande verticale, entre filets noirs, palmettes au trait fin alternant avec des boutons de lotus; en dessous bande de palmettes alternativement droites et renversées. En dessous zone noire avec quatre cercles rouges. Près de la base, zone claire avec arêtes rayonnantes. Cercle rouge à l'attache du pied noir.

Terre jaunâtre, assez foncée; surface orangée. Peinture en noir lustré. Retouches rouges et blanches. Incisions soignées. Beau style. Cassures nombreuses et quelques restaurations sans repeints nuisibles. Manque une anse horizontale. Haut. avec l'anse, 0,555.

(Inv. N 3390; MN 41). Ancienne collection Canino. Trouvé à Vulci vers 1828. Acquis en 1848.

Vue d'ensemble dans notre pl. 84. Cf. de Witte, *Notice d'une collection de vases*, 1843, n° 81; Klein, *Lieblingsinschriften*, p. 41.

F 299. Hydrie à tableaux (col haut, anse débordante, accostée de deux saillies à l'attache supérieure, anses de côté relevées, pied à base un peu concave et tranche haute). — Un sujet sur l'épaule et un sur la panse. — *A*. Sur l'épaule **Exploits d'Hercule (ou de Thésée?)**. A gauche, un héros imberbe, un carquois dans le dos, l'épée au côté, une massue dans la main droite (tunique courte à rehaut rouge), se penche et saisit de la main gauche un sanglier qui fond sur lui et tombe sur les genoux (sanglier d'Érymanthe ou laie de Crommyon). A droite, le même éphèbe (rehaut rouge sur les cheveux), armé de même, mais tenant un lasso au lieu de la massue, avance la main droite pour saisir un taureau qui fuit à droite (taureau de Crète ou taureau de Marathon). Au centre, Athéné et Hermès sont assis l'un en face de l'autre sur des sièges en cubes hauts, Athéné à gauche, portant la lance et levant la main gauche (casque à haut cimier qui déborde sur les ornements, himation sur tunique), Hermès à droite, penché et étendant la main droite, tenant de la main gauche un long caducée (pétase, chlamyde à rehaut rouge, ailettes aux pieds recourbées en avant). — *B*. **Ajax et Achille tirant au sort en présence d'Athéné**. Au centre, Athéné debout devant un autel à un degré, retournant la tête vers la gauche, tenant la lance et levant la main gauche (chairs blanches effacées, casque à haut cimier qui déborde sur le sujet précédent, bandelette rouge autour de la coiffe, égide à écailles et serpents dressés sur une tunique à rehauts rouges). Ajax et Achille sont assis de chaque côté sur un siège en cube haut; chacun d'eux porte deux lances et tient un bouclier rond à bordure rouge (casque de gauche à cimier bas et rehaut rouge, cuirasse sur tunique courte à rehauts rouges, épée au côté, cnémides; casque de droite à cimier haut, épée au côté, cnémides, épisème du bouclier en forme de serpent blanc). De chaque côté, un guerrier se tient debout, représentant la troupe des Grecs (casque à cimier bas, lance, cnémides, bouclier rond).

Noir dans l'embouchure, sur le rebord, le col, le dessus des anses, le revers du vase. En haut de *A*, bande de godrons noirs et rouges et un filet noir de chaque côté. En haut de *B*, un filet noir; sur les côtés, en bande verticale, guirlande de lierre entre filets noirs; en bas, une zone de palmettes inscrites dans un cœur et accostées de petites feuilles noires. En dessous, zone noire avec trois cercles rouges. Près de la base, zone claire avec arêtes rayonnantes. Cercle rouge sur anneau saillant à l'attache du pied noir. Sous la base, en grandes lettres incisées, HA et dans l'autre sens ΜΕ.

Terre rosée; surface faiblement orangée. Peinture en noir lustré. Retouches rouges et retouches blanches (effacées). Incisions assez rapides. Quelques réparations aux anses et au col. Bon état de conservation. Haut. avec l'anse, 0,48.

(Inv. Campana 129). Trouvé en Étrurie et entré en 1863.

Vue d'ensemble dans notre pl. 84.

F 301. Hydrie à tableaux (même structure). — Même disposition. — *A*. Sur l'épaule **Combat d'Hercule contre Kyknos**. Au centre, Hercule barbu (peau de lion sur la tête, nouée par devant et retombant sur une tunique courte) tient sur le bras gauche un bouclier échancré (armature intérieure en blanc) et darde de la main droite une énorme lance qu'il dirige contre Kyknos fuyant, tombé par terre et retournant la tête (costume d'hoplite, casque à haut cimier, cuirasse sur tunique courte à points rouges, baudrier blanc); il tient encore sa lance et son bouclier rond (armature interne en blanc). Devant Hercule et se retournant vers lui comme pour l'encourager, marche Zeus (?) barbu, demi-nu, une chlamyde jetée sur les épaules, tenant une lance et élevant la main gauche (bandelette rouge sur les cheveux, rehaut rouge sur la chlamyde). Derrière Kyknos tombé vient Arès, la lance haute, couvert d'un bouclier rond (casque à cimier bas, cuirasse sur tunique courte, épée au côté, épisème en serpent blanc sur le bouclier à bordure rouge). A gauche, derrière Hercule, s'avance Athéné dardant la lance et portant un bouclier rond vu de profil (chairs blanches, casque à cimier haut qui déborde sur les ornements, tunique à gros points rouges, points blancs sur le bouclier); derrière Athéné se tient debout Hermès barbu, levant la main gauche (pétase, chlamyde à rehauts rouges, ailettes aux pieds recourbées en avant, pas de caducée indiqué). — *B*. Sur la panse **Pélée enlevant Thétis**. Au centre, Pélée sous les traits d'un éphèbe (tête ceinte d'une guirlande incisée, peau de bête tachetée de points blancs ou rouges, de petites rosaces en pointillé blanc et de croix incisées, par-dessus une tunique courte à rehauts rouges) a saisi à bras-le-corps la déesse et cherche à l'emporter. Celle-ci lève la main droite et penche la tête vers la gauche (chairs blanches, bandelette rouge sur les cheveux, tunique longue à rehaut rouge); du sommet de sa tête sortent des flammes (indiquées en coups de pinceau de noir délayé); sur son épaule gauche est grimpé un lion, qui la défend en essayant de mordre la tête de Pélée. A droite, deux Néréides s'enfuient, retournant la tête, l'une avec les deux bras levés (chairs blanches, rameaux noirs fixés dans la chevelure, tuniques à rehauts rouges). A gauche, deux autres Néréides, l'une fuyant et retournant la tête, un bras levé (mêmes détails, tunique à points rouges et petites rosaces de pointillé blanc), l'autre faisant face et levant les deux mains en signe d'étonnement (mêmes détails, himation à rehauts rouges et petites rosaces pointillées sur tunique à points rouges et mêmes rosaces). Près du groupe central inscription peinte en petites lettres noires : ΘETIΣ KALE.

Même décor que dans le précédent. Sous la base, marque en grandes lettres incisées ΠΑ et Ⱶ.

Même technique. Bon style avec une exécution assez rapide. Bon état de conservation. Haut. avec l'anse, 0,52.

(Inv. N 3168; MN 1532). Ancienne collection Canino. Trouvé à Vulci vers 1830. Acquis en 1852.

Vue d'ensemble dans notre pl. 84. Le sujet *A* publié par Lenormant et de Witte, *Élite céramographique*, I, pl. 2 (où le sujet est expliqué comme une Gigantomachie). Cf. de Witte, *Description de vases de l'Étrurie*, 1837, n° 133; Heydemann, *Pariser Antiken*, p. 49, n° 80.

F 311. Cratère à oreillettes, avec yeux prophylactiques (oreillettes plates portées par des anses verticales rondes, col très bas, pied à double gradin). — Un sujet sur chaque côté du vase. Deux grands yeux prophylactiques (rehaut blanc, point central rouge) séparent les deux sujets. — *A*. **Anodos de Dionysos et de Koré**. Au centre, deux grands bustes se profilant l'un sur l'autre sortent de terre, le buste d'homme derrière celui de la femme (rehaut rouge sur la barbe du dieu, guirlande de lierre rouge sur les cheveux; chairs blanches sur le visage de la femme, guirlande de pointillé rouge sur les cheveux, boucle d'oreille en anneau, collier en points noirs); au-dessus d'eux s'épanouit dans le champ un bouquet de rameaux feuillus. De chaque côté, un Silène nu et une Ménade drapée tenant des crotales dansent en regardant cette apparition (rehaut rouge sur la barbe et les cheveux des Silènes; chairs blanches, guirlande incisée sur les cheveux, tunique à points rouges chez les Ménades). — *B*. **Ariane ou Ménade sur le mulet de Dionysos**. Au centre, une femme drapée (chairs blanches, bandelette en points rouges sur les cheveux, tunique courte laissant les jambes nues) est à cheval sur un mulet ithyphallique (rehaut rouge sur la crinière) et tient de la main droite un bouquet de rameaux feuillus qui se répandent dans le champ et d'où pendent trois grappes. A gauche, derrière le mulet, marche courbé un Silène nu, portant sur son dos une outre pleine, et levant la main gauche (rehaut rouge sur barbe, cheveux et queue de cheval). A droite, une Ménade précède le mulet en retournant la tête (chairs blanches effacées, bandelette à points rouges, tunique à points rouges).

Noir dans l'intérieur avec un cercle rouge. Sur le plat du rebord, boutons de lotus reliés par des entrelacs; sur le plat des oreillettes, grande palmette accostée de deux volutes. Sur le rebord extérieur, guirlande de lierre. Noir sur les anses. Sur le col, au-dessus de *A*, bande de palmettes alternativement droites et renversées; le col est noir au-dessus de *B*. Sur le haut de l'épaule, godrons noirs. Chaque sujet entre deux filets noirs. En dessous, zone noire avec trois cercles rouges. Près de la base, zone claire avec arêtes rayonnantes. Cercle rouge à l'attache du pied noir avec deux cercles rouges.

Terre rosée; surface orangée. Peinture en noir lustré, tourné au rouge en plusieurs endroits. Retouches rouges et blanches. Incisions rapides. Bon état de conservation. Haut. 0,36. Diam. avec les anses, 0,39.

(Inv. Campana 1321. Trouvé en Étrurie, à Cære, et entré en 1863.

Publié par Gerhard dans les *Monumenti dell' Instituto*, VI-VII, pl. 7; *Annali*, 1857, p. 211; *Gesamm. Akad. Abhandlungen*, pl. 68, nº 3; S. Reinach, *Répertoire des Vases*, I, p. 144, nºˢ 3 et 4. Cf. Frœhner, *Musées de France*, p. 70; Heuzey, *Monuments publ. par l'Assoc. des Études grecques*, 1885, p. 28.

F 313. Cratère à oreillettes (même structure). — Une seule figure placée de chaque côté du col dans une bande étroite réservée. — *A.* **Lion rugissant**, s'élançant à droite. — *B.* **Taureau baissant la tête**, fonçant vers la gauche. Dans le champ, de chaque côté des animaux, deux palmettes alternativement droites et renversées.

Même décor que dans le précédent avec quelques variantes. Sur le rebord extérieur, trois lignes de gros points noirs entre filets noirs. En haut de chaque sujet un filet et, en bas, deux filets noirs. La panse est couverte d'une cinquantaine de lignes de gros points noirs, séparées par des cercles noirs et formant comme un réseau sur le vase. Le bas de la panse et le pied comme dans le précédent.

Même terre. Peinture en noir lustré, sans retouches et sans aucune incision. Le vase est fendu en plusieurs parties. Haut. 0,37. Diam. avec les anses, 0,39.

(Inv. Campana, numéro disparu). Trouvé en Étrurie et entré en 1863. Vue d'ensemble dans notre pl. 84.

F 314. Stamnos (col large et très court, deux anses horizontales à trois filets saillants avec attaches en forme de rivets, pied légèrement concave). — Les sujets sont répartis dans trois zones circulaires, une sur l'épaule, une plus grande sur la panse, une étroite sur le bas de la panse. — *A.* Sur l'épaule **Scènes de banquets**, en tout treize personnages étendus chacun sur un lit de banquet, le dos ou le coude appuyé sur un coussin : joueuse de double flûte étendue sur le dos, le haut du corps nu (tête refaite, blanc disparu); dans le champ au-dessus d'elle sont suspendues une grande cithare d'où pend l'attache du plectre et deux draperies; homme nu accoudé et se retournant vers la droite, une jambe nue sortant du lit (rehaut rouge sur la barbe, grosse guirlande de lierre à rehauts rouges sur la tête, tache blanche représentant un mets servi près du lit), dans le champ grande cithare et les deux draperies; joueuse de double flûte étendue sur le dos (chairs blanches, couronne de lierre incisée sur la tête), dans le champ mêmes accessoires; homme demi-nu, accoudé et retournant la tête (rehaut rouge sur la barbe, même couronne de feuillage à rehauts rouges, himation à étoiles incisées et rehauts rouges, tache blanche pour indiquer un mets servi), dans le champ la cithare et une draperie; joueuse de double flûte retournée vers la droite, sortant une jambe nue du lit (chairs blanches, en partie disparues), dans le champ la grande cithare et les deux draperies; homme demi-nu accoudé et retourné à droite (rehauts rouges sur barbe, couronne, himation, blanc sur le mets servi), dans le champ grande cithare; femme demi-nue retournée à droite et étendant la main gauche (chairs blanches en partie effacées, couronne de lierre incisée), dans le champ deux draperies et grande cithare; homme demi-nu retourné à droite et levant les deux mains (mêmes détails de barbe et couronne, croix incisées sur l'himation), dans le champ une draperie et une grande cithare; joueuse de double flûte étendue sur le dos (mêmes détails que plus haut, rehauts rouges sur l'himation), et tout près d'elle, en partie disparaissant en arrière-plan, homme demi-nu, accoudé et retourné vers la droite (rouge sur la barbe et grosse couronne, sur l'himation à croix incisées), au-dessus d'eux, dans le champ, une draperie et la grande cithare; femme nue assise sur le lit et tenant un miroir d'une main, l'autre main portée aux cheveux pour se coiffer (chairs blanches, himation à points et rehauts rouges; près d'elle un mets servi représenté par une tache blanche), dans le champ deux draperies et la cithare; homme demi-nu, accoudé et retourné vers la droite (barbe et couronne incisées, points rouges sur l'himation, mets en blanc), dans le champ une draperie; autre homme demi-nu regardant le précédent et étendant le bras gauche en arrière (rouge sur barbe et couronne, croix incisées sur himation, mets en blanc), dans le champ cithare et draperie. — *B.* Sur la panse **Scènes de palestre, luttes au pancrace et à la main**, comprenant vingt-quatre personnages. La composition est divisée en quatre parties par les anses. — 1º Au centre, deux lutteurs nus, les poings entourés du ceste, se lancent des coups dans le visage (barbes à rehaut rouge, poitrines velues). A gauche, s'avancent en groupe un homme barbu et un éphèbe, l'homme demi-nu tenant une baguette de paidotribe (rehaut rouge sur la barbe, himation à bordure incisée), l'éphèbe en arrière-plan, nu et levant la main droite, les lanières du ceste dans la main gauche (rehaut rouge sur les cheveux), puis un autre groupe pareil, l'homme drapé se retournant en arrière, son compagnon barbu et nu, enfin un dernier homme nu fermant la marche et retournant la tête en arrière (poitrine velue). A droite du groupe central s'avance symétriquement un groupe dans lequel l'éphèbe nu, tenant les lanières, paraît en premier plan, ayant pour compagnon en arrière-plan l'homme barbu avec la baguette (himation à points rouges), puis un second groupe d'athlètes nus, barbus, qui s'éloignent à droite, l'un retournant la tête et levant le bras gauche, l'autre en arrière-plan, la main gauche avancée (barbes rouges, poitrine velue). — 2º A gauche, deux athlètes nus et barbus luttent au pancrace (rehauts rouges, poitrines velues); à gauche, un paidotribe barbu et drapé, tenant la baguette, les surveille (barbe rouge, points rouges sur l'himation, tête restaurée); au centre, deux éphèbes nus marchent côte à côte, l'un se retournant (tête refaite) et tenant les lanières du ceste, l'autre levant le bras gauche. Devant eux, à droite, deux athlètes barbus et nus luttent au pancrace (rehauts rouges sur les barbes et les seins, poitrine velue), surveillés à droite par un paidotribe barbu tenant sa baguette (himation à points rouges). Derrière lui et fermant la scène à droite, un éphèbe nu s'éloigne, retournant la tête et levant le bras gauche (rehaut rouge sur les cheveux). — 3º Sous l'anse, la lutte à la main, sans ceste, entre deux athlètes nus, barbus, qui se sont pris à bras-le-corps (rehauts rouges sur barbe et sein; la tête de l'un est invisible derrière l'autre); dans le champ, une draperie suspendue à droite. — 4º Même sujet (têtes d'éphèbes, poitrines velues), par terre un grand vase en forme de bassin (le prix de la lutte?) et dans le champ, de chaque côté, une draperie suspendue. — *C.* Sur le bas de la panse **Course de chars**. Sept chars à quatre chevaux sont engagés dans l'arène; les écuyers barbus, vêtus de la longue tunique blanche retroussée par un nœud entre les deux épaules, penchés en avant, tiennent les rênes et l'aiguillon; les chevaux galopent (quelques rehauts rouges sur les crinières et harnais de poitrail); trois colonnettes dressées à intervalles inégaux indiquent les buts; en deux endroits, deux chars marchent presque côte à côte, se profilant l'un sur l'autre.

Noir dans l'intérieur, sur le rebord et le col, les anses, le pied. La panse en clair, les zones séparées par deux cercles noirs. En haut de l'épaule, zone de godrons noirs et rouges. Près de la base, arêtes noires rayonnantes. Cercle rouge à l'attache du pied.

Terre rosée, surface orangée. Peinture en noir lustré. Retouches rouges et blanches. Incisions assez rapides. Style particulier, dessin des cuisses très large, pectoraux bombés, grosses couronnes à feuilles rouges. Beaucoup de cassures et de réparations; mais les repeints ont en général respecté les figures. Haut. 0,39.

(Inv. N 3274; L P 2621). Ancienne collection Canino. Trouvé en Étrurie. Acquis sous le règne de Louis-Philippe.

Vue d'ensemble dans notre pl. 84. Cf. Furtwaengler, *Jahrbuch Inst.* 1893, *Anzeiger*, p. 85 (qui attribue ce vase à l'atelier de Kleisophos, en même temps que l'amphore F 216); St. Jones, *Journal of hell. Studies*, 1891, p. 375 (le stamnos à figures noires qu'il mentionne et dont un calque existe dans l'*Apparatus de Berlin* est évidemment celui du Louvre).

F 318. Grand Cratère (forme de cloche, anses basses et relevées, pied refait en pente à tranche haute). — Une zone circulaire sur la panse, divisée en deux sujets par l'ornement en cep de vigne à la hauteur des anses. — *A*. **Départ d'Athéné sur son char.** A gauche, Aphrodite drapée (?) tenant une fleur (chairs blanches et visage refaits, himation à points rouges sur tunique à croix incisées) converse avec Dionysos drapé, tenant une corne à boire et un rameau de vigne dont les branches feuillues se répandent dans le champ (barbe rouge, couronne de pampres incisés, himation à points rouges sur tunique longue). Le centre est occupé par le char à quatre chevaux d'Athéné qui monte, tenant les rênes à deux mains (chairs blanches et visage repeints, casque à haut cimier débordant sur les ornements du haut, égide à écailles et à serpents dressés sur tunique à points rouges) ; les chevaux sont arrêtés (deux crinières et deux queues rouges, toute la partie inférieure des jambes refaite) ; en arrière-plan du char on voit Poseidon avec son trident (barbe rouge, himation à points rouges, pieds refaits), Apollon imberbe (himation à points rouges, pieds refaits) jouant avec un plectre de la lyre à sept cordes (montants blancs) et en face de lui Artémis (?) drapée, respirant une fleur (chairs blanches, himation à points rouges restauré). A droite, devant les chevaux, se tient Hermès barbu tenant un long caducée (barbe rouge, pétase, chlamyde à points rouges, tout le bas mal restauré en tunique) et derrière lui une déesse drapée, respirant une fleur (chairs blanches et visage refaits, himation à points rouges restauré). — *B*. **Dionysos et son thiase.** Ce côté est entièrement restauré. Le dieu debout au centre, les deux Ménades drapées et le Silène qui l'escortent à gauche sont tout entiers refaits, avec quelques morceaux antiques. A droite, une Ménade drapée danse en retournant la tête vers Dionysos (chairs blanches et visage refaits, tunique à points et croix rouges) ; devant elle, un Silène nu dansant (barbe rouge, queue de cheval et jambe droite refaites) ; il est suivi d'une Ménade drapée dansant (chairs blanches, visage retouché, tunique à croix rouges, partie inférieure restaurée). — Devant chaque anse, s'élève un cep de vigne dont les rameaux feuillus retombent chargés de grappes noires (restaurations).

Intérieur noir avec deux cercles rouges repeints vers le fond. Le bord noir. Sur le rebord extérieur clair, une guirlande de lierre noir entre deux cercles noirs. La zone de la panse entre deux cercles noirs. Sur le bas de la panse formant gros bourrelet, grandes palmettes noires couchées et inscrites dans une volute (restaurées). Noir sur les anses (restaurées). Près de la base, petite zone claire avec languettes rayonnantes (restaurée). Le pied refait.

Terre rosée, surface orangée. Peinture en noir lustré. Retouches blanches et rouges. Incisions assez rapides. Nombreuses et profondes restaurations, surtout en *B*, et dans la partie inférieure du vase. Haut. 0,44. Diam. 0,46.

(Inv. Campana 717). Trouvé en Étrurie et entré en 1863.

Vue d'ensemble (côté *A*) dans notre pl. 85.

F 319. Vase sans anses en forme de toupie (col court et évasé avec rebord à deux filets saillants, pied haut cylindrique). — Une zone circulaire de figures sur la panse. — **Départ de chars de guerre et de chars de concours.** La composition se divise en trois groupes : 1° femme drapée, retenant un pli de sa tunique (chairs blanches retouchées, visage refait, bandelette rouge sur les cheveux, tunique à faibles rehauts rouges), debout devant les quatre chevaux d'un char sur lequel monte un guerrier barbu tenant les rênes et l'aiguillon (barbe rouge, épée au côté, tunique courte ; deux crinières des chevaux et deux queues rouges) ; en arrière-plan des chevaux, une femme drapée fait face au conducteur du char, la main gauche avancée (chairs blanches retouchées, tunique à croix incisées) ; derrière le conducteur de char s'avance un éphèbe nu tenant une longue baguette ; 2° conducteur de char barbu, en longue tunique blanche (barbe rouge), debout sur un char à quatre chevaux (mêmes détails), tenant les rênes et l'aiguillon ; en arrière-plan, éphèbe nu tenant une baguette, marchant à droite enlevant la main gauche et retournant la tête ; 3° femme drapée retenant un pli de sa tunique (mêmes détails que pour l'autre), debout devant les quatre chevaux (mêmes détails) d'un char sur lequel est debout un écuyer en tunique blanche (mêmes détails) ; en arrière-plan, éphèbe nu, tenant une baguette et se retournant vers l'écuyer en levant la main gauche.

Noir dans l'embouchure, sur le rebord, sur le col, avec un cercle rouge ; petit filet saillant à la base du col. En haut de l'épaule, godrons noirs et rouges. Sous la zone de figures, un cercle noir et un cercle rouge. Tout le bas et le pied en noir.

Terre rosée ; surface orangée. Peinture en noir lustré. Retouches rouges et blanches. Incisions assez rapides. Quelques cassures et des retouches dans les tons blancs et rouges. Haut. 0,32.

(Inv. Campana, 170). Trouvé en Étrurie et entré en 1863.

Vue d'ensemble dans notre pl. 85.

F 323. Œnochoé ou Olpé à tableaux (bouche ronde, anse longue et plate ne débordant pas, deux saillies à l'attache supérieure, pied plat). — Un sujet sur le devant du vase. — **Ajax portant le corps d'Achille.** Il marche courbé, la tête invisible sauf le haut de son casque à bout pointu, de forme asiatique, couvert d'un grand bouclier à double échancrure, et portant deux lances basses (épée au côté, tunique courte, épisème du bouclier en blanc effacé et en forme de palmette, cnémides) ; sur ses épaules est placé le corps d'Achille avec un bouclier échancré encore fixé sur le dos, les jambes pendantes (tête coiffée d'un casque à cimier bas, œil incisé ovale, tunique courte avec une croix incisée, cnémides, retouches rouges sur les échancrures du bouclier).

Noir dans l'embouchure, sur le rebord, l'anse, tout le revers du vase et le pied. Le tableau encadré en haut par un zigzag à gros points noirs, sur les autres côtés par un filet noir ; en dessous deux cercles rouges.

Terre rosée assez pâle, surface faiblement orangée. Peinture en noir lustré. Retouches de rouge et de blanc effacé. Incisions rapides. Assez bon état de conservation. Haut. 0,24.

(Inv. Campana 433). Trouvé en Étrurie et entré en 1863.

Vue d'ensemble dans notre pl. 85.

F 324. Œnochoé ou Olpé à tableaux (même structure). — Un sujet sur le devant du vase. — **Femme à la fontaine** (Polyxène ?). A droite, d'un mascaron en forme de tête de lion coule un filet d'eau (noir délayé) qui tombe dans une hydrie posée sur un degré. A gauche s'avance une femme drapée, relevant de la main gauche un pli de sa tunique (chairs blanches, bandelette rouge sur les cheveux, tunique à points rouges et à petites étoiles incisées). Dans le champ, derrière elle, se répandent des rameaux feuillus portant des fruits en forme de gros points blancs. Inscriptions peintes dans le champ en lettres noires : ΔΕ+Ε ΤΕΔΕ ΠΔΛΟ, Δέχε τένδε (πλέον?).

Même décor, sauf le tableau encadré en haut par une guirlande de lierre entre trois filets, une grecque fine sur chaque côté ; sous le tableau un cercle rouge.

Terre rosée, surface orangée. Peinture en noir lustré. Retouches de blanc et de rouge. Incisions rapides. Assez bon état de conservation. Le pied refait. Haut. 0,235.

(Inv. N 3387 ; LL 76). Ancien fonds. Acquis sous le règne de Louis XVIII.

Publié par Visconti, *Opere varie*, III, p. 261, pl. 4 ; Dubois-Maisonneuve, *Introduct. à la peinture des vases*, pl. 70 ; Inghirami, *Vasi etrusci*, pl. 44 ; Gerhard, *Etrusk. Camp. Vas.*, pl. E, nos 19 et 20. Cf. O. Jahn, *Vasensamml. München*, p. CXIV, note 829 ; F. Lenormant, *Monographie de la voie sacrée éleusinienne*, p. 90 ; Heydemann, *Pariser Antiken*, p. 50, n° 39 (avec les diverses lectures de l'inscription).

F 325. Œnochoé ou Olpé à tableaux (même structure, anse un peu débordante, pas de saillies à l'attache). — Un sujet sur le devant du vase. — **Trois éphèbes devant deux hermès.** Ils marchent vers la droite, drapés, l'un tenant une baguette (himation à rehauts rouges et blancs), l'autre avançant la main gauche cachée sous la draperie (même détail), le troisième (même détail) avançant les deux mains nues comme pour toucher le fût d'un hermès de Dionysos à tête barbue vue de face (rehaut rouge sur la barbe), posé sur une base à un degré; un autre hermès posé sur une base à deux degrés est contigu au précédent et vu de profil (rehaut rouge sur la barbe et le devant des cheveux); entre les deux hermès trois rameaux feuillus dressés en croix.

Même décor, sauf en haut du tableau deux lignes de gros points noirs entre trois filets, pas de cercle rouge sur le bas de la panse. Sous la base en lettres incisées marque ΜΕ.
Même technique. Style négligé. Quelques fêlures dans le vase. Haut. 0,22.
(Inv. N numéro effacé; LP 2313). Ancien fonds. Acquis sous le règne de Louis-Philippe. Provenance exacte inconnue.
Vue d'ensemble dans notre pl. 85.

F 334. Œnochoé ou Olpé à tableau (même structure, rebord en bourrelet, saillies près de l'attache supérieure de l'anse). — Un sujet sur le devant du vase. — **Ménades et Silènes faisant la cueillette des fruits.** Au centre, s'élève un tronc d'arbre couronné de branches feuillues qui sont chargées de fruits blancs. Trois Silènes nus et trois Ménades drapées font la récolte. Une Ménade est debout, tenant un plat qui contient déjà des fruits blancs (chairs blanches, himation à points rouges et blancs); une seconde grimpe après le tronc d'arbre; une troisième est suspendue par la main à une branche de droite (mêmes détails). Un des Silènes s'éloigne à droite retournant la tête et tenant un lion (rehaut rouge sur la barbe et les cheveux, blanc effacé sur le lion). Sur le haut de l'arbre, dans les branches, deux Silènes plus petits détachent les fruits.

Noir dans l'embouchure, sur l'anse, le revers du vase, le pied. Sur le rebord extérieur, en avant, bande de quatre lignes de points noirs séparées par des lignes (formant un damier grossier). Le tableau est encadré par une guirlande de lierre et de baies noires; sur les côtés, par un zigzag à gros points entre des filets noirs. En dessous deux cercles rouges.
Terre jaunâtre foncé; surface orangée. Peinture en noir lustré. Retouches blanches et rouges. Incisions très rapides. Style négligé. Assez bon état de conservation. Haut. 0,22.
(Inv. N III 2035). Acquis vers le début du règne de Napoléon III. Pas de provenance exacte.
Vue d'ensemble dans notre pl. 85. Cf. Heydemann, *Pariser Antiken*, p. 63, n° 81.

F 338. Petite Œnochoé ou Olpé à tableau (même structure). — Un sujet sur le devant du vase. — **Hercule sacrifiant.** Le héros s'avance vers la droite (rehaut rouge sur la barbe et les cheveux, peau de lion à rehaut blanc sur la tête et sur le corps, carquois ouvert dans le dos, baudrier en blanc effacé); il tient à deux mains une broche sur laquelle sont enfilés des morceaux de viande et il la plante sur un autel (rehaut blanc) déjà paré de deux rameaux feuillus à fruits blancs. Derrière lui, dans le champ, deux rameaux feuillus.

Noir dans l'embouchure avec un cercle rouge; noir sur l'anse, le revers du vase et le pied. Le devant du rebord extérieur en engobe blanc avec branche de lierre noir; le tableau encadré en haut par une grecque au-dessus d'un zigzag à gros points; sur les côtés par une double ligne de points entre filets noirs. En dessous, un cercle rouge. Sous le bas, en lettres incisées, marque ΠL.
Terre jaunâtre pâle, surface orangée. Peinture en noir lustré. Retouches blanches et rouges. Incisions très rapides. Style négligé. Assez bon état de conservation. Haut. 0,16.
(Inv. C. A. 300). Ancienne collection de Witte. Trouvé à Vulci, en Étrurie. Légué au Musée en 1890 par M. le baron de Witte.
Vue d'ensemble dans notre pl. 85.
Le sujet A publié en vignette par de Witte, *Mémoires des Antiquaires de France*, 1846, p. 268, et par Heydemann, *Pariser Antiken*, p. 88, n° 6 et p. 90. Cf. *Bulletin des Musées*, 1890, p. 107; Furtwaengler, dans le *Lexikon der Mythologie* de Roscher, p. 2217 (qui a donné la meilleure explication du sujet).

F 339. Œnochoé ou Olpé portant la signature de Lysias (bouche ronde, anse très débordante à rainure profonde, pied en pente). — Pas de figure ni de décor. Seulement sur le bas de la panse, une bande étroite en clair avec la signature d'artiste ΓΥΣΙΑΣΜΕΠΟΙΕΣΕΝΗΕΜΙΧΟΝΕΙ (rétrograde) Λυσίας μ'ἐποίεσεν (ἡμιχόνει).

Noir dans l'embouchure. Tout l'extérieur noir, sauf la bande à inscription; à la même hauteur deux cercles rouges par-dessus le noir.
Terre jaunâtre. Peinture en noir lustré. Réparations dans le haut du col et l'attache de l'anse. Haut. avec l'anse, 0,27.
(Inv. Campana 3279). Trouvé en Étrurie et entré en 1863.
Publié par de Witte, *Revue archéologique*, 1862, I, p. 332-335 (qui y voit un vase d'une capacité d'un demi-chous). Cf. Braun, *Annali*, 1855, p. 52; Klein, *Meistersignaturen*, p. 218; Kretschmer, *Vaseninschriften*, p. 143.

F 340. Œnochoé portant le nom de Néokleidès (bec trilobé, base large et peu débordante, anse brisée). — Un sujet sur le devant du vase. — **Dispute d'Ajax et d'Ulysse pour les armes d'Achille.** Au centre, Agamemnon barbu, courant vers la gauche et retournant la tête à droite (bandeau incisé sur les cheveux, cheveux pendants, le corps nu avec himation roulé en ceinture autour de la taille et retombant en deux pans sur les cuisses, rehauts rouges, points rouges et croix incisées sur l'himation), étend les mains à droite et à gauche pour séparer les deux héros qui menacent d'en venir aux mains, tous deux nus, saisissant leur épée (barbes rouges, guirlandes incisées sur les cheveux, baudrier en blanc effacé à droite; sur la cuisse gauche du héros de droite, un picotis de points incisés comme pour indiquer une blessure? ou une partie pileuse?). Mais l'un et l'autre sont saisis en arrière à bras-le-corps par un éphèbe nu qui essaie de les désarmer. Celui de gauche (bandelette rouge dans les cheveux) a saisi le fourreau de l'épée et, derrière lui, un autre homme barbu (bandelette rouge sur les cheveux) a pris le bras qui tient l'épée nue. Celui de droite a saisi un des bras et derrière lui un autre homme barbu (même détail) a passé son bras autour du bras qui tient l'épée nue. A gauche, un vieillard drapé (Nestor?), appuyé sur un haut bâton, étend la main gauche et regarde la scène (rehauts blancs effacés sur la barbe et les cheveux pendants, himation à croix incisées). Au-dessus, dans le champ, inscription en petites lettres noires ΝΕΟΚΓΕΙΔΕΣ ΚΑΓΟΣ, Νεοκλείδες καλός.

Noir dans l'embouchure, avec restes de la palmette, en rouge réservé, qui décorait l'attache supérieure de l'anse. Noir sur le rebord et le col. A la base du col, grecque noire et filet saillant. En haut de l'épaule, zone de languettes noires. Sous le sujet, deux cercles noirs. Sous l'attache inférieure de l'anse, motif floral composé d'un losange avec point central qu'accostent trois lotus et quatre longs pédoncules terminés en palmettes. Rebord de la base en noir.
Terre jaunâtre clair, surface faiblement orangée. Peinture en noir lustré. Retouches rouges et blanches (effacées). Incisions soignées. Col ébréché en arrière, anse absente, un trou dans le revers de la panse. Haut. 0,20.
(Inv. Campana 3275). Trouvé en Étrurie et entré en 1863.
Publié par Benndorf, *Wiener Vorlegeblätter*, 1889, pl. 5, n° 2. Cf. *Cataloghi Campana*, série IX, 27; Klein, *Meistersignaturen*, p. 47, n° 1 (qui attribue le vase à la fabrique de Teleidès); *Lieblingsinschriften*, p. 39, n° 2.

F 341. Œnochoé à tableau (même structure, anse débordante à dos d'âne, deux saillies près de l'attache supérieure). — Le sujet placé sur le devant du vase dans une métope. — **Hercule ravissant le trépied d'Apollon.** Hercule barbu fuit à droite, le bras gauche levé tenant la massue et emportant le trépied de la main droite (peau de lion sur la tête et sur le corps par-dessus tunique courte rouge, épée à poignée blanche soutenue par un baudrier, carquois ouvert et arc fixés dans le dos); il retourne la tête vers Apollon imberbe qui, à gauche, accourt à toutes jambes, tenant l'arc et deux flèches dans sa main gauche étendue, l'autre main rejetée en arrière (couronne incisée sur les cheveux pendants, peau de bête par-dessus tunique courte à points rouges et croix incisées avec bordure en grecque incisée, ailettes fixées aux chevilles et recourbées par devant, carquois ouvert avec couvercle rouge sur le côté gauche). Près des personnages sont peints leurs noms en petites lettres noires ΑΠΟLΕΝΟΣ et ΗΕΡΑΚΕΟΣ (sic).

Noir dans l'embouchure, sur le col et l'anse. Une palmette en rouge réservé décore l'anse à l'attache inférieure sur la panse et à l'attache supérieure dans l'embouchure. Noir sur le revers du vase. Sur le bas du col, grecque noire et filet saillant. Le tableau encadré en haut par des godrons noirs, sur les côtés par une grecque noire, en bas par un filet noir. Le bas de la panse en noir avec deux cercles rouges.
Même technique. Bon état de conservation. Haut. 0,19; avec l'anse 0,22.
(Inv. Campana 3271). Trouvé en Étrurie et entré en 1863.
Vue d'ensemble dans notre pl. 86.

F 342. Œnochoé à tableau (même structure, anse à dos arrondi). — Même disposition. — **Ulysse et ses compagnons crevant l'œil du Cyclope Polyphème**. Le Cyclope nu est étendu à droite sur un rocher (rehaut blanc) ; il pose la main droite sur son genou replié ; sur le bras gauche est couchée une massue (œil incisé ovale et long, l'œil du front invisible, barbe rouge). Des rameaux feuillus s'étendent au-dessus de lui dans le champ. Au centre Ulysse, aidé d'un compagnon, tient à deux mains un long pieu qu'il approche du front du Cyclope (une teinte de noir très délayé indique la flamme du tison) ; le héros est drapé, barbu, et porte un pétase (barbe rouge, épée au côté soutenue par un baudrier en blanc effacé, tunique courte à points rouges) ; son compagnon barbu porte aussi le pétase (tunique courte serrée par une ceinture rouge, baudrier en blanc effacé). A gauche, un second compagnon (même costume, épée au côté soutenue par un baudrier en blanc effacé) fait brûler le bout d'un autre pieu dans un brasier (indiqué par des touches noires et des coups de pinceau d'un noir délayé brun).

Le noir comme dans le précédent (sans palmettes réservées). Rien sur le col. Le tableau encadré en haut par des godrons noirs et rouges, sur les côtés par une guirlande de lierre noir entre quatre filets, en bas par un filet noir. Le bas de la panse noir. Le dessous de la base complètement plat.
Terre rosée assez pâle, surface orangée. Même technique. Incisions assez rapides. Bon état de conservation; le noir endommagé sur l'embouchure, le col et l'anse. Haut. avec l'anse, 0,21.
(Inv. Campana 444). Trouvé en Étrurie et entré en 1863.
Publié par E. Saglio, *Gazette archéologique*, 1887, pl. I, p. 3. Cf. *Cataloghi Campana*, série IV-VII, n° 954.

F 343. Œnochoé à tableau (même structure, forme d'anse à dos concave). — Même disposition. — **Attelage des chevaux à un char**. Deux serviteurs s'empressent auprès de deux chevaux qui sont déjà attelés à un char ; l'un, dont la tête est invisible, est à droite devant les chevaux (tunique courte à rehauts rouges), l'autre en arrière-plan achève de fixer le harnachement (rehaut rouge sur les cheveux relevés en chignon, tunique courte à croix incisées) ; sur le cheval du premier plan (crinière et queue rouges) reposent deux coussinets rouges, placés en travers de la cheville du joug, pour éviter le frottement ; le second cheval a une muselière. A gauche, en arrière-plan du char, un troisième serviteur, éphèbe à cheveux relevés en chignon (bandelette rouge, tunique courte), tient une houssine et amène un troisième cheval dont l'arrière-train n'est pas figuré (crinière rouge, muselière). Toute la partie gauche empiète fortement sur la ligne des ornements.

Même décor; en bas du col, guirlande de lierre noir et anneau saillant. Le tableau encadré en haut par des languettes noires, sur les côtés par deux lignes de gros points noirs entre trois filets; en bas, deux cercles rouges sur la partie noire du bas de la panse.
Terre jaunâtre assez foncée; surface orangée. Peinture en beau noir lustré. Retouches rouges, pas de blanc. Incisions assez rapides. Bon état de conservation. Haut. avec l'anse, 0,23.
(Inv. MNB 1691). Anciennes collections Durand, Paravey. Trouvé à Vulci, en Étrurie, et acquis en 1879.
Vue d'ensemble dans notre pl. 86. Cf. de Witte, *Collection Durand*, 1836, n° 736; *Collection Paravey*, 1879, n° 25.

F 348. Œnochoé à tableau (structure analogue, l'embouchure plus évasée et l'anse restaurées, la base plus débordante). — Même disposition. — **Enlèvement de Thétis par Pélée**. Le héros imberbe, penché et les cheveux flottants sur la joue (guirlande à points rouges sur la tête, le haut du corps nu, épée au côté, une draperie à points rouges roulée autour des reins), a saisi à bras-le-corps la déesse qui marche vers la droite, retournant la tête, le bras droit (restauration) terminé en gros serpent qui va la défendre contre Pélée (chairs blanches effacées, chignon relevé, visage restauré, himation à points rouges sur tunique). Derrière ce groupe, dans le champ, les rameaux feuillus d'une vigne qui porte trois grosses grappes noires.

Même décor. Rien sur le col. Le tableau encadré en haut par des languettes noires, sur les côtés par un filet noir. En bas, un cercle rouge sur la partie noire du bas de la panse. Sous la base, en lettres incisées, marque AK T.
Terre rosée assez pâle, surface orangée. Peinture en noir lustré. Retouches rouges (retouches blanches effacées). Incisions rapides. Restaurations nombreuses dans le bec, l'anse, le fond du tableau ; quelques repeints sur les figures. Haut. 0,23.
(Inv. Campana, numéro disparu). Trouvé en Étrurie et entré en 1863.
Vue d'ensemble dans notre pl. 86.

F 354. Petite Œnochoé à tableau (structure analogue, forme d'anse à dos arrondi, base pointue sur pied plat un peu concave). — Le sujet sur le devant du vase dans une métope. — **Amazone ou guerrier asiatique**. Le personnage marche à droite en retournant la tête et est armé d'une lance et d'un bouclier portant trois petits cercles blancs en épisème (pas de blanc sur les chairs, bonnet asiatique à longue pointe, tunique courte à points blancs et rouges, himation jeté sur l'épaule droite). Dans le champ, autour de la figure, rameaux de vigne portant quatre grappes noires et des fruits blancs.

Même décor. A la base du col, cercle rouge et deux lignes de gros points noirs entre trois filets. Le tableau encadré en haut par des languettes noires, sur les côtés par deux lignes de points entre trois filets. En bas, cercle rouge sur la partie noire du bas de la panse. Sous la base, traces de couleur rouge.
Terre rosée un peu foncée; surface orangée. Peinture en noir lustré. Retouches rouges et blanches. Incisions très rapides. Bon état de conservation. Haut. avec l'anse, 0,17.
(Inv. Campana 428). Trouvé en Étrurie et entré en 1863.
Vue d'ensemble dans notre pl. 86.

F 361. Lécythe (goulot moyen, dessus de l'anse arrondi, épaule en pente, panse ovoïde, pied en pente). — Un sujet placé sur le devant de la panse. — **Trois Ménades**. Celle du centre porte un jeune cerf, celle de droite un grand serpent, celle de gauche marche les deux mains avancées (chairs blanches effacées, grosses couronnes de pampres liées sur la tête par une bandelette rouge, rehauts rouges sur les tuniques courtes avec peau de bête par-dessus, croix incisées sur la tunique de gauche). Dans le champ, autour de la Ménade du centre, rameaux feuillus.

Noir dans l'embouchure, plat du rebord clair, noir sur le rebord extérieur, sur le dessus de l'anse. Languettes rayonnantes sur le col et filet saillant à la base. Sur l'épaule, boutons de lotus noirs réunis par des entrelacs. Cercle noir en haut de la panse et sous le sujet. Cercle rouge sur le bas de la panse noire. Cercle rouge sur le pied noir avec tranche claire.
Terre jaunâtre, surface de même ton. Peinture en noir lustré. Retouches rouges et retouches blanches (effacées). Incisions rapides. Assez bon état de conservation. Haut. 0,25.
(Inv. Campana 450). Trouvé en Étrurie et entré en 1863.
Vue d'ensemble dans notre pl. 86.

F 362. Lécythe (structure analogue, le pied plat refait). — Même disposition. — **Dionysos et son thiase**. Au centre, le dieu barbu et drapé tient une corne à boire (grosse couronne de pampres, himation à rosaces de pointillé blanc sur tunique blanche). A gauche, derrière lui, Ménade dansant et retournant la tête (chairs blanches retouchées, bandelette rouge, tunique à rosaces de points blancs) vers un Silène nu qui s'éloigne retournant la tête (rehaut rouge effacé sur la barbe). A droite,

Ménade retournant la tête vers le dieu (mêmes détails que l'autre, blancs retouchés) et Silène nu s'éloignant (mêmes détails). Tout le champ est garni de rameaux feuillus.

Même décor (pas de filet saillant à la base du col; pas de cercle rouge sur le bas de la panse, mais cercle réservé en clair).
Terre jaunâtre; surface foncée. Peinture en noir lustré. Retouches blanches et rouges. Incisions rapides. Quelques repeints dans les figures, le pied refait. Haut. 0,205.
(Inv. N 3193; ED 23). Ancienne collection Durand. Acquis en 1825. Pas de provenance connue.
Vue d'ensemble dans notre pl. 86.

F 366. Lécythe à couverte blanche (embouchure volumineuse, goulot long, dessus d'anse arrondi, panse cylindrique, pied plat à tranche haute). — Un sujet sur le devant de la panse. — **Achille surprenant Polyxène.** A gauche, la jeune fille apporte une hydrie qu'elle place sous le filet d'eau jaillissant d'une bouche de lion, en posant la main gauche sur le haut de la fontaine en forme de haute borne ou de rocher (pas de blanc sur les chairs, bandelette rouge sur les cheveux, tunique à manches bouffantes et à croix incisées, rehauts rouges sur la ceinture et la bordure). A la fontaine est attaché un lien rouge; sur le sommet est perché un oiseau (aigle ?) entre deux rameaux feuillus. A droite, un arbrisseau feuillu, derrière lequel est agenouillé Achille en embuscade, tenant la lance et couvert d'un bouclier rond vu de profil (casque à haut cimier, cuirasse sur tunique courte à rehaut rouge, épée au côté avec baudrier rouge, épisème du bouclier en trois cercles rouges).

Noir dans l'embouchure, le rebord en clair, l'extérieur du rebord, le goulot et le dessus de l'anse en noir. A la base du col, languettes noires entre deux cercles. Sur l'épaule rouge, cinq palmettes noires cerclées et accostées de points. En haut de la panse recouverte d'un engobe blanc, deux lignes de points noirs entre trois cercles. En bas du sujet, cercle noir. Le bas de la panse noir avec un cercle rouge. Deux petits cercles incisés et rouges à l'attache du pied. Le pied noir; le haut de la tranche en clair et le bas en noir.
Terre jaunâtre, surface rosée. Engobe blanc solide sur la panse. Peinture en noir lustré avec retouches rouges; pas de blanc visible. Incisions assez rapides. Assez bon état de conservation; l'engobe blanc effrité. Haut. 0,31.
(Inv. MNB 1698). Anciennes collections Castellani, Paravey. Trouvé dans l'Italie méridionale et acquis en 1879.
Vue d'ensemble dans notre pl. 86.
Cf. *Collect. Castellani*, n° 34; *Collect. Paravey*, n° 32.

F 368. Lécythe à couverte blanche (même structure). — Même disposition. — **Préparatifs d'un combat de coqs.** Trois hommes drapés sont réunis; celui du centre, penché et appuyé sur un bâton noueux (rehaut rouge sur la barbe, himation laissant l'épaule droite nue), tient sous son bras gauche un coq de combat; celui de droite courbé (himation serré autour du corps et cachant les bras) regarde son coq qu'il a posé à terre; celui de gauche tient une canne noueuse (himation enveloppant le corps et les bras). Deux petits rameaux feuillus sont placés dans le champ à côté de la tête de chacun des personnages; une cage et un instrument recourbé (strigile ?) sont suspendus à un point d'attache dans la partie haute du champ.

Même décor que dans le précédent.
Terre rosée. Engobe blanc jaunâtre sur la panse. Peinture en noir lustré avec retouches rouges faibles; pas de blanc. Incisions assez soignées. Bon état de conservation. Haut. 0,245.
(Inv. N 2541 : L.L 81). Acquis sous le règne de Louis XVIII. Sans provenance exacte.
Publié par Dubois-Maisonneuve, *Introduction à la peinture des vases*, pl. 77, n° 8 : Panofka, *Bilder antiken Lebens*, pl. X, n° 6; *Chalcographie du Louvre*, pl. 1387; Perdrizet, *Revue Arch.*, 1893, I, pl. 5, p. 157. Cf. Heydemann, *Pariser Antiken*, p. 39.

F 369. Lécythe à couverte blanche (même structure, épaule plus plate, listel saillant à la base de la tranche du pied). — Même disposition. — **Combat d'un hoplite contre un cavalier et deux archers asiatiques.** Au centre, éphèbe cavalier tenant une lance (bonnet phrygien, tunique courte); un guerrier grec lui fait vis-à-vis, pliant les genoux et dardant la lance, le visage à demi caché sous le bouclier rond (casque à cimier haut, tunique courte, épée au côté, cnémides); il est suivi d'un archer asiatique imberbe, retournant la tête en arrière (bonnet phrygien, tunique courte, grand carquois ouvert qu'il soutient de la main sur le côté gauche). A gauche, derrière le cavalier, archer asiatique semblable, s'éloignant et retournant la tête, (quelques repeints). Dans le champ, inscription peinte en petites lettres. ΠΡΙΛΜΕ.

Décor semblable à F 331 et 362 (filet saillant à la base du col, cercle réservé en rouge sur le bas de la panse). En haut de la panse, guirlande de lierre entre quatre cercles noirs.
Terre rosée, surface rougeâtre. Engobe blanc jaunâtre sur toute la panse. Peinture en noir lustré sans retouches visibles. Le fond du tableau et le revers ont subi des restaurations et il y a quelques repeints dans les figures. Haut. 0,19.
(Inv. N 2339; ED). Anciennes collections Dufourny, Durand. Trouvé en Sicile, à Girgenti. Acquis en 1825.
Publié par Dubois-Maisonneuve. *Introduction*, pl. 29, n° 1; La Borde, *Collection des vases de Lamberg*, II, vignette 2; Inghirami, *Galleria omerica*, pl. 56; S. Reinach, *Répertoire des vases*, II, p. 211. Cf. Dubois, *Catalogue de la Collect. Dufourny*, 1819, n° 11; Boeckh, *Corp. inscr. græc.* IV, 7681; Heydemann, *Pariser Antiken*, p. 46, n° 15.

F 372. Œnochoé à fond blanc (bec trilobé, anse ronde un peu débordante, panse ovoïde, pied plat à tranche haute). — Un sujet sur le devant de la panse. — **Les filles de Pélias faisant cuire le bélier.** Au centre un large lébès posé sur un trépied dont on ne voit qu'un montant et un anneau; sous le lébès sont entassées trois grosses mottes de combustibles. Le bélier sort à mi-corps du lébès, posant les pattes de devant sur le rebord. De chaque côté, se tient debout une femme drapée, levant une main, celle de gauche portant un coffret (pas de blanc visible sur les chairs ni de retouches rouges, chignon relevé, himation à croix incisées enroulé sur le bas du corps, par-dessus la tunique longue). Dans le champ, quelques rameaux feuillus.

Noir dans l'embouchure, sur le col et l'anse. En haut de l'épaule, languettes noires rayonnantes. Sous l'attache de l'anse, deux rameaux feuillus qui ondulent et se subdivisent pour garnir le champ. Sous le sujet, cercle noir. Le bas de la panse en noir avec cercle rouge. Deux petits cercles incisés et rouges à l'attache du pied noir avec tranche claire.
Terre jaunâtre assez foncé; surface rosée; engobe blanc sur la panse. Peinture en noir lustré. Pas de retouches visibles. Incisions rapides. Réparations dans le bec et l'anse. Surface fatiguée, l'engobe blanc disparu par places. Haut. avec l'anse, 0,225.
(Pas de numéro d'inventaire). Ancien fonds.
Vue d'ensemble dans notre pl. 83. Cf. Heydemann, *Pariser Antiken*, p. 63, n° 79.

F 380. Petite Amphore (base plate et anses plates divisées en trois rainures). — La panse est décorée d'une zone circulaire qui comprend deux sujets. — *A*. **Athéné ailée.** Sur un pliant, recouvert d'une draperie, est assise Athéné ailée (ailes basses de forme recoquillée avec rehauts rouges et pointillés blancs), tenant la lance de la main gauche et se retournant en arrière, le bras droit étendu, comme pour parler (chairs blanches, tête en partie restaurée, casque à haut cimier avec rehauts rouges, tunique longue serrée à la taille, constellée de points rouges et de petites rosaces blanches). Sur l'extrémité de l'aile gauche est perchée la chouette vue de profil. — *B*. **Deux grands coqs affrontés** (rehauts rouges et pointillés blancs) de chaque côté d'une fleur de lotus renversée, d'où sortent deux longs pédoncules qui se dressent derrière les coqs et se terminent aussi en fleur de lotus renversée.

Noir dans l'embouchure avec ressaut près du bord, le plat du bord en clair; noir sur le rebord extérieur et sur le dessus des anses. Sur le col clair, trois palmettes noires de chaque côté entre deux filets noirs; à la base, anneau saillant en rouge. En haut de l'épaule languettes noires. Sous la zone de figures un filet noir, puis une petite zone de lotus noirs reliés par des entrelacs entre quatre filets noirs. Près de la base arêtes noires rayonnantes. Le pied plat et noir. Sous la base, marque de fabrique incisée en grandes lettres KA.

Terre rosée; surface orangée. Peinture en noir lustré. Retouches rouges et blanches. Incisions assez soignées. Des recollages et quelques repeints. Haut. 0,30.

(Inv. Campana 182). Trouvé en Étrurie et entré en 1863.

Vue d'ensemble et détail de *B* dans notre pl. 87.

F 381. Petite Amphore à tableaux (col assez long, anses trifides, pied plat légèrement concave). — Un sujet placé de chaque côté de la panse dans un tableau réservé. — *A*. **Silène enlevant une Ménade.** Il est nu, court vers la droite en retournant la tête (barbe rouge, bandelette rouge sur les cheveux, queue de cheval rouge) et il emporte serrée entre ses bras une Ménade qui de la main droite, étendue au delà de la tête du Silène, tient une couronne (cercle noir à pointillé rouge); elle est drapée et couronnée de feuillages rouges (chairs blanches effacées, tunique à rehaut rouge, à points rouges et à croix incisées). Derrière ce groupe, dans le champ, quelques rameaux feuillus. — *B*. **Silène jouant de la lyre.** Il est nu, ithyphallique, tourné à droite et tient une lyre à cinq cordes avec la main gauche, le plectre de la main droite (barbe rouge, rehaut rouge sur les cheveux, queue de cheval rouge; rehauts rouge et blanc sur la lyre d'où pend une draperie à rehauts rouges).

Noir dans l'embouchure, plat du rebord en clair, noir sur le rebord extérieur, le dessus des anses, la panse sauf les tableaux et le pied. Sur le col clair, trois palmettes alternativement droites et renversées entre deux filets noirs. A la base du col, anneau saillant rouge. Chaque tableau encadré, en haut par des languettes noires, sur les côtés et en bas par un filet noir. Cercle rouge sur la zone noire en bas de la panse. Près de la base, zone claire avec arêtes rayonnantes. Anneau saillant rouge à l'attache du pied. Cercle rouge sur la tranche du pied noir. Sous la base marque incisée X.

Terre jaunâtre de ton vif; surface orangée. Peinture en beau noir lustré. Retouches rouges; le blanc effacé. Incisions assez soignées. Bon état de conservation. Haut. 0,26.

(Inv. N 3243; MN 27). Acquis en 1848. Pas de provenance connue. Vue d'ensemble (côté *A*) dans notre pl. 87.

F 382. Petite Amphore à tableaux (structure analogue, panse plus ventrue, anses bifides). — Même disposition. — *A*. **Sisyphe roulant son rocher.** A gauche, une femme drapée (Dikè?) est assise sur un pliant (rehauts blancs) et étend les deux mains vers Sisyphe comme pour le pousser (chairs blanches, himation à points rouges et petites rosaces de pointillé blanc, bandelette rouge sur les cheveux). A droite, Sisyphe nu (rehaut rouge sur la barbe, un point rouge sur les cheveux) courbe le genou droit et lève le pied droit pour soutenir un gros rocher qu'il cherche à placer sur un autre (rehauts blancs). Tout le champ est garni de rameaux feuillus, portant des fruits blancs. — *B*. **Combat d'Hercule contre les Amazones.** A gauche, Hercule barbu foule aux pieds une Amazone étendue sur le dos, les jambes repliées, et retournant la tête (chairs blanches, casque à haut cimier, baudrier blanc, cuirasse sur tunique courte à points rouges et rosaces de pointillés blancs, bouclier à bordure rouge et épisème blanc vu de profil); il brandit la massue de la main droite (peau de lion à rehauts blancs sur la tête et sur le corps par-dessus une tunique courte, épée soutenue par un baudrier blanc, carquois et arc attachés dans le dos) et il avance la main gauche pour saisir une Amazone qui fuit à droite en retournant la tête, tenant la lance et le bouclier échancré (même costume que l'autre, épisème blanc du bouclier en forme de palmette). Le champ est rempli de rameaux feuillus.

Même décor. Sur le col clair, en *A*, trois palmettes comme précédemment (rehauts blancs); en *B*, palmettes et lotus allongés, opposés deux à deux, traversés au centre par une chaînette de petits cercles juxtaposés. Même encadrement des tableaux. Le bas de la panse noir sans arêtes rayonnantes. Le pied noir avec un cercle rouge.

Terre rosée; surface orangée. Peinture en noir lustré. Retouches blanches et rouges. Incisions rapides; style négligé. Bon état de conservation. Haut. 0,24.

(Inv. Campana 432). Trouvé en Étrurie et entré en 1863.

Détail de *A* dans notre pl. 87.

F 383. Petite Amphore à tableaux (même structure). — Même disposition. — *A*. **Combat d'Hercule contre Kyknos.** Hercule marche vers la droite, la jambe gauche levée, dardant la lance de haut en bas et portant sur le bras gauche son bouclier échancré (barbe rouge, peau de lion à rehauts blancs sur la tête et serrée sur le corps par une ceinture rouge, la queue relevée et passée dans cette ceinture, épée au côté, tunique courte à rehaut rouge et points blancs en bordure). A droite, Kyknos fuyant se retourne, tenant la lance et cachant sa tête sous un bouclier rond (blanc à bordure de points rouges et épisème noir de forme indistincte, casque à cimier sectionné en haut, chlamyde pendante sur les épaules, cuirasse sur tunique courte rouge à points blancs en bordure, cnémides). Dans le champ, inscription peinte en petites lettres noires : HEPAKLLES (sic) ΔΙΟΣ ΠΑΙΣ et KY+NOΣ (rétrograde). — *B*. **Combat d'Amazone à cheval et de Grec.** Elle tient une lance et se dirige vers la droite, montée sur un cheval qui se cabre (chairs blanches, casque à cimier haut avec rehaut rouge, cuirasse sur tunique courte, rehauts rouges sur la crinière et la queue du cheval). Le guerrier s'éloigne vers la droite tenant une lance basse et retournant sa tête cachée derrière un bouclier rond (épisème blanc en serpent, casque à cimier sectionné du haut et rehaussé de blanc, cuirasse sur tunique courte rouge à points blancs en bordure, cnémides). Sous le cheval, inscription peinte en lettres noires dénuées de sens : IV+ILY+.

Même décor que F 381. Points noirs accostant les palmettes du col. Pas de rouge à l'attache du pied.

Même technique. Retouches rouges et blanches. Incisions rapides. Bon état de conservation. Haut. 0,18.

(Inv. N 3282; ED 2). Ancienne collection Durand. Acquis en 1825.

Publié par Millingen, *Ancient uned. Mon.*, pl. 38; Müller-Wieseler, *Denkmäler der Kunst*, I, 98. Cf. Boeckh, *Corpus inscr. græcarum*, 7610, où l'on a lu à tort Ἀντιόπα pour l'inscription de *B*; Heydemann, *Pariser Antiken*, p. 49, n° 31. Sur l'inscription Διὸς παῖς, cf. Kretschmer, *Vaseninschriften*, p. 199.

F 384. Petite Amphore à tableaux (même structure et même fabrique). — Même disposition. — *A*. **Combat d'Hercule contre l'Hydre de Lerne.** A gauche, Hercule s'avance rapidement, le pied gauche levé, tenant de la main droite une harpè en forme de serpe recourbée (barbe rouge, peau de lion à rehaut rouge sur la tête et serrée sur le corps par une ceinture rouge, la queue relevée dans cette ceinture, tunique courte rouge à bordure de points blancs, épée au côté, baudrier blanc, massue à rehauts blancs dans le champ entre ses jambes); de la main gauche, il saisit un des tentacules de l'hydre représentée sous l'aspect d'un gigantesque poulpe à corps écaillé, surmonté de huit serpents dressant leurs têtes (rehauts rouges et blancs). Dans le champ, trois simulacres d'inscriptions en points noirs ou lettres dénuées de sens. — *B*. **Combat d'Athéné contre le cancre marin.** C'est la suite de la précédente légende. Pendant que Iolaos, à gauche, sous les traits d'un hoplite imberbe (casque à cimier bas rehaussé de blanc, cuirasse sur tunique courte, baudrier blanc soutenant l'épée, cnémides à rehauts rouges), tient l'arc de sa main étendue, le bras recouvert d'une draperie à points rouges, et se dirige du côté d'Hercule, Athéné marche vers la droite pour s'opposer à l'énorme crabe qui, les pinces étendues, vient au secours de l'hydre (points blancs sur la carapace). La déesse tient la lance et étend le bras gauche recouvert de l'égide (chairs blanches, casque à haut cimier rehaussé de rouge, tunique longue et himation sur l'épaule droite, égide à écailles et têtes de serpents dressées).

Même décor et même technique que dans le précédent. Sous la base, marque incisée ┌┐. Bon état de conservation. Haut. 0,20.

(Inv. N 3229; ED 1). Même provenance. Acquis en 1823.

Publié par Millin, *Vases peints*, II, pl. 75; *Galerie mythologique*, pl. 124, n° 436; Guigniaut, *Religions de l'antiquité*, pl. 192, n° 658; Welcker,

Monumenti dell' Inst., III, pl. 46, n° 5; *Annali*, 1842, p. 108; S. Reinach, *Répertoire des Vases*, I, p. 118, n° 5. Cf. Heydemann, *Pariser Antiken*, p. 49, n° 32. Ch. Lenormant l'a signalé dans la *Revue française*, II, 1828, p. 71, comme ayant été donné à l'Impératrice Joséphine par une actrice, Mlle Raucourt, et ayant fait partie de la collection de la Malmaison; il avait été offert à Mlle Raucourt par le roi de Naples. Cf. S. Reinach, *Bibliothèque des Mon. figurés*, t. I (*Peinture des vas. antiq.*), p. 85.

F 387. **Petite Amphore à tableaux** (même structure et même fabrique). — Même disposition. — *A*. **Hercule et les oiseaux du lac Stymphale.** De la main droite, il tient une fronde sur laquelle est posée une pierre blanche et il marche vers la droite, le bras gauche étendu, portant la peau de lion à pointillé blanc (barbe rouge, la tête de lion coiffant le crâne et les deux pattes de devant nouées sur la poitrine, mais le reste du corps nu, baudrier blanc soutenant l'épée à poignée blanche). Autour de lui voltigent six oiseaux (deux blancs à ailes bordées de points noirs et à becs rouges, quatre noirs à ailes bordées de touches blanches dont deux à bec rouge). Dans le champ, deux simulacres d'inscriptions en points ou lettres dénuées de sens. — *B*. **Iolaos et les oiseaux de Stymphale.** Un hoplite casqué et armé (complètement refait et repeint) se tient à droite et étend le bras recouvert d'une draperie. Devant lui volent six oiseaux dont cinq noirs (tous avec les ailes retouchées de blanc et un de rouge, deux avec becs rouges) et un blanc (bec rouge et points noirs sur l'aile).

Même décor que les précédents et même technique avec incisions et style moins soignés. Terre plus pâle et surface moins orangée. Le fond de *A* a souffert et est rempli de taches sombres. Le côté *B* est en grande partie restauré. Haut. 0,205.
(Inv. Campana 3289). Trouvé en Étrurie et entré en 1863.
Vue d'ensemble (côté *B*) dans notre pl. 87. *Cf. Cataloghi Campana*, série IX-X, n° 871; E. Pottier, dans l'*Album des Musées de province*, par R. de Lasteyrie, I, p. 92.

F 388. **Petite Amphore à tableaux** (même structure et même fabrique). — Même disposition. — *A*. **Hypnos et Thanatos portant le corps de Sarpédon.** Tous deux ont l'aspect d'hoplites armés avec deux ailes dans le dos (casques à haut cimier et pointillé blanc, double phalos chez celui de gauche; cuirasse sur tunique courte à points rouges et bordure blanche, épée à poignée blanche et à fourreau pointillé de rouge chez celui de droite; ailes rehaussées de blanc et de rouge, cnémides); ils sont imberbes et se penchent pour soutenir à deux mains le corps nu de Sarpédon (imberbe, longs cheveux flottants, rehauts rouges sur le corps pour figurer les blessures, mains pendantes et contractées). Au-dessus du cadavre voltige son *eidolon*, l'ombre du mort, sous forme de petit hoplite armé et ailé (casque à cimier haut, tunique courte, lance et bouclier blanc). Dans le champ, trois simulacres d'inscriptions en points noirs. — *B*. **Archer asiatique et hoplite grec.** L'archer barbu marche vers la gauche, tenant une flèche, levant la main droite qui tient l'arc, une draperie à rehauts rouges sur son bras étendu (haut bonnet phrygien à rehauts rouges, tunique collante et anaxyrides rehaussées de points blancs et lignes rouges, grand carquois au côté); il se retourne vers le guerrier qui le suit. Celui-ci, penché, tient sa lance de la main droite et le bouclier blanc de la main gauche (épisème noir en forme de casque à cimier bas); une draperie pend de son bras gauche (barbe rouge, casque à cimier haut rehaussé de rouge et de points blancs, épée à poignée blanche et à fourreau rehaussé de points rouges, suspendue à un baudrier blanc, cuirasse sur tunique courte, cnémides). Dans le champ, deux simulacres d'inscriptions en lettres ou points noirs.

Même décor et même technique. Deux traits incisés à l'attache du pied et de la panse. Incisions soignées, bon style. Terre jaunâtre foncé à surface orangée. Bon état de conservation. Haut. 0,21.
(MNB 1151). Ancienne collection Piot. Trouvé en Italie et acquis en 1876.
Vue d'ensemble (côté *A*) et détail de *B* dans notre pl. 87. Cf. Helbig, *Bullettino dell' Inst.*, 1864, p. 176; Meier, *Annali*, 1883, p. 212; Winnefeld, *Hypnos*, p. 5 et note 1.

F 409. **Pyxis à couvercle** (vase cylindrique sans anses, base peu débordante, couvercle à bouton pointu). — *A*. Sur la panse quatre zones d'ornements : dans la seconde, à partir du haut, quelques **Oiseaux** (dindons ?) sont semés entre des palmettes. — *B*. Le couvercle porte trois zones : dans la seconde, les mêmes **Oiseaux** sont semés entre des palmettes; dans la troisième, près du bord, treize **Oiseaux** pareils sont représentés.

Noir dans l'intérieur du vase et sur le rebord. Première zone de zigzags noirs; seconde zone de palmettes négligées et entremêlées de croix noires et des animaux mentionnés ci-dessus; troisième zone de palmettes renversées, séparées les unes des autres par des languettes noires; quatrième zone de grosses feuilles noires reliées par des entrelacs en pointillés noirs. Sous la première zone filet saillant, sous les autres large filet saillant peint en noir; la base noire avec tranche en clair. — Sur le couvercle, première zone en languettes noires, la seconde en palmettes mêlées d'oiseaux et de points noirs, la troisième avec la file d'oiseaux. Sous les deux premières zones, cercle de points et large cercle noir; sous la troisième un cercle noir et des feuilles de lierre juxtaposées. Le bouton noir avec un cercle en clair. Sous la base du vase, deux cercles noirs.
Terre rosée, surface rougeâtre. Peinture en noir lustré, sans aucune retouche ni incision. Style négligé. Bon état de conservation. Haut. 0,17.
(Inv. N 3200; ED 222). Ancienne collection Durand. Acquis en 1825.
Vue d'ensemble dans notre pl. 87.

F 470. **Lécythe à fond blanc** (goulot moyen, dessus d'anse plat, épaule plate, base à deux degrés). — Un sujet sur le devant du vase. — **Hercule chez le roi des Centaures Pholeus.** Au centre, un grand pithos enfoui en terre, dont Hercule soulève le couvercle (barbe rouge, peau de lion sur la tête et serrée sur le corps par-dessus tunique courte rouge); au-dessus de lui, sont suspendus à gauche un himation à rehauts rouges et la massue, à droite le carquois avec couvercle rouge et lien rouge. De chaque côté s'avance un Centaure, celui de droite levant la main gauche (barbes rouges). Dans le champ cinq petits rameaux feuillus.

Le plat du rebord en clair. Noir sur l'extérieur, dans l'embouchure, sur le dessus de l'anse. Le col, l'épaule et le haut de la panse en clair. Sur l'épaule, deux rangées de languettes noires; sur le haut de la panse, grecque noire entre quatre cercles. Le milieu de la panse revêtu d'un engobe blanc jaunâtre. Le bas de la panse en noir avec deux cercles en clair et deux cercles rouges. Le pied noir avec cercle rouge, la tranche en clair.
Terre pâle, surface rougeâtre. Peinture en noir lustré avec retouches rouges. Incisions rapides et négligées. Réparations et fêlures dans le bas de la panse. Haut. 0,215.
(Inv. N 2540; LP 1110). Acquis sous le règne de Louis-Philippe.
Vue d'ensemble dans notre pl. 87.

F 524. **Lécythe à fond blanc** (col long, dessus d'anse plat, épaule plate, pied à tranche haute). — Pas de figures. Motif de décoration géométrique placé sur le devant du vase. Damier de losanges noirs et blancs; au-dessus, une grecque noire entre deux traits; en dessous, zigzag réservé en blanc sur le noir, puis damier composé de carrés blancs et noirs.

Le plat du rebord en clair. Noir dans l'embouchure, sur le rebord extérieur, le dessus des anses. Le goulot et l'épaule en clair. Sur l'épaule, deux rangées de languettes noires. Sur le bas de la panse noire, quatre cercles réservés en clair. Le pied noir, la tranche claire avec un cercle noir.
Terre rosée, surface rougeâtre. Engobe blanc sur la panse. Peinture en noir lustré. Pas de retouches ni d'incisions. Bon état de conservation. Haut. 0,20.
(Inv. N 2530; ED 878). Ancienne collection Durand. Acquis en 1825.
Vue d'ensemble dans notre pl. 87.

F 528. **Lécythe à fond blanc** (même structure, la tranche du pied moins haute). — Même disposition. Branche de lierre avec ses baies; au-dessus, damier de petits carrés blancs et noirs; en dessous deux cercles noirs.

Même décor. Sur le bas de la panse noir, trois cercles en clair qui sont incisés. La tranche du pied en clair. Même technique. Bon état de conservation. Haut. 0,135.
Inv. N 2531; ED 684). Même provenance.
(Vue d'ensemble dans notre pl. 87.

SALLE G

VASES ATTIQUES A FIGURES ROUGES TROUVÉS EN ITALIE

G 1. **Grande Amphore à tableaux signée par Andokidès** (forte panse, anses plates à tranches saillantes, large base à deux degrés). — Un sujet est placé de chaque côté de la panse dans un encadrement spécial. — *A*. **Combat de deux guerriers entre Athéné et Hermès.** Au centre deux hoplites barbus se combattent, dardant la lance, couverts de leurs boucliers (celui de gauche porte un casque à double cimier vu de face, le timbre ceint d'une bandelette rouge, une cuirasse ciselée sur une tunique courte semée de croix et de petits points, une épée à poignée en tête d'oiseau, soutenue par un baudrier, des cnémides et des jambières protégeant la cuisse, un bouclier à double échancrure soutenu par un lien passé autour du cou et muni de liens intérieurs pour passer le bras; celui de droite porte un casque ceint d'un lien en noir jauni et surmonté d'un cimier en forme de léopard, une cuirasse décorée de dessins géométriques et munie d'ailettes mobiles par-dessus une tunique courte semée de points, une épée soutenue par un baudrier rouge, des cnémides, un bouclier rond orné d'un épisème en forme de scorpion peint en noir opaque). A gauche Athéné drapée (casque à haut cimier et garde-joue peint en noir opaque, cheveux pendants à contour incisé et picotés de petites incisions, boucle d'oreille et bracelets, égide à écailles et à grands serpents dressés sur la poitrine et enroulés autour du cou, tunique de dessus ou épigonatis serrée autour du corps et descendant aux genoux, couverte de fins dessins géométriques, tunique talaire, himation retombant en écharpe sur les deux bras, constellé de petites croix et de points) tient la lance de la main droite et une fleur de la main gauche avancée. A droite Hermès s'avance, étendant de la main droite son caducée dont le sommet se place entre les deux combattants, comme s'il s'interposait entre eux (barbe à rehauts rouges effacés, à points rouges et à contour incisé, pétase, le corps nu avec une chlamyde rejetée dans le dos et nouée sous le cou, constellée de petites croix et de points). — *B*. **Concours de musique.** Un éphèbe drapé, monté sur une estrade à deux degrés (chevelure à contour incisé et semée de petites incisions, ceinte d'une couronne de feuillages rouges, longue tunique constellée de points et de croix avec manches bordées de dessins géométriques), soutient une grande lyre de la main gauche et tient le plectre de la main droite (étui de la lyre en étoffe pendante ornée de croix et de points, liens rouges pour attacher la lyre et le plectre). A gauche un éphèbe, drapé et voilé, tient une fleur rouge de la main gauche ramenée à sa ceinture et appuie le creux de son aisselle gauche sur le haut d'une canne (cheveux à incisions pendants en trois tresses, le corps demi-nu enveloppé dans un grand himation à rosaces de petits points, avec bordure ornée de dessins géométriques, dont un pan est ramené en voile sur la tête). A droite, un troisième éphèbe drapé tient de la main gauche une longue canne et de la main droite une fleur à rehauts rouges qu'il respire (chevelure à points rouges avec contour incisé, couronne de feuillages rouges, grand himation à rosaces de petits points et semé de grosses croix noires, dont un pan est rejeté sur l'épaule gauche).

Zone noire dans l'embouchure, plat du rebord clair, noir sur le rebord extérieur, le col, le dessus et le dessous des anses et tout le vase, sauf les encadrements de tableaux et en bas une zone claire avec arêtes noires rayonnantes. Sur le noir du col deux cercles rouges. Sur la tranche des anses guirlande de lierre noir; à l'attache inférieure grecque noire sur une petite bande réservée en clair. L'encadrement du sujet *A* est formé en haut par une bande de palmettes et de lotus, opposés deux à deux, traversés au centre par une chainette de cercles juxtaposés (rehauts rouges et incisions), sur les côtés par une bande de palmettes noires (sans rehauts ni incisions), en bas par un trait noir figurant le terrain. L'encadrement du sujet *B* présente en haut le même décor, sur les côtés une bande de quadrillé semé de gros points noirs, en bas un trait rouge réservé. En dessous des sujets deux cercles rouges sur le noir de la panse; un cercle rouge au-dessus des arêtes de la base. A l'attache du pied anneau saillant rouge. Le pied noir avec la tranche du degré supérieur en clair. Sur le second degré du pied, la signature d'artiste est incisée en lettres fermement tracées et remplies d'une couleur rouge dont les traces sont encore visibles : ΑΝΔΟΚΙΔΕΣ ΕΠΟΙΣΕΝ, Ἀνδοκίδης ἐπο(ί)εσεν. Sous la base marque incisée ┼

Terre jaune foncé, surface orangée. Sur le fond réservé rouge, dessin au trait en beau noir lustré. Retouches rouges sobres. Emploi de l'incision pour séparer les chevelures du fond noir et pour indiquer les détails des mèches. Traces d'esquisse très visibles. Beau style archaïque. Bon état de conservation. Haut. 0,58.

(Inv. N 3391). Ancienne collection du prince de Canino. Trouvé à Vulci, dans les fouilles de la Cucumella, en mars 1829. Acquis en 1843.

Publié en vignette par Norton, *American Journal of archæology*, XI, 1896, p. 8 et 9, fig. 5 et 6. Cf. *Muséum étrusque* de Canino, 1829, p. 119, nº 1381; de Witte, *Notice d'une collection de vases antiques*, 1843, nº 79; Klein, *Meistersignaturen*, p. 190, nº 5

G 2. **Amphore signée par Pamphaios** (forme imitée de la fabrique de Nicosthènes, col aminci vers le haut, anses larges et plates, pied large à filet saillant). — Un sujet sur chaque côté du col, sur chaque anse et sur chaque côté de la panse. — Sur le col : *A*. **Femme nue se chaussant.** Elle est assise sur un coussin posé par terre (corps complètement nu, coiffure en cécryphale couvrant les cheveux et ceint d'une couronne de feuillages rouges, boucle d'oreille en rondelle noire, collier et bracelet au trait rouge) et lève le pied gauche auquel elle ajuste une sandale dont elle noue les liens; l'autre pied est déjà chaussé d'une sandale pareille (en traits rouges). — *B*. **Femme nue se chaussant.** C'est une variante du précédent. Elle est debout, fléchissant les jambes, et se baisse pour attacher les liens de sa sandale gauche, l'autre pied chaussé (mêmes détails, sans couronne sur la tête). Dans le champ, séparant les deux personnages, sont suspendues d'un côté une draperie pliée, de l'autre une longue bandelette ou ceinture (semée de points noirs et terminée en franges rouges) près d'un autre petit ustensile indéterminé. — Sur la panse : *C*. **Ménade luttant avec un Silène.** Elle est debout, marchant à gauche, et tient de la main gauche un serpent peint en noir opaque (cheveux couverts d'un cécryphale, peau de panthère nouée par-dessus un himation et retombant dans le dos, tunique talaire); de la main droite elle saisit par les cheveux un Silène nu qui agenouillé devant elle à gauche lui saisit le bras droit et tend vers elle l'autre main (cheveux pendants à contour incisé et couronnés de feuillages rouges, nez retroussé, barbe noire, queue de cheval rouge); il paraît plus petit que la Ménade et disparait en partie derrière elle. Au-dessus, dans le champ, la signature d'artiste peinte en petites lettres rouges : ΦΑΝΦΑΙΟΣΕΠΟΙΕΙ, Φανφαῖος ἐποίει. — *D.* **Même sujet.** La Ménade marche à droite et se retourne, étendant le bras droit (cheveux relevés en chignon à contour incisé et en rouge réservé, ceints d'une bandelette rouge, boucle d'oreille en rondelle et pendeloque, bracelet, himation et tunique sans peau de panthère); de la main gauche elle tient un thyrse sous forme de branches à petites feuilles rouges à laquelle est suspendue une plus grosse guirlande de feuillages ou de fleurs rouges. Le Silène nu et ithyphallique s'est jeté sur elle et la tient de la main gauche par l'épaule, de l'autre main par le poignet pour l'empêcher de se servir de son thyrse comme arme (mêmes détails, avec cheveux noirs à petits points saillants). — Sur les anses : *E.* **Éphèbe vainqueur.** Il est nu et debout, avançant les deux mains pleines de palmes et de couronnes (figurées en traits rouges), une couronne passée autour du col et descendant sur les épaules, une bandelette à franges liée sur la cuisse droite (cheveux à contour incisé, ceints d'une couronne de feuillages rouges). — *F.* **Même sujet** (les repeints du fond ont fait disparaître les palmes et les couronnes).

Noir dans l'embouchure et cercle réservé en rouge. Sur l'embouchure, grandes palmettes en rouge réservé, reliées par des pédoncules et accostées de petits points rouges; à l'attache supérieure des anses, palmette analogue surmontée d'une fleur de lotus. A la base du col, anneau saillant en clair. En haut de l'épaule, godrons noirs. Autour de l'épaule, interrompue par les anses, guirlande circulaire de boutons de lotus horizontalement disposés. En dessus et en dessous des sujets *C* et *D* de la panse un cercle rouge réservé. Sur chaque côté de la panse, au-dessous des anses, large motif floral composé de quatre grandes palmettes en rouge réservé, reliées par des pédoncules et accostées de points rouges. Sur le bas de la panse, zone noire avec un cercle rouge réservé et une zone claire avec arêtes noires rayonnantes. Les sujets *E* et *F* des anses encadrés de côté et en bas par un filet rouge réservé (deux filets sous *E* seulement). Anneau rouge saillant à l'attache du pied noir.

Terre jaunâtre, surface orangée. Dessin au trait en beau noir lustré. Retouches rouges sobres. Emploi de l'incision pour séparer des chevelures du fond. Quelques traces d'esquisse visibles. Bon état de conservation. Haut. 0,385.

(Inv. Campana, numéro disparu). Trouvé en Étrurie et entré en 1863.

Vue d'ensemble (des deux côtés) dans notre pl. 88. Cf. *Cataloghi Campana*, série VIII, n° 71; Klein, *Meistersignaturen*, p. 96, n° 27.

G 3. Amphore signée par Pamphaios (même forme). — Même disposition. — Sur le col : *A.* **Néréide?** Femme vêtue d'une tunique très courte et collante (bordure de points noirs et rosace noire), serrée à la taille par une ceinture, courant vers la droite en retournant la tête et tenant de chaque main, par la queue, un petit dauphin (coiffure en cécryphale semé de points noirs, fermé en arrière par un lien rouge, boucle d'oreille en rondelle, bracelets rouges aux poignets). — *B.* **Même sujet** (bord de la tunique orné d'une grecque noire). — Sur la panse : *C.* **Ménélas retrouvant Hélène.** A droite Ménélas en hoplite (casque à cimier bas, cuirasse ornée sur tunique courte, cnémides, baudrier rouge soutenant le fourreau d'épée; restaurations dans le bas du casque, la cuirasse et la tunique), tenant de la main droite son épée nue (restaurée), s'avance à grands pas et saisit de la main gauche le poignet d'Hélène qui fuit à droite, le corps retourné à gauche et tendant la main droite pour supplier (chevelure éparse avec contour incisé, nez restauré, longue tunique serrée à la taille, bracelet rouge au poignet droit, bras gauche restauré, repeints dans la tunique). Les noms des deux personnages sont peints en lettres rouges: ΜΕΝΕΛΑΟΣ, ΕΛΕΝΕ (les lettres trop rouges paraissent avoir été retouchées). Au-dessus d'eux la signature d'artiste en lettres rouges : ΦΑΙΦΑΙΟΣ ΕΠΟΙΕΣΕΝ (les sept dernières lettres plus rouges pourraient avoir été refaites), Φαιφαῖος (pour Παμφαῖος) ἐποίεσεν. — *D.* **Le Centaure Chiron portant Achille enfant.** Chiron est barbu (longs cheveux pendants avec contour incisé, jambes humaines par devant), drapé dans un himation qui laisse l'épaule droite nue, et porte sur son épaule gauche une branche d'arbre feuillue (petites feuilles rouges) d'où pend un lièvre mort, attaché par les pattes de devant (pelage en petits points noirs); sur sa main droite avancée est assis le petit Achille drapé, les bras enveloppés sous son himation (chevelure à contour incisé, ceinte d'une bandelette rouge), faisant face au Centaure. Près des personnages sont inscrits leurs noms en lettres rouges : +IPON, A+ILEVΣ (rétrograde). — Sur les anses : *E.* **Guerrier au courant.** Éphèbe coiffé d'un casque à cimier bas (orné d'une grecque noire), courant vers la droite, les deux poings fermés près du corps (pas d'armes). — *F.* **Même sujet.**

Même décor que dans le précédent avec quelques variantes; pas de guirlande de lotus autour du col; un seul cercle réservé sous les sujets de la panse; motif floral composé de deux palmettes opposées et accostées de quatre lotus portés par de longs pédoncules; les sujets des anses non encadrés, sauf un filet rouge sous *F*; anneau saillant de la base en noir; le pied noir avec filet en rouge réservé.

Même technique. Plusieurs morceaux recollés et quelques restaurations. Haut. 0,37.

(Inv. Campana, numéro disparu). Même provenance.

Vue d'ensemble (des deux côtés) dans notre pl. 88. Cf. *Cataloghi Campana*, série VIII, n° 70; Klein, *Meistersignaturen*, p. 96, n° 26.

G 4. Coupe signée par Pamphaios (vasque peu profonde, anses assez allongées et un peu relevées, pied mince à base large). — Un sujet dans l'intérieur et un sur chaque revers. — Il ne faut pas tenir compte du sujet *A.* **Femme nue assise sur le bord d'un lit.** Elle tient dans ses bras un coussin, mais la figure est entièrement refaite et moderne. Il n'y a d'antique qu'un coin de lit, à droite, avec un gros coussin (bandes noires et grecques) posé sur le chevet. — Revers *B.* **Combat d'Amazones.** A gauche, une Amazone montée sur un cheval dont elle tient les rênes (en rouge, des repeints dans le cheval), un bouclier à double échancrure attaché dans le dos (deux cercles à point central de chaque côté d'une feuille noire formant l'épisème), s'avance au trot vers la droite (bonnet phrygien, himation enveloppant le corps, jambes nues, pas d'armes). Une Amazone à pied lui fait face (casque avec plume, cuirasse de femme indiquant le sexe, taille mince, tunique courte mal restaurée, cnémides restaurées) et marche la lance en arrêt, abritée d'un bouclier rond (épisème en forme de caisson de char avec deux rênes flottantes attachées au sommet de la balustrade?). Au centre, Amazone à cheval dardant la lance (pas de casque, chevelure courte, himation restauré, couvrant le corps et laissant le sein gauche nu, jambes nues, pieds refaits, corps et jambes du cheval refaits); une Amazone à pied lui fait face (copiée sur la précédente, mais il n'y a d'antique que le bras droit). Derrière elle s'avancent un archer asiatique barbu (dont la tête seule est antique, coiffée d'un bonnet phrygien) et un hoplite grec couvert d'un grand bouclier rond (personnage entièrement refait; le bout du cimier de son casque est seul antique, avec un bord du bouclier, et c'était peut-être une Amazone à pied). — *C.* **Suite du même sujet.** Une Amazone à pied, portant une lance et un bouclier rond, court vers la gauche le bras droit étendu, comme pour se porter au secours des précédents (casque à très long panache, bouclier orné d'un épisème en forme de fleuron, jambe droite refaite avec cnémide). Au centre, un archer asiatique, barbu, tenant une hachette de guerre de la main gauche (bonnet phrygien, tunique et anaxyrides, d'une seule pièce, semée de petits traits noirs, baudrier soutenant un très grand carquois restauré pendu sur le flanc gauche), marche à droite et se retourne pour saisir au col et faire avancer un cheval (rênes rouges) qui le suit. Une Amazone à pied, courant vers la gauche, vient à la rencontre de l'archer en levant la main droite en l'air (casque à cimier bas, jambes nues); elle porte une lance et un bouclier rond (épisème en forme de scorpion) et elle est placée en arrière-plan d'un cheval semblable au précédent (rênes rouges) que précède un autre archer barbu, armé d'une lance, marchant à grands pas vers la droite et se retournant pour flatter la tête de l'animal (même costume). Sur la tranche claire du pied la signature d'artiste peinte en lettres noires espacées : [ΠΑΝΘΑΙ]ΟΣ ΕΠΟΙΕΣΕΝ, [Πανφαῖ]ος ἐποίεσεν (les six premières lettres sont dues à une restauration).

Noir dans la vasque, sur les revers, le pied sauf la tranche claire et une partie des anses. L'intérieur encadré par un simple cercle réservé. Filet rouge (refait) sur le rebord. Sous les sujets des revers, entre deux cercles noirs, zone composée d'une double rangée de gros points reliés par des petits traits. Sous chaque anse une feuille de lierre isolée (refaite), portée par un pédoncule. Sur le plat du pied, un filet saillant et un filet incisé. Sous la base zone noire (restaurée).
Terre rosée, surface rougeâtre. Peinture en beau noir lustré. Retouches rouges rares. Pas de travail d'incisions. Traces de l'esquisse. Très nombreuses cassures recollées et repeintes. Restaurations importantes dans les personnages. Haut. 0,125. Diam. 0,31 ; avec les anses 0,39.
(Inv. Campana 585). Trouvé en Étrurie et entré en 1863.
Détails des revers *B* et *C* dans notre pl. 88. Cf. *Cataloghi Campana*, série IV-VII, n° 642; Klein, *Meistersignaturen*, p. 93, n° 16 ; Corey, *De Amazonum antiq. figuris*, p. 81.

G 8. Coupe à yeux prophylactiques, signée par le potier Pamphaios et le peintre Epiktétos (vasque assez profonde, anses allongées et relevées du bout, pied court et trapu à base large). — Un sujet dans l'intérieur et un sur chaque revers. — Int. *A*. **Éphèbe urinant dans une œnochoé.** Il se penche en avant, vers la gauche, tenant de la main droite l'œnochoé entre les jambes, la main gauche appuyée sur la cuisse gauche (chevelure à contour incisé et à couronne de gros feuillages rouges, corps nu avec himation jeté dans le dos, passant sur l'épaule gauche et s'enroulant sur le bras gauche ; restauration s'étendant sur une partie du visage, la poitrine et le côté gauche, les genoux et quelques morceaux de la draperie). Autour du personnage la signature du potier peinte en lettres rouges : ΠΑΜΑΦΙΟΣ ΕΠΟΙΕΣΕΝ, Παμάφιος (pour Παμφαῖος) ἐποίεσεν. — Revers *B*. Entre deux palmettes accostées de deux grands yeux (incisés avec point central rouge) **Guerrier ramassant sa lance.** Il est imberbe et se baisse complètement vers la gauche pour ramasser sa lance qui était à terre (casque à cimier bas, jambes nues) ; il porte un grand bouclier rond qui le couvre en grande partie (épisème en tête de Silène vue de face). Dans le champ le commencement de la signature du peintre, en lettres rouges : ΕΠΙ. ΤΕΤΟΣ, Ἐπί[κ]τετος. — *C*. Entre des ornements semblables **Archer tirant une flèche de son carquois.** Il marche penché vers la gauche (visage imberbe, chevelure à contour incisé et à couronne de feuillages rouges), le dos vu de trois quarts ; le bras gauche étendu (refait) tient l'arc (en rouge) et de la main droite il tire une flèche d'un grand carquois, pendu par un baudrier sur le côté gauche (partie du dos et jambe gauche refaites). Dans le champ la fin de la signature du peintre : ΕΛΡΑΦΣΕΝ, ἔγραφσεν (pour ἔγραψεν).

Même application du noir. L'intérieur encadré d'un simple cercle réservé. De chaque côté des sujets des revers, large palmette à neuf pétales et deux enroulements, accostée d'un grand œil à cercles rouges et noirs. Sous les sujets, un cercle rouge réservé (en partie refait). Anneau saillant noir à l'attache du pied uni. Le dessous de la base en noir.
Terre jaunâtre, surface rougeâtre. Dessin au trait en beau noir lustré. Retouches rouges rares. Emploi de l'incision pour séparer les chevelures du fond et pour certains ornements. Style fin. Recollages nombreux et bien dissimulés. Des repeints dans les personnages et les ornements. Un clou de bronze oxydé assujettit le pied à la vasque et paraît être une restauration antique. Haut. 0,14. Diam. 0,32 ; avec les anses 0,41.
(Inv. LP 2874 ; N 3471). Anciennes collections Canino, Dubois. Trouvé à Vulci vers 1829 et acquis en 1847.
Détails des sujets *A*, *B*, *C*, dans notre pl. 89. Cf. de Witte, *Notice d'une collection*, 1843, p. 46, n° 174 ; Klein, *Meistersignaturen*, p. 102, n° 6.

G 9. Assiette plate signée par le peintre Epiktétos (rebord assez large, le fond plat). — L'intérieur est décoré d'un sujet. — **Éphèbe vainqueur et paidotribe.** A gauche un éphèbe nu, debout (chevelure à contour incisé, ceinte d'une couronne de feuillages rouges, seins indiqués en pointillé), les deux mains avancées et pleines de palmes (feuillages rouges), une bandelette à frange nouée à son bras droit et pendante, donne la main (étendue à plat) au paidotribe qui lui fait vis-à-vis, sous les traits d'un éphèbe drapé (même coiffure, himation laissant l'épaule droite nue). Celui-ci tient de la main gauche sa baguette fourchue (au trait rouge) et tend sa main droite (étendue à plat) à l'éphèbe vainqueur. Dans le champ la signature d'artiste peinte en lettres rouges : ΕΠΙΚΤΕΤΟΣ ΕΛΡΑΣΦΕΝ, Ἐπίκτετος ἔγρασφεν (pour ἔγραψεν).

Noir sur tout le plat, sauf un cercle rouge réservé autour du sujet. Sous les pieds des personnages une ligne horizontale en rouge réservé forme terrain. Deux filets saillants sur le rebord, en haut et en bas. Au revers le rebord noir, avec deux filets saillants, le fond un peu concave et en rouge réservé.
Terre un peu rosée, surface rougeâtre. Dessin au trait en beau noir lustré. Retouches rouges sobres. Incisions pour séparer les chevelures du fond. Bon état de conservation. Haut. 0,02. Diam. 0,20.
(Inv. LP 2874 ; N 3488). Ancienne collection du prince de Canino. Trouvé en Étrurie et acquis sous le règne de Louis-Philippe, vers 1837.
Vue d'ensemble dans notre pl. 89. Cf. de Witte, *Description d'une coll. de vases peints*, 1837, p. 105, n° 174 ; Klein, *Meistersignaturen*, p. 107, n° 28.

G 10. Coupe signée par le peintre Epilykos (vasque assez profonde, anses un peu courtes et relevées du bout, pied très court et base plate à tranche épaisse). — Un sujet dans l'intérieur et un sur chaque revers. — Int. *A*. **Hermès tenant une fleur.** Le dieu barbu est debout, tourné à droite, la tête un peu penchée (pétase restauré, cheveux à boucle pendante, himation picoté de points noirs rejeté dans le dos et noué sous le cou (restauration), ailettes fixées en arrière aux chevilles, endromides aux pieds avec languette recourbée en avant) et il porte de la main droite un caducée à long manche auquel est suspendue une bandelette à franges (indiquant qu'il vient en héraut et en négociateur). De la main gauche élevée il tient une fleur (repeinte). Dans le champ la signature d'artiste disposée circulairement et peinte en petites lettres rouges (très pâles) : ΕΠΙΛΥΚΟ... ΡΑΦΣΕ. ΚΑΛΟΣ, Ἐπιλυκὸ[ς ἔγ]ραφσε[ν] καλός (pour καλῶς ?). — Les deux sujets des revers sont entièrement restaurés, surtout dans la partie supérieure. *B*. **Combat d'Hercule et d'Achéloüs.** A gauche Hercule barbu (tête refaite, couronnée de feuillages rouges, corps nu refait) saisit par la corne (la main gauche tenant la corne est antique) le fleuve Achéloüs qui sous la forme d'un Centaure s'affaisse sur ses jambes de devant (tête barbue, chevelure pendante à contour incisé) et, la tête courbée, s'efforce avec sa main gauche de se dégager de l'étreinte du héros, pendant que de la main droite il lui saisit le bras (restauration dans les jambes et le train de derrière) ; en arrière-plan un arbrisseau (feuilles rouges). — *C*. **Silène (?) et Ménade.** Un homme nu, barbu (tête refaite, couronnée de feuillages rouges, pas de queue de cheval), s'avance vers la droite, levant le bras gauche (refait) et portant de la main droite un skyphos (refait). A droite une Ménade s'enfuit (tête refaite couronnée de feuillages rouges, peau de bête picotée de points noirs par-dessus une tunique) et se retourne vers l'homme en étendant vers lui son bras droit (refait) ; de la main gauche elle tient un thyrse (feuillages rouges restaurés).

Noir dans l'intérieur, sauf un cercle rouge réservé encadrant le sujet central et un cercle (repeint) sur le rebord. Noir sur une partie des anses. Sous chaque anse une petite palmette rouge d'où part de chaque côté un long pédoncule terminé par deux palmettes rouges terminées en sens différent et superposées. Ces palmettes forment de chaque côté l'encadrement des sujets *B* et *C* (les restaurations y sont nombreuses, mais le motif d'ensemble est certain). Sous les sujets cercle rouge réservé. Anneau saillant rouge à l'attache du pied noir à tranche claire. Sous la base zone noire et, dans la cavité du pied, petits cercles concentriques.
Terre un peu rosée, surface rougeâtre. Dessin au trait en beau noir lustré. Retouches rouges sobres. Incision pour séparer une cheve-

lure du fond. Très nombreux recollages et restaurations. Haut. 0,09. Diam. 0,22 ; avec les anses 0,28.
(Inv. Campana 1032). Trouvé en Étrurie et entré en 1863.
Détail du sujet *A* dans notre pl. 89. Cf. *Cataloghi Campana*, série IV, n° 669; Klein, *Meistersignaturen*, p. 114, n° 1 (calque dans l'*Apparatus* de l'Institut allemand à Rome).

G 15. Coupe signée par Chélis (vasque assez profonde, anses solides et relevées du bout, pied fort à base large). — Un sujet dans l'intérieur et un sur chaque revers. — Int. *A*. **Éphèbe s'exerçant avec des haltères.** Il est nu, tourné vers la droite et, le corps penché en avant, il soulève une haltère de chaque main (chevelure à contour réservé). Dans le champ, la signature en lettres rouges effacées : +..IՏ ΓΠΟΙΕՏLN, Χ[έλ]ις ἐποίεσεν. — Revers *B*. **Six éphèbes s'exerçant dans la palestre.** Ils sont répartis en trois groupes. 1° Le disque. Un éphèbe nu, la jambe gauche en avant, soulève à deux mains son disque; devant lui un autre éphèbe nu marche vers la droite, retournant la tête, le bras gauche étendu. 2° La lutte. Deux éphèbes nus, penchés l'un vers l'autre, leurs têtes se touchant, s'empoignent par les bras. 3° Le javelot. Un éphèbe nu marche vers la droite, le bras gauche levé; un autre marche dans le même sens, retournant la tête et mesurant avec la main la hampe d'un javelot pour déterminer le point de prise (tous ont une chevelure à contour réservé, ceinte d'une bandelette rouge ou d'une couronne de feuillages rouges). — *C*. **Apprêts de la course à cheval.** Deux éphèbes nus font sortir trois chevaux. A gauche, en avant, marche un cheval (harnais de tête, pas de rênes visibles); il est suivi d'un éphèbe nu qui étend le bras droit comme s'il tenait la longe du cheval. De la main gauche placée en arrière il tient la longe (en rouge effacé) d'un second cheval qui le suit (même harnais et rênes flottant sur le col). A droite suit un second éphèbe nu avec chlamyde dans le dos (partie supérieure entièrement refaite, jambes antiques), précédant un troisième cheval qui piaffe (harnais, rênes rouges, restaurations dans le corps et la queue). — Sous chaque anse un **Dauphin** nageant à gauche.

Le noir comme dans les précédents. Un cercle rouge réservé encadrant l'intérieur, un sur le rebord, un sous les sujets des revers. Rien à l'attache du pied noir; filet saillant sur le plat avec tranche en clair. Le dessous de la base en noir.
Terre un peu rosée, surface rougeâtre assez claire. Dessin au trait en beau noir lustré. Retouches rouges sobres. Beaucoup de morceaux recollés, sans restaurations importantes, sauf le personnage refait en *B*. Haut. 0,14. Diam. 0,35; avec les anses 0,45.
(Inv. N 3303; MN 150). Anciennes collections Canino, Dubois. Trouvé à Vulci et acquis en 1850.
Détail de *A* dans notre pl. 89; de *B* dans notre pl. 90. Cf Klein, *Meistersignaturen*, p. 117, n° 4.

G 16. Fragment de Coupe, portant le nom d'Hipparchos (morceau d'un vase analogue aux précédents; une partie de l'intérieur et l'anse droite sont conservées). — Dans l'intérieur **Éphèbe nu.** Le dos est vu de trois quarts, le corps penché en avant et la tête relevée en arrière (chevelure à contour incisé). Dans le champ l'inscription peinte en lettres rouges : ..ΓΑΡ+ΟՏKALO.., [Ἵπ]παρχος καλό[ς].

Intérieur noir. Autour du sujet central un cercle rouge réservé. Noir sur une partie de l'anse. Aux revers, traces d'un rinceau près de l'attache de l'anse; en-dessous des sujets il y avait un cercle rouge réservé.
Terre claire et rosée; surface de même ton. Dessin au trait noir lustré. Emploi du rouge et de l'incision. Un seul fragment sans recollages. Long. max. 0,20.
(Inv. Frag. Campana 27). Recueilli dans les fragments de l'ancienne collection Campana. Entré en 1863.
Publié dans notre pl. 90.

G 17. Grande Coupe portant le nom de Memnon (vasque assez profonde, anses solides et un peu courtes, relevées du bout, pied court et fort à base large un peu concave). — Un sujet dans l'intérieur et un sur chaque revers. — Int. *A*. **Éphèbe portant une cithare.** Il est nu et marche rapidement vers la droite, retournant la tête (chevelure à contour incisé, ceinte d'une couronne de feuillages rouges, musculature très étudiée sur la poitrine); de la main droite abaissée il porte une cithare à sept cordes (la caisse de l'instrument refaite) et de la main gauche un bout de draperie qui doit être l'étui de la cithare (bras droit, main gauche, le bas des deux jambes et une partie de la draperie restaurés). — Revers *B*. **Hercule apportant à Eurysthée le sanglier d'Érymanthe.** Au centre un grand pithos enfoncé en terre d'où sort la tête d'Eurysthée barbu, les deux bras levés en l'air (feuillages rouges sur les cheveux, le haut de la coiffure et une partie des bras restaurés). A gauche, Hercule barbu, nu (couronne de feuillages rouges, quelques endroits restaurés dans le corps et la jambe gauche), pose le pied gauche sur le rebord de la jarre et fait mine d'y jeter le sanglier qu'il porte renversé sur son dos, les pattes en l'air. Derrière lui Athéné drapée, tenant la lance, tournée vers la gauche, se retourne vers le héros et tend vers lui la main gauche comme pour l'aider (tête casquée et partie supérieure refaites, cheveux pendants, himation par-dessus longue tunique, repeints dans le bras droit et la main gauche). A droite, derrière le pithos, la mère d'Eurysthée, Kalliphobé, tournée vers la droite, se retourne et étend la main droite (restaurée) comme pour supplier, la main gauche portée à ses cheveux en signe de désespoir (chevelure éparse à contour incisé, ceinte d'un lien rouge, grande tunique ionienne bouffant sur la ceinture, himation rejeté en écharpe sur les deux bras). Derrière elle le père d'Eurysthée, Sthénélos, s'avance sous les traits d'un homme âgé, barbu et chauve; il tient une canne de la main gauche et porte la main droite à sa tête (himation laissant l'épaule droite nue, quelques parties restaurées dans le corps). Les noms de tous les personnages sont peints dans le champ en lettres rouges : ΑΘΕΝΑΙ, ΗΕΡΑ.LΕՏ, ΕΡV.ΘVՏ (rétrograde), ΚΑLΙΦοΒΕ, ՏΤΕΝΕLΟՏ. — *C*. **Départ d'Ulysse sur son char.** Il est en hoplite (visage et bord du bouclier restaurés, casque à cimier bas, lance la pointe en bas, bouclier rond portant le triskèle en épisème, tunique courte, cnémides) et, debout sur son char à quatre chevaux, il tient de la main droite les rênes de l'attelage. Le char est tourné vers la gauche; les deux chevaux d'arrière-plan relèvent la tête. Devant eux se tient debout Hermès barbu (pétase restauré, chlamyde rejetée dans le dos et nouée sous le cou, endromides avec ailettes recourbées par devant), la main gauche avancée comme pour les retenir ou les empêcher de partir, tenant le caducée auquel est suspendue une bandelette à franges (restaurée). Dans le champ, en lettres rouges, les noms des personnages : ΟLVΤΕVՏ, ΗΕΜ.. (sic) (rétrograde), et le nom d'éphèbe ΜΕΜ..ΝΚΑ..., Μέμ[νον] κα[λός].

Le noir comme dans les précédents. Un cercle rouge réservé (repeint et mal refait) encadrant le sujet intérieur, un sur le rebord. Sous chaque anse, une palmette d'où partent de longs pédoncules, supportant à leur extrémité une palmette superposée à un bouton de lotus qui forment l'encadrement des sujets du revers. Sous les sujets une grecque noire entre deux cercles sur une bande rouge réservée. Rien à l'attache du pied noir avec filet saillant. Sous la base, zone claire et zone noire pénétrant dans la cavité intérieure du pied.
Même technique. Emploi de l'incision pour séparer quelques chevelures du fond. Traces de l'esquisse. Nombreux recollages et restaurations, qui n'ont pas altéré les parties essentielles, sauf en *A* qui a le plus souffert. Dans le bouclier d'Ulysse se voit une pointe de clou oxydé qui paraît correspondre à une restauration antique. Haut. 0,165. Diam. 0,435; avec les anses 0,53. Les dimensions inusitées de ce vase en font une des plus grandes coupes connues.
(Inv. Campana 968). Trouvé en Étrurie et entré en 1863.
Publié par O. Benndorf, *Wiener Vorlegeblätter*, 1890-91, pl. 10. Cf. *Cataloghi Campana*, série I, n° 134; Klein, *Meistersignaturen*, p. 128, n° 19; *Lieblingsinschriften*, p. 58, n° 24; *Euphronios*, 2e éd., p. 96 (coupe attribuée à la fabrique de Chachrylion).

G 18. Coupe portant les noms de Memnon et de Kinéas (même structure, avec pied plat). — Un sujet dans l'intérieur et un sur chaque revers. — Int. *A*. **Joueuse de crotales.**

Femme marchant vers la droite (tête restaurée, couronne de feuillages rouges sur chevelure à contour réservé, tunique à manches ioniennes, serrée à la taille par une ceinture à pointillé et semée de quelques gros ornements en forme de denticules noirs, fortes restaurations dans la draperie), se retournant en arrière, les bras écartés, et tenant de chaque main une crotale (bras droit et crotale gauche restaurés). Dans le champ inscription circulaire peinte en lettres rouges : . EMNON KALOS. [M]έμνων καλός. — Rev. *B.* **Troïlos tué par Achille et défendu par Énée.** Le jeune fils de Priam, sous les traits d'un éphèbe casqué (corps nu), tenant un bouclier rond sur le bras gauche (épisème en fleuron?), est tombé sur le genou gauche et tire son épée du fourreau ; il est déjà frappé de deux coups de lance et le sang coule des blessures à la poitrine (filets rouges). Devant lui, à gauche, Achille (tête casquée restaurée, tunique courte, bouclier à cercle rouge refait) tient à la main droite (bras restauré) une lance qu'il enfonce dans le corps du jeune homme. A droite, derrière Troïlos, le Troyen Énée accourt ; il est vêtu en hoplite et brandit une lance de la main droite (casque à cimier bas couvrant tout le visage, cuirasse sur tunique courte, cnémides, bouclier rond avec épisème en serpent). Inscription en lettres rouges dans le champ : TPOILOS ; en haut près du bord AINEA (rétrograde) et KALOS. ; entre les jambes d'Achille . . LOS, [κα]λός. — Rev. *C.* **Le char de Troïlos.** Il est conduit par l'écuyer Autoboulos, debout, tenant les rênes et l'aiguillon, cuirasse sur longue tunique talaire, couronne de feuillages rouges sur chevelure à contour incisé). Les quatre chevaux galopent vers la gauche (rênes rouges, deux queues rouges). Dans le champ, en lettres rouges AVTOBOVLOS (rétrograde), et devant les chevaux KINEA. (rétrograde) KALOS (rétrograde), Κινέα[ς] καλός.

Le noir comme dans les précédents. Un cercle rouge réservé (repeint) autour du sujet intérieur, un sur le rebord. Sous chaque anse un bouton de lotus couché, porté par un pédoncule qui, à gauche, se termine en palmette épanouie ; à droite même palmette au bout d'un pédoncule. Ces palmettes forment l'encadrement des revers. Sous les sujets des revers un cercle rouge réservé. Sur le plat du pied un filet saillant et un cercle rouge réservé. Sous la base zone noire.

Même technique. Emploi de l'incision dans une chevelure. On ne voit pas les traces de l'esquisse. Recollages et restaurations, dont le sujet *A* surtout a souffert. Haut. 0,115. Diam. 0,33 ; avec les anses 0,41.

(Inv. Campana 1025). Trouvé en Étrurie et entré en 1863.

Les sujets des revers publiés par O. Jahn, *Telephos und Troilos*, pl. 2 ; Schreiber, *Monumenti Inst.*, X, pl. 22, n° 2 ; *Annali*, 1875, p. 196 et suiv. ; S. Reinach, *Répertoire des Vases*, I, p. 203. Cf. *Cataloghi Campana*, série IV, n° 607 ; Klein, *Meistersignaturen*, p. 122, n° 15 ; *Lieblingsinschriften*, p. 59, n° 27.

G 20. Fragment de Coupe portant le nom de Memnon (morceau de vasque). — Le sujet intérieur est seul conservé en partie. — **Éphèbe nu courant.** Il court rapidement vers la droite, vu de dos et de trois quarts, la tête retournée en arrière, portant sur son bras gauche son manteau, tenant de la main droite abaissée des crotales (couronne rouge sur cheveux à contour réservé, le bas des jambes et le bras gauche disparus). Dans le champ restes de l'inscription circulaire, peinte en lettres rouges . . . NON, [Μέμ] νον [καλός].

Intérieur noir. Cercle rouge réservé autour du sujet central. Le reste du décor disparu.

Même technique. Pas d'incision. Style rapide. Un seul fragment sans recollages. Long. max. 0,09.

(Inv. Frag. Campana 76). Recueilli dans les fragments de la collection Campana. Entré en 1863.

Publié dans notre pl. 90.

G 24. Coupe portant le nom de Léagros (vasque peu profonde, anses disparues, pied court et mince à base plate). — Un sujet dans l'intérieur et un sur chaque revers. — Int. *A.* **Silène couché.** Il est nu, ithyphallique, étendu sur un lit de banquet et tourné à gauche, tenant de la main gauche une corne à boire et de l'autre main étendue une phiale (longue barbe, chevelure éparse à contour incisé, ceinte d'une bandelette rouge) ; sa jambe gauche est repliée sous lui (le raccourci du pied vu par-dessous est à remarquer). Sous le lit de banquet passe le bout de sa queue de cheval ; derrière lui un coussin sur lequel il s'appuie. Dans le champ inscription en lettres rouges LEAΛPOS (rétrograde), Λέαγρος. — Revers *B* et *C.* **Scènes de combats.** Ils sont tous deux endommagés et ont disparu en partie. On distingue d'un côté un guerrier nu qui tombe en arrière, tenant son épée nue de la main droite, le bras gauche passé dans l'armature de son bouclier, pressé de chaque côté par un autre guerrier (corps nu avec draperie en ceinture, à gauche lance et bouclier, à droite bouclier ayant un épisème en serpent) ; derrière le guerrier blessé on voit deux jambes qui paraissent appartenir à un autre personnage d'arrière-plan. De l'autre côté, scène analogue, guerrier tombé (bouclier avec épisème en serpent), tirant son épée du fourreau, entre deux guerriers (lances, draperies autour du corps), celui de droite suivi par un autre combattant (archer ?).

Même technique du noir. Le sujet intérieur est encadré par deux cercles rouges réservés. Pas de cercles sur le rebord. Un cercle rouge réservé sous les sujets des revers. Les anses manquent, mais on voit qu'aucun ornement ne séparait les deux scènes de combats qui se touchent. Filet saillant et cercle réservé rouge sur le plat du pied. Sous la base un cercle noir.

Même technique. Emploi de l'incision dans une chevelure. Traces de l'esquisse. Fragments de vase recollés et complétés avec du plâtre. Parties endommagées dans le sujet intérieur. Grande partie des revers absente. Haut. 0,095. Diam. 0,225.

(Inv. Frag. Campana 18). Recueilli dans les fragments de la collection Campana. Trouvé en Étrurie et entré en 1863.

Publié par Hartwig, *Meisterschalen*, p. 91 et 92, fig. 13 *a* et 13 *b* (qui serait tenté de l'attribuer à Pamphaios). Cf. E. Pottier, *Gazette archéologique*, 1888, p. 173 ; Klein, *Lieblingsinschriften*, p. 78, n° 26.

G 25. Coupe portant le nom de Léagros (vasque peu profonde, anses courtes et carrées du bout, pied court et mince avec base plate et large). — Un sujet dans l'intérieur et un sur chaque revers. — Int. *A.* **Homme vomissant.** Il est tourné à droite, le corps nu avec un himation jeté sur l'épaule gauche et soutenu par la main gauche, les pieds chaussés des cothurnes en forme de babouches (front un peu dégarni, couronne de feuillages rouges sur une chevelure courte à contour réservé, moustache grêle, légers favoris et barbiche pointue) ; il est penché, s'appuyant de la main gauche sur une canne, le bras droit étendu, et il vomit par terre (filets rouges sortant de la bouche ouverte). A ses pieds, en arrière-plan, son chien flaire le sol. Dans le champ est suspendu l'étui en peau tigrée dans lequel on mettait les flûtes. — Revers *B.* **Trois hoplites en embuscade.** Ils sont imberbes, placés à la file, tournés à gauche et accroupis, un genou plié, dans l'attitude de la défensive ; chacun d'eux se couvre d'un bouclier rond et tient une lance en arrêt (casques à cimier bas, corps nu, draperie roulée autour des reins, le dos vu de trois quarts, un épisème noir opaque de bouclier en bucrane, le second en scorpion, le troisième en trépied). Dans le champ, en lettres rouges : LEAΓPOS KALOS, Λέαγρος καλός. — *C.* **Même sujet.** Les poses sont un peu différentes ; les deux premiers tiennent leur lance à poignée avec les doigts en dessus ; le soldat du milieu est barbu ; tous trois ont des cnémides ; épisèmes des boucliers en arrière-train de lion, en oiseau volant, en bucrane (silhouettes noires opaques). Dans le champ, en lettres rouges : LEA.ROS, Λέα[γ]ρος.

Même application du noir. Deux cercles rouges réservés autour du sujet intérieur (qui n'est pas placé dans l'axe des anses) ; deux sous les sujets des revers. Filet saillant et cercle rouge réservé sur le plat de la base. Large zone noire sous la base.

Même technique. Pas d'incision. Traces de l'esquisse. Plusieurs morceaux recollés, sans restaurations nuisibles. Haut. 0,075. Diam. 0,24 ; avec les anses 0,31.

(Inv. CA 484). Trouvé en Étrurie, à Chiusi. Ancienne collection van Branteghem. Acquis en 1892.

Publié par Froehner, *Catalogue de la Collection van Branteghem*, n° 54, pl. 17 et 18 ; Hartwig, *Meisterschalen*, pl. 9, p. 104 (qui l'attribue à Euphronios) ; Klein, *Lieblingsinschriften*, p. 77-78, n° 24, fig. 16 et 17.

G 26. Fragment de Coupe portant le nom de Léagros (morceau de la vasque). — Il y avait un sujet dans l'intérieur et ún sur chaque revers. — Int. *A*. On ne voit plus que le pied d'un personnage. — Rev. *B*. **Guerrier conduisant deux chevaux.** Coiffé du bonnet de peau de renard appelé *alopékis*, un homme barbu conduit deux chevaux, dont l'un marche devant lui, l'autre derrière. Il tient de la main droite une lance, en même temps que la longe (en rouge) du premier cheval ; il se retourne vers le second, tirant de la main gauche basse une longe pareille (en rouge). Il a le corps nu, mais il porte dans le dos le grand manteau des cavaliers (bordures et denticules noirs) et il est chaussé d'endromides à revers. Du premier cheval on ne voit que l'arrière-train; du second que l'avant-train. En arrière-plan, derrière le premier, on aperçoit le haut d'une colonnette (chapiteau ionique), indiquant l'intérieur d'un bâtiment. Dans le champ, inscription en lettres rouges : LEAΛROS KALOS, Λέαγρος καλός. — Rien du revers *C*.

Intérieur noir, cercle rouge réservé près du rebord. Autour du sujet central grecque noire, entre deux cercles en rouge réservé. Sous les revers on voit les traces de deux cercles en rouge réservé.
Terre rosée, surface rougeâtre. Dessin au trait noir lustré. Retouches rouges. Traces de l'esquisse. Bon style, apparenté à l'époque d'Euphronios. Un fragment sans recollages. Long. max. 0,16.
(Inv. Fragm. Campana 28). Recueilli dans les fragments de l'ancienne collection Campana. Entré en 1863.
Détail de *B* dans notre pl. 90.

G 27. Fragment de Coupe portant le nom de Léagros (morceau de la vasque). — Il ne reste que la partie supérieure d'un des revers. — **Éphèbe drapé.** Il est vu de dos et de trois quarts (grosse couronne de feuillages rouges sur ses cheveux à contour incisé), la jambe et le bras gauche enveloppés dans l'himation, le côté droit dégagé et le bras tendu en avant (la main et les jambes manquent). Dans le champ l'inscription en lettres rouges LEAΛRO.., Λέαγρο[ς].

On ne peut pas juger du décor. Il n'y avait pas de cercle rouge près du rebord intérieur. Fond en beau lustré noir. Dessin au trait noir lustré. Retouches rouges. Emploi de l'incision dans la chevelure. Style rapide et assez avancé, voisin de l'époque d'Euphronios. Un seul fragment sans recollages. Long. max. 0,085.
(Inv. Fragm. Campana 26). Même provenance.
Publié dans notre pl. 90.

G 30. Amphore portant le nom de l'éphèbe Léagros (panse élancée, anses cordées, pied pointu incomplet). — Un sujet sur chaque côté du col. — *A*. **Éphèbe couché, jouant de la cithare.** Il est étendu sur un lit de banquet, les jambes relevées et cachées sous une draperie, le dos appuyé sur deux coussins (décor à bandes opaques, zigzags et points), tourné vers la gauche et la tête un peu levée (couronne à grosses touffes rouges, chevelure à contour incisé, courts favoris, pointillé autour du sein). La main droite tenant le plectre est invisible; de la main gauche il touche les cordes de la cithare (sept cordes en relief noir sur le noir du fond, ornements noirs indiquant l'écaille de tortue). Dans le champ, en lettres rouges, LEAΛPOS KALOS (rétrograde), Λέαγρος καλός, et autour de la tête MAMEKAΠOTEO, μά(ο)με κα(ί) ποτέο, que M. Studniczka considère comme le début d'une poésie de Sapho : καὶ ποθήω καὶ μάομαι. — *B*. **Éphèbe couché, jouant au kottabos.** Il est étendu comme l'autre, mais se retourne vers la droite, le coude gauche appuyé sur un coussin et tient une coupe de la main droite étendue, l'index passé dans l'anse du vase, dans l'attitude du joueur de kottabos; la jambe droite relevée est cachée sous la draperie, l'autre est sortie et se montre nue en raccourci (mêmes détails de la tête). Dans le champ, en lettres rouges, ΠAIS (rétrograde) LEAΛPOS KALOS, παῖς Λέαγρος καλός.

Noir dans l'embouchure, le plat du rebord clair. Sur le rebord extérieur guirlande de lierre noir. En haut et en bas du col, filet saillant réservé en clair. Tout le reste du vase et les anses en noir. La base pointue est réservée en clair et percée de quatre trous qui paraissent antiques et qui pouvaient fixer le vase sur un support disparu.
Terre rosée; surface rougeâtre. Dessin au trait en beau noir lustré. Retouches rouges sobres. Emploi de l'incision pour les chevelures. Indications de la musculature en noir jauni. Traces de l'esquisse. Style fin et soigné. Nombreux morceaux recollés; pas de restaurations dans les figures. Haut. 0,47.
(Inv. LP 2595; N 3298). Trouvé à Vulci vers 1829. Anciennes collections Canino, Dubois. Acquis entre 1843 et 1847.
Vue d'ensemble (côté *A*) et détail de *B* dans notre pl. 90, Cf. de Witte, *Notice d'une collection de vases*, 1843, p. 13, n° 50; E. Pottier, *Gazette archéologique*, 1888, p. 173; Studniczka, *Jahrbuch Inst.*, II, p. 162; P. Girard, *L'éducation athénienne*, p. 149, note 8; Klein, *Meistersignaturen*, p. 133, n° 17; *Lieblingsinschriften*, p. 80, n° 41.

G 33. Grand Cratère signé par Euxithéos et portant le nom de Léagros (forme en cloche, anses basses et relevées, large pied à deux degrés). — Un sujet sur chaque côté de la panse (un seul avec des parties antiques et tout le reste restauré). — *A*. **Trois Ménades entre deux Silènes.** Une seule Ménade, à droite, est complète, marchant vers la droite, retournant la tête et le buste vers la gauche ; le bras droit élevé (restauré) tient des crotales (antiques); la main gauche abaissée porte un thyrse à petits feuillages rouges (bandelette en rouge réservé avec denticules noirs sur la chevelure à contour et à mèches incisées, boucle d'oreille, himation à bordure de denticules noirs par-dessus une longue tunique à manches ioniennes, restaurations dans la draperie). Une Ménade la suit dans un costume semblable (tête et haut du corps refaits), tenant de la main droite un canthare (noir opaque et guirlande de lierre en rouge), de la main gauche un cep de vigne dont les pampres et les grosses grappes (pointillé noir en relief) s'étendent au-dessus des personnages. La troisième Ménade (tête et haut du corps refaits, même costume) marche à gauche et se retourne vers la droite, tenant de la main gauche des crotales, de la droite un thyrse (feuillages rouges). A gauche du tableau s'avance un Silène à queue de cheval, barbu et nu (tête, haut du corps et les deux bras élevés refaits). A droite un autre Silène semblable, nu et ithyphallique, s'éloigne, retournant la tête et portant sur son épaule gauche une outre de vin (couronne de feuillages rouges sur chevelure longue à contour incisé). Dans le champ, entre ses jambes, inscription peinte en lettres rouges : L..ΛPOS KALOS (rétrograde), Λ[έα]γρος καλός. Près de lui ΠEoN (rétrograde). Près du Silène de gauche la signature d'artiste ....ΘEoS..OIESEN, [Εὐξί]θεος [ἐπ]οίεσεν. — *B*. Tout ce revers, imaginé d'après un sujet analogue, une Ménade jouant de la lyre et accompagnée de trois Silènes, est entièrement moderne.

Noir dans l'intérieur avec deux cercles rouges (refaits), le rebord noir. Sur le rebord extérieur, zone de palmettes et d'ornements en cœur couchés (en grande partie restaurée). Au-dessus d'une anse séparant les deux sujets, une grande palmette opposée à une petite, accostée de quatre pédoncules terminés en volutes (un seul à droite terminé par une grande palmette placée obliquement). Le même motif du côté opposé est régularisé et refait par une main moderne. Sous le sujet *A*, bande de palmettes et de lotus opposés deux à deux, reliés au centre par des enroulements de pédoncules (motif d'un très beau style). Sous le sujet *B*, bande de grandes palmettes couchées et encadrées par un enroulement en cœur (plusieurs refaits). Près de la base, zone de godrons en noir et en rouge réservé. Le pied à deux degrés, avec la tranche du premier degré en clair.
Terre rosée; surface rougeâtre. Dessin en beau noir lustré. Quelques retouches rouges. Emploi de l'incision dans les chevelures. Les restaurations et réparations sont très importantes. En réalité, on ne possédait qu'un fragment de panse en A, avec l'anse gauche et la base à peu près complète; tout le reste a été refait. Haut. 0,43. Diam. 0,505.
(Inv. Campana, numéro disparu). Trouvé en Étrurie et entré en 1863.
Vue d'ensemble dans notre pl. 91. Cf. *Cataloghi Campana*, série IV-VII, n° 871; Klein, *Meistersignaturen*, p. 137, n° 4; Hartwig, *Meisterschalen*, p. 71 et suiv.

G 34. Coupe attribuée au peintre Oltos (vasque peu profonde, anses inégales dont une n'appartient sans doute pas au vase, pied court et aminci du bas, base plate). — Un sujet dans l'intérieur et un sur chaque revers. — Int. *A*. **Silène saisissant une Ménade**. Il est nu, ithyphallique, et s'avance vivement vers la droite ; il se baisse pour passer la main gauche sous la tunique et place sa main droite élevée sur la tête de la Ménade comme pour la courber et l'attirer à lui (bandelette rouge sur les cheveux à contour réservé, barbe longue, queue de cheval, indication en noir jauni de poils sur le corps et sur les bras). La Ménade drapée (cheveux relevés en chignon par un lien en rouge réservé, boucle d'oreille, himation à bordure en zigzag, drapé sur l'épaule droite par-dessus tunique à manches fibulées) fuit vers la droite et retourne la tête à gauche ; de la main droite elle tient un long thyrse autour duquel s'enroule un grand serpent (écailles noires) ; de la main droite elle saisit le poignet droit du Silène pour l'écarter (toute la jambe droite transparaît nue sous l'étoffe). Dans le champ inscription circulaire peinte en lettres rouges : ΤΕΡΟ-ΠΟΝ (nom du Silène), ΗΕΠΑΙΣ, ἡ παῖς [καλέ ?]. — Rev. *B*. **Le char de Dionysos**. Le dieu marche à droite, tenant de la main gauche une grande coupe à pied ceinte d'une guirlande de lierre noire, portant de la main droite basse un cep de vigne dont les pampres rouges s'étendent au-dessus de lui (couronne de feuillages rouges sur la chevelure longue, grande barbe, tunique longue laissant transparaître le nu, himation placé en châle sur le dos). Il retourne vers la gauche sa tête baissée, comme appesantie par le vin. Derrière lui marche son char à quatre chevaux (deux têtes baissées, deux levées, un harnais de poitrail à pointillé noir, un autre à zigzag noir, queues et jambes restaurées), dont les rênes en partie rouges sont tenues par un Silène nu et barbu (fortement restauré, visage antique dans tête refaite, corps et bras refaits, jambe droite antique) qui monte sur le char. En arrière-plan des chevaux, un second Silène nu et barbu joue de la double flûte (corps restauré, le crâne refait). — *C*. **Le thiase bachique**. Quatre Silènes nus et barbus avec deux Ménades drapées. A gauche un Silène ithyphallique (couronne de feuillages rouges sur les cheveux longs) saisit à deux mains la draperie d'une Ménade tenant un thyrse, qui fuit vers la droite, retournant la tête et cherchant à se défaire de l'étreinte du poursuivant (tout entière refaite, sauf le bas de la draperie et des jambes). Au centre un Silène ithyphallique, la tête vue de face, brandit de la main droite un thyrse feuillu et étend le bras gauche recouvert d'une nébride (restaurations dans le corps, les bras, la tête). A droite, entre un Silène ithyphallique, jouant de la double flûte, et un autre Silène ithyphallique, jouant des crotales (tête et corps restaurés), une Ménade marche vers la gauche, retournant la tête et jouant des crotales de la main gauche (bandelette rouge sur cheveux longs, boucle d'oreille, tunique ionienne à manches et nébride jetée dans le dos, nouée par devant sous le cou, restaurations dans les bras et le buste).

Intérieur encadré dans une grecque serrée. Cercle rouge (refait) près du rebord. Sous les sujets des revers, un cercle rouge réservé. Sur la base du pied, filet saillant et cercle rouge réservé. Sous la base un large cercle noir et traces de couleur rouge.

Terre rosée, surface rougeâtre. Lustre noir usé. Quelques retouches rouges. Traces de l'esquisse. La surface du sujet *A* est fatiguée et endommagée. Les restaurations sont assez nombreuses dans les revers *B* et *C*. Anses recollées, pied restauré. Haut. 0,12. Diam. 0,32 avec les anses 0,41.

(Inv. Campana 997). Trouvé en Étrurie et entré en 1863.

Publié par Hartwig, *Meisterschalen*, p. 70-79, pl. 6 ; cf. Klein, *Meistersignaturen*, p. 135 (tous deux s'accordent à attribuer la coupe à Oltos). Cf. *Cataloghi Campana*, série VI, n° 691 ; Th. Reinach, *Revue archéologique*, 1899, I, p. 336 (sur l'inscription Τέροπον).

G 35. Fragment de Coupe signée par Chachrylion (le bord a été rogné, les anses ayant disparu, de façon à former une sorte de plat à pied court et fort avec base plate). — Un sujet seul dans l'intérieur. — **Amazone armée d'un arc et d'une hachette**. Elle est à pied et marche à droite, tenant de la main gauche étendue son arc et deux flèches (la corde de l'arc et les flèches au trait rouge) ; de la main droite basse elle porte une hachette de guerre à bout tranchant et à bout pointu (bonnet phrygien à pointe, tunique courte à manches, serrée à la ceinture, pantalon collant ou anaxyrides ornées d'ellipses et de cercles avec point central). Dans le champ inscription circulaire, peinte en lettres rouges : +Α+ΡΥΛΙΟΝ ΕΠΟΙΕΣΕΝ, Χαχρυλίων ἐποίεσεν.

Le fond noir. Cercle rouge réservé autour du sujet central ; cercle rouge (refait) sur le bord. Sur le plat du pied, filet saillant et filet rouge réservé ; tranche claire (repeinte). Sous la base large zone noire.

Terre jaunâtre foncé ; surface rougeâtre. Dessin au trait en beau noir lustré. Quelques détails en retouches rouges. Traces de l'esquisse. Nombreux morceaux recollés ; le bord de la coupe rogné ; restauration dans l'épaule gauche de l'Amazone. Haut. du fragment 0,08. Diam. 0,225.

(Sans numéro d'inventaire). Anciennes collections Canino, Raoul Rochette, Paravey. Sans provenance connue. Acquis probablement en 1879.

Publié par Hartwig, *Meisterschalen*, p. 34, pl. 2, n° 2. Cf. De Witte, *Coll. Paravey*, n° 79 ; Brunn, *Geschichte der Künstler*, II, p. 702, n° 2 Klein, *Meistersignaturen*, p. 125, n° 1.

G 36. Coupe signée par Chachrylion (vasque peu profonde, anses solides et arrondies du bout, pied court et un peu aminci avec base plate). — Un sujet dans l'intérieur et un sur chaque revers. — Int. *A*. **Éphèbe jouant à la balle**. Il est nu et court à droite, se retournant et portant sur sa main droite étendue une balle ronde ; le bras gauche est porté en avant, la main pendante (couronne de feuillages rouges sur chevelure courte à contour réservé, visage endommagé, musculature détaillée au trait noir avec quelques repeints, des parties refaites dans les bras, l'épaule droite, les jambes). Dans le champ inscription circulaire en lettres rouges : +Α+...ΟΝ ΕΠΟ...., Χαχ[ρυλί]ον ἐπο[ίεσεν]. — Revers *B*. **Couronnement de l'éphèbe vainqueur**. Éphèbe nu, debout et tenant sous son bras droit une canne recourbée en bec à l'extrémité (personnage entièrement restitué, sauf le bas des jambes, le bec de la canne et la main gauche). De la main gauche abaissée il tient une touffe de palmes à feuillages rouges ; devant lui dans le sol est plantée une autre palme semblable. A droite, un éphèbe drapé (grand himation enveloppant tout le corps sauf l'épaule droite et une partie du dos, couronne rouge sur chevelure à contour incisé), la main droite posée sur le flanc droit, le dos vu de trois quarts, penche la tête et tient de la main gauche une sorte de lien? (rouge réservé) qui paraît passer sous le pied nu de l'éphèbe vainqueur. De l'autre côté, à gauche, un autre éphèbe drapé (mêmes détails), dans une attitude symétrique, tient de la main gauche un lien (celui-ci figuré en rouge) qui paraît continuer le premier et passer aussi sous les pieds nus de l'éphèbe. Peut-être s'agit-il de fixer des palmes de victoire sur les jambes du vainqueur, car on voit les traces d'une guirlande à feuillages rouges sur la jambe gauche du personnage central (?). Dans le champ, inscriptions en lettres rouges : ΗΟΠΙΣΚΑΛΟΣ (rétrograde), ὁ π(α)ῖς καλός et ΝΕΔ... (id.) pour νὲ Δ[ία],.... ....ΟΣ (id.)... ...ΛΟΣ (id.) ΚΑΛΟΣ (id.) (M. Klein y a lu à tort le nom de Μέμνον καλός). — *C*. **Ablutions dans la palestre**. Deux éphèbes nus, de chaque côté d'une vasque (le haut restauré), y plongent leurs mains et leurs bras pour se laver (couronnes rouges sur chevelures à contour incisé). A gauche, un éphèbe nu (mêmes détails) s'éloigne en se retournant, arrondissant le bras gauche en l'air, désignant de la main droite son camarade (restaurations dans les bras). A droite, un quatrième éphèbe nu (mêmes détails) tourne le dos aux précédents et penche la tête, le bras droit pendant, la main gauche avancée et empiétant sur la palmette décorative placée de ce côté. Dans le champ inscriptions en lettres rouges : ΗΟ ΠΑΙΣ ΚΑΛΟΣ (rétrogr.) ΝΕΔΙΑ (rétr.) ΚΑΛΟΣ, ὁ παῖς καλός, νὲ Δία καλός (M. Klein a lu un καλός de trop).

Fond noir. Cercle rouge réservé autour du sujet intérieur. Cercle rouge (refait) sur le rebord. Cercle rouge réservé sous les revers.

Sous chaque anse deux pédoncules enroulés (formant imitation d'yeux avec point central en petit cercle réservé) dont chacun se termine en palmette épanouie. Sous une des anses, ce motif est surmonté d'un cercle rouge réservé avec point central noir; le même dessin existait sous l'autre anse, mais il a été recouvert par le noir, par suite d'une distraction de l'ouvrier chargé de peindre le fond. Sur le plat du pied, filet saillant et filet réservé en rouge, tranche claire. Sous la base large zone noire.

Terre jaunâtre foncé; surface rougeâtre claire. Dessin au trait noir lustré. Retouches rouges sobres. Emploi de l'incision dans les chevelures. Traces de l'esquisse. Des recollages et des restaurations, surtout en *A* et *B*. Le pied est assujetti au fond par un clou oxydé qui dépasse dans l'intérieur (réparation antique?). Haut. 0,10. Diam. 0,27; avec les anses 0,35.

(Inv. MN 344; N 3428). Sans provenance connue. Acquis en 1849.

Détails des sujets *A*, *B*, *C*, dans notre pl. 91. Cf. Klein, *Meistersignaturen*, p. 128, n° 10 (la mention du nom de Memnon est à rectifier et le vase est à rayer de la liste des poteries portant ce nom); Hartwig, *Meisterschalen*, p. 18.

G 37. Fragment de Coupe signée par Chachrylion (morceau de la vasque sans le pied). — Un sujet dans l'intérieur et un sur chaque revers. — Int. *A*. **Éphèbe se préparant à lancer le javelot**. Il est nu et tourné à droite dans un mouvement de marche (couronne rouge sur cheveux à contour incisé, large cassure enlevant le ventre et les cuisses, une autre supprimant le pied droit); il se retourne vers la gauche, tenant du bout des doigts de la main gauche l'extrémité d'un javelot et enroulant autour des doigts de la main droite le lien, *amentum*, qui entoure la poignée du javelot. Derrière lui, en arrière-plan, une double perche plantée en terre (but vu de profil?) et près de lui, à ses pieds, une pioche pour remuer le sol de la palestre. Inscription circulaire en lettres rouges dans le champ : +A+PVLIO. EΠOIEΣEN, Χαχρυλίο[ν] ἐποίεσεν. — Revers *B*. On ne voit plus que la main d'un personnage tenant une lance tout près du sol. — *C*. On ne voit plus que le sabot d'un cheval. Dans le champ, restes d'une inscription en lettres rouges ..A...

Intérieur noir. Cercle rouge réservé autour du sujet central. Sous l'anse, deux pédoncules enroulés aboutissant à deux palmettes en rouge réservé dont on ne voit que quelques pétales. Sous les revers cercle rouge réservé.

Terre grisâtre, bien cuite. Surface rosée. Dessin au trait noir lustré. Retouches rouges sobres. Emploi de l'incision dans la chevelure. Fragment restauré et recollé en six morceaux. Long. max. 0,19.

(Inv. Fragm. Campana 32). Recueilli dans les fragments de la collection Campana. Entré en 1863.

Détail de *A* publié dans notre pl. 91. Cf. Klein, *Meistersignaturen*, p. 128, n° 11 (avec une description fautive); Hartwig, *Meisterschalen*, p. 18.

G 38. Coupe signée par Chachrylion (vasque de profondeur moyenne, anses solides et un peu carrées du bout, pied court un peu aminci avec base plate). — Un sujet dans l'intérieur et un sur chaque revers. — Int. *A*. **Éphèbe se frottant de son strigile.** Il est nu et vu de dos par un raccourci curieux qui laisse apercevoir seulement une partie du visage tourné à gauche, derrière l'épaule gauche. Le bras droit est invisible, mais le mouvement de l'épaule indique que l'athlète frotte avec le strigile son bras gauche (couronne rouge sur chevelure à contour incisé). La jambe droite est dirigée vers la droite, la jambe gauche vue complètement par derrière. A droite, une double hampe verticale indique soit une colonnette qui serait le portique de la palestre, soit un but planté en terre (voir le vase précédent). A gauche, par terre, l'himation de l'éphèbe est roulé en gros paquet et posé sur une petite base. Dans le champ inscription circulaire en lettres rouges : +Ʀ+.VLI. NEΠOIEΣE. Χαχ[ρ]υλί[ο]ν ἐποίεσε[ν]. — Revers *B*. **Concours de musique** (?). Sur une estrade à trois degrés est debout un personnage drapé dont on ne voit plus que les pieds (sans doute un joueur d'instrument?). A gauche, un éphèbe à demi drapé (dont la tête manque) est accroupi, un genou en terre, la main droite dirigée vers la gauche, retournant la tête et le buste vers l'estrade (himation enroulé autour des reins et couvrant les jambes). A droite, un éphèbe drapé (dont la tête manque en grande partie) est debout, le dos vu de trois quarts, la main droite sur la hanche, la main gauche avancée et pendante (incomplète), comme s'il se penchait en avant (contour des cheveux incisé, grand himation laissant l'épaule et le bras droit nus). Dans le champ, traces d'une inscription peinte dont il ne reste que la lettre A. (Bien que les trois personnes soient à des hauteurs très différentes, leurs têtes devaient être de même niveau et il en résulte que les proportions des corps sont très grandes pour l'homme accroupi, moyennes pour l'éphèbe drapé, très petites pour le personnage sur l'estrade.) — *C*. **Réunion d'éphèbes.** Tout le haut manque et l'on ne voit que le bas des trois personnages drapés, sans doute des éphèbes, celui de gauche penché et enfonçant en terre sa canne avec la main gauche, celui du centre faisant face au troisième qui tenait aussi une canne. A la droite de ce dernier semble indiqué le bas d'une colonne ou d'une porte qui figurerait un édifice voisin (?). D'une inscription peinte il ne reste que la lettre Σ. (M. Klein a attribué par erreur à cette coupe un sujet de revers et une inscription qui ne lui appartiennent pas.)

Même décor que dans le précédent (les pédoncules enroulés sous l'anse s'enchevêtrent l'un dans l'autre; sous une seule des anses les volutes portent au centre des petits cercles formant des espèces d'yeux).

Même technique. Emploi de l'incision. L'esquisse n'a pas laissé de traces visibles. Vase en très mauvais état, formé de nombreux fragments recollés; on a refait en plâtre deux morceaux dans l'intérieur, une des anses et les parties manquantes des revers. Haut. 0,105. Diam. 0,26; avec les anses 0,34.

(Inv. Fragm. Campana 6). Retrouvé dans les fragments de la collection Campana. Provenant d'Étrurie et entré en 1863.

Vue d'ensemble et détails publiés par Hartwig, *Meisterschalen*, p. 24-27, fig. 2, 2*a*, 2*b*, 2*c*. Cf. Klein, *Meistersignaturen*, p. 129, n° 12 (description de *B* à rectifier).

G 39. Fragment de Coupe attribuée à Chachrylion (morceau de vasque). — Le sujet intérieur est en partie conservé. — **Éphèbe couché sur un lit de banquet.** Il est à demi nu, une draperie cachant le bas du corps (jambes disparues) et il a le coude gauche appuyé sur un coussin (raies noires). Son bras droit (disparu) paraît avoir été levé, d'après le mouvement de l'épaule (grosse couronne rouge sur cheveux à contour incisé). Dans le champ une seule lettre de l'inscription peinte en rouge est restée : +..., qui pourrait être le commencement du nom de Χ[αχρυλίον].

Intérieur noir. Un cercle réservé en rouge autour du sujet central. Aucune autre partie du décor n'est conservée.

Même technique. Emploi de l'incision. Un seul fragment sans recollages. Long. max. 0,10.

(Inv. Fragm. Campana 79). Recueilli dans les fragments de la collection Campana. Entré en 1863.

Publié dans notre pl. 91.

G 40. Coupe signée sans nom d'auteur (vasque assez profonde, mais refaite, anses refaites, pied court à base un peu concave). — Un sujet dans l'intérieur. Ceux des revers existaient, mais il n'en reste presque rien. — Int. *A*. **Éphèbe sur un lit de banquet.** Il est demi-nu, les jambes cachées sous une draperie, la tête tournée à droite et le corps à gauche (couronne rouge, contour des cheveux réservé). De la main droite, il tient une corne à boire, de la gauche une coupe; son coude gauche s'appuie sur un coussin, la jambe droite est relevée. Dans le champ, l'inscription peinte en lettres rouges : EΠOIEΣEN, ἐποίεσεν, sans que le nom d'auteur soit indiqué. — Rev. *B*. On ne voit plus que les deux pieds nus d'un personnage marchant vers la droite. — *C*. Une partie indistincte.

Fond noir. Un cercle rouge réservé autour du sujet intérieur. Cercle rouge près du bord (refait). Sous les revers, cercle rouge réservé (en majeure partie refait et repeint). Il y avait près des anses des ornements en volutes, placés à la base de palmettes qui ont disparu. Anneau saillant à l'attache du pied noir, à tranche claire. Sous la base, large zone noire.

Terre jaunâtre foncé; surface rougeâtre clair. Dessin au trait noir lustré. Retouches rouges sobres. Traces de l'esquisse. Style rapide. Le vase a subi de très fortes réparations. Il n'y avait que le fond de la coupe avec le pied. On a refait et repeint en noir la plus grande partie des revers. L'intérieur recollé a peu souffert. Haut. 0,125. Diam. 0,315; avec les anses 0,40.

(Inv. Campana 603). Trouvé en Étrurie et entré en 1863.

Le sujet intérieur dans notre pl. 91. Cf. *Cataloghi Campana*. VII, n° 577; Klein, *Meistersignaturen*, p. 220, n° 15 (qui y reconnait une imitation du style d'Oltos et Euxithéos); Hartwig, *Journal hell. studies*, 1891, p. 347 (qui l'attribue à Pamphaios).

G 41. Grande Hydrie à tableaux, portant le nom d'Euthymidès, de Charès et de Sostratos (col long, anse d'arrière refaite et dépassant l'embouchure, anses de côté courtes et relevées, épaule presque plate, base un peu concave). — Deux sujets sont placés sur le devant du vase, un sur l'épaule, un sur la panse. — *A*. Sur l'épaule : **Départ du char de guerre et guerriers s'armant.** Au centre, un char attelé de quatre chevaux (deux baissant la tête, deux la relevant, rênes rouges), sur lequel monte un écuyer casqué (casque à cimier bas, le corps nu, himation en ceinture autour des reins), tenant les rênes et l'aiguillon; devant les chevaux appe un chien accroupi, une patte de devant levée. A gauche, tournant le dos au char, un guerrier se baisse pour ramasser sa lance (casque à cimier bas refait, épée au côté, cnémides, cuisses restaurées); il tient déjà un bouclier rond sur son bras gauche (épisème en oiseau noir opaque, en partie refait). A droite, tournant le dos aux chevaux, un archer passe sa jambe gauche dans son arc et pèse sur le bois pour tendre la corde et l'accrocher à une des extrémités (imberbe, grand bonnet phrygien sur cheveux longs, corps nu). Devant lui un hoplite (imberbe, casque à cimier bas relevé sur le haut de la tête, épée au côté, cnémides, corps nu) tient une lance de la main droite et se penche pour prendre un bouclier rond (épisème noir opaque en forme de grue ou oiseau d'eau). Dans le champ inscriptions peintes en petites lettres rouges : +APEΣ (rétrogr.) +AIPE, ΣOΣTPATO. +AIPE, +AIPETO EVÓ.MIΔEΣ, Χάρες χαῖρε, Σόστρατο[ς] χαῖρε, χαιρέτο Εὐθ[υ]μίδες. (Il n'y a pas le verbe ἐποίεσεν et aucune lacune ne permet de le restituer; par conséquent, on peut attribuer le vase à la fabrique d'Euthymidès d'après le style, mais il paraît figurer ici comme nom invoqué, de même que Charès et Sostratos). — *B*. Sur la panse, **Réunion de cinq divinités.** A gauche, Hermès barbu s'avance vers la droite, retournant la tête; il tient le caducée de la main droite et élève la main gauche (pétase, visage refait, tunique courte, himation rejeté dans le dos, ailettes fixées aux chevilles par devant, restaurations dans l'épaule, le bras droit, le bas des jambes). Dionysos barbu le précède, tenant de la main droite un cep de vigne, dont les branches (feuilles rouges) retombent de chaque côté, et élevant de la main gauche un canthare (couronne rouge, himation sur tunique longue, quelques réparations dans la joue, le nez, la draperie). Devant lui Ariane, marchant à droite, retourne la tête et tout le buste vers le dieu, vers lequel elle étend la main droite comme pour le couronner (contour des cheveux incisé, diadème en rouge réservé et couronne à pédoncules rouges, tunique talaire, himation drapé sur l'épaule et le bras gauche). A droite, Poséidon barbu, portant son trident, élève la main gauche tenant un petit dauphin (couronne rouge sur cheveux longs, himation sur tunique longue, réparations dans les draperies); devant lui Amphitrite (mêmes détails que pour Ariane) tient de la main gauche une fleur (refaite) et élève de la main droite une autre fleur (pédoncule rouge, fortes réparations dans la tête et les draperies). Dans le champ, des inscriptions peintes en lettres rouges nomment les personnages : HEPMEΣ +A.. (les deux premières lettres refaites), Ἑρμε̃ς χα[ῖρε?] ΔION..., ΔION.ΣOΣ (rétrogr.), mis une seconde fois par erreur pour Ἀριάδνε, .O.EI/. [Π]ο[σ]ειδ[ο̃ν].

Noir dans l'embouchure avec cercle rouge. Sur le plat du rebord godrons en noir et rouge réservé. Rebord extérieur en clair. Col noir et bande de godrons à la base. Anses en clair avec manchettes de godrons. Entre les deux tableaux, bande de quadrillé noir avec gros points en grenades. De chaque côté du sujet *B*, entre deux traits de rouge réservé, bande verticale de palmettes en rouge réservé, entourées d'un filet en cœur. Sous le sujet, entre quatre filets noirs, bande de palmettes noires reliées par des pédoncules et accostées de points noirs. Cercle rouge sur la zone noire en dessous. Sous l'attache inférieure de l'anse d'arrière, palmette en rouge réservé (mal restaurée). Près de la base, zone claire avec arêtes noires rayonnantes. Le pied noir avec cercle rouge (refait), la tranche repeinte en noir. Sous la base, en grandes lettres incisées HV TVI ≡.

Terre jaunâtre, un peu rosée; surface orangée. Fond noir. Dessin au trait noir lustré. Retouches rouges sobres. Emploi de l'incision pour quelques chevelures. Traces de l'esquisse. Le vase a subi de fortes réparations, surtout au revers, dans l'anse verticale, dans l'anse droite refaite; il y a de larges morceaux restaurés dans les personnages du devant. Haut. 0,48; avec l'anse 0,52.

(Inv. N 3392; MN 143). Ancienne collection Canino. Trouvé en Étrurie entre 1828 et 1837. Acquis en 1850.

Vue d'ensemble dans notre pl. 92. Cf. De Witte, *Description d'une coll. de vases*, 1837, n° 71; Panofka, *Vasenb.*, p. 204 (avec lecture inexacte de l'inscription placée près d'Ariane); Klein, *Meistersignaturen*, p. 196, n° 6; *Lieblingsinschriften*, p. 122, n° 1 (lecture incomplète des inscriptions); Heydemann, *Pariser Antiken*, p. 47, n° 22 (lecture fautive des inscriptions).

G 42. Grande Amphore à tableaux, attribuée à Euthymidès, avec les noms de Charès, Sostratos, Démostratos, Sosithéos, etc. (col large, panse forte, anses plates à tranches saillantes, large base à deux degrés). — Un sujet de chaque côté du vase, dans un encadrement de palmettes. — *A*. **Rapt de Latone par le géant Tityos.** Au centre, Tityos sous les traits d'un homme barbu, nu (couronne de pédoncules rouges sur les cheveux dont les boucles sont indiquées par des petits points saillants, musculature au trait noir jauni), soulève dans ses deux bras, les mains jointes, Latone drapée (diadème réservé et couronne rouge sur les cheveux à contour réservé, grande tunique à manches laissant voir les jambes nues sous la draperie, himation rejeté dans le dos); elle tient de la main droite élevée un pli de son himation comme pour se voiler; de la main gauche elle saisit le bras du géant pour se dégager de son étreinte; ses pieds sont chaussés de sandales (dont la semelle seule est figurée). A gauche, Apollon nu (barbe légère sur la joue, chevelure en crobyle à détails et contours incisés, couronne en pédoncules rouges, boucles en points saillants, grand himation jeté sur l'épaule et le bras gauche, musculature au trait noir jauni) s'avance et saisit de la main droite le bras de Tityos, de la main gauche le bras de sa mère. Derrière lui sont suspendus dans le champ un carquois (orné d'écailles au trait noir) à long couvercle pendant (orné de volutes) et un arc dont la corde (en rouge) est défaite. A droite, Artémis sous le nom d'Aidos, tenant de la main gauche un arc (sans corde) et une flèche empennée (dessinée au trait noir), élève la main droite en regardant la scène (même coiffure qu'Apollon, même costume que Latone, sans sandales). Dans le champ, inscriptions peintes en lettres rouges : +AIPE, +AIPE AΓoLLoN, +AIPE LETOVΣ (rétrogr.), AIΔOΣ, χαῖρε, χαῖρε Ἀπόλλον, χαῖρε Λετοῦς, Αἰδός. — *B*. **Exercices dans la palestre.** Deux éphèbes nus s'exercent, l'un au disque, l'autre au javelot, entre deux hommes barbus. Le discobole porte de la main gauche élevée et maintient avec l'index de la main droite son disque sur lequel se profile son visage (couronne rouge sur les cheveux à contour incisé et boucles en points saillants, musculature au trait jauni); son compagnon, devant lui, le corps de face, la tête penchée, tient du bout de la main gauche l'extrémité d'un long javelot, dont il mesure la hampe avec le doigt de la main droite, cherchant le point de saisie (couronne à pédoncules rouges, mêmes détails pour le reste). A gauche, le paidotribe barbu (mêmes détails de coiffure) s'appuie de la main droite sur une canne (himation dégageant l'épaule et le bras droit). A droite, un autre athlète ou un moniteur, nu et barbu (mêmes détails, les seins en pointillé noir), regarde le précédent en baissant la tête et tient de la main gauche un javelot semblable (un coin de draperie ou un sac? pend dans son dos). Dans le champ inscriptions en lettres rouges : ΣΟΤΙΝΟΣ, ΣΟΣΤΡΑΤοΣ, +ΑΡΕΣ (rétrogr.), +ΑΙΡΕ ΔΕΜΟΣΤΡΑΤΕ (rétr.), ΚΑLΟΣ ΣΟΡΙΘΕ (οϛ ? rétr.) La disposition des inscriptions peut faire penser qu'il s'agit de noms donnés aux personnages mêmes ; mais le nombre des noms (cinq pour quatre personnages) et la comparaison avec le vase précédent (sujet *A*) amènent à croire que ce sont plutôt des rappels de noms d'éphèbes connus.

Noir dans l'embouchure. Plat du rebord clair. Le rebord extérieur noir. Le col noir avec deux cercles rouges. Le plat des anses noir en dessus, avec guirlande de lierre noire sur les tranches claires. A l'attache inférieure de chaque anse, une palmette en rouge réservé, surmontée d'une petite grecque horizontale. Le tableau *A* est encadré, en haut, entre deux filets rouges réservés, par une bande de palmettes en rouge réservé, enfermées dans un trait en cœur et accostées de points rouges réservés ; à droite et à gauche par le même décor en bandes verticales ; en bas, entre quatre filets noirs, au moyen de palmettes noires reliées par des pédoncules et accostées de points noirs. Le tableau en *B* est encadré, en haut comme *A*, sur les côtés et en bas par les palmettes noires reliées et accostées de points. Deux cercles rouges sur la zone noire en dessous. Près de la base, zone claire avec arêtes noires rayonnantes. Deux cercles rouges à l'attache du pied noir, divisé en deux degrés (le premier avec tranche en clair).

Terre rosée, surface orangée. Beau fond noir. Dessin au trait noir lustré. Retouches rouges sobres. Emploi de l'incision pour toutes les chevelures, sauf une. Le vase était divisé en deux par une fissure réparée. Bon état de conservation ; surface salie dans le personnage de Latone et les athlètes du revers. Haut. 0,60.

(Inv. N III 2626). Ancienne collection Beugnot. Trouvé à Vulci. Acquis en 1863.

Le côté *A* publié par Gerhard, *Auserlesene Vasenbilder*, pl. 22 : Lenormant et De Witte, *Élite Céramographique*, II, pl. 56 ; S. Reinach, *Répertoire des Vases*, II, p. 26. Cf. Klein, *Meistersignaturen*, p. 197, n° 2 ; *Lieblingsinschriften*, p. 122, n° 2 ; Kretschmer, *Vaseninschrift.*, p. 197 (sur l'inscription Αἰθώς comme épithète d'Artémis).

G 43. Amphore en forme de stamnos (col court et large, panse ramassée, deux anses horizontales courtes, accostées de rivets, base à deux degrés). — Un sujet sur chaque côté de la panse. — *A*. **Dionysos entre deux Ménades.** Le dieu barbu (crâne restauré, longue tunique à manches, himation rejeté dans le dos) marche à droite, retournant la tête, levant l'épaule droite ; il tient de la main gauche une coupe (partie mal restaurée), de la main droite un canthare à deux grandes anses (en noir opaque). Vers lui s'avance une Ménade drapée (cécryphale orné de petites croix sur les cheveux, boucle d'oreille, serpent rouge au poignet, tunique à manches, himation dans le dos et nébride jetée par-dessus dont les bouts sont noués par devant), tenant un thyrse de la main gauche, élevant en l'air la main droite (mal refaite), qui porte un cep de vigne dont les branches à pampres rouges et à grosses grappes (points noirs en relief) s'étendent dans le champ et retombent de chaque côté du dieu. A gauche, une autre Ménade drapée (même costume) s'éloigne, retournant la tête, le corps penché en avant vers le dieu ; de la main droite elle porte un thyrse, de la main gauche elle tient un serpent dont la tête se dresse vers Dionysos. Dans le champ inscriptions peintes en lettres rouges : +ΟΡΑΝ (rétrogr.), ΔΙΟΝVΣΟΣ (id.), ΡΟΔΑΝΘΕ. — *B*. **Ménade entre deux Silènes.** Elle est drapée comme les précédentes (couronne rouge sur les cheveux à contour incisé) et tient de la main gauche un thyrse dont le bout reste invisible derrière son dos ; de la main droite elle élève en l'air des crotales. A gauche, s'avance vers elle un Silène nu, ithyphallique (couronne de feuillages rouges sur son front chauve, cheveux à contour incisé, le bas des jambes restauré), qui lève la tête et avance les deux mains comme pour saisir la femme. A droite, leur tournant le dos, mais retournant la tête levée, danse un autre Silène, nu, ithyphallique (mêmes détails), la main droite au-dessus de la tête, l'autre sur l'estomac (restaurations dans toute la partie gauche du personnage). Dans le champ inscriptions en lettres rouges ΚLΕΙΝΑ, LΕΟΣΑ, ΣΙLΕΟ.

Noir dans l'embouchure, sur le rebord et sur le col. Cercle rouge et filet saillant sur le rebord. En haut de la panse, godrons noirs et rouges et en dessous grecque serrée et compliquée. Autour des anses grand motif floral, composé de cinq palmettes reliées par des pédoncules et accostées de rinceaux. Sous les sujets, sur une zone claire et entre deux cercles noirs, palmettes noires entourées d'un trait en cœur. En dessous, zone noire avec trois cercles rouges. Près de la base, zone claire avec arêtes noires rayonnantes. Le pied noir avec tranche du premier degré en clair. Sous la base, en grandes lettres légèrement incisées, dont les creux se sont remplis d'une croûte terreuse qui dessine encore la forme des caractères ƎVΔ.

Terre rosée, surface orangée. Beau lustre noir. Dessin au trait noir lustré. Retouches rouges sobres. Emploi de l'incision pour quelques chevelures. Traces de l'esquisse. Plusieurs morceaux recollés et des restaurations dans les personnages, surtout en *B*. Haut. 0,40. Le style est apparenté à celui d'Euthymidès.

(Inv. Campana, numéro disparu). Trouvé en Étrurie et entré en 1863.

Vue d'ensemble (côté *A*) et détail de *B* dans notre pl. 92. Cf. *Cataloghi Campana*, série IV-VII, n° 64.

G 44. Grande Amphore à tableaux (même structure que G 42). — Un sujet sur chaque côté de la panse, dans un encadrement spécial. — *A*. **Départ du guerrier sur son char de guerre.** A gauche, l'écuyer sous les traits d'un hoplite imberbe (casque à cimier bas, cuirasse sur tunique courte, cnémides), monté sur un char, tenant à deux mains les rênes de l'attelage et de la main droite l'aiguillon à pointe ; les quatre chevaux (trois relevant la tête) immobiles et tournés vers la droite (en rouge les harnais les rattachant à la cuisse du char) ; devant eux et debout un enfant drapé, levant la main droite pour les retenir (couronne rouge sur cheveux à contour réservé, himation dégageant l'épaule et le bras droit, restaurations dans le corps et le bras droit). Au centre, en arrière-plan des chevaux, tourné vers l'écuyer, s'avance un hoplite barbu, tenant sur le bras gauche un bouclier rond (épisème noir opaque en forme de sirène à aile recourbée) et portant sa lance sur l'épaule droite (casque à haut cimier relevé sur le haut de la tête, avec serpent en noir opaque sur le haut du cimier qui empiète sur la bande des ornements, cuirasse à épaulières, cnémides). Dans le champ inscriptions peintes en lettres rouges : ΔΑ.ΑΣ, (Δά[μ]ας), +ΑΙ...ΣΟΡΙΣ (χαῖ[ρε] Σοφ(α)ς?), +ΑΟ+Σ (pour καλός?). — *B*. **Cadeaux et conversations éphébiques.** Au centre, un éphèbe drapé et voilé comme une femme (les pieds et les chaussures refaits) tient des deux mains avancées une couronne de feuillages rouges qu'il considère (couronne rouge sur cheveux à contour réservé, longue tunique à manches par-dessous laquelle l'himation est posé et remonte sur la tête comme un voile). En face de lui, à droite, l'éphèbe drapé, qui vient de faire ce présent, s'appuie sur une canne noueuse à bec (couronne rouge en pédoncules, cheveux à contour réservé, himation dégageant le bras et l'épaule droite, le bas refait). A gauche, un homme barbu drapé, le bout de sa canne noueuse placée sous l'aisselle, la main gauche basse, la droite sur la hanche (pieds croisés refaits), se penche en avant et baisse un peu la tête (coiffure et costume comme le précédent). Dans le champ inscription en lettres rouges : +ΑΙΡΕ⊥! (rétrogr.), χαῖρε...?

Même décor que dans *G 42*, sauf que, dans l'encadrement de *A*, les côtés sont bordés par une bande de quadrillé noir à gros points (fortes restaurations dans les bandes d'ornements placées en bas des sujets). Sous la base, marques en grandes lettres profondément incisées ΑΛ.

Terre jaunâtre, surface orangée. Beau fond noir. Dessin au trait noir lustré. Retouches rouges rares. Pas d'incisions. Traces de l'esquisse. Une anse refaite, le bas du vase très restauré. Haut. 0,60. Le style est apparenté à celui d'Andokidès d'une part (cf. *G 1*), d'autre part à celui d'Euthymidès (cf. *G 42*).

(Inv. MN 51 ; N 3398). Trouvé en Étrurie. Acquis en 1848.

Vue d'ensemble (côté *A*) et détail de *B* dans notre pl. 92.

G 45. Grande Amphore à tableaux, portant le nom de Dikaios? (même structure). — Un sujet sur chaque côté de la panse, dans un cadre de palmettes. — *A*. **Scène de palestre, érastes et éromènes.** Les trois groupes de personnages sont composés chacun d'un éphèbe et d'un jeune garçon. A gauche, l'éphèbe drapé (chevelure à contour incisé, himation dégageant les jambes et le bras droit) tient à deux mains une couronne (pédoncules rouges) qu'il s'apprête à poser sur la tête d'un jeune garçon, qui porte de la main droite une haltère (refaite) et de la main gauche un disque (chevelure à contour incisé, tête un peu baissée). Au centre, l'éphèbe drapé (couronne à pédoncules rouges sur la chevelure à contour incisé, barbe légèrement indiquée sur la joue, himation dégageant le bras et l'épaule droite) attire contre lui un jeune garçon, complètement enveloppé dans son himation, dont il relève la tête en le tenant par le menton et qu'il regarde fixement; le bras gauche entoure la tête du jeune garçon et la main s'appuie sur un long bâton noueux. A droite, l'éphèbe drapé s'appuie de la main droite basse sur sa canne noueuse et place la main droite sur la hanche (mêmes détails de coiffure et de costume, sein en pointillé brun); un peu penché en avant, il considère un jeune garçon nu (couronne rouge sur les cheveux à contour incisé) qui, debout sur la jambe gauche, a levé le genou droit qu'il tient entre ses deux mains, comme s'il faisait un tour de force d'équilibre (on peut supposer qu'il tenait sur ce genou un objet que le peintre a négligé d'indiquer ou que l'ouvrier chargé de faire le fond noir a recouvert par inadvertance, sans doute un ballon; cf. le relief de marbre, *Bull. corr. hell.*, 1883, pl. 19). Dans le champ inscriptions en lettres rouges: ΔΙΚΑΙΟΣ ΚΑΛΟ ΚΑΛΟΣ +ΑΙΡΕ (rétrogr.), Δίκαιος καλὸ[ς], καλός, χαῖρε. Cf. le vase d'Euthymidès (Klein, *Meistersignaturen*, p. 197, n° 3) avec l'inscription χάρτα Δίκαιος χαῖρε; on peut se demander si Δίκαιος n'est pas ici un nom propre? — *B*. **Archer asiatique entre deux hoplites.** Il est barbu et marche à gauche, retournant la tête baissée (haut bonnet phrygien avec traces de pédoncules rouges formant couronne, cheveux pendants, tunique pointillée visible sous la tunique ouverte, serrée à la taille, semée de petits cercles, ouverte en cœur sur la poitrine, avec bordure en grecque, anaxyrides refaites); un très grand carquois (restauré) est fixé sur la hanche gauche; de la main droite il tient une hachette, de la main gauche (restaurée) un arc (en partie refait). A gauche, un hoplite (barbe légère sur la joue) marche dans le même sens, retournant la tête vers l'archer (casque à cimier bas qui entre dans la bande d'ornements, relevé sur le haut de la chevelure ceinte d'une bandelette rouge, contour des cheveux incisé, tunique courte, épée restaurée au côté, cnémides aux jambes restaurées); il porte une lance et un bouclier rond (épisème noir opaque en caisson de char avec balustrade au haut de laquelle flotte une rêne?). A droite, l'autre hoplite imberbe (casque à cimier haut qui entre dans la bande d'ornements et n'est même pas complet en haut, même costume, restaurations dans le casque, le bras, le bord du bouclier, tout le bas du corps refait) élève la main droite à son casque et porte sur le bras gauche la lance et le bouclier rond (épisème noir opaque en serpent).

Noir dans l'embouchure, le plat du rebord clair; noir sur le rebord extérieur, le col, le plat des anses dont la tranche est claire avec guirlande de lierre noire. A l'attache inférieure de chaque anse une palmette en rouge réservé (en partie refaite). Le tableau *A* est encadré en haut, entre deux filets noirs, par une bande serrée de palmettes et de lotus noirs très allongés, opposés deux à deux et traversés au centre par une chaînette de petits cercles juxtaposés; sur les côtés et en bas, entre deux filets noirs, par une bande de palmettes noires reliées par des pédoncules et accostées de points noirs. Le tableau *B* est encadré en haut et en bas comme *A*, sur les côtés par un quadrillé rempli de gros points noirs. En dessous zone noire avec deux cercles rouges. Près de la base, zone claire avec arêtes noires rayonnantes. Cercle saillant et clair à l'attache du pied noir dont le premier degré a la tranche claire. Sous la base, en grandes lettres légèrement incisées: [illegible].

Terre jaunâtre claire; surface rosée. Fond noir. Dessin au trait noir lustré. Retouches rouges rares. Emploi de l'incision pour les chevelures. La surface du vase est usée et fatiguée; les restaurations assez nombreuses sont soigneusement dissimulées. Haut. 0,655. Le style est apparenté à celui d'Euthymidès.

(Inv. Campana, numéro disparu). Trouvé en Étrurie et entré en 1863. Vue d'ensemble (côté *A*) dans notre pl. 91; détail de *B* dans notre pl. 93. Cf. *Cataloghi Campana*, série IV-VII, n° 875.

G 46. Grande Amphore à tableaux (même structure). — Même disposition. — *A*. **Départ du guerrier (Hector?) et inspection du foie de la victime.** Au centre, un jeune guerrier imberbe (cheveux à contour réservé couronnés de feuillages rouges, cuirasse à ailettes mobiles sur une tunique courte, cnémides et cuissards restaurés) est tourné vers la gauche, tenant son casque à cimier bas de la main droite, portant sur le bras gauche la lance et le bouclier rond (épisème noir opaque en éphèbe cavalier); en arrière-plan et tourné à droite, son chien. Devant lui, à gauche, est debout un jeune garçon nu (couronne rouge, cheveux pendants à contour réservé), qui des deux mains avancées présente un objet rond de couleur rougeâtre où l'on doit reconnaître le foie de la victime. Derrière l'enfant un vieillard (Priam? tête chauve, couronnée de feuillages rouges, courte moustache, menton rasé), drapé dans une tunique et un grand himation, qui ne laissent passer que la main droite tenant un sceptre à fleur de lotus. A droite, une femme drapée (Hécube? Andromaque? couronne rouge sur les cheveux à contour réservé, tunique et himation posé sur le dos), se dirigeant vers la gauche, retourne la tête en arrière vers un archer asiatique, barbu (Troyen? haut bonnet phrygien, tunique à manches collantes et anaxyrides, grand carquois au côté gauche), qui porte une hachette de guerre sur son épaule gauche. — *B*. **Dionysos et le thiase bachique.** Au centre, le dieu barbu (couronne rouge sur les cheveux flottants, grande tunique transparente à manches et nébride dans le dos nouée par devant) marche à droite, retournant la tête; il tient de la main droite un canthare à deux anses (en noir opaque) et de la main gauche élevée un cep de vigne dont les branches (feuilles rouges) se répandent dans le champ au-dessus des personnages. A gauche un Silène nu, ithyphallique, avance les deux bras et fait le geste de saisir une Ménade drapée qui marche vers la gauche, retournant la tête (couronne rouge sur les cheveux flottants, grande tunique transparente à manches); de la main gauche baissée elle tient un thyrse à manche court, de la main droite elle relève le pli de sa draperie. A droite, groupe semblable symétriquement placé; le Silène est couronné de feuillages rouges, la Ménade tenant le thyrse de la main gauche porte en outre sur son bras une petite panthère à tête de face et de la main droite cherche à arrêter le Silène.

Même décor que dans le précédent (les deux tableaux sont encadrés sur les côtés par une bande de quadrillés à points noirs et en bas par une bande de boutons de lotus noirs reliés par des entrelacs).

Sous la base marque en grande lettre incisée: N.

Même technique. Meilleur état de conservation. Des recollages, restaurations moins importantes. Haut. 0,66.

(Inv. Campana, numéro disparu). Même provenance.

Vue d'ensemble (côté *A*) et détail de *B* dans notre pl. 93.

G 47. Grand Cratère (forme de cloche, le bas de la panse en gros bourrelet, anses basses et relevées, large pied à deux degrés). — Un sujet sur chaque côté de la panse. — *A*. **Armement de guerriers.** Quatre éphèbes, en présence d'une femme, s'équipent pour partir. Le premier, à gauche, marche penché, ajustant à son bras gauche l'armature interne de son bouclier rond, muni de nombreuses lanières dont une est saisie par sa main gauche (casque à cimier bas sur cheveux pendants, corps nu, cnémides). Un autre éphèbe vient à sa rencontre, portant sur son épaule droite sa lance horizontale (casque à timbre noir et cimier coupé par la bande supérieure, cuirasse sur tunique courte, cnémides restaurées); il tient sur le bras gauche son bouclier rond (épisème noir opaque en éphèbe assis sur un dauphin, Taras ? Mélicerte?) ; un chien l'escorte, en arrière-plan, tourné à droite. Le troisième est encore nu (bandelette rouge sur les cheveux, corps restauré) et n'a mis qu'une cnémide à sa jambe droite; il place le pied gauche sur un tabouret long, sur lequel est posé son casque à cimier bas, et, penché, tient à deux mains (bras restaurés) la cnémide qu'il va passer à sa jambe gauche. Devant lui une femme drapée (bandelette rouge, tête restaurée, himation sur tunique à manches, restaurations importantes) présente de la main droite avancée une phiale et porte sur le bras gauche un bouclier rond (épisème noir opaque en mulet ithyphallique). A droite, le dernier éphèbe (casque à cimier bas, coupé par la bande supérieure, tunique courte dégrafée et retombant en ceinture autour des reins, cnémides) retourne la tête en arrière (restaurations) et des deux mains élevées décroche un bouclier rond dont on ne voit que la partie inférieure (épisème noir opaque incomplet, pattes d'un animal bondissant, sans doute un lion). — *B*. **Quatre guerriers courant**. C'est, en quelque sorte, la suite du précédent sujet : les guerriers armés se lancent à la rencontre de l'ennemi. Le premier, à gauche, court à grandes enjambées, le bouclier rond sur son bras gauche (épisème en triskèle noir opaque), tenant la lance horizontale sur son épaule droite (visage imberbe restauré, casque à cimier bas, tunique courte dégrafée et retombant en ceinture autour des reins, cnémides). Le second se penche pour ramasser sa lance (casque à cimier bas relevé sur la tête imberbe, même costume) et porte sur le bras gauche un bouclier rond (épisème noir opaque en scorpion). Le troisième court comme le premier (casque à timbre noir et cimier bas, même costume; son bouclier rond porte en épisème noir opaque un lion marchant à gauche). Le quatrième, qui seul est barbu (même costume), étend en courant le bras droit armé de la lance et porte un bouclier rond muni d'un grand tablier de protection (orné d'un quadrillé noir et dans le bas de franges découpées, épisème noir opaque en corbeau posé).

Noir dans tout l'intérieur, sur le rebord supérieur, sur une partie des anses et tout le fond de la panse. En haut du vase, sur le rebord extérieur, zone de palmettes noires couchées, chacune entourée d'un trait en cœur et accostée de petits pédoncules. Au-dessus de chaque anse et séparant les deux sujets, grand motif floral composé de deux palmettes opposées, accostées de deux palmettes plus petites, de petites feuilles isolées et de rinceaux (un des deux motifs restauré). Sous les sujets, bande étroite de quadrillé à gros points noirs. Près de la base zone claire avec godrons. Le pied noir avec le premier degré à tranche claire.

Terre rougeâtre foncée, surface orangée. Fond noir. Dessin au trait noir lustré. Retouches rouges rares. Traces de l'esquisse. Le vase a subi d'assez nombreuses restaurations, surtout en *A*. Haut. 0,46.

(Inv. Campana, numéro disparu). Trouvé en Étrurie et entré en 1863.

Vue d'ensemble (côté *A*) dans notre pl. 93; détail de *B* dans notre pl. 94. Cf. *Cataloghi Campana*, série IV, n° 790.

G 48. Grand Cratère (même forme). — Même disposition. — *A*. **Scène d'armement**. Trois éphèbes s'équipent devant un homme barbu. Le premier, à gauche (casque à cimier bas relevé sur le haut de la tête, traces d'une bandelette rouge sur les cheveux, baudrier rouge soutenant l'épée, draperie roulée en ceinture autour des reins, cnémide à la jambe droite restaurée), se penche et lève la jambe gauche pour y ajuster la cnémide qu'il tient à deux mains (bras restaurés). Devant lui un éphèbe encore nu, le torse vu de face (bandelette rouge sur les cheveux à contour incisé, barbe courte en noir opaque sur la joue gauche, poils de la région pubienne indiqués en noir), penche la tête et va saisir de la main droite le bas de sa lance qu'il tient déjà de la main gauche relevée (raccourci de la jambe gauche vue de face, mais restaurée). A droite, troisième éphèbe dans la même pose que le premier (même costume, pas de bandelette rouge, restaurations dans les bras et les jambes, le bas du visage), devant un homme barbu tenant une lance, une chlamyde dans le dos (entièrement refait). — *B*. **Même sujet**. Trois éphèbes en présence de deux hommes barbus. Les deux éphèbes à gauche sont complètement refaits. Au centre un éphèbe casqué, tourné à gauche, met sa cnémide dans la même pose que ceux du sujet A (peu de parties antiques, sauf dans le casque relevé sur le haut de la tête et à cimier décoré de pointillés noirs) ; il est soutenu par un homme barbu penché en avant qui le tient à bras-le-corps (coiffure en petit pétase, contour des cheveux incisé, chlamyde dans le dos, jambe gauche vue en raccourci de face, épée au côté, poils de la région pubienne en noir, restaurations importantes dans le corps et les jambes[1]. A droite, un second homme barbu (bandelette rouge sur les cheveux à contour incisé, chlamyde dans le dos, poils indiqués de même, jambes restaurées) tient une lance de la main gauche et étend le bras droit, comme s'il parlait.

Même décor avec quelques variantes. Devant une des anses, motif floral en quatre palmettes superposées, entourées de rinceaux et accostées d'un bouton de lotus la pointe en bas; l'autre motif complètement refait et différent ne compte pas. Les palmettes noires couchées sous le sujet *A* et les palmettes rouges couchées sous le sujet *B* sont également des restaurations, de même que la zone claire du bas avec arêtes noires rayonnantes.

Même technique. Retouches rouges plus franches et emploi de l'incision dans les chevelures. Le vase a subi d'importantes restaurations et des parties sont complètement refaites. Haut. 0,495.

(Inv. Campana, numéro disparu). Trouvé en Étrurie et entré en 1863.

Vue d'ensemble (côté *B*) dans notre pl. 93; détail de *A* dans notre pl. 94. Cf. *Cataloghi Campana*, série IV-VII, n° 867.

G 49. Hydrie ou Kalpis à tableau (col court et mince, panse trapue, anse d'arrière, anses de côté et base refaites). — Un sujet sur le devant de la panse, dans un encadrement. — **Deux danseurs devant une joueuse de flûte.** A gauche, une femme drapée (coiffure en cécryphale orné de dessins géométriques, longue tunique à manches, himation dans le dos remontant sur la nuque) marche vers la droite (son pied droit en arrière entre dans la bande d'ornements) et se penche en jouant de la double flûte, les joues gonflées par l'effort. Devant elle un homme barbu (couronne de gros feuillages rouges sur cheveux à contour incisé, corps nu, grand himation rejeté en arrière sur les deux bras) danse, la tête baissée et jouant des crotales des deux mains. A droite et tournant le dos aux précédents, un éphèbe (mêmes détails de coiffure, le corps nu à demi voilé par un himation qui remonte sur la nuque, bas des jambes disparu) danse, la tête baissée, avançant la main droite et portant le revers de sa main gauche à sa tête. Dans le champ simulacres d'inscriptions peintes en lettres rouges : ΙΟΠΕ (rétrogr.), +ΟΛΕ (id.), +ΟΤΛΕ (id.), +ΛΕ (id).

Noir dans l'embouchure, sur le col et tout le vase, sauf les parties réservées aux personnages et aux ornements. Sur le col un cercle rouge. Le tableau est encadré en haut par une grecque entre quatre traits noirs, sur les côtés par une bande verticale de quadrillé à points noirs, en bas par une bande de godrons entre quatre traits noirs. Sous le tableau, entre deux traits en rouge réservé, large guirlande de feuilles de lierre accostées de baies (les feuilles en rouge réservé, les pédoncules incisés, les baies en rouge, partie droite disparue).

Terre jaunâtre foncé, surface orangée. Fond en beau noir lustré. Dessin au trait noir. Retouches rouges. Emploi de l'incision dans les chevelures et les ornements. Traces de l'esquisse. Le vase a été entièrement restauré. La partie antique ne comprend qu'une partie du col et le devant de la panse, mais les figures sont presque intactes. Haut. du vase reconstitué, 0,425.

(Fragm. Campana 35). Recueilli dans les fragments de la collection Campana. Trouvé en Étrurie et entré en 1863.

Vue d'ensemble dans notre pl. 94.

G 50. Hydrie ou Kalpis à tableau (col court et mince, panse trapue, anse d'arrière courte et ronde, deux anses horizontales un peu relevées, pied plat et peu débordant). — Un sujet sur le devant de la panse, dans un encadrement. — **Hercule tuant Busiris à l'autel.** Le sujet est traité à la grecque, sans souci de la couleur locale égyptienne. Au centre, le héros barbu (cheveux et barbe en petits points saillants, peau de lion sur la tête, nouée par devant sous le cou, et serré à la taille par une ceinture dans laquelle la queue de la bête est passée, tunique courte sous la peau de lion) est penché et maintient de la main gauche par terre la tête de Busiris, pendant que de la main droite il brandit sa massue. Busiris a les traits d'un Grec barbu (devant des cheveux en points saillants, contour réservé, œil ovale et prunelle dans le coin pour exprimer le mourant); il est tombé à demi nu (himation couvrant le milieu du corps et le haut des jambes), le bras droit allongé sous sa tête, la main gauche tendue en arrière, les jambes relevées. Derrière lui, en arrière-plan, l'autel sur lequel il se préparait à sacrifier Hercule, et, à côté, un grand cratère à mascarons pour les libations. A gauche, un éphèbe portant de la main droite une canne noueuse et de la main gauche tenant une cithare (bandelette rouge sur cheveux à contour incisé et à points saillants par devant, le corps nu avec chlamyde rejetée en arrière sur les bras) s'enfuit vers la gauche, retournant la tête. Derrière l'autel, un homme barbu porte de la main gauche une grande lyre à sept cordes et tient de la main droite le plectre attaché à la lyre par un lien rouge (mêmes détails de coiffure, himation dégageant l'épaule et le bras droits). A droite, un homme barbu s'enfuit, tenant une canne noueuse et retournant la tête (himation comme le précédent). Dans le champ inscriptions peintes en lettres rouges : ΚΑΙ χα[λός ?] et ΚΑ.ΟϚ χα[λ]ός.

Noir dans l'embouchure avec cercle rouge réservé sur le bord. Sur le rebord extérieur, zone de petits oves. Le tableau est encadré en haut par une grecque mêlée de carrés avec point noir central, sur les côtés par une bande verticale de quadrillé à points noirs, en bas par une bande de petits oves entre quatre filets noirs. Sous le tableau, allant d'une anse à l'autre, entre deux traits en rouge réservé, large bande de palmettes droites entourées d'un trait en cœur et accostées de petites volutes (le tout en rouge réservé). Noir sur tout le reste du vase et le pied. Sous la base marque incisée [marque].

Terre rougeâtre foncé, surface orangée. Fond en beau noir lustré. Dessin au trait noir. Retouches rouges. Emploi de l'incision pour les chevelures. Traces de l'esquisse. Restaurations dans l'anse d'arrière, l'anse gauche, le revers du vase; le pied recollé. Cassure passant à travers les figures, sans restaurations. Haut. 0,40.

(Inv. N 3376; MN 401). Ancienne collection Canino. Trouvé à Vulci vers 1828. Acquis en 1850.

Vue d'ensemble dans notre pl. 94. Cf. *Muséum Étrusque*, n° 538; Dumont et Chaplain, *Céramiques de la Grèce*, I, p. 380, n° 5; Heydemann, *Pariser Antiken*, p. 53, n° 53.

G 51. Hydrie ou Kalpis à tableau (même structure). — Même disposition. — **Femme nue et joueur de flûte.** A gauche, un éphèbe nu, ithyphallique, un genou en terre, la tête levée, joue de la double flûte (couronne de gros feuillages rouges sur cheveux à contour réservé). A droite, une femme nue, (bandelette en rouge réservé sur les cheveux), le genou gauche en terre, se tourne vers le précédent et tient des deux mains avancées une draperie, comme pour se cacher; devant elle est posé par terre un vase ou bassin rond (des traces de filets peints en rouge indiquent qu'elle urine dans ce récipient). Dans le champ inscriptions peintes en lettres rouges et dénuées de sens : ꓡϟΓ+ϟ+ϟ et +ꓡ++Γ.

Noir dans l'embouchure, le plat en clair, le rebord extérieur et le col en noir. Le tableau est encadré, en haut par un filet rouge et par un quadrillé à points noirs entre trois filets noirs, sur les côtés par une grecque verticale entre deux filets, en bas par une bande d'oves entre deux filets noirs. Sous le tableau, même ornement que dans le précédent. Les anses en rouge réservé avec manchettes de godrons noirs aux attaches. Le reste du vase et le pied en noir.

Terre jaunâtre un peu rosée, surface rougeâtre. Fond en beau noir lustré. Dessin au trait noir. Retouches rouges. Meilleur état de conservation; quelques cassures soigneusement réparées. Haut. 0,41.

(Inv. Campana, numéro disparu). Trouvé en Étrurie et entré en 1863. Détail du sujet dans notre pl. 94.

G 53. Hydrie à tableau (même structure). — Même disposition. — **Pélée enlevant Thétis.** A gauche, une Néréide drapée s'enfuit, retournant la tête et étendant le bras gauche qui disparaît derrière le groupe voisin; de la main droite elle relève un pli de sa tunique (bandelette rouge sur cheveux pendants à contour réservé, himation drapé sur l'épaule gauche par-dessus grande tunique à manches; son pied droit entre dans la bande d'ornements). A droite, Thétis drapée (diadème réservé sur les cheveux relevés en chignon, himation par-dessus grande tunique à manches) marche vers la droite, retournant la tête; de la main droite étendue elle tient un petit dauphin et lève la main gauche. Elle est saisie à bras-le-corps par Pélée sous les traits d'un éphèbe nu (couronne de feuillages rouges, épée au côté) qui, penché, a noué ses bras autour de la taille de la déesse. Trois animaux, indiquant les métamorphoses diverses de Thétis, s'attaquent au ravisseur : autour de sa jambe droite s'est enroulé un serpent qui le mord à la taille (corps tacheté de points noirs); sur son épaule droite un petit lion est grimpé et le mord à la nuque (tête et haut du corps restaurés); en bas, à droite, un dragon se dresse sur sa queue fourchue et ouvre la gueule, tirant la langue (corps tacheté de points noirs et hérissé de piquants, qui empiète sur la bande d'ornements).

Noir dans l'embouchure et sur le plat du rebord, le rebord extérieur en clair. Noir sur le col avec cercle rouge. Le tableau encadré en haut et sur les côtés par une bande de quadrillé à points noirs entre deux traits noirs, en bas par un trait rouge réservé. Tout le reste du vase en noir. Deux cercles rouges sur le bas de la panse. Sous le pied marque incisée [marque].

Même technique. Plusieurs recollages avec peu de morceaux restaurés dans les personnages. Haut. 0,375.

(Inv. LP 1435; N 3481). Ancienne collection Canino. Trouvé en Étrurie, entre 1828 et 1837. Acquis en 1837.

Vue d'ensemble dans notre pl. 94. Cf. de Witte, *Description d'une coll. de vases*, 1837, n° 132.

G 54 (1). Stamnos à tableaux, portant le nom de Ména(n)dros (col court, panse trapue, deux anses horizontales larges et courtes, accostées de rivets, pied plat peu débordant). — Un sujet sur chaque côté de la panse dans un encadrement. — *A*. **Libation pour le départ du guerrier.** A droite, un hoplite imberbe (casque à cimier bas, les paragnathides relevées, cuirasse à épaulières et lamelles mobiles, ornée d'écailles, sur une tunique courte, cnémides) tient de la main gauche la lance et son bouclier rond (épisème noir opaque en lion bondissant); de la main droite il tend une phiale (godrons ciselés) qu'une femme drapée, debout à gauche (cheveux épars, tunique et himation remonté en voile sur la nuque), remplit au moyen d'une œnochoé qu'elle tient de la main droite (liquide indiqué en couleur blanche); elle lève la main gauche. En arrière-plan, à côté du guerrier, un chien allonge sa tête fine (collier au trait noir). Dans le champ, inscription peinte en petites lettres blanches ΜΕΝΑΔΡΟ ΚΑ-ꓡΟϟꞪΕΟΗΟ, Μένα(ν)δρο[ς] καλός...? (rétrogr.). — *B*. **Dionysos et Silène.** A droite, le dieu barbu (couronne de feuilles blanches sur les cheveux pendants, longue tunique à manches sous un himation qui dégage l'épaule et le bras droit) tient de la main gauche le bout d'un cep de vigne qui s'étend dans le champ en deux rameaux à feuilles blanches et à grappes noires (contour incisé); de la main droite il tend son canthare (deux grandes anses débordantes) à un Silène nu (tête chauve couronnée de feuillages blancs, corps nu avec nébride dans le dos, nouée par devant sous le cou), qui étend la main gauche et tient de la main droite une œnochoé (en noir opaque); son coude droit entre dans le cadre d'ornements. Dans le champ inscription peinte en lettres blanches ΗΟΠΑΙΚΑꓡΟϟ (rétrogr.), ὁ παῖ(ς) καλός.

Noir dans tout l'intérieur, sur le rebord, le col, la totalité des anses, sauf les rivets indiqués de chaque côté en clair, sur toute la panse sauf les sujets et, près de la base, une zone claire avec arêtes rayonnantes. Chaque tableau est encadré en haut par une bande de godrons surmontant une bande de gros pointillé noir, sur les côtés par une bande verticale de quadrillés à points noirs, en bas par une ligne en rouge réservé. En dessous deux cercles rouges sur la panse noire. Le pied noir.

Terre rougeâtre foncé, surface jaune un peu rosée. Fond noir. Dessin au trait noir lustré. Retouches blanches; pas de retouches rouges dans les sujets. Emploi de l'incision dans les grappes de raisin. Traces de l'esquisse. Bon état de conservation. Haut. 0,37 (Inv. N 2413; ED 205). Anciennes collections Coghill, Durand. Trouvé à Nola. Acquis en 1825.

Publié par Millingen, *Peintures antiques de vases grecs*, pl. 28 (qui a mal lu Ménélaos, au lieu de Ménandros); S. Reinach, *Répertoire des Vases*, II, p. 7, n°s 9 et 10.

G 55. Stamnos (col court et large embouchure, deux anses horizontales courtes et un peu relevées, base peu débordante à tranche haute). — Un sujet sur chaque côté de la panse. — *A*. **Deux Centaures écrasant le Lapithe Kyaneus.** Au centre, Kyaneus barbu est tombé sur le genou gauche et s'enfonce en terre (ses pieds ont disparu); il combat encore, tourné vers l'adversaire de gauche, levant avec force l'épée (forme de coutelas) au-dessus de sa tête et se couvrant d'un bouclier rond (casque à cimier orné de points noirs et long panache retombant dans le dos, cuirasse à lamelles mobiles sur tunique courte, épisème du bouclier en serpent noir opaque); au-dessus de lui est suspendu un rocher qu'on vient de lui lancer et qui menace de l'écraser. De chaque côté un Centaure s'apprête à achever le blessé; celui de gauche (crâne restauré, blessure au sein gauche, d'où le sang coule en filets rouges) avec une grande branche de pin (aiguilles de pin en rouge) qu'il manie de la main droite, l'autre avec un gros rocher qu'il saisit des deux bras ramenés en arrière (Centaures barbus, chauves, le nez court, oreilles et corps de cheval). — *B*. **Combat d'un Lapithe et de deux Centaures.** Au centre, un Lapithe en costume d'hoplite (casque à cimier bas et panache retombant en arrière, baudrier rouge sur le corps nu, une draperie roulée autour des reins) s'avance vivement à droite, vu de dos et de trois quarts, tenant sur le bras gauche son bouclier rond vu de profil, levant l'épée pour frapper un Centaure déjà tombé à terre qu'il foule du pied droit posé sur sa croupe. Le Centaure, retournant la tête, la bouche ouverte comme pour crier, essaye encore de se défendre avec une branche de pin (rehauts rouges comme à l'autre) qu'il brandit du bras droit (il est vu de dos, blessure avec filets de sang rouge sous l'omoplate gauche et sur le corps restauré); de la main gauche basse il tient une autre branche semblable. A gauche, un second Centaure arrive au galop au secours de son compagnon; sa bouche ouverte semble crier; des deux mains il tient en arrière une grande branche de pin (mêmes détails), avec laquelle il va frapper l'hoplite (front chauve, chevelure incisée, restaurations dans une jambe de devant et dans le corps).

Noir dans l'embouchure, sur le rebord, le col et une partie des anses. En haut de la panse, zone de godrons. Sous la zone de personnages, grecque entre trois cercles noirs. Le bas de la panse noir. La base en noir avec tranche claire. Sous la base en grandes lettres incisées marque E · V.

Terre rosée, surface jaunâtre. Fond noir lustré. Dessin au trait noir. Retouches rouges. Emploi de l'incision dans les chevelures. Traces de l'esquisse. Nombreux morceaux recollés et quelques parties restaurées. Haut. 0,33.

(Inv. N 3166; LP 69). Trouvé à Vulci, en Étrurie. Acquis sous le règne de Louis-Philippe.

Vue d'ensemble (côté *A*) dans notre pl. 95.

G 56. Stamnos (même structure, la base avec rebord saillant). — Même disposition. — *A*. **Athéné sur son char escortée d'Hermès.** Entre deux colonnettes doriques (interrompues par les anses), la déesse drapée (tête nue, cheveux en chignon noué sur la nuque avec contour réservé, égide à pointillé noir, bordée de serpents dressés, par-dessus une tunique longue restaurée) monte sur son char, tenant à deux mains les rênes de l'attelage à quatre chevaux (queues et corps restaurés, seulement trois têtes visibles, dont une baissée, rênes rouges); de la main gauche elle tient aussi son casque à haut cimier et de la main droite sa lance; un bouclier vu de profil (épisème noir opaque en trépied) est debout par terre devant les chevaux. En arrière-plan, marchant à côté des chevaux, Hermès barbu (couronne à feuillages rouges sur cheveux à contour réservé, chlamydé nouée par devant sur tunique courte, talonnière ailée au pied gauche) tient son caducée et retourne la tête vers la déesse. — *B*. **Départ du guerrier.** Un éphèbe nu (chlamyde dans le dos, corps restauré, jambes refaites) marche vers la gauche, retournant la tête; de la main droite étendue il porte son casque (cimier bas) et sur son bras gauche la lance et le bouclier rond à grand tablier frangé (restaurations importantes). Au centre, un vieillard barbu (front chauve, himation dégageant l'épaule et le bras droit), tourné vers la droite, la main gauche sur la hanche sous la draperie, la main droite tenant un bâton, retourne la tête vers le précédent (fortes restaurations dans le corps, la draperie, le bras, le bâton). A droite, un éphèbe en hoplite (casque à cimier bas coupé par la bande d'ornements, manteau sur le bras droit, tunique courte, cnémides), levant la main droite, porte sur le bras gauche sa lance (restaurée) et un grand bouclier rond à tablier frangé (restauré), orné du triskèle en épisème (noir opaque).

Même décor que dans le précédent (sans grecque sous les personnages, simple trait en rouge réservé). La base est percée d'un trou.

Même technique. Restaurations nombreuses. Haut. 0,37.

(Inv. Campana, numéro disparu). Trouvé en Étrurie et entré en 1863.

Vue d'ensemble (côté *A*) dans notre pl. 95.

G 57. Vase en forme de toupie (forme quelquefois appelée psykter, pas d'anses, pied haut et cylindrique avec bourrelet à la base, col court, panse rebondie). — Une zone circulaire de personnages sur la panse. — **Dionysos et le thiase bachique.** Le dieu drapé (couronne rouge sur cheveux à contour incisé, himation sur tunique à manches) tient de la main droite le kéras (partie restaurée) et marche à droite, retournant la tête baissée, élevant la main gauche avec le poing fermé. Devant lui un Silène nu, ithyphallique, tient de la main droite une œnochoé et étend la main gauche vers la tête du dieu (couronne rouge sur cheveux flottants à contour incisé, restaurations dans les bras, le corps et la queue de cheval). A gauche, un autre Silène semblable marche à gauche, retournant la tête baissée, tenant de la main droite une œnochoé (noir opaque) et de la main gauche le bout d'une outre à moitié vide qui traîne à terre (restaurations dans les bras et les jambes). De chaque côté de ce groupe central se placent trois groupes d'un Silène avec une femme: 1° Une joueuse de flûte drapée (couronne rouge sur cheveux à contour incisé, tunique transparente restaurée) tient les deux flûtes et gonfle les joues en jouant; devant elle marche un Silène nu, ithyphallique (visage et corps restaurés) qui, se retournant, élève de la main gauche une corne à boire derrière sa tête et porte de la main droite une grande amphore pointue (ceinte d'une guirlande rouge); 2° Silène semblable (corps restauré), portant une grande cithare à laquelle est attaché (lien rouge) le plectre qu'il tient de la main droite; devant lui marche une Ménade drapée (haut cécryphale pointu, tête restaurée, nébride rejetée dans le dos et nouée par devant, sur une tunique transparente à manches), retournant la tête et tenant de chaque main des crotales; 3° Silène semblable, accourant la jambe gauche levée, les deux bras étendus (tête et corps très restaurés) pour saisir une Ménade drapée qui marche à droite, retournant la tête (tout le haut restauré d'après la Ménade précédente, les jambes antiques et le bras gauche).

Noir dans l'embouchure, sur le rebord avec filet saillant et sur le col. En haut de la panse, zone de godrons. Sous les personnages, grecque entre deux cercles noirs. Le reste de la panse et le pied en noir. Le vase est muni d'un couvercle à bouton qui ne paraît pas lui appartenir.

Terre rougeâtre, surface orangée. Fond noir. Dessin au trait noir lustré. Retouches rouges. Emploi de l'incision dans les chevelures. Traces de l'esquisse. Nombreux recollages et restaurations. Haut. 0,85.

(Inv. Campana, 177). Trouvé en Campanie, à Nola. Entré en 1863.

Vue d'ensemble dans notre pl. 95. Cf. *Cataloghi Campana*, série XI, n° 118.

G 59. Vase de même forme (mêmes détails de structure). — Même disposition. — **Danse de six éphèbes accompagnés par un joueur de flûte.** Tous sont nus et dansent avec des contorsions et des mouvements désordonnés; tous portent une couronne de feuillages rouges sur une chevelure courte (contour incisé). Le joueur de flûte également nu (mêmes détails) lève la tête en soufflant dans sa double flûte qu'il tient à deux mains. Devant lui le premier danseur tend le bras droit en arrière et retourne la tête à gauche; le second met les deux mains sur sa poitrine (torse de face) et lance sa jambe gauche en l'air; le troisième (refait) accourt à la rencontre du précédent; le quatrième (refait) est debout sur une seule jambe; le cinquième lève la jambe droite (restaurée) et retourne la tête en étendant la main gauche vers le dernier (parties du visage et du corps restaurées) qui danse, le torse de face, la jambe droite levée. Des inscriptions peintes en lettres rouges donnent le nom de plusieurs personnages : ΔΙΟΔΟΡΟϟ, EV-ΚLΕΙΔΕϟ, ΔΙΟΜΝ.ʔΤΟϟ (rétrogr.), MOϟOKLE., AN-TIΦANEϟ.

Décor semblable au précédent (sauf le plat du rebord clair, un simple cercle rouge réservé sous les personnages). Pas de couvercle. Sous la base, restes d'une marque incisée Λ.

Même technique. Style voisin de celui de Chachrylion. Cassures recollées; une partie de la panse et du pied refaite. Haut. 0,345.

(Inv. Campana 713). Trouvé en Campanie, à Nola. Entré en 1863.

Publié par M. Emmanuel, *Orchestique grecque*, pl. 1, *a* et *b*. Cf. *Cataloghi Campana*, série XI, n° 117.

G 60. Amphore (col mince, anses verticales rondes, pied en pente). — Sur chaque côté de la panse une figure isolée, sans encadrement, sans ligne de terrain. — *A*. **Athéné plaçant une couronne sur un autel.** La déesse drapée (casque à cimier bas, tresses de cheveux sortant sous le couvre-nuque, égide sur la poitrine avec enroulements géométriques en guise de serpents, himation drapé sur l'épaule gauche et dégageant le bras droit, par-dessus une longue tunique à manches) se penche vers un autel bas placé à droite (angles en volutes, bande d'oves ornant le fût) et allumé (flammes en rouge); elle y dépose une couronne (feuilles rouges) et tient de la main droite un rinceau (indiqué en noir). Le sens du sujet est sans doute que la déesse accueille les présents et exauce les vœux de celui qui, dans l'autre tableau, fait le sacrifice. Dans le champ, inscriptions en lettres rouges dénuées de sens : ΓʔΕΡΙ, Γʔϟϟ, ERNNTΓ (rétrogr.), HOVN. — *B*. **Libation sur l'autel.** Un homme barbu drapé (couronne en rouge réservé, longue tunique talaire à manches), tourné vers la droite et retournant la tête en arrière, tient de la main droite une phiale (cannelures indiquées en noir jauni) et étend la gauche au-dessus d'un autel allumé (semblable à l'autre). Dans le champ, inscriptions dénuées de sens en lettres rouges : NϟMLT+ (rétrogr.), ϟNETΓΙ (id.), NTϟO (id.), HINET.

Noir dans l'embouchure, sur le plat du rebord, le rebord extérieur, les anses et la totalité du vase, sauf les figures réservées. Sur le col, de chaque côté, palmettes alternativement droites et renversées que relient des rinceaux accostés de petites volutes. Un filet saillant en haut et en bas du col. Sous la base en lettres incisées, marque A Ⱶ.

Terre rougeâtre, surface orangée. Fond noir. Dessin au trait noir lustré. Retouches rouges. Traces de l'esquisse. Des recollages sans repeints nuisibles. Haut. 0,425.

(Inv. Campana 724). Trouvé en Étrurie et entré en 1863.

Vue d'ensemble (côté *A*) et détail de *B* dans notre pl. 95. Cf. *Cataloghi Campana*, IV-VII, n° 454.

G 65. Amphore ou Péliké à tableaux (col court, panse évasée du bas, deux anses verticales plates, base plate et peu débordante). — Un sujet sur chaque côté de la panse dans un encadrement spécial. — *A*. **Enlèvement de Thétis par Pélée.** La déesse drapée (diadème réservé et bandelettes rouges relevant le chignon, bout du chignon flottant en arrière, contour des cheveux incisé, grande tunique à manches avec himation drapé sur l'épaule droite) fuit vers la droite, le haut du corps vu de face, la tête retournée en arrière et étendant la main droite comme pour appeler du secours; de la main gauche elle cherche à se défaire de l'étreinte de Pélée. Celui-ci, sous les traits d'un éphèbe nu (couronne de feuillages rouges), penché en avant, a saisi à bras-le corps la déesse et, serrant le poignet gauche dans sa main droite, cherche à l'enlever de terre. A droite, une Néréide (mêmes détails et même costume que pour Thétis) s'enfuit à droite, retournant la tête et élevant la main droite. Dans le champ, lettres rouges dénuées de sens : ΠϟΙ, Ι Ο+Ι. — *B*. **Combat de deux guerriers.** Celui de gauche barbu est tombé sur le genou droit, tenant de la main droite (bras restauré) la hampe d'une lance (indiquée en rouge) et sur le bras gauche étendu un bouclier rond à riche armature intérieure (casque à cimier bas orné d'un pointillé noir, le corps nu, blessures indiquées en rouge au sein gauche et à l'estomac, contour supérieur de la barbe incisé). Celui de droite, barbu, vu de dos et de trois quarts, s'avance à grands pas (le pied droit disparu dans la bande d'ornements), brandissant de la main droite une lance (hampe rouge) et se couvrant d'un bouclier à échancrure (casque à cimier bas et long panache pendant, cheveux longs sous le garde-nuque, baudrier rouge soutenant l'épée au côté, cnémides, avec bourrelet indiqué en noir opaque à la cheville gauche). Dans le champ, restes d'une inscription en lettres rouges N I ϟ I.

Noir dans l'embouchure, sur le rebord, sur le col avec deux cercles rouges, sur les anses, tout le fond du vase et le pied. Chaque tableau est encadré, en haut entre deux traits de rouge réservé, par une bande de palmettes droites en rouge réservé, entourées d'un trait formant cœur, et accostées de petites feuilles isolées, de chaque côté par une bande verticale de quadrillé à gros points noirs, en bas par un filet noir et un trait de rouge réservé. Sur le bas de la panse noire deux cercles rouges. Sous la base, en grandes lettres incisées, sur le fond et sur le rebord, les deux marques Ψ A.

Terre jaunâtre, surface orangée. Fond noir. Dessin au trait noir lustré. Retouches rouges. Emploi de l'incision dans les chevelures. Traces de l'esquisse. Recollages assez nombreux, sans repeints importants. Sous la base un petit trou rond et une pointe de bronze oxydé qui indiquent une réparation antique. Haut. 0,405.

(Inv. Campana 709). Trouvé en Étrurie et entré en 1863.

Vue d'ensemble (côté *B*) et détail de *A* dans notre pl. 95 Cf. *Cataloghi Campana*, IV-VII, n° 442.

G 66. Skyphos (reconstitué d'après des fragments qui sont encastrés dans une panse de plâtre; ni les anses ni la base n'ont pu être recomposées). — Une zone circulaire de personnages sur la panse. — **Combat des Dieux et d'Hercule contre les Géants.** Le point de départ de la scène est donné par une colonnette à volutes ioniques, montée sur une base à trois tores, qui soutient un entablement (peut-être l'Olympe d'où les dieux s'élancent au combat). Iris drapée (restes de l'aile dans la partie droite), tenant un caducée de la main droite, étendant le bras gauche (la tête et toute la partie supérieure du corps disparues, longue tunique traînante sous l'himation), marche vers la droite. Devant elle, Hercule barbu (visage enlevé, peau de lion coiffant la tête et nouée par devant sous le cou, cuirasse sur tunique courte, arc et carquois à imbrications suspendus au côté gauche, baudrier au trait noir passant sur la cuirasse) marche, portant sur le bras gauche un petit bouclier à double échancrure (riche armature interne), tenant de la main droite abaissée une épée. A ses pieds est étendu un Géant sous les traits d'un homme barbu, nu, la tête appuyée sur le bras gauche replié (bandelette rouge sur les cheveux, œil de mourant à prunelle ramenée sous la paupière supérieure, jambe gauche de face, jambe droite repliée). En arrière-plan, restes d'une femme drapée qui fuit, une main élevée en l'air. Plus loin, Hermès barbu (pétase de forme haute, cheveux pendants, chlamyde rejetée dans le dos par-dessus tunique courte, les jambes disparues) marche à droite, tenant le caducée (quadrillé sur la hampe, serpents à corps tacheté) et élevant la main gauche en l'air. Devant lui Athéné drapée (visage enlevé, casque à cimier bas, himation sur tunique longue), l'égide à écailles et à serpents noirs étendue comme un bouclier sur le bras gauche avancé, la main droite haute et brandissant la lance, fait face à un second Géant barbu qui recule et s'affaisse, un bouclier rond sur le bras gauche ramené en arrière (armature ornée), tenant de la main droite élevée une arme dont l'extrémité de forme fourchue subsiste seule (haut de la tête, tout le corps sauf le haut de la poitrine et le pied droit disparus, œil de mourant comme l'autre, longs cheveux pendants). Derrière le Géant, la Terre, Gé, assiste à la défaite de ses enfants, assise sur un siège en cube haut, le bras gauche étendu comme pour supplier, la main droite élevée vers la bouche (coiffure en cécryphale, himation remonté par derrière sur la nuque et recouvrant la tunique).

Du décor on ne voit plus que les restes d'une zone de traits noirs parallèles et verticaux, placée sous les personnages. Fond noir. Dessin au trait noir lustré. Retouches rouges rares. Beau style original. Peu de traces de l'esquisse. Haut. du vase reconstitué 0,17. Haut. des personnages, 0,14.

(Sans numéro d'inventaire). Recueilli dans les fragments de la collection Campana. Entré en 1863.

Vue d'ensemble sous trois faces dans notre pl. 96. *Cf.* Hartwig, *Meisterschalen*, p. 80 (qui l'attribue à la fabrique d'Oltos).

G 67. Assiette plate (forme analogue à G 7, le fond avec un cercle saillant qui forme base). — Un sujet dans l'intérieur. — **Thésée tuant le Minotaure**. Le héros drapé (couronne rouge sur les cheveux à contour réservé, cuirasse sur tunique courte à manches, baudrier au trait noir soutenant le fourreau d'épée au côté gauche) marche vers la droite, tenant de la main droite l'épée (pointillé sur la poignée) ; de la main gauche il a saisi par le menton le Minotaure qui fuit et il lui retourne complètement la tête de son côté. De la poitrine du monstre sort déjà le sang d'une blessure (indiqué en filets rouges) ; de la main droite il s'accroche à Thésée et de la main gauche élevée tient une pierre (seins en pointillé noir, bas des jambes restauré).

Le fond noir et le rebord en clair avec deux filets saillants. Sous les personnages une ligne de terrain en rouge réservé. Sous la base cercles concentriques en noir et en rouge réservé, nombreux filets saillants. Un trou de suspension.

Terre jaunâtre clair, surface de même ton. Fond noir. Dessin au trait noir lustré. Retouches rouges. Pas d'incisions. Traces de l'esquisse. Une partie de l'assiette à droite est refaite. Diam. 0,19.

(Inv. Campana, numéro disparu). Trouvé en Étrurie et entré en 1863. Publié dans notre pl. 96.

G 68. Grande Coupe (reconstituée en grande partie avec des fragments, anses refaites, pied rajusté antique, mais étranger au vase). — Un sujet dans l'intérieur et un sur chaque revers. — Int. *A*. **Silène enlevant Ménade**. Sujet et composition analogues à G 34. Seulement une partie des personnages a subsisté : à gauche, la tête du Silène barbu (couronne rouge sur cheveux pendants à contour réservé), son dos, son bras droit tenant un serpent (pointillé noir sur le corps), sa queue de cheval et ses deux pieds. Il fléchissait les jambes, saisissant du bras gauche la Ménade qui fuyait vers la droite, retournant la tête et tenant de la main gauche une branche d'arbre feuillue (feuilles rouges) ; on voit d'elle la tête, le haut du corps et le bras gauche (coiffure en cécryphale, nébride dans le dos, nouée par devant sur une ample tunique à manches, constellée de petites croix). Dans le champ, inscription circulaire en lettres rouges HOΠAIS (rétrograde) KALOS, ὁ παῖς καλός. — Rev. *B*. **Dionysos et le thiase bachique**. Le tableau est fortement endommagé ; on en peut reconstituer l'ensemble. A gauche, une Ménade drapée devant un Silène nu, ithyphallique (les têtes et le haut du corps manquent) ; la Ménade tenait un serpent (corps tacheté de points noirs). Derrière eux et leur tournant le dos, une Ménade drapée, tenant un thyrse en forme de branche et portant de la main gauche baissée un serpent (mêmes détails[1]), s'avance vers la droite. Au centre, Dionysos barbu (couronne rouge sur cheveux à contour réservé, himation sur longue tunique à manches semée de petites croix) marche vers la droite, retournant la tête, tenant de la main gauche le canthare, de la main droite le bout d'un cep de vigne dont les branches chargées de feuilles (en rouge) et de grappes (en noir avec contour incisé) se répandent dans le champ (une large cassure dans le visage et dans le haut du corps de Dionysos). A droite, un Silène nu, ithyphallique, portant une outre sur l'épaule gauche et tenant de la main droite basse une corne à boire, s'avance vers le dieu (couronne rouge sur les cheveux à contour réservé). Un autre Silène semblable, qui lui tournait le dos, marchait à droite vers une Ménade tenant un thyrse et avançant la main droite (du premier personnage subsiste seulement le bas du corps, de la Ménade un peu du bras droit et le bout du thyrse). Un morceau détaché, qui paraît se rajuster à cette place, montre le reste de la même Ménade du côté gauche (nébride sur tunique) et une partie du Silène suivant, nu et ithyphallique (geste obscène de la main droite). Sous l'anse marche une petite panthère (peau tachetée). — Rev. *C*. **Le mulet de Dionysos et le thiase**. Un mulet ithyphallique s'avance vers la droite, conduit en arrière-plan par un Silène (dont on ne voit que les deux jambes nues et le bout de la queue de cheval ; du mulet manquent la tête et l'arrière-train). A leur rencontre vient une Ménade drapée (coiffure en cécryphale, nébride tachetée sur tunique à manches semée de croix), qui de la main gauche tient une branche d'arbre (feuilles rouges) et qui tend de la main droite une œnochoé (large cassure enlevant le visage et une grande partie du personnage). Elle est suivie d'un Silène tenant une corne à boire (couronne rouge, longs cheveux, tout le bas du corps disparu). Le reste du tableau manque à droite ; le dernier personnage était une Ménade drapée (reste le pied avec la tunique et le bout de la nébride). Dans le champ, restes de l'inscription en lettres rouges ALO, [κ]αλό[ς]. Sous l'anse un chien accroupi, retournant sa tête baissée.

Intérieur noir, avec cercle rouge (refait) près du rebord. Autour du sujet central, zone de grandes palmettes couchées, en rouge réservé, reliées par des rinceaux, entre deux cercles en rouge réservé. Sous les revers, entre quatre cercles noirs, le même ornement en noir. Sous le pied (qui n'est pas celui du vase) cercle noir et marque incisée A Ж.

Terre rougeâtre, surface rosée. Fond noir. Dessin au trait noir lustré. Retouches rouges. Emploi de l'incision dans les grappes de raisin. Traces de l'esquisse. Très belle exécution, style original. Le vase a malheureusement beaucoup souffert et ne se compose que de fragments réunis sur un fond de plâtre. Pour le vase reconstitué, haut. 0,15. Diam. avec les anses 0,495.

(Inv. Fragm. Campana 62, 63, 64). Recueilli dans les fragments de la collection Campana. Entré en 1863.

Vue d'ensemble de l'int. *A* dans notre pl. 96.

G 70. Coupe à yeux prophylactiques (vasque large, anses moyennes et un peu carrées du bout, pied fort et court, avec base un peu concave). — Un sujet dans l'intérieur et un sur chaque revers. — Int. *A*. **Éphèbe portant une massue dans l'attitude du combat**. Il est nu, vu de dos et de trois quarts (distorsion du buste due au procédé de l'ombre silhouettée), une chlamyde étendue sur le bras gauche comme pour se garantir, la main droite tenant une massue noueuse ; il s'avance vers la gauche, les genoux fléchis (couronne rouge sur cheveux à contour incisé, plusieurs cassures repeintes passant à travers le personnage). Dans le champ en lettres rouges ΗΟΠΑ.ϟΟ, ὁ πα[ῖ]ς ὁ...? — Rev. *B*. Entre deux palmettes et deux yeux prophylactiques, **Éphèbe sonnant de la trompette**. Il est tourné vers la droite, la main gauche sur la hanche, la droite élevée tenant la longue hampe d'une trompette à pavillon court et rond qu'il embouche (même coiffure, draperie roulée autour des reins sur le corps nu); devant lui, un peu en arrière-plan, est debout un bouclier posé sur le sol, vu de profil (épisème noir opaque en trépied). Dans le champ lettres rouges .ΟLΟ.. — Rev. *C*. Même disposition. **Éphèbe buvant à cheval sur une outre**. Il est vu de dos, retournant la tête à droite (même coiffure), tenant de la main droite un kéras ou corne à boire, dont le bout pointu est placé dans sa bouche, à la façon d'un rhyton, comme s'il buvait; sur le bras gauche avancé est étendue sa chlamyde (petites rosaces en pointillé noir). L'outre gonflée sur laquelle il est à califourchon est nouée en trois points par des liens. Dans le champ en lettres rouges, ΚΑLΟϟ, καλός.

Intérieur noir, sauf la figure centrale encadrée par un simple cercle rouge réservé. Près du rebord autre cercle (retait). Noir sur une partie des anses, qui ne sont pas placées dans l'axe du sujet. Sous les revers, cercle rouge réservé. De chaque côté du sujet une grande palmette en rouge réservé, rattachée par un pédoncule à un grand œil prophylactique (cercle en noir et en rouge réservé avec incisions, centre rouge). Tout le reste de la panse noir. Léger bourrelet à l'attache du pied avec cercle incisé. Le pied noir, tranche en clair avec un filet saillant. Tout le dessous de la base en noir avec rebord saillant en clair.

Terre un peu rosée; surface orangée un peu rougeâtre. Fond noir. Dessin au trait noir lustré. Retouches rouges sobres. Emploi de l'incision dans les chevelures et les ornements. Traces de l'esquisse. Beaucoup de morceaux recollés, sans repeints nuisibles. Haut. 0,14. Diam. 0,34; avec les anses 0,415.

(Inv. CA 1182). Légué au Musée par M. Ravel en 1898. Provenance inconnue.

L'int. *A* publié dans notre pl. 96; les revers *B* et *C* dans la pl. 97.

G 72. Fragment de Coupe (morceau de vasque). — Il y avait un sujet dans l'intérieur et un sur chaque revers. — Int. *A*. On ne voit plus que le pied nu d'un personnage marchant. — Rev. *B*. **Hercule combattant le lion de Némée**. A gauche, le héros barbu, nu (bandelette rouge sur les cheveux à contour réservé, baudrier rouge sur le corps, points noirs saillants sur la barbe et les cheveux) a étendu sa chlamyde sur le bras gauche pour s'en servir comme d'un bouclier; la jambe gauche est fortement levée, comme dans l'attitude de la course (tout le bas du corps et le bras droit manquent). A droite, le lion lui fait face, la gueule ouverte; il est d'une taille gigantesque et lève une des pattes de devant (langue tirée rouge, forte crinière sur le col et touffe de poils à la patte gauche; le haut de la tête et du corps, la croupe et le bas des pattes manquent). Dans le champ, quelques lettres peintes en rouge : ..ΑΚL.., ['Ηρ]ακλ[ῆς]. — Rien du revers C.

Intérieur noir. Autour du sujet central un cercle rouge réservé. Cercle rouge près du rebord. Sous le revers trace d'un cercle réservé.

Terre rosée; surface orangée. Dessin au trait noir lustré. Retouches rouges. Pas d'incisions. Traces de l'esquisse. Recollé en deux morceaux. Larg. max. 0,18.

(Inv. Fragm. Campana 90). Recueilli dans les fragments de l'ancienne collection Campana. Entré en 1863.

Détail de *B* publié dans notre pl. 97.

G 73. Coupe à yeux prophylactiques (même structure que G 70). — Même disposition. — Int. *B*. **Silène armé soufflant dans une trompette** (épisode détaché de la guerre de Dionysos contre les Géants; cf. aussi G 89 et 93). Il marche vers la gauche, les jambes fléchies, portant sur le bras gauche un bouclier en forme de *pelta* (épisème en deux cercles noirs avec centre rouge formant yeux) et tenant de la main droite la hampe d'une trompette (incomplète et mal restaurée) dans laquelle il souffle (contour des cheveux incisé, nombreuses restaurations dans le bouclier, les jambes, le bras droit). Dans le champ inscription en lettres rouges très effacées, ΗΟΠ ΑΙϟ..., ὁ παῖς [καλός]. — Rev. *B*. Entre deux palmettes et deux yeux, **Discobole**. Éphèbe nu (couronne rouge, contour des cheveux incisé), marchant vers la gauche, le disque dans la main gauche, et se penchant vers la terre pour ramasser le petit piquet qui a marqué la place atteinte par son disque. Dans le champ, en lettres rouges ΚΑLΟϟ (rétrogr.), καλός. — *C*. Même disposition. **Éphèbe faisant un tour d'équilibre**. Il est nu (mêmes détails) et ithyphallique; il s'est étendu à la renverse, les deux mains et les deux pieds arc-boutés sur le sol et soutenant le corps horizontal; sur son ventre il a placé en équilibre un grand skyphos (sans doute rempli de vin). Sous lui est posée à terre une œnochoé (cassures restaurées à travers le visage, les jambes, le skyphos et l'œnochoé).

Même décor que dans *G*. 70. Même technique. Emploi de l'incision; traces de l'esquisse. Beaucoup de morceaux recollés; le sujet intérieur surtout a subi des restaurations. Haut. 0,18; diam. 0,33; avec les anses 0,41.

(Inv. N 3302; MN 149). Trouvé en Italie. Acquis en 1850.

Détail des sujets *A*, *B*, *C*, dans notre pl. 97.

G 76. Fragment de Coupe (morceau de vasque). — Il ne reste qu'un personnage d'un revers. — **Éphèbe portant une coupe**. Il est nu et marche à droite, retournant la tête en arrière, étendant le bras droit (main disparue); de la main gauche il tient une coupe et sa chlamyde est rejetée en arrière comme une écharpe sur les deux bras (grosse couronne rouge sur les cheveux en contour incisé, jambes disparues).

Fond noir. A gauche de l'éphèbe, restes d'un rinceau. Cercle réservé près du rebord. Pas d'autre décor visible.

Terre rosée et fine. Dessin au trait noir lustré. Retouches rouges. Emploi de l'incision. Style fin. Un seul fragment sans recollages. Long. max. 0,08.

(Inv. Fragm. Campana 84ª. Recueilli dans les fragments de la collection Campana. Entré en 1863.

Publié dans notre pl. 97.

G 77. Fragment de Coupe (morceau de vasque). — Il ne reste qu'un personnage d'un revers. — **Éphèbe portant un skyphos**. Il est nu et se penche vers la droite, tenant de la main gauche avancée un skyphos (en partie disparu), baissant la tête (grosse couronne rouge sur les cheveux à contour réservé, musculature finement étudiée au trait noir jauni).

Fond noir. Cercle rouge réservé près du rebord. Même technique. Pas d'incisions. Traces de l'esquisse. Bon style. Un seul fragment sans recollages. Long. max. 0,065.

(Inv. Fragm. Campana 85). Même provenance.

Publié dans notre pl. 97.

G 78. Fragment de Coupe (morceau de la vasque). — Il y avait un sujet dans l'intérieur et un sur chaque revers. — De l'int. *A*, il ne reste plus qu'un pied nu et un bout de draperie (?). — Rev. *B*. **Femme nue sur un lit de banquet**. Elle est étendue de droite à gauche, les jambes repliées, tenant de la main droite étendue une grande coupe et de l'autre main placée à la hauteur de la poitrine une seconde coupe pareille (grosse couronne rouge sur les cheveux flottants à contour incisé). Devant elle un coussin cache ses pieds (zones et zigzags noirs); sur ce coussin s'appuyait un autre personnage disparu. Sur le revers de chacune des coupes tenue par le personnage la même inscription en petites lettres noires jaunies : ΚΑLΟϟ, καλός. — Rien du revers *C*.

Fond noir. Autour du sujet central un cercle rouge réservé. Pas de cercle près du rebord. Le reste du décor manque.

Terre rosée, surface rougeâtre. Dessin au trait noir lustré. Retouches rouges. Emploi de l'incision. Style plus rapide que dans les précédents. Recollé en trois morceaux. Long. max. 0,13.

(Inv. Fragm. Campana 83). Même provenance.

Publié dans notre pl. 97.

G 81. Coupe à yeux prophylactiques (vasque large et peu profonde, anses carrées du bout, pied mince et court, base plate et mince). — Un sujet dans l'intérieur et une figure isolée sur chaque revers. — Int. *A*. **Deux éphèbes sur un lit de banquet**. Le premier à gauche (dont les jambes sont supprimées par l'encadrement) est demi-nu, le bas du corps couvert par une draperie, et il retourne la tête à droite, vers son voisin (bandelette rouge sur cheveux à contour réservé); de la main gauche il tient un skyphos (sans anses) et arrondit le bras droit levé en l'air. Son compagnon (mêmes détails de costume et de coiffure) lui met la main droite sur l'épaule droite et tient de la main gauche une coupe ou plat (sans anses); sa jambe gauche nue et vue de face est sortie hors de la draperie. A droite, sur le chevet du lit, est posé un gros coussin (décor géométrique); sous le lit, par terre, deux chaussures fermées ou cothurnes. Dans le champ, inscription en lettres rouges HOΠAI⟨, ὁ παῖς. — Rev. *B*. Entre deux grands yeux (cercles noirs, blancs et point central rouge, sauf sur un des yeux), **Éphèbe jouant au cerceau et tenant un lièvre.** Il est nu (même coiffure) et court vers la droite, en faisant marcher un grand cerceau avec un bâtonnet qu'il tient de la main droite; de la main gauche avancée il porte par les oreilles un lièvre qui retourne la tête. Dans le champ, même inscription HOΠAI⟨. — Rev. *C*. Entre deux yeux pareils (point central rouge sur les deux), **Éphèbe drapé s'appuyant sur une canne.** Il est tourné vers la gauche et baisse un peu la tête; de la main gauche il relève un pli de son grand himation traînant (dégageant le côté droit du corps) et de la main droite il s'appuie sur une haute canne noueuse à bec. Dans le champ, même inscription HOΠAI⟨.

Intérieur noir avec filet rouge (repeint) sur le bord. Autour du sujet central, encadrement en grecque entre deux filets noirs. Dans la partie inférieure du tableau, très court segment en rouge réservé, servant de terrain. Noir sur une partie des anses. Sous les revers un cercle en rouge réservé. Sous chaque anse une palmette accostée de rinceaux en volutes (rouge réservé). Le pied noir, la base avec filet saillant indiqué en rouge, la tranche en clair. Sous la base, large zone noire.

Terre rosée, surface rougeâtre. Fond noir. Dessin au trait noir lustré. Retouches rouges rares. Retouches blanches et incisions dans les yeux prophylactiques. Beaucoup de morceaux recollés, sans restaurations importantes. Haut. 0,125. Diam. 0,30; avec les anses, 0,39.

(Inv. N 3436; MN 152). Trouvé en Italie. Acquis en 1850.

Vue d'ensemble (rev. *B*) et int. *A* dans notre pl. 98.

G 82. **Coupe attribuée à Paidikos** (même structure). — Un sujet seulement dans l'intérieur. — **Deux éphèbes revenant du banquet.** Ils marchent vers la droite, les jambes fléchies, se profilant l'un derrière l'autre. Celui du premier plan nu, portant sur le bras droit sa chlamyde dont le pan revient sur l'épaule gauche et retombe par devant (couronne rouge sur cheveux à contour réservé), lève la tête avec un air aviné et tient de la main droite une coupe, de la main gauche avancée une corne à boire (nombreuses parties restaurées dans la chlamyde, la main droite, la coupe, la cuisse droite, le bas des jambes refaits). Son compagnon nu (même coiffure, jambes refaites) marche à son côté en jouant de la cithare, tenant le plectre de la main droite (relié à l'instrument par un lien rouge, cordes en filets noirs saillants, avec les attaches supérieures en rouge). Dans le champ inscription circulaire en lettres rouges: ΠΡΟ⟨ΑΓΟΡΕVΟ, Προσαγορεύο.

L'intérieur noir sans filet rouge au rebord; autour du sujet central un simple cercle rouge réservé. Noir sur une partie des anses qui ne sont pas dans l'axe du sujet. Les revers entièrement noirs. Le pied noir avec tranche claire. Sur le plat de la base, filet saillant réservé en rouge. Sous la base, zone noire (repeinte).

Terre rosée, surface rougeâtre. Fond noir. Dessin au trait noir lustré. Retouches rouges. Pas d'incisions. Des recollages bien dissimulés et des restaurations dans les figures. Le pied en mauvais état et restauré. Haut. 0,11. Diam. 0,26; avec les anses, 0,32.

(Inv. N 3489; MN 102). Trouvé en Campanie. Ancienne collection J. de Witte. Donné par M. le baron de Witte en 1849.

Publié par de Witte, *Élite des Mon. céramograph.*, II, pl. 37. Cf. R. Rochette, *Journal des Savants*, 1830, p. 181; Klein, *Meistersignaturen*, p. 111, n° 5; *Lieblingsinschriften*, p. 64, n° 8. Sur l'attribution à Paidikos et sur la série des vases avec l'inscription προσαγορεύο, voir E. Pottier, *Revue des Études grecques*, 1893, p. 43.

G 83. **Fragment de Coupe** (morceau de la vasque et pied très court avec base plate). — Un sujet dans l'intérieur. — **Joueur de flûte.** Un éphèbe nu (chlamyde rejetée dans le dos, traces de bandelette rouge sur les cheveux à contour incisé et à points noirs saillants) pose le genou gauche en terre et élève la main droite à la hauteur de son front, les doigts étendus, comme s'il saluait; de la main gauche il tient la double flûte (indiquée en noir opaque). Dans le champ, en lettres rouges, KALO⟨, καλός.

Intérieur noir. Le sujet central encadré dans un cercle rouge réservé. Le reste noir. La tranche de la base en clair. Sous la base, large zone noire.

Terre claire et rosée; surface de même ton. Dessin au trait noir lustré. Retouches rouges. Pas d'incisions. Traces de l'esquisse. Style fin. Un seul fragment sans recollages. Haut. 0,06. Diam. max. 0,15.

(Inv. Fragm. Campana 78). Recueilli dans les fragments de l'ancienne collection Campana. Entré en 1863.

Détail de l'intérieur dans notre pl. 98.

G 88. **Coupe à yeux prophylactiques** (vasque large et peu profonde, anses carrées du bout, pied fort et court, base un peu concave avec tranche bordée d'un filet saillant). — Un sujet dans l'intérieur et un sur chaque revers. — Int. *A*. **Silène marchant courbé.** Il marche vers la droite, les jambes fléchies, retournant la tête en arrière et levant le bras droit (disparu dans une cassure), la main gauche abaissée et posée sur la cuisse droite (visage enlevé par une cassure, traces d'une couronne rouge sur les cheveux pendants à contour incisé, barbe très longue, corps mince et maigre avec une musculature indiquée comme sur un écorché). Dans le champ, inscription circulaire en lettres rouges: . AI⟨KALO⟨, [ὁ π]αῖς καλός. — Rev. *B*. Entre deux yeux prophylactiques et deux palmettes, **Éphèbe marchant** (sujet très incomplet; il ne reste que les jambes nues de l'éphèbe marchant à droite et le pan de sa draperie couvrant le bras gauche). — Rev. *C* entièrement disparu, sauf un petit morceau de la palmette près de l'anse.

Noir dans l'intérieur avec cercle rouge près du rebord. Autour du sujet central cercle rouge réservé. Noir sur une partie des anses. Sous les sujets des revers un cercle rouge réservé. Près de chaque anse et encadrant la figure isolée des revers une grande palmette à pédoncule (rouge réservé) et un grand œil prophylactique (cercles rouges réservés, cercles noirs et au centre prunelle rouge, cercles incisés). Bourrelet saillant avec filet incisé à l'attache du pied noir. Sous la base, large zone noire.

Terre rosée, surface claire. Fond noir. Dessin au trait noir lustré. Retouches rouges. Incisions dans la chevelure et dans les yeux prophylactiques. Style assez particulier. Toute une partie de la coupe et une anse sont refaites en plâtre. Le reste en beaucoup de morceaux recollés. Haut. 0,12. Diam. 0,325; avec les anses, 0,405.

(Inv. Fragm. Campana 70). Recueilli dans les fragments de la collection Campana. Entré en 1863.

Int. *A* publié dans notre pl. 98.

G 89. **Fragment de Coupe** (il ne reste qu'une grande partie de l'intérieur et le pied fort, sans sa base). — Un sujet dans l'intérieur. — **Silène marchant au combat.** (Pour le sujet cf. G 73.) Il est nu et s'avance vers la gauche, penché en avant, portant sur le bras gauche un bouclier en forme de *pelta* (ornements en cercles noirs avec point central), le bras droit ramené en arrière et tenant un accessoire disparu (arme ?). Il est vu de dos et de trois quarts (couronne à gros feuillages rouges sur les cheveux à contour incisé en deux filets distincts, comme à la suite d'une correction). Dans le champ inscription circulaire en lettres rouges: HOΠAI.. A..⟨, ὁ παῖ[ς κ]α[λό]ς.

Intérieur noir. Autour du sujet central un cercle rouge réservé. A l'attache du pied noir, bourrelet avec un filet incisé, comme dans le précédent. Le dessous de la base devait être semblable, car le noir pénètre aussi dans l'intérieur du pied.

Terre rosée, surface rougeâtre. Même technique. Emploi de l'incision dans la chevelure. Un seul fragment sans recollages. Haut. 0,075. Diam. max. 0,16.

(Inv. Fragm. Campana 71). Recueilli dans les fragments de la collection Campana. Entré en 1863.
Publié dans notre pl. 98.

G 90. Fragment de Coupe (reste de l'intérieur et le pied très court avec base épaisse). — Un sujet dans l'intérieur. — **Silène agenouillé près d'une amphore.** (Cf. le sujet analogue G 91.) Il est nu, agenouillé (cheveux pendants, pas de barbe visible) derrière une grande amphore couchée sur le flanc et ceinte d'une guirlande noire; le corps penché, il est occupé avec les deux mains invisibles à saisir l'anse du vase qu'il va relever et charger sur son épaule (?).

Intérieur noir. Autour du sujet central un cercle rouge réservé. Le reste noir. A l'attache du pied avec la base, faible bourrelet avec deux traits incisés. La base plate avec tranche claire. Sous la base large zone noire.
Terre claire et friable. Surface rougeâtre. Pas de retouches ni d'incisions. Style rapide. Un seul fragment sans recollages. Haut. 0,40. Diam. max. 0,10.
(Inv. Fragm. Campana 74). Même provenance.
Publié dans notre pl. 98.

G 91. Fragment de Coupe (l'intérieur et un morceau du pied). — Même disposition. — **Silène puisant dans un cratère.** Sujet presque identique au précédent. Le personnage est dans la même pose (même type de visage, mais avec barbe longue; on voit la jambe gauche relevée, tandis que le genou droit est en terre). Il a enfoncé ses deux mains dans l'embouchure d'un grand cratère ou pithos, dont le bas est enfoncé dans le sol.

Même décor (sans la base). Même technique avec surface plus claire, un peu jaunâtre. Même style. Un seul fragment sans recollages. Haut. 0,045. Diam. max. 0,18.
(Inv. Fragm. Campana 75). Même provenance.
Publié dans notre pl. 98.

G 93. Coupe (vasque large, anses solides et arrondies du bout, pied court et trapu). — Un sujet dans l'intérieur et un sur chaque revers. — Int. *A*. **Éthiopien armé en guerre.** Il est nu, courant vers la gauche (visage imberbe à nez épaté et grosses lèvres, cheveux à contour incisé), tenant de la main droite une lance et sur le bras gauche un bouclier en forme de *pelta* (décoré d'une guirlande de lierre noire); il est vu de dos et de trois quarts; une chlamyde posée sur l'épaule droite pend de chaque côté de son corps. Dans le champ, inscription circulaire, en lettres rouges, dénuée de sens : +IMEONΔON. — Rev. *B*. **Dionysos entre deux Ménades.** Le dieu barbu marche à droite, retournant la tête (couronne rouge en pédoncules, contour des cheveux incisé, himation sur tunique); il tient de la main droite le bout d'une branche feuillue (feuillages rouges) et de la main gauche ramenée contre lui un canthare (en noir opaque). A gauche, une Ménade dans la même attitude que le dieu (chevelure pendante à double contour incisé, peau de panthère tachetée noire par devant et rejetée dans le dos, tunique longue serrée à la taille) lève le bras droit et tient de la main gauche contre elle une œnochoé (exécutée non pas en noir opaque, mais en coups de pinceaux de noir jauni). A droite, une autre Ménade (mêmes détails de coiffure, grande tunique talaire à manches agrafées et à rabat, sans la nébride) s'avance vers le dieu, levant le bras droit. Dans le champ, lettres rouges dénuées de sens : N Δ+ΔO, ΛO, NΔ. — Rev. *C*. **Trois Ménades portant des animaux.** La première à gauche s'avance, le bras gauche étendu (coiffure à tresses pendantes avec double contour incisé, tunique à manches), portant sur sa main droite une petite panthère tête de face (peau tachetée et petits coups de pinceau en noir délayé pour le pelage). La seconde, au centre, marche en se retournant vers la précédente (cheveux à contour réservé, nébride nouée par devant sur la tunique); de la main droite basse elle tient un thyrse et lève la main gauche; derrière son épaule droite on voit dépasser la tête de face de la panthère dont elle s'est fait une nébride (les yeux indiqués par un seul trait paraissent être ceux d'un animal mort). A droite, une troisième Ménade (mêmes détails que dans la première, himation rejeté dans le dos par-dessus la tunique) marche en se retournant vers les précédentes, le bras gauche étendu, et elle tient de la main droite un grand lièvre (coups de pinceau en noir délayé pour le pelage). Dans le champ des lettres rouges dénuées de sens : NΔ+I, +ONIC, N+Δ.

Intérieur noir. Cercle rouge réservé autour du sujet central et cercle près du rebord. Noir sur une partie des anses. Sous chaque anse palmette (rouge réservé) accostée de deux pédoncules qui aboutissent chacun à une large palmette placée obliquement et encadrant de chaque côté les sujets des revers. Sous les personnages un cercle en rouge réservé. Sur la base du pied, filet saillant avec trait en rouge réservé; la tranche du pied en clair. Sous la base, large zone noire.
Terre jaunâtre, surface orangée. Dessin au trait noir lustré. Retouches rouges. Emploi de l'incision. Traces de l'esquisse. Style apparenté à l'époque de Chachrylion et des coupes de Memnon. Beaucoup de morceaux recollés, sans restaurations nuisibles. Haut. 0,135. Diam. 0,33; avec les anses, 0,405.
(Inv. MNB 406). Acquis en 1872. Sans provenance connue.
Détail des sujets *A*, *B*, *C*, dans notre pl. 99.

G 95. Fragment de Coupe (parties de la vasque et morceau de pied court et trapu). — Le sujet intérieur est conservé; il n'y a pas traces de sujets sur les revers. — **Homme nu soulevant une amphore.** Il est barbu et nu (couronne rouge sur les cheveux à contour incisé), tourné vers la gauche et courbé; le genou gauche presque en terre, il prend l'amphore de la main droite par l'anse, de la main gauche par la base pointue, pour la soulever sans la pencher. Dans le champ, inscription en lettres rouges : ...ION KAΛOΣ, ...ον καλός, qui pourrait dissimuler un nom comme Memnon (?).

Intérieur noir. Cercle rouge réservé autour du sujet central. Pas d'autre décor visible.
Terre rosée; surface rougeâtre. Dessin au trait noir lustré. Retouches rouges sobres. Emploi de l'incision. Style rapide. Recollé en trois morceaux. Haut. 0,07. Long. max. 0,19.
(Inv. Fragm. Campana 68). Recueilli dans les fragments de la collection Campana. Entré en 1863.
Publié dans notre pl. 99.

G 96. Fragment de Coupe (morceau de la vasque et l'attache du pied). — Le sujet intérieur est en partie conservé. — **Éphèbe soulevant une grosse pierre.** Exercice dans la palestre? Il est nu, tourné à gauche, et marche courbé, portant avec effort une grosse masse ronde et irrégulière, qui parait représenter une pierre ou un rocher (couronne rouge sur les cheveux à contour incisé, une partie du dos et des jambes disparue). Dans le champ, inscription circulaire en lettres rouges : HOΠ....AΛOΣ, ὁ π[αῖς κ]αλός.

Mêmes détails pour le décor et la technique. Pas d'incision. Un seul fragment sans recollages. Long. max. 0,14.
(Inv. Fragm. Campana 73). Même provenance.
Publié dans notre pl. 99.

G 98. Coupe (petite vasque peu profonde, anses larges et carrées du bout, pied court, base mince). — Un sujet seulement dans l'intérieur. — **Éphèbe puisant du vin dans un cratère.** Un grand cratère à orillettes est posé à droite sur une base (une partie reste invisible, coupée par l'encadrement). A gauche, un éphèbe nu s'avance (couronne rouge sur cheveux à contour incisé), vu de dos et de trois quarts, tenant de la main gauche basse une coupe (dont l'extrémité seule est visible de l'autre côté de son corps), étendant le bras droit et tenant par l'anse un vase (sans doute une œnochoé) qu'il a déjà plongé dans l'intérieur du cratère. Dans le champ inscription circulaire en lettres rouges : ΠAIΣ KAΛOΣ, παῖς καλός.

Intérieur noir. Cercle rouge réservé, autour du sujet central. Pas de cercle auprès du rebord. Noir sur une partie des anses et la totalité des revers. Pied noir avec filet saillant en rouge réservé sur la base. Sous la base, large zone noire.

Terre rosée, surface rougeâtre. Dessin au trait noir lustré. Retouches rouges sobres. Pas d'incisions. Peu de cassures recollées. Haut. 0,065. Diam. 0,19; avec les anses, 0,25.
(Inv. Campana 918). Trouvé en Étrurie et entré en 1863.
Détail du sujet intérieur dans notre pl. 99.

G 99. Fragment de Coupe (morceau de vasque). — Une partie du sujet intérieur a été conservé. — **Éphèbe et femme s'embrassant.** La partie inférieure des corps a disparu, mais on peut croire que les personnages étaient sur un lit de banquet, comme l'indique le coussin placé à droite (décor géométrique). L'éphèbe (couronne rouge, barbe légère sur la joue) a enroulé complètement dans son himation (semé de petites rosaces en points noirs) la jeune femme (coiffée d'un cécryphale), qu'il serre entre ses bras et rapproche de lui pour l'embrasser; le même manteau les enveloppe tous deux et forme en arrière comme une auréole sur laquelle les deux têtes se détachent de profil. Dans le champ restes d'une inscription peinte en lettres rouges : . . . Ϟ : ꓘ . :, ὁ παῖς καλός ou ἡ παῖς καλή.

Fond noir. Cercle rouge réservé autour du sujet central. Pas d'autre partie de décor visible.
Terre rosée, surface rougeâtre. Dessin au trait noir lustré. Retouches rouges. Pas d'incision. Un seul fragment sans recollages. Long. max. 0,10.
(Inv. Fragm. Campana 88). Recueilli dans les fragments de la collection Campana. Entré en 1863.
Publié dans notre pl. 99.

G 100. Fragment de Coupe (morceau de vasque, anse mince et carrée du bout, attache du pied). — Il n'y avait qu'un sujet dans l'intérieur. — **Éthiopien portant une œnochoé.** C'est le serviteur d'un personnage absent dont on voit dans le champ les deux chaussures ou cothurnes de chambre déposées par terre et la canne noueuse à bec. Entre ces deux accessoires l'esclave éthiopien est debout, nu, tourné à gauche, le pied droit soulevé de terre et tenant de la main droite une œnochoé (haut de la tête disparu, nez large, bouche lippue, parties sexuelles atrophiées).

Fond noir. Autour du sujet central deux cercles réservés en rouge. Pas de cercle près du rebord. Noir sur une partie de l'anse et sur la totalité des revers.
Terre rosée, surface pâle. Dessin au trait noir lustré. Ni retouches, ni incisions visibles. Un seul fragment sans recollages. Long. max. 0,16.
(Inv. Fragm. Campana 89). Même provenance.
Détail de l'intérieur dans notre pl. 99.

G 103. Grand Cratère signé par le peintre Euphronios et portant le nom de Léagros (forme de cloche, anses basses et très relevées, large base à deux degrés). — Un sujet sur chaque côté de la panse. — *A*. **Combat d'Hercule et d'Antée.** Au centre, les deux adversaires, d'une taille gigantesque, forment un groupe pyramidal. A gauche, Hercule barbu et nu (bandelette rouge sur les cheveux, petits points noirs saillants pour imiter les boucles par devant et sur la nuque, cils de l'œil indiqués en petits traits parallèles), à demi couché et le genou droit en terre, a passé son bras gauche autour du cou d'Antée, son bras droit sous l'aisselle droite et, les deux mains jointes, il le serre fortement pour l'étouffer. Le Géant, barbu et nu (musculature très détaillée), est tombé assis sur le sol, le corps tourné de gauche à droite, la jambe droite repliée sous lui, l'autre libre et fléchie; sous l'étreinte d'Hercule sa tête a été violemment retournée en arrière et forme le sommet du groupe; son bras droit paralysé est étendu, la main retournée sur le sol, tandis que le bras gauche encore libre essaie de dénouer l'étreinte qui l'étouffe. Le peintre a exprimé le désespoir et l'effort dans les traits du visage; la prunelle remonte vers la paupière supérieure (mêmes détails des cils); la bouche est ouverte, montre les dents et crie. Le type barbare est rendu par les cheveux longs et broussailleux (coups de pinceaux en noir délayé), par la barbe très longue (même technique), le sourcil et la moustache en noir épais. A gauche, en arrière-plan, une femme drapée, fuyant à gauche (Gé, mère du géant?), relève de la main droite un pli de son manteau et retourne la tête en étendant la main gauche, comme si elle appelait du secours (coiffure en cécryphale, himation attaché sur l'épaule gauche et dégageant le bras droit, grande tunique à manches, bracelet rouge en serpent au bras gauche). Du même côté sont suspendues dans le champ les armes d'Hercule, la peau de lion vue de face (cils des yeux vides indiqués, poil représenté par un picotis noir), la massue debout, le carquois fermé par un couvercle et décoré d'une bande de denticules noirs, avec un lien d'attache en rouge. A droite, en arrière-plan, deux autres femmes drapées (la femme et la fille du géant?) fuient à droite en retournant la tête (cheveux flottants à contour incisé ceints d'une bandelette rouge, himation posé en écharpe sur les épaules par-dessus la tunique à manches); la première étend la main droite vers la femme précédente et porte la main gauche à ses cheveux; la seconde pose la main droite sur sa tête et étend le bras gauche en arrière (bracelet rouge en serpent au bras droit). Dans le champ sont peints en lettres rouges les noms des deux adversaires, HEPAKLEϨ,.. TAIOϟ (rétrogr.), et au-dessus d'eux la signature d'artiste : EVΦPONIOϟ ΕΛΡΑΦϟΕΝ, Εὐφρόνιος ἔγραφσεν. — *B*. **Concours musical.** Un éphèbe drapé (couronne rouge sur les cheveux à contour incisé, longue tunique ionienne), relevant de la main droite un pli de sa draperie, se penche en avant et monte sur une estrade à deux degrés, tenant de la main gauche une double flûte. Trois éphèbes assis l'assistent et se disposent à l'entendre : à gauche, un éphèbe demi-nu (mêmes détails de coiffure, himation cachant le bas du corps), assis sur un escabeau à pieds minces tournés, s'appuie de la main gauche sur une canne noueuse et pose la main droite sur sa hanche ; à droite, les deux autres sont assis dans une attitude semblable, les genoux du dernier avançant en premier plan et masquant en partie son compagnon (mêmes détails de coiffure et de costume, seins entourés d'un pointillé noir); leurs mains gauches, aux doigts allongés, sont étendues près de la cuisse. Sur le degré supérieur de l'estrade inscription peinte en lettres noires : / . LAϟKALOϟ (on penserait à 'Αντίας καλός, si la lettre L n'était pas très visible). Dans le champ, en lettres rouges : LE . ΛΡΟϟ KALOϟ, Λέ[α]γρος καλός, ΠΟLVKLEϟ et .ΕΦΙϟΟΔΟΡΟϟ (rétrogr.), Πολυκλῆς et [Κ]ηφισόδορος.

Tout l'intérieur noir avec quatre cercles rouges (refaits). Noir sur le rebord et la totalité des anses. Sous le rebord extérieur, zone de palmettes couchées (en rouge réservé), entourées d'un trait en cœur. Un grand motif floral (en rouge réservé), devant chaque anse, sépare de chaque côté les sujets de la panse; les deux motifs ne sont pas pareils. L'un comprend quatre palmettes opposées en carré, d'où partent quatre pédoncules qui s'épanouissent en grande palmette entourée d'une volute; l'autre se compose d'une palmette centrale, couchée horizontalement, d'où partent deux pédoncules s'épanouissant en haut et en bas en grande palmette entourée d'une volute. La panse, sous les sujets, forme un gros bourrelet entre deux filets de rouge réservé, décoré en *A* d'une bande de petites palmettes et de fleurs de lotus (rouge réservé), opposées deux à deux et reliées par des entrelacs, en *B* d'une bande de grandes palmettes couchées et entourées d'un trait en cœur (rouge réservé). Le bas de la panse noir avec petite zone claire de godrons (refaite) et bourrelet noir à l'attache du pied. La base (refaite) à deux degrés séparés par un ressaut clair.
Terre rosée, surface rougeâtre. Dessin au trait noir lustré. Retouches rouges. Emploi de l'incision. Traces de l'esquisse. Très beau style, surtout en *A*. Recollé en plusieurs morceaux; la partie inférieure du vase et la base sont refaites, mais pas de restaurations importantes dans les figures. Une partie de *B* est salie et noircie par des concrétions; en *A* la surface a souffert de l'humidité et est picotée par endroits. Haut. 0,46. Diam. 0,55. Haut. de la zone des personnages 0,19.
(Inv. Campana 748). Trouvé en Étrurie, à Caeré, et entré en 1863.
Détail du sujet *A* dans notre pl. 100. Vue d'ensemble (côté *B*) dans notre pl. 101.
Publié par Braun, *Monumenti Inst.* 1855, pl. 5; *Wiener Vorlegeblätter*, V, pl. 4; De Witte, *Étude sur les vases peints de la collection Campana*, p. 84; Klein, *Euphronios*, p. 118-119; S. Reinach, *Répertoire*

des Vases, I, p. 242; Duranty, *Gazette des Beaux-Arts*, 1883, II, p. 115 (sujet *A*); Duruy, *Histoire des Romains*, II, p. 787 (id.); Roscher, *Lexikon der Mythologie*, I, p. 2207 (id.); Rayet et Collignon, *Céramique grecque*, p. 153, fig. 68 (id.); Winter, *Jahreshefte des oesterr. Inst.* III, 1900, pl. V, n° 2 (id.). Cf. *Cataloghi Campana*, série IV-VII, n° 798; Klein, *Meistersignaturen*, p. 137, n° 1; Hartwig, *Meisterschalen*, p. 147-148.

G 104. Grande Coupe signée par Euphronios (vasque large et peu profonde, anses solides et carrées du bout, pied assez mince en partie refait, base refaite en pente et à deux degrés). — Un sujet dans l'intérieur et un sur chaque revers. — Int. *A*. **Thésée chez Amphitrite sous la conduite d'Athénè.** Au centre, et comme en arrière-plan, Athénè se dresse debout, le corps de face, le pied droit de profil et l'autre de face, la tête tournée à droite (casque à cimier bas, orné de petites rosaces en pointillé, le timbre entièrement recouvert d'écailles, les cheveux répandus en mèches sous le couvre-nuque, boucle d'oreille ronde, collier mince au trait rouge, égide tout entière en petites écailles portant au centre une tête de Gorgone de face, le rebord en serpents hérissés, sous l'égide longue tunique ionienne à rabat et à manches); sur la main droite elle porte une chouette (tête de face); de la main gauche élevée elle tient près du fer le bout de sa lance dont la pointe entre dans la bande d'ornements et dont l'autre extrémité repose sur le sol. A gauche, Thésée imberbe et drapé (bandelette rouge sur les cheveux en mèches parallèles et régulières, dont le fond en noir délayé et jauni forme une masse blonde, contour des cheveux réservé, tunique très courte et transparente, laissant les jambes nues, lien rouge sur l'épaule droite marquant l'attache du baudrier qui soutient l'épée sur le côté gauche, fourreau ceint de liens croisés en noir saillant et orné de deux petites houppettes qui flottent) est porté debout sur les deux mains renversées d'un petit Triton dont la tête barbue, aux cheveux flottants, émerge dans le bas du tableau, près du pied droit d'Athénè, et dont le corps couvert d'écailles disparaît en partie derrière la déesse, la queue fourchue reparaissant seule à droite. Thésée a la main gauche ouverte, rapprochée de son corps, la main droite tendue avec les doigts écartés, et du bout de son pouce il touche le petit doigt d'Amphitrite qui, assise en face de lui, tend également sa main droite (on peut croire à une forme archaïque de la poignée de main, plutôt qu'au don de l'anneau de Minos jeté dans la mer). Derrière Thésée, dans le champ, trois dauphins nageant (deux incomplets à cause des cassures) symbolisent la mer. A droite, Amphitrite assise sur un large escabeau recouvert d'un coussin à petits damiers noirs, aux pieds plats ornés de découpures en étoiles et en palmettes (la tête du pied en noir opaque avec quatre fentes en rouge réservé indiquant les assemblages de bois, le bas d'un des pieds entrant dans la zone d'ornements), tient de la main gauche contre elle la grande couronne à feuillages rouges (en grande partie effacée, plusieurs feuilles visibles au-dessus du sein droit de la déesse) qu'elle doit donner au héros et elle lui tend la main droite (bandelette rouge ceignant les cheveux exécutés comme ceux de Thésée, boucle d'oreille ronde, collier au trait rouge, himation rejeté dans le dos et remontant en voile sur le haut de la tête, grande tunique à manches, aux pieds des sandales et liens de sandales indiqués en rouge). Dans le champ, inscriptions en lettres rouges : ΘΕΣΕVΣ, ΑΘΕΝΑΙΣ, ΑΜΦ... ΤΕ (rétrogr.), ΤΡΙΤΟ., et la signature d'artiste incisée dans le champ, derrière Thésée : ΕVΦΡΟ..... ΠΟΙΕΣΕΝ, Εὐφρό[νιος ἐ]ποίεσεν. — Rev. *B*. **Exploits de Thésée.** La scène se divise en deux groupes. 1° Thésée tue Skiron. A gauche, le héros nu (même exécution de cheveux ceints d'une bandelette rouge et ramenés en chignon, trace de barbe légère sur la joue, partie du visage enlevée par une cassure) marche rapidement vers la droite, tenant des deux mains la jambe droite de Skiron qu'il précipite, du haut d'un rocher, dans la mer. Derrière Thésée, sur un arbrisseau à feuilles rouges sont accrochés son vêtement et son épée (suspendue par des liens rouges, mêmes houppettes pendantes que dans le sujet *A*). Skiron barbu et nu (bandelette rouge sur les cheveux flottants et hérissés, barbe à mèches longues, bas du corps enlevé par une cassure) tombe la tête la première, le bras gauche pendant, la main droite s'accrochant au rocher de formes tourmentées sur lequel son corps se détache (haut du rocher enlevé). Au pied du rocher, le bassin à trois pieds en griffes et à anses de forme métallique (ornements et palmettes noires sur la panse), dans lequel il se faisait laver les pieds par ses victimes. Inscriptions en lettres rouges dans le champ : ...Σ, ΣΚΙΡΟΝ (rétrogr.). 2° Thésée tue Procruste. Même attitude du héros (le haut de la tête disparu, trace de barbe légère sur la joue), qui de la main droite ramenée en arrière tenait une arme (disparue) et de la main gauche saisit par les cheveux son adversaire. Au-dessous de son bras gauche étendu un lien rouge dans le champ. Derrière lui, arbrisseau semblable portant aussi l'épée et la draperie suspendues (mêmes détails). Procruste est tombé sur le genou gauche et s'appuie de la main gauche sur le sol rocheux aux formes tourmentées; il retourne la tête vers son vainqueur et étend la main droite ouverte, comme s'il demandait grâce; son flanc droit porte déjà une large blessure (sang indiqué en filets rouges); sa jambe droite étendue disparaît en partie derrière le rocher du précédent sujet (tout le visage enlevé, cheveux à contour réservé ceints d'une bandelette rouge, barbe à mèches longues, seins indiqués en pointillé noir). Inscription en lettres rouges, qui d'abord tracée dans le champ se termine ensuite sur la cuisse gauche de Thésée : ΠΡΟΚΡΟVΣΤΕΣ. — Rev. *C*. **Exploits de Thésée.** Même disposition et suite du précédent sujet auquel il est relié par le terrain rocheux de l'épisode de Procruste. 1° Thésée tue Kerkyon. A gauche, Kerkyon nu (tête de face, cheveux et barbe à mèches pendantes, seins en pointillé noir), penché en avant, a saisi à bras-le-corps son adversaire. A droite, Thésée a passé ses deux bras par-dessus la tête de Kerkyon et, le menton posé sur son dos (haut de la tête disparu, barbe légère sur la joue), les deux mains fortement jointes, il se prépare à lui porter dans le creux de l'estomac le coup qui va l'enlever de terre et le lancer par-dessus sa tête. Derrière Kerkyon, même arbrisseau avec le vêtement et l'épée (mêmes détails). Dans le champ inscription en lettres rouges ΚΕR(Κ)VΟΝ (la lettre Κ du milieu est incisée et il est visible qu'elle a été rajoutée après coup dans l'espace à peine suffisant entre les lettres peintes R et V, comme si Euphronios, en incisant sa signature et en revisant les inscriptions peintes, avait constaté et rectifié l'omission du Κ). 2° Thésée dompte le taureau de Marathon. A gauche, le héros nu (nez endommagé, même barbe, même exécution de cheveux blonds ceints d'une bandelette rouge), vu de dos et de trois quarts, la jambe droite vue par derrière et un peu soulevée de terre (raccourci du pied vu par-dessous), se penche à droite, tenant de la main gauche une corde (indiquée en rouge) qu'il a passée sous le ventre du taureau et dont sa main droite basse saisit l'autre bout pour achever de lier l'animal. Le taureau (large partie du corps endommagée) est tombé, les deux jambes de devant pliées, sur le sol, la tête à gauche (la corde rouge enroulée autour de sa corne); le train de derrière se relève, la queue dressée, mais les quatre pattes sont déjà ligotées avec la corde rouge. Derrière Thésée, même arbrisseau avec les accessoires usités; au-dessus du taureau le pétase de Thésée, de forme conique (boucle de suspension en haut et liens d'attache rouges). Dans le champ inscription en lettres rouges : ..ΣΕVΣ.

Noir dans l'intérieur. Tout autour du rebord intérieur, entre deux cercles rouges réservés, zone de palmettes la tête en bas (rouge réservé), entourées d'un trait en cœur. Autour du sujet central, sur une bande claire, grecque noire serrée entre deux cercles noirs. Noir sur une partie des anses. Sous les sujets des revers, grecque noire serrée entre deux cercles noirs. Le reste noir. La base noire, avec filet saillant en clair et tranche claire, est refaite.

Terre rosée, surface orangée, plus rougeâtre dans les ornements. Dessin au trait noir lustré. Retouches rouges. Emploi de l'incision dans les inscriptions, mais pas dans les figures. Très beau style. Le vase se composait de plus de quarante morceaux qui ont été recollés ou réunis par des restaurations en plâtre ; mais partout on a laissé les cassures apparentes et aucune figure n'a été restaurée. Le bas du pied et la base ont été refaits. Haut. 0,165. Diam. 0,39 ; avec les anses, 0,49. Haut. du sujet central, 0,28. Haut. des revers, 0,145.

(Inv. MNB 186). Trouvé à Caeré, en Étrurie, et acquis en 1871.

Détail de l'intérieur *A* dans notre pl. 102.

Publié par de Witte, *Monuments publiés par l'Assoc. des Études grecques*, I, pl. 1 et 2 ; *Wiener Vorlegeblätter*, V, pl. 1 ; Rayet et Collignon, *Céramique grecque*, p. 165, fig. 69 (int. *A*) ; Duruy, *Histoire des Grecs*, II, p. 122 (int. *A*) ; J. Martha, *L'art étrusque*, fig. 110 (int. *A*) ; Klein, *Euphronios*, p. 182, 194, 195 ; J. E. Harrison, *Greek vases paintings*, pl. 14 ; A. H. Smith, *Journal of hell. studies*, XVIII, 1898, p. 276, pl. 14 ; d'Eichthal et Th. Reinach, *Poèmes choisis de Bacchylide*, pl. 4 (sujet *A*) ; Winter, *Jahreshefte des oesterr. Inst.*, III, 1900, p. 129, fig. 43 (détail de *A*) ; Furtwaengler et Reichhold, *Griechische Vasenmalerei*, pl. 5 (vue d'ensemble et int. *A*, où les auteurs ont à tort restitué en blanc la couronne d'Amphitrite). Cf. *Bullettino Inst.* 1872, p. 190 ; Klein, *Meistersignaturen*, p. 141, n° 7 ; C. Robert, *Marathonschlacht*, p. 50 ; Hartwig, *Meisterschalen*, p. 481-484.

10585-00. — Corbeil. Imprimerie Éd. Crété

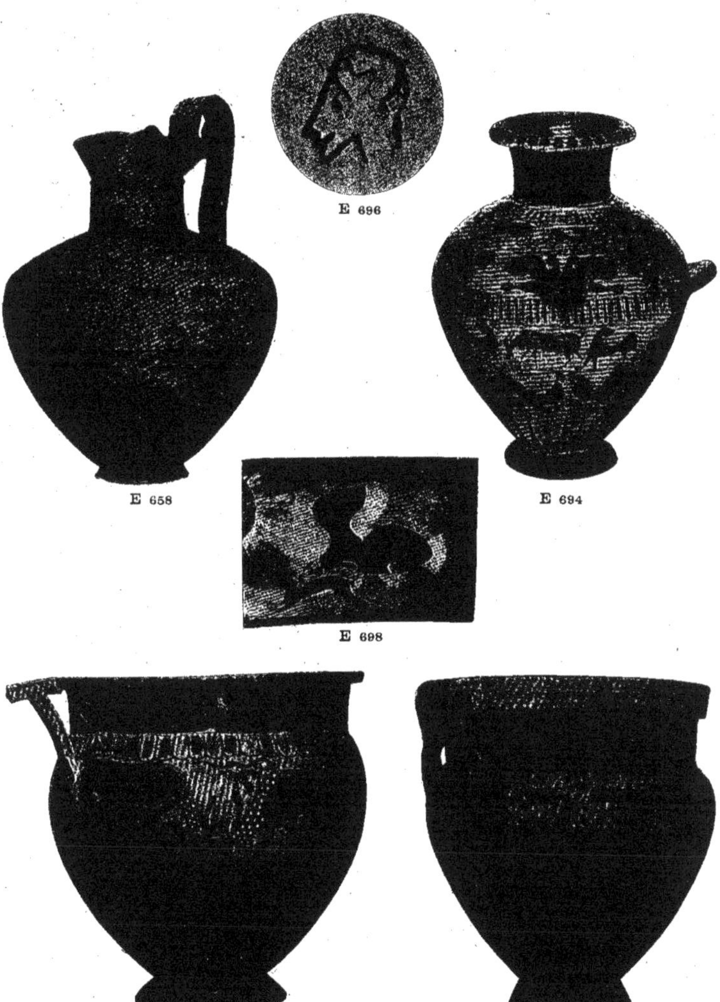

E 696

E 658

E 694

E 698

E 677

E 690

VASES DE STYLE IONIEN ET ITALO-IONIEN TROUVÉS EN ITALIE

(VIIe ET VIe SIÈCLES AV. J.-C.)

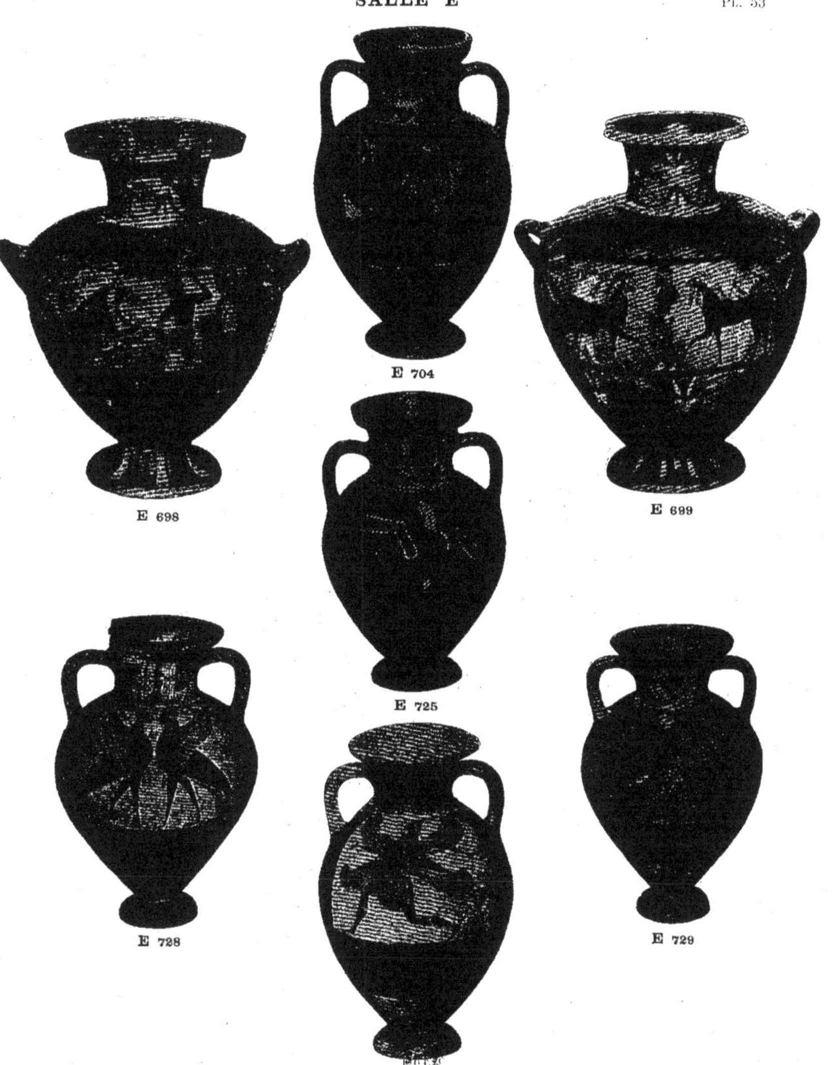

VASES DE STYLE IONIEN ET ITALO-IONIEN TROUVÉS EN ITALIE
(VIe SIÈCLE AV. J.-C.)

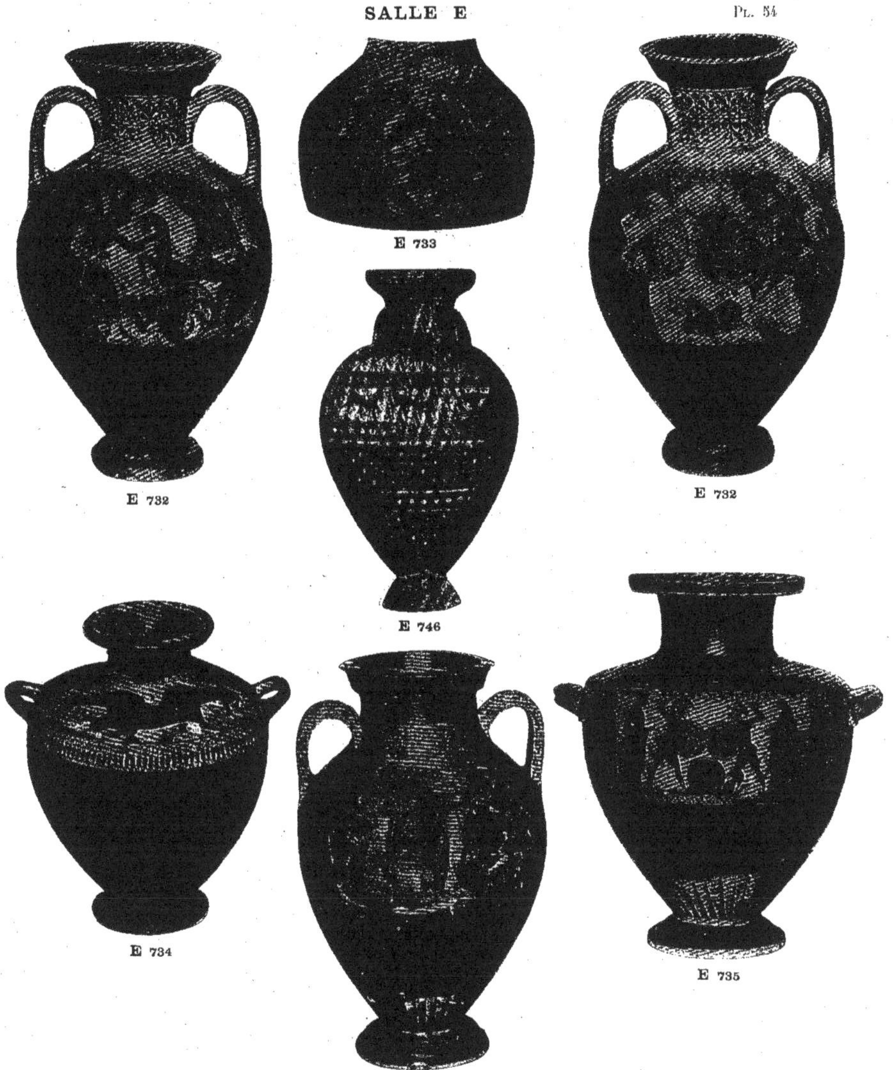

VASES DE STYLE ATTICO-IONIEN ET DE STYLE ÉTRUSCO-IONIEN TROUVÉS EN ITALIE

(VIIe ET VIe SIÈCLES AV. J.-C.)

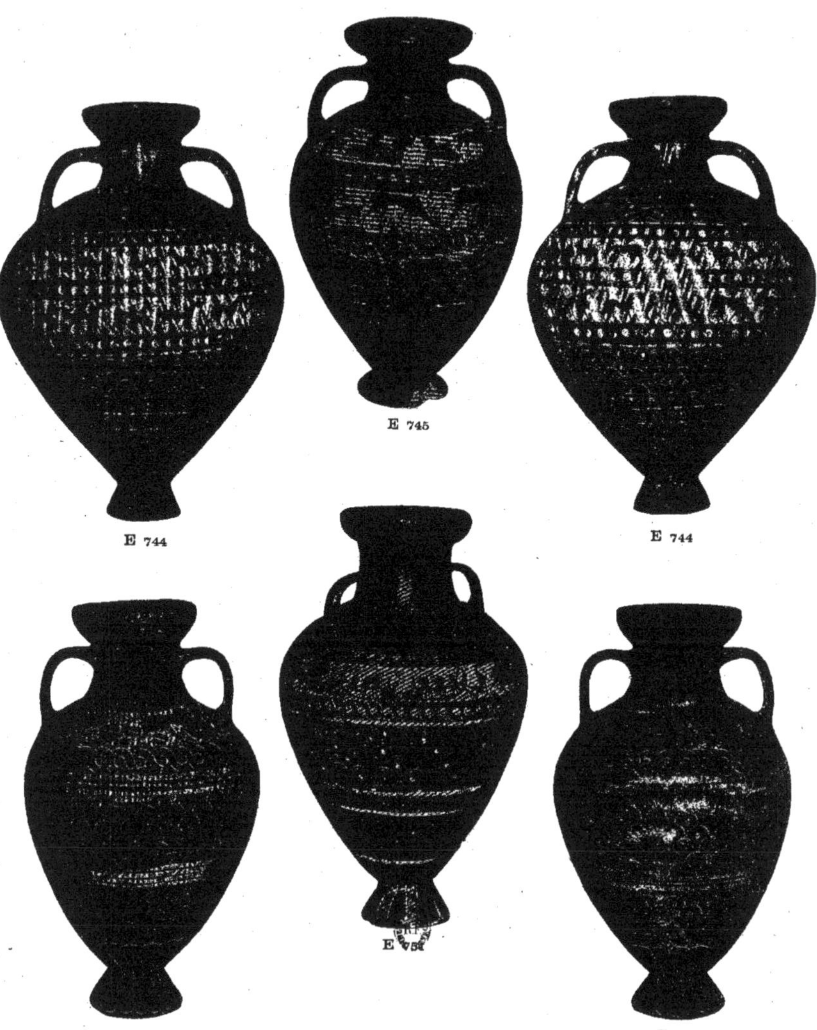

VASES DE STYLE ÉTRUSCO-IONIEN TROUVÉS EN ITALIE

(VIIe ET VIe SIÈCLES AV. J.-C.)

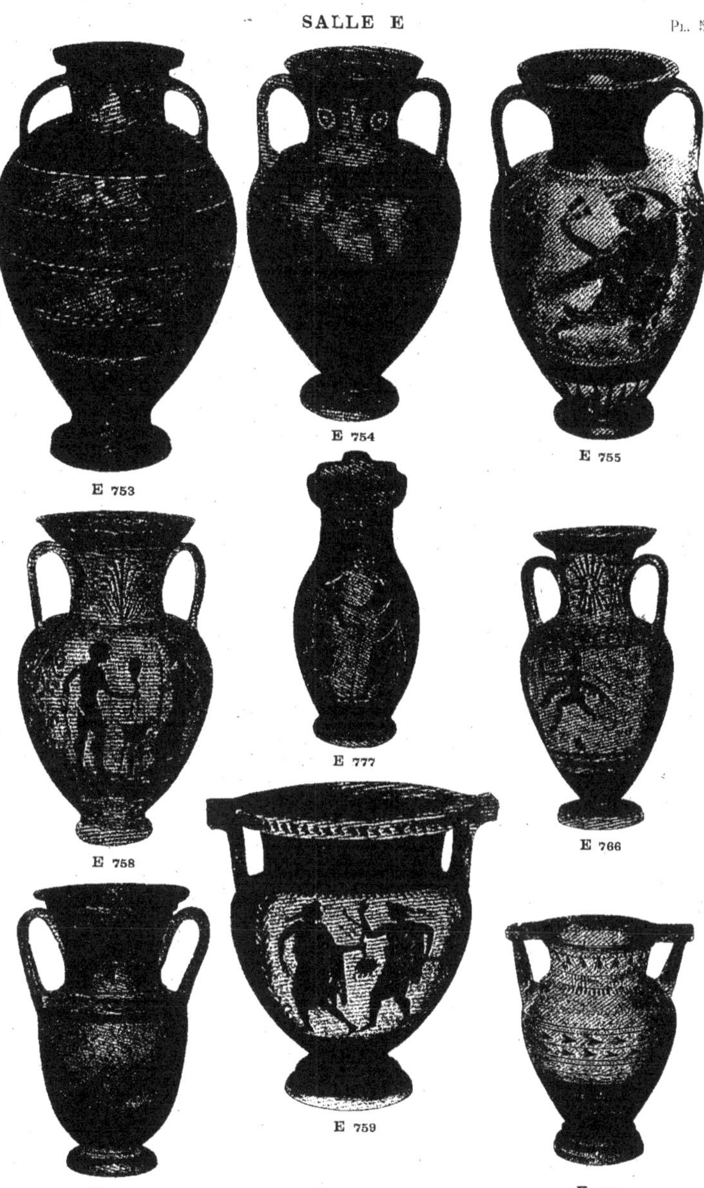

VASES DE STYLE ITALO-IONIEN TROUVÉS EN ITALIE

(VIe ET Ve SIÈCLES AV. J.-C.)

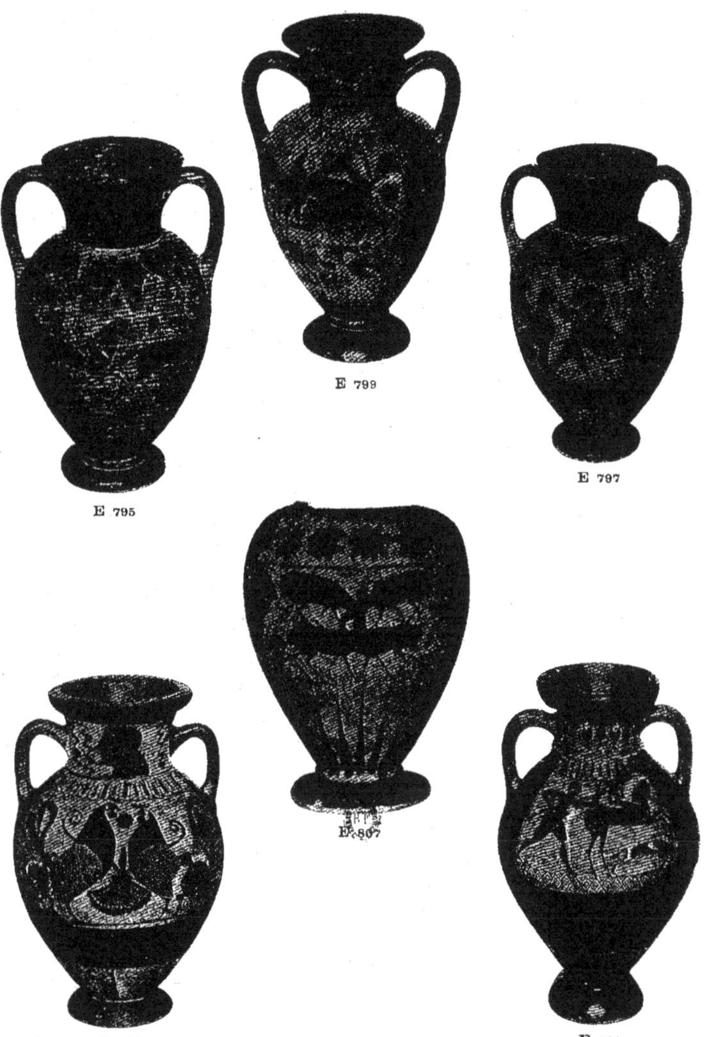

VASES DE STYLE CHALCIDIEN TROUVÉS EN ITALIE

(VIe SIÈCLE AV. J.-C.)

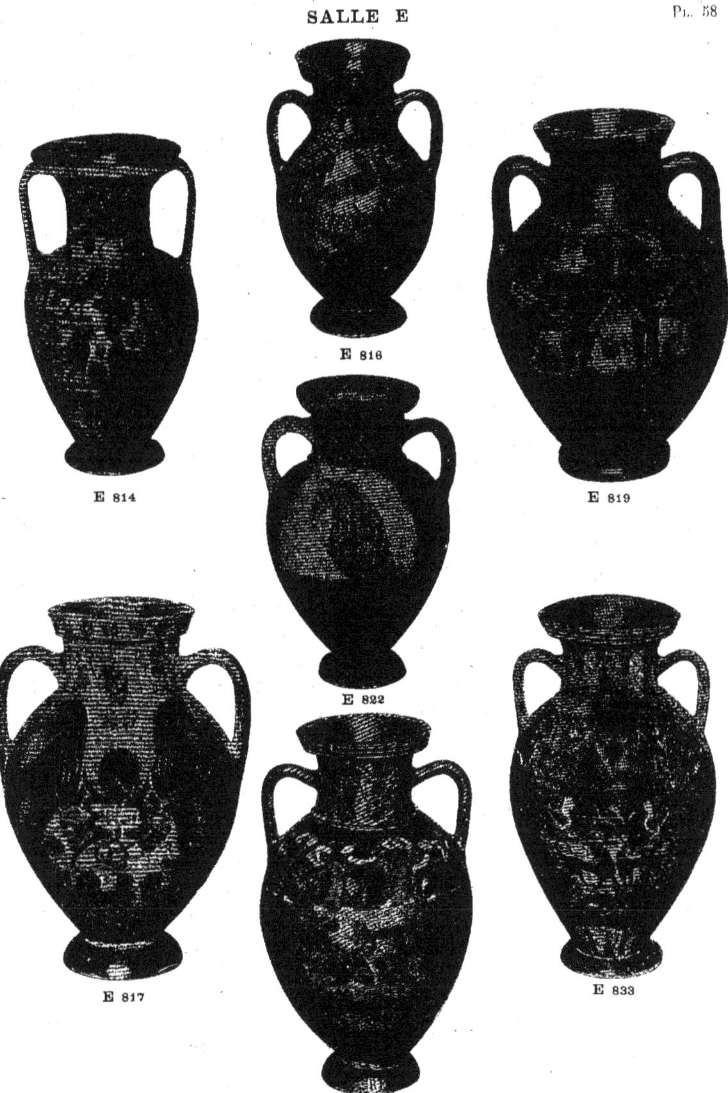

AMPHORES DE STYLE ATTICO-IONIEN ET ATTICO-CORINTHIEN TROUVÉES EN ITALIE
(VIIe ET VIe SIÈCLES AV. J.-C.)

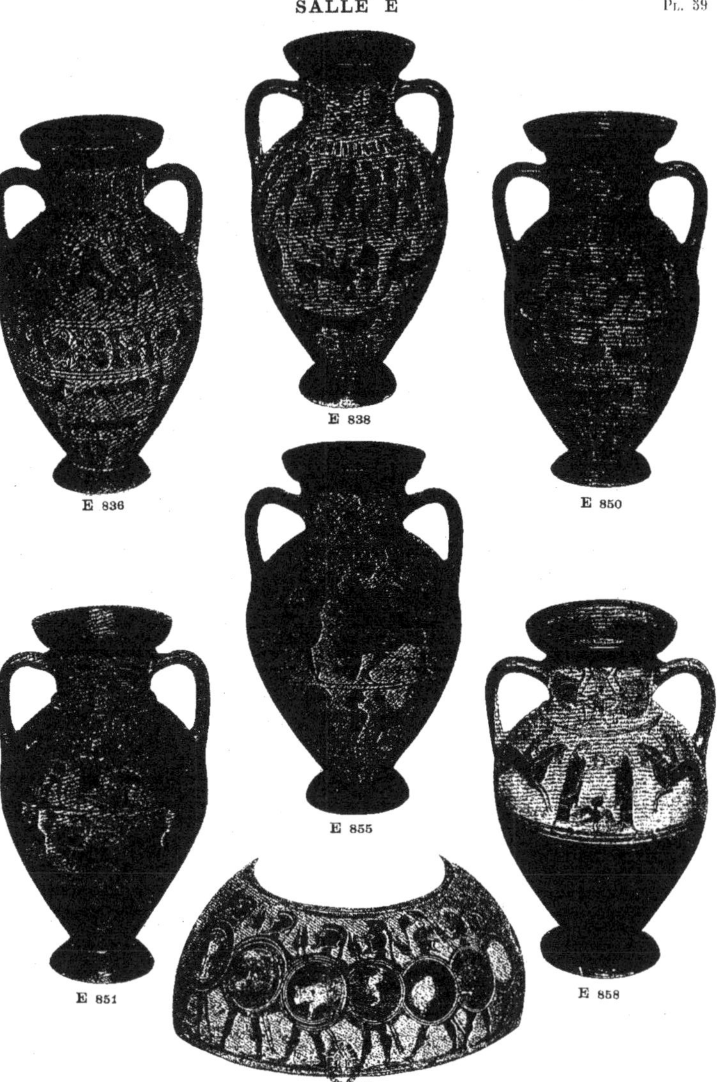

AMPHORES DE STYLE ATTICO-CORINTHIEN TROUVÉES EN ITALIE

(VIe SIÈCLE AV. J.-C.)

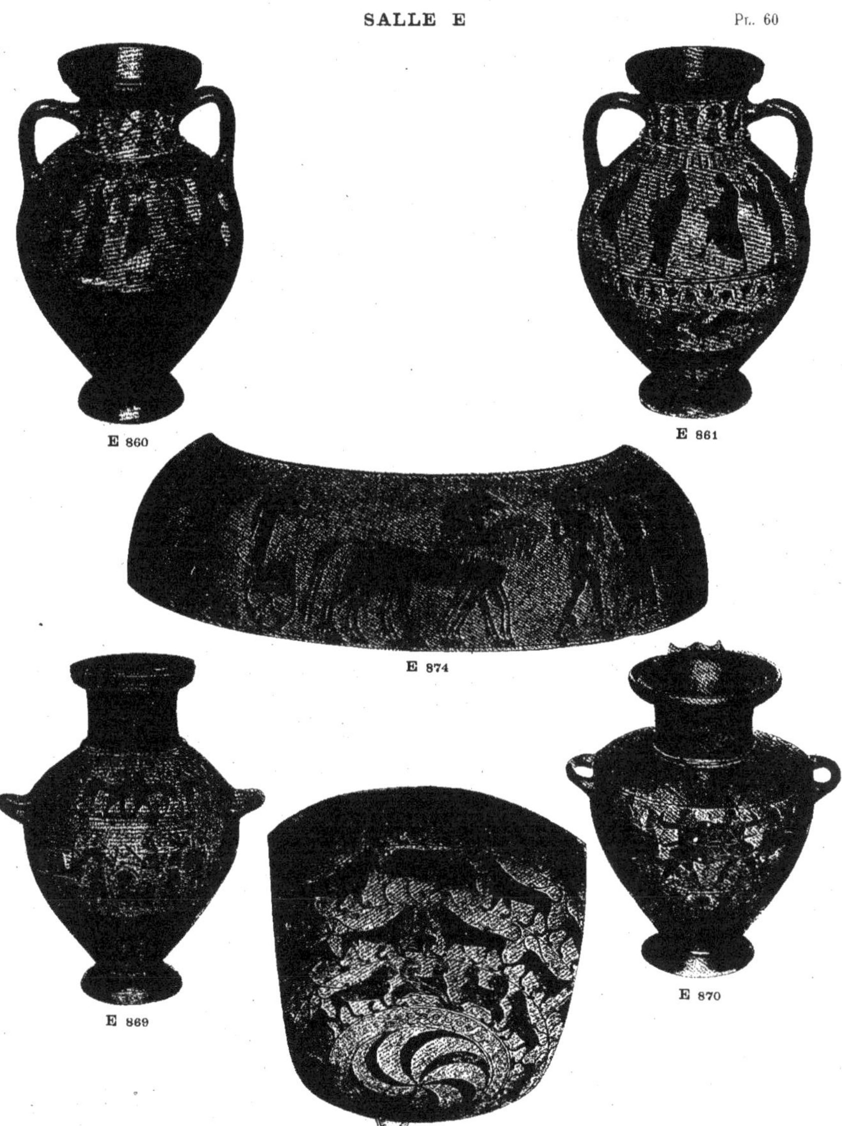

E 860

E 861

E 874

E 869

E 870

E 874

VASES DE STYLE ATTICO-CORINTHIEN TROUVÉS EN ITALIE

(VIe SIÈCLE AV. J.-C.)

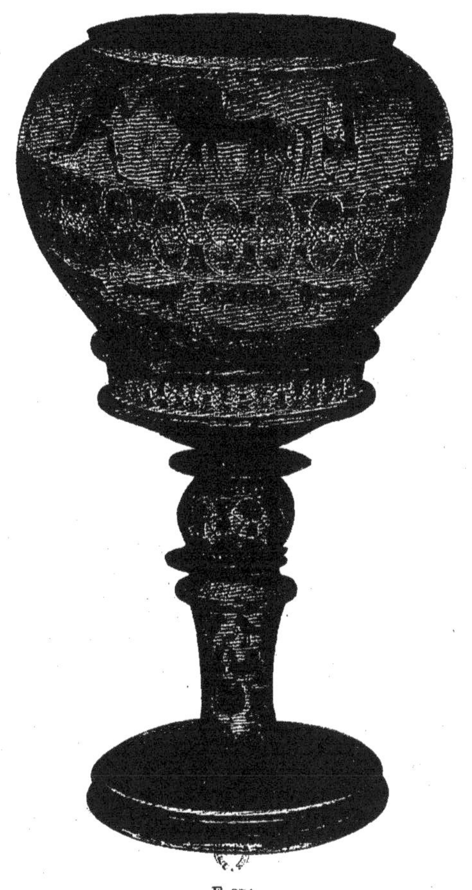

E 874

CRATÈRE DE STYLE ATTICO-CORINTHIEN TROUVÉ EN ITALIE

(VIe SIÈCLE AV. J.-C.)

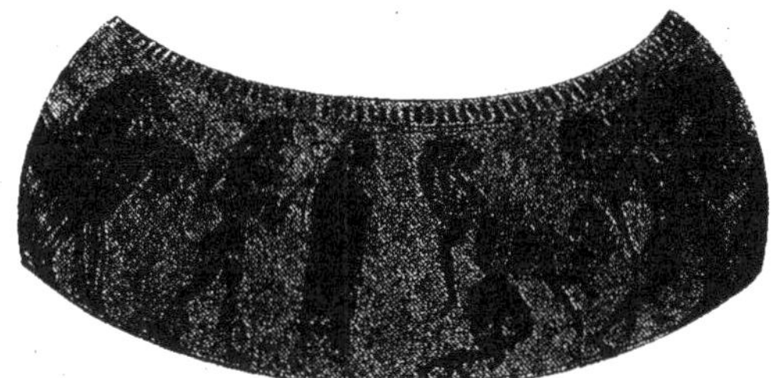

E 874

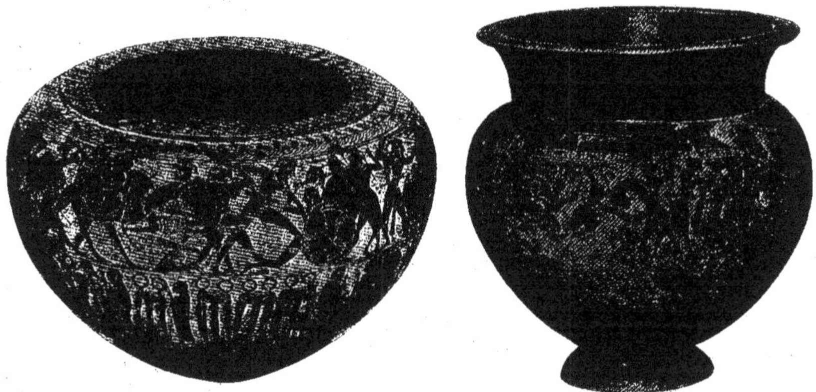

E 875

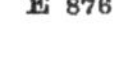

E 876

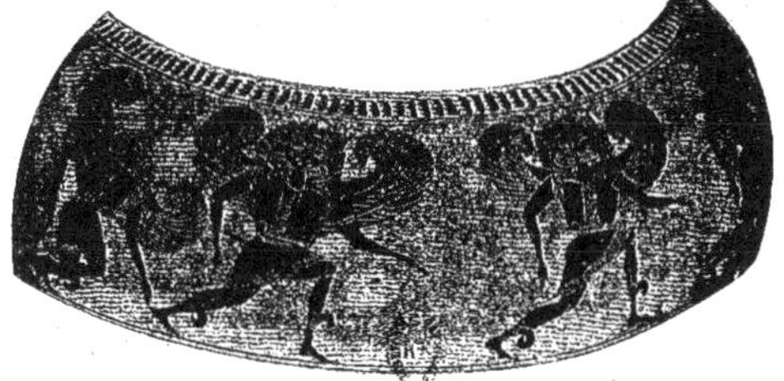

E 874

CRATÈRES DE STYLE ATTICO-CORINTHIEN TROUVÉS EN ITALIE

(VIe SIÈCLE AV. J.-C.)

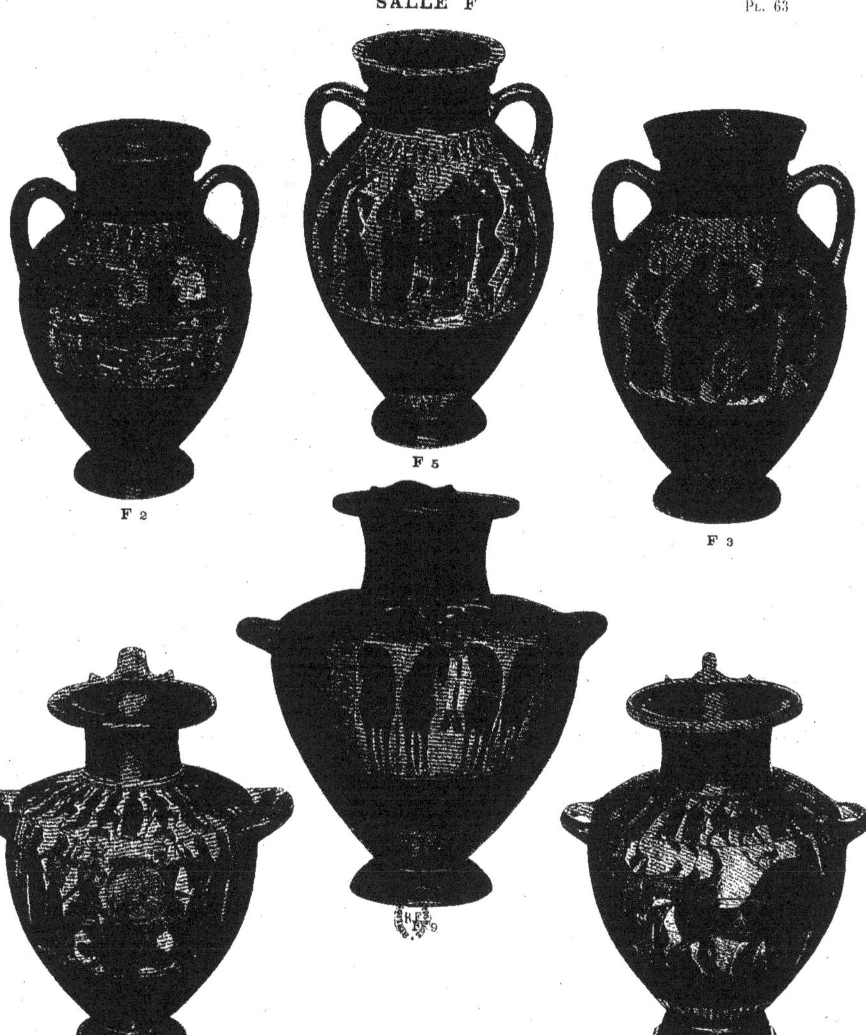

VASES ATTIQUES TROUVÉS EN ITALIE

FORMATION DU STYLE ATTIQUE. PERSISTANCE DES INFLUENCES CORINTHIENNES.

(VIe SIÈCLE AV. J.-C.)

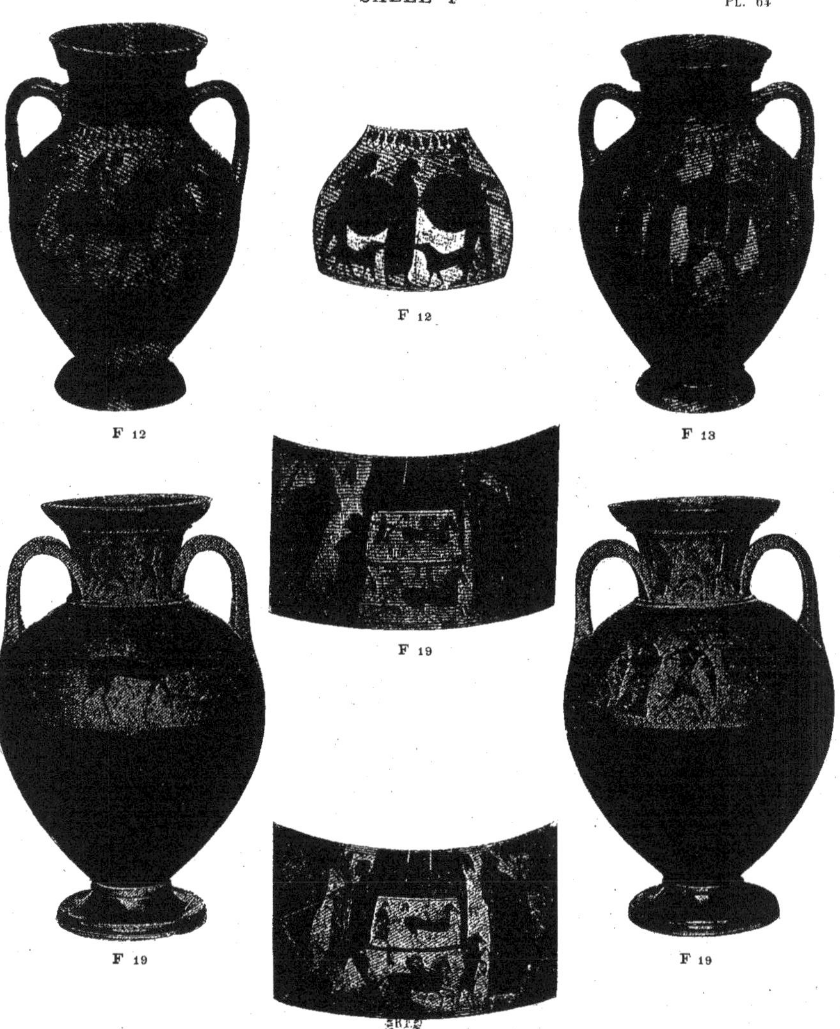
F 12 F 12 F 13
F 19
F 19 F 19
F 19

AMPHORES ATTIQUES TROUVÉES EN ITALIE

FORMATION DU STYLE ATTIQUE. PERSISTANCE DES INFLUENCES IONIENNES (STYLE D'EUPHILÉTOS)

(VIe SIÈCLE AV. J.-C.)

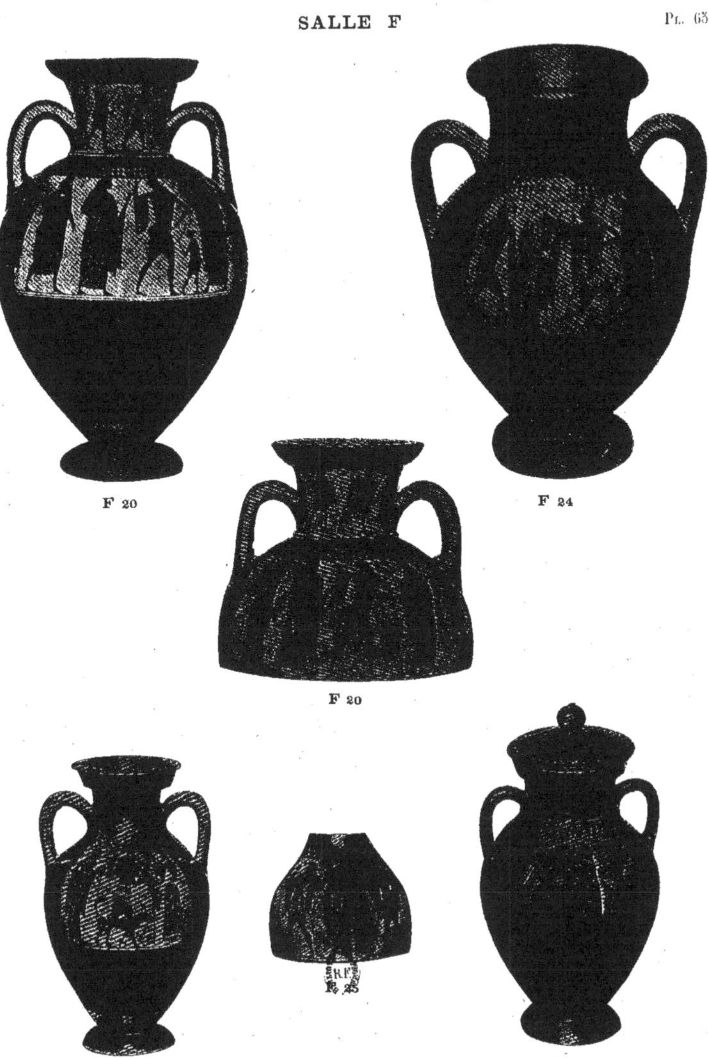

F 20 F 24

F 20

F 25 F 25 F 26

AMPHORES ATTIQUES TROUVÉES EN ITALIE

FORMATION DU STYLE ATTIQUE. (STYLE D'EUPHILÉTOS)

(VIe SIÈCLE AV. J.-C.)

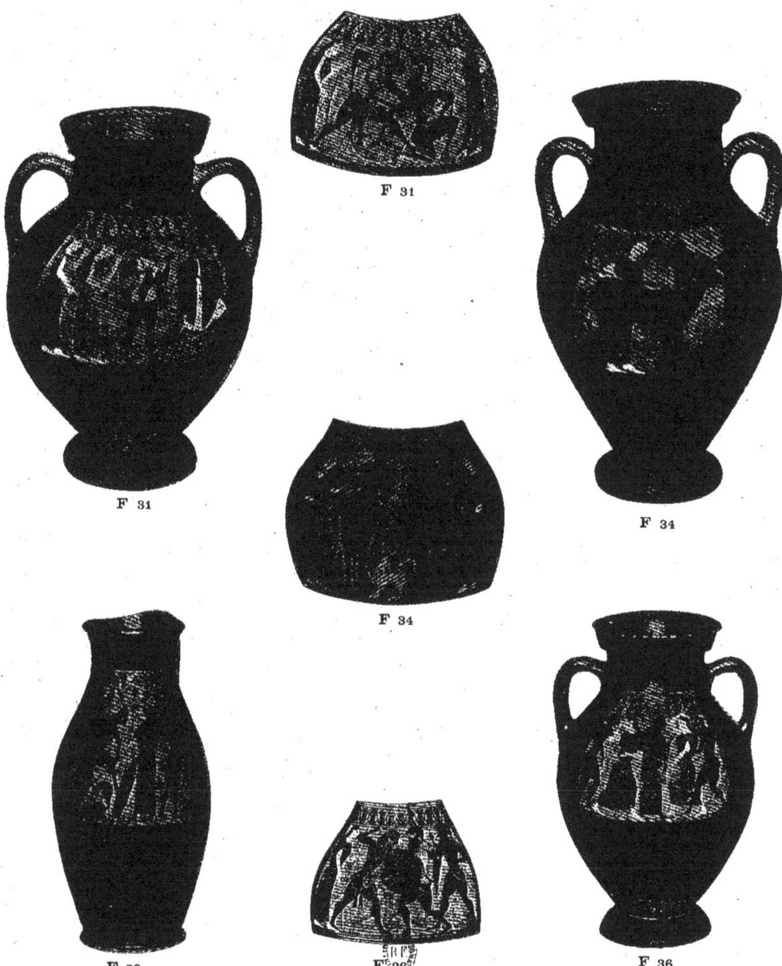

AMPHORES ATTIQUES TROUVÉES EN ITALIE

FORMATION DU STYLE ATTIQUE (STYLE D'AMASIS)

(VIe SIÈCLE AV. J.-C.)

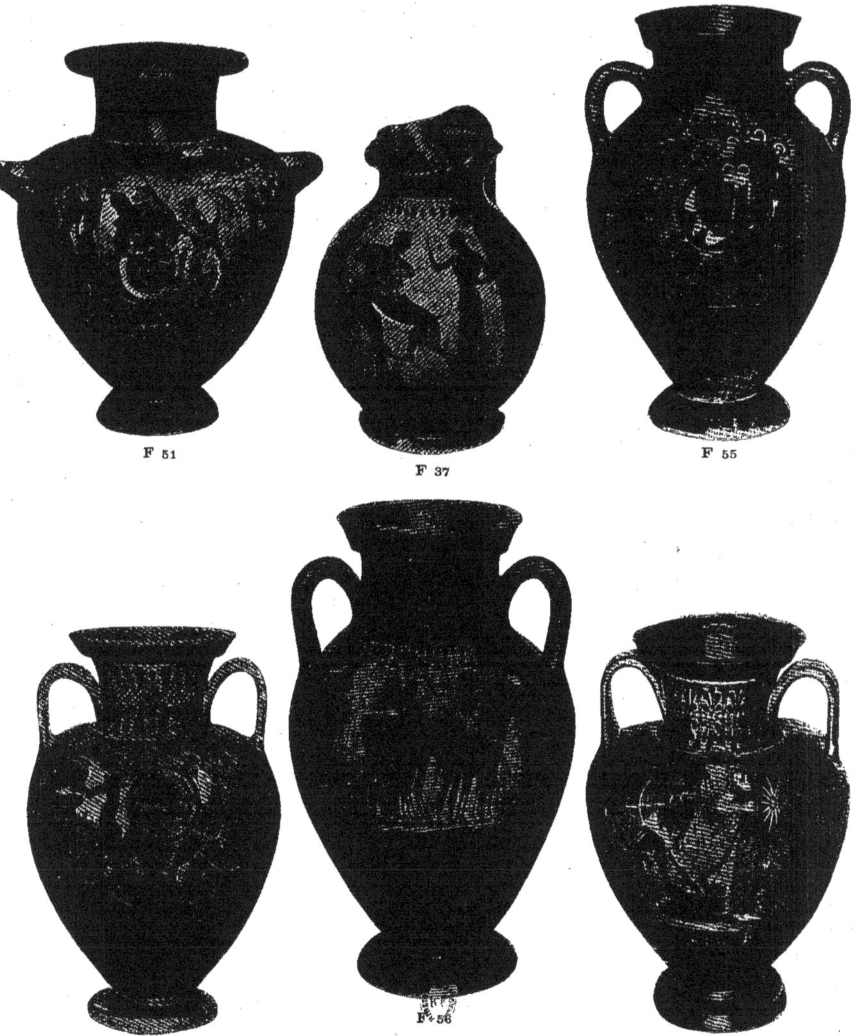

F 51 F 37 F 55

F 57 F 56 F 59

VASES ATTIQUES TROUVÉS EN ITALIE

FORMATION DU STYLE ATTIQUE (STYLE DE TIMAGORAS ET D'EXÉKIAS)

(VIe SIÈCLE AV. J.-C.)

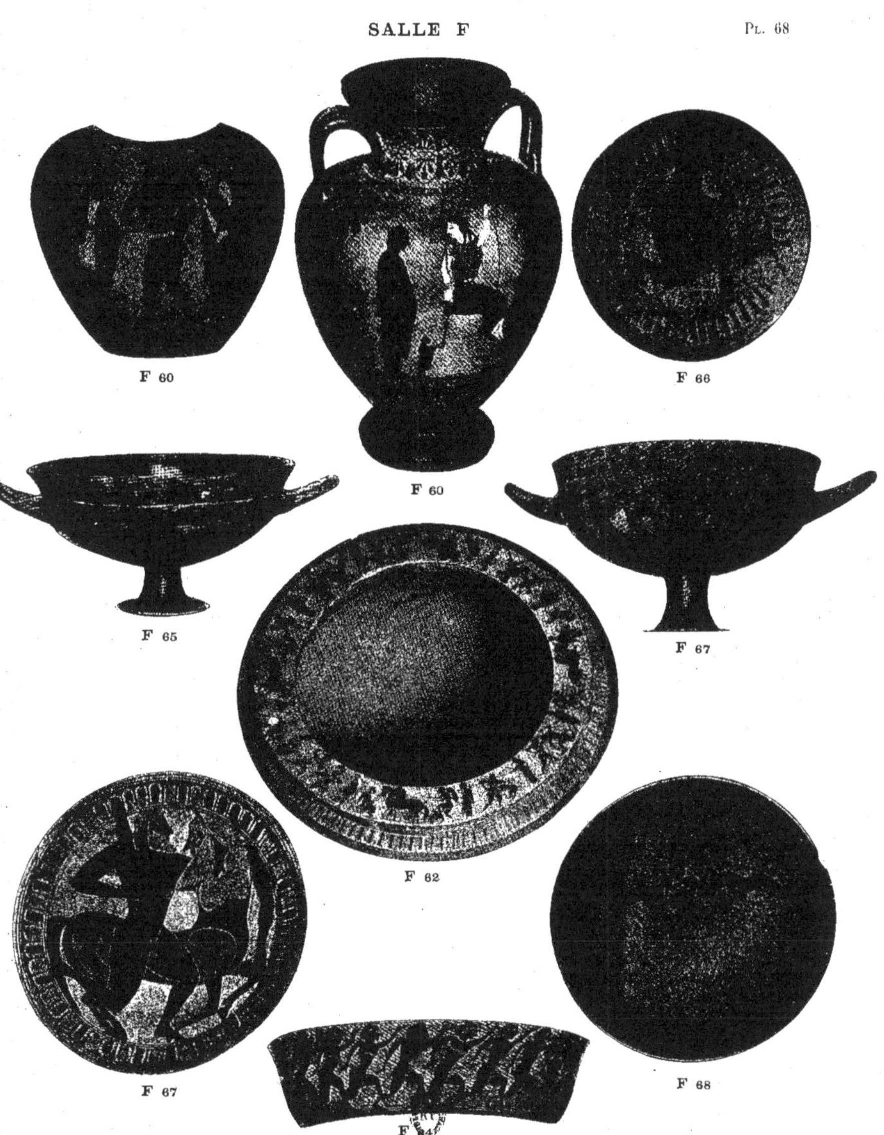

VASES ATTIQUES TROUVÉS EN ITALIE

FORMATION DU STYLE ATTIQUE. PROLONGEMENT DES INFLUENCES IONIENNES

(VIe SIÈCLE AV. J.-C.)

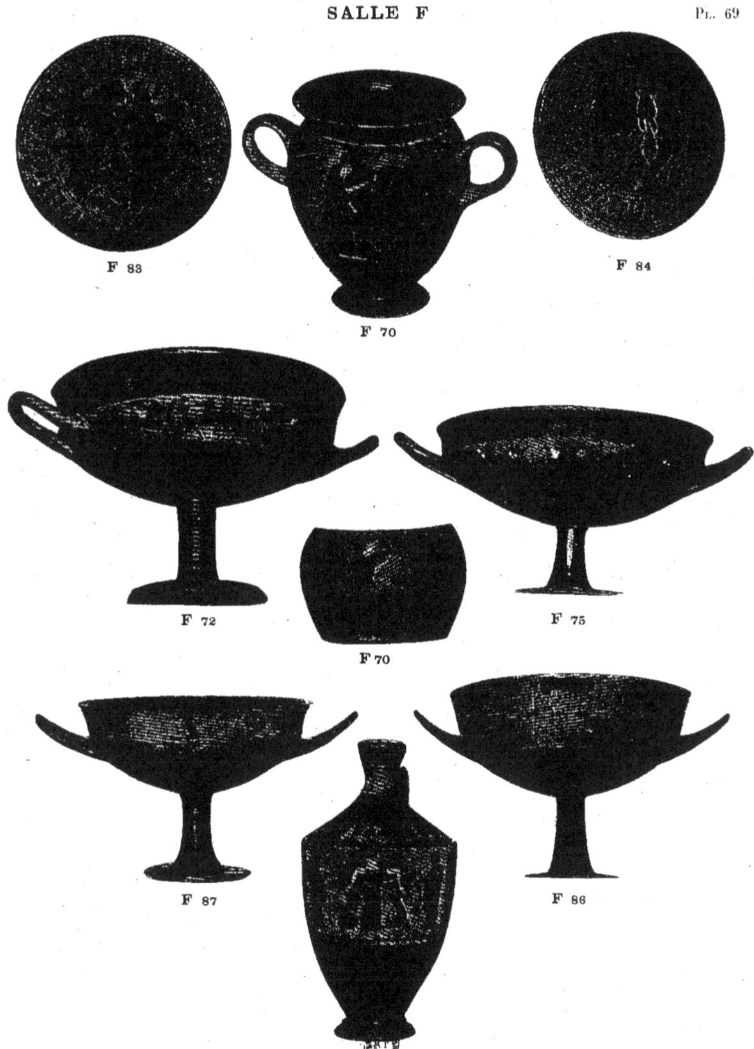

VASES ATTIQUES TROUVÉS EN ITALIE

LA PEINTURE A PETITS PERSONNAGES (STYLE D'ARCHIKLÈS ET GLAUKYTÈS, TLÉSON, HERMOGÈNÈS, XÉNOCLÈS)

(VIe SIÈCLE AV. J.-C.)

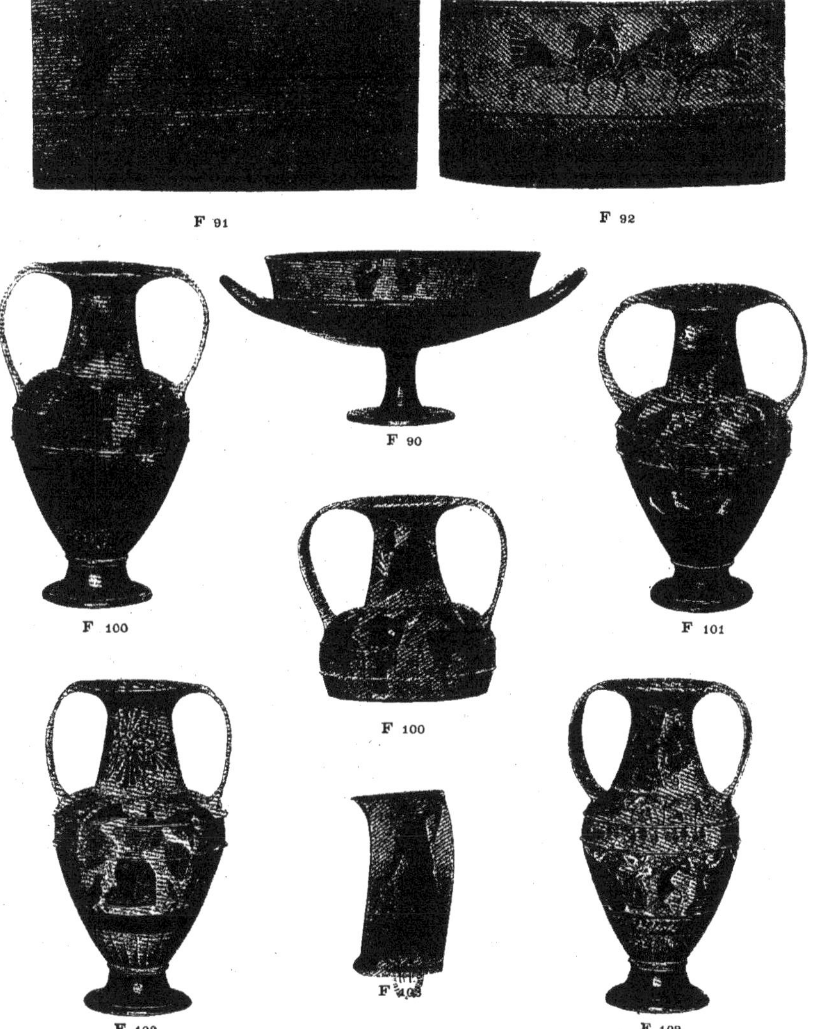

VASES ATTIQUES TROUVÉS EN ITALIE

LA PEINTURE A PETITS PERSONNAGES. LES AMPHORES DE NICOSTHÈNES. PERSISTANCE DE L'IONISME

(VIe SIÈCLE AV. J.-C.)

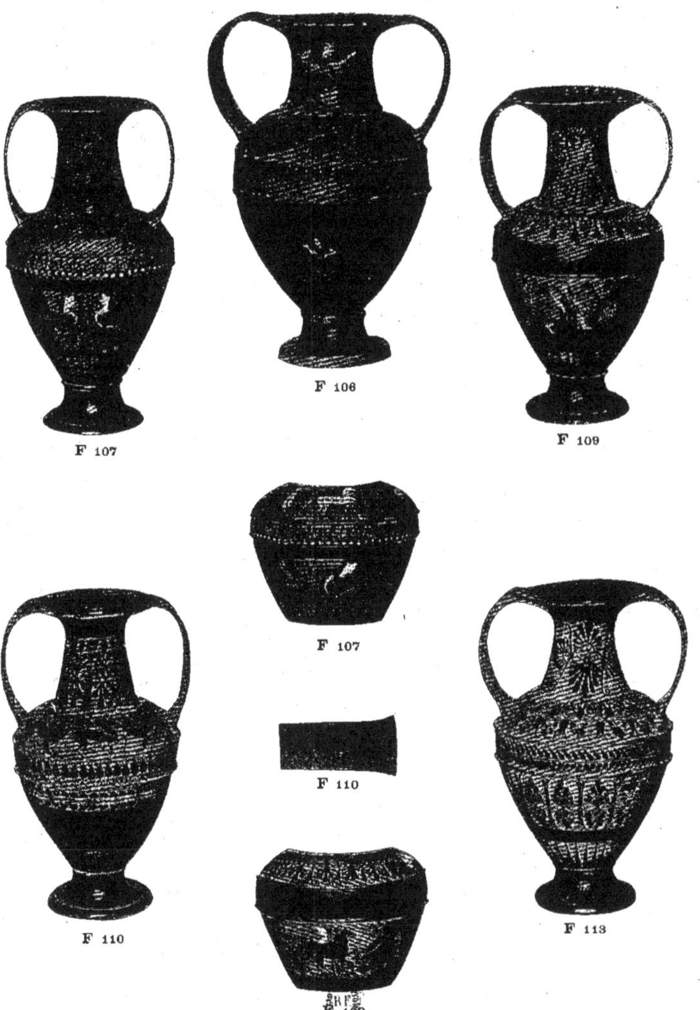

VASES ATTIQUES TROUVÉS EN ITALIE

LES AMPHORES DE NICOSTHÈNES. PERSISTANCE DE L'IONISME

(VIe SIÈCLE AV. J.-C.)

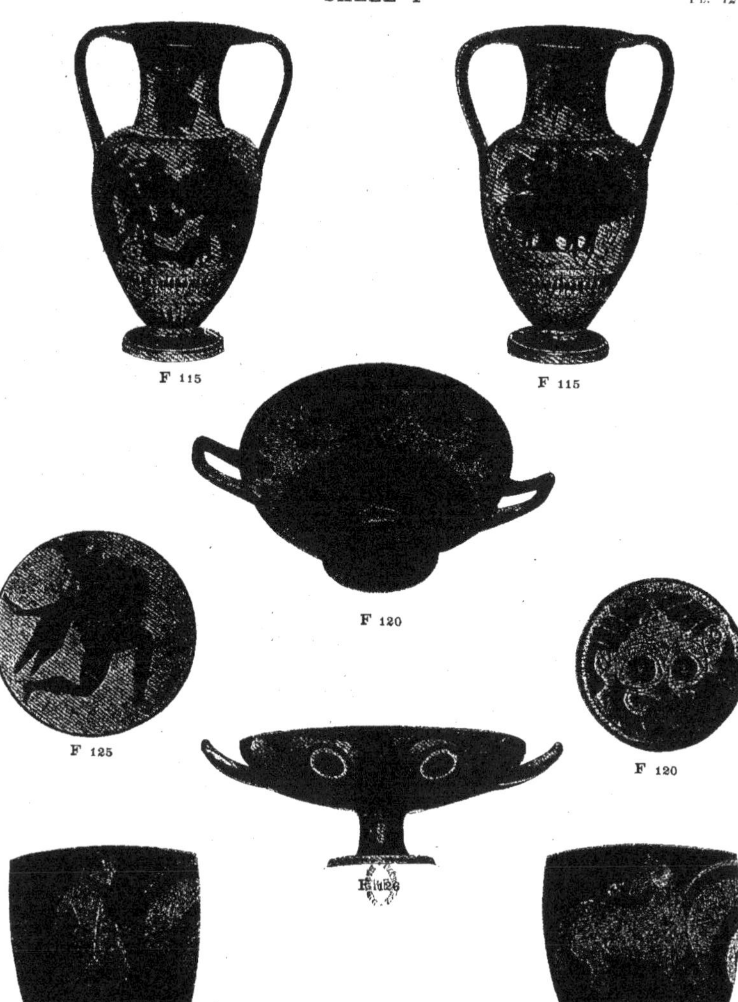

F 115 F 115

F 120

F 125 F 120

F 126

F 125 F 125

VASES ATTIQUES TROUVÉS EN ITALIE

LA TECHNIQUE A FOND BLANC. LES COUPES A YEUX. L'INVENTION DE LA FIGURE ROUGE

(VIe SIÈCLE AV. J.-C.)

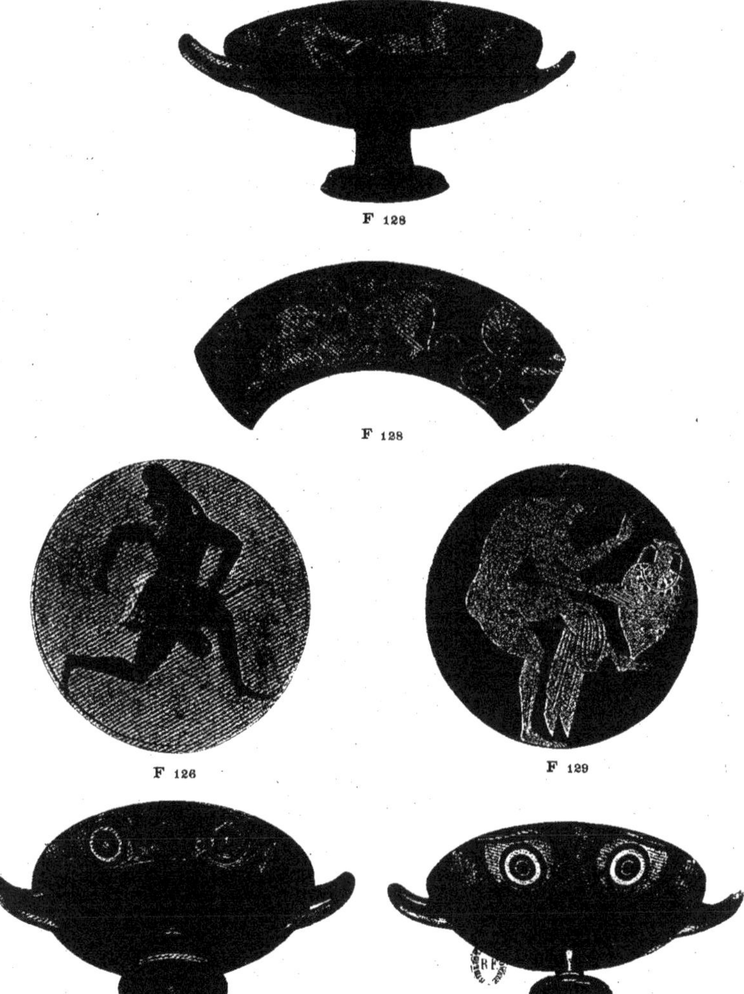

VASES ATTIQUES TROUVÉS EN ITALIE

LES COUPES A FIGURES NOIRES ET ROUGES (GROUPE DE NICOSTHÈNES, ANDOKIDÈS, PAMPHAIOS, ÉPILYKOS)

(FIN DU VIe SIÈCLE AV. J.-C.)

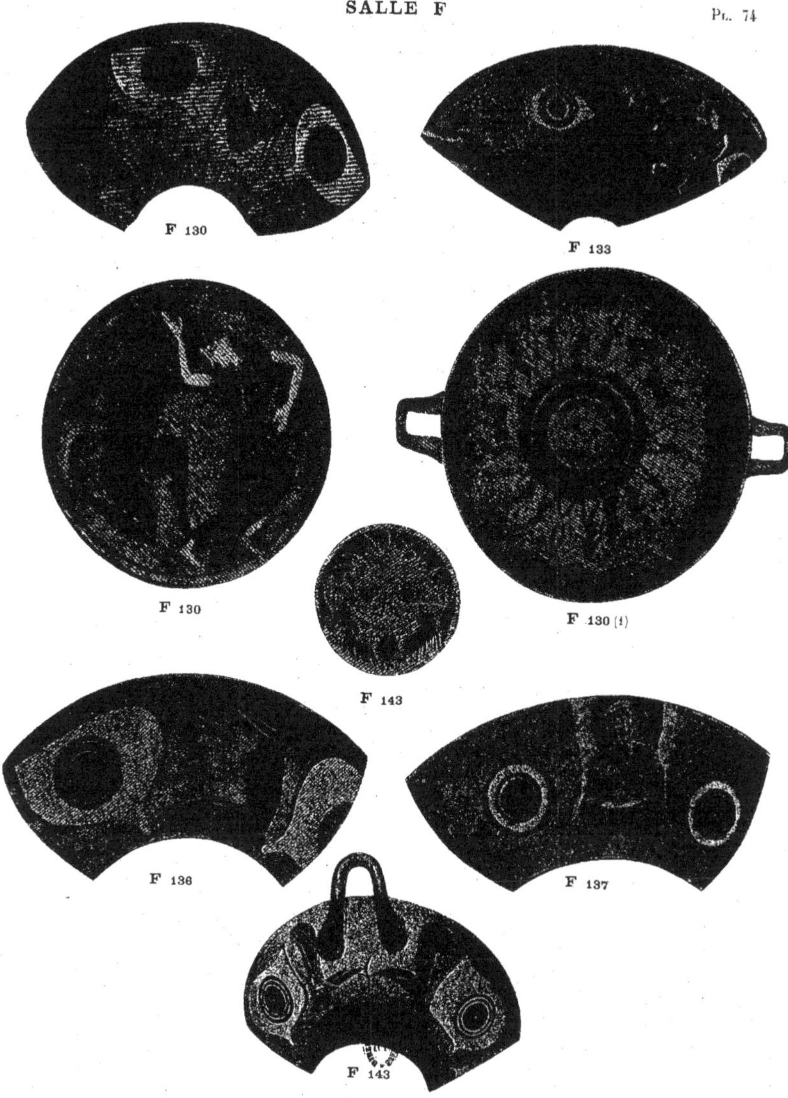

VASES ATTIQUES TROUVÉS EN ITALIE
LES COUPES A YEUX. PROLONGEMENT DE L'IONISME
(FIN DU VIe SIÈCLE AV. J.-C.)

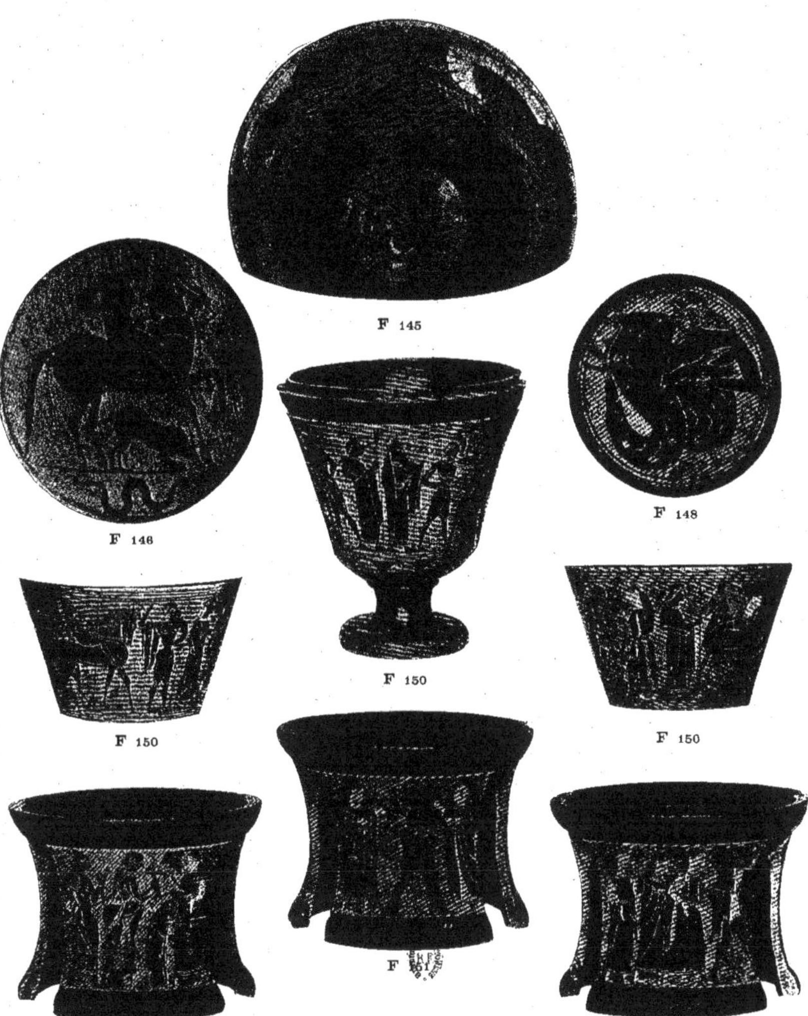

F 145

F 146

F 148

F 150

F 150

F 150

F 151

F 151

F 151

VASES ATTIQUES TROUVÉS EN ITALIE

L'INFLUENCE DE LA FIGURE ROUGE SUR LA PEINTURE A FIGURES NOIRES

(FIN DU VIe SIÈCLE AV. J.-C.)

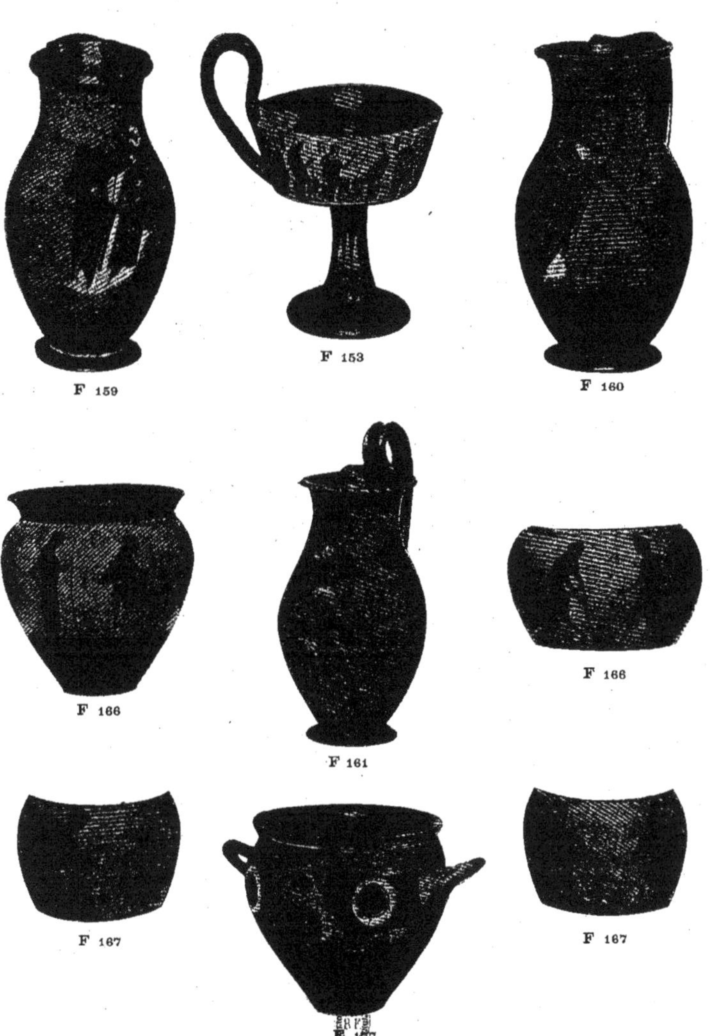

VASES ATTIQUES TROUVÉS EN ITALIE
L'INFLUENCE DE LA FIGURE ROUGE SUR LA PEINTURE A FIGURES NOIRES
(FIN DU VIe ET Ve SIÈCLE AV. J.-C.)

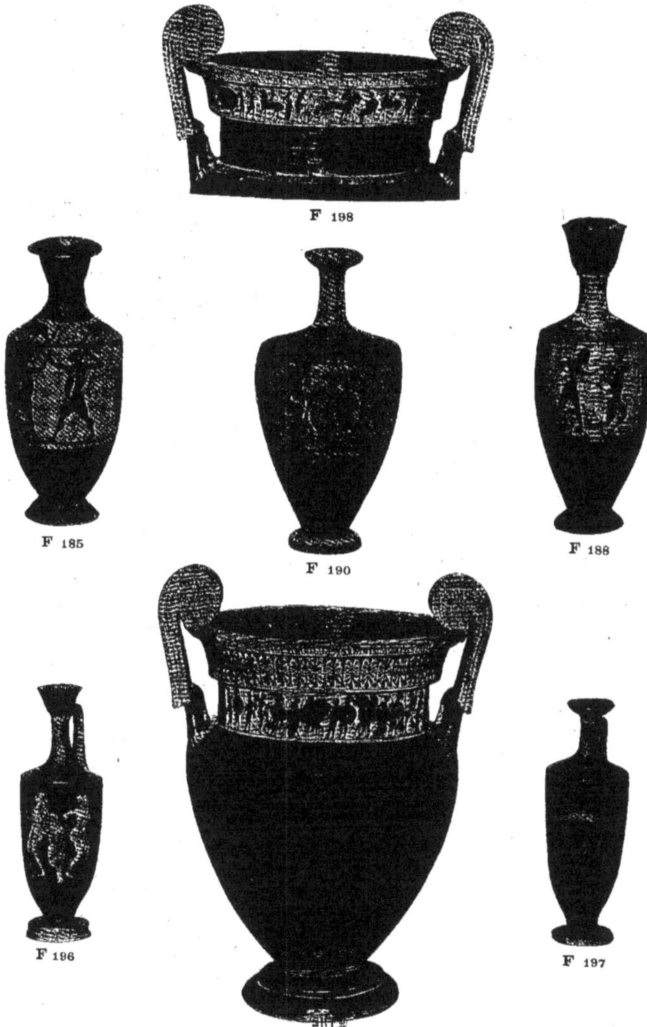

VASES ATTIQUES TROUVÉS EN ITALIE

INFLUENCE DE LA FIGURE ROUGE. ESSAIS DE FIGURES BLANCHES ET ROUGES

(FIN DU VIe ET Ve SIÈCLE AV. J.-C.)

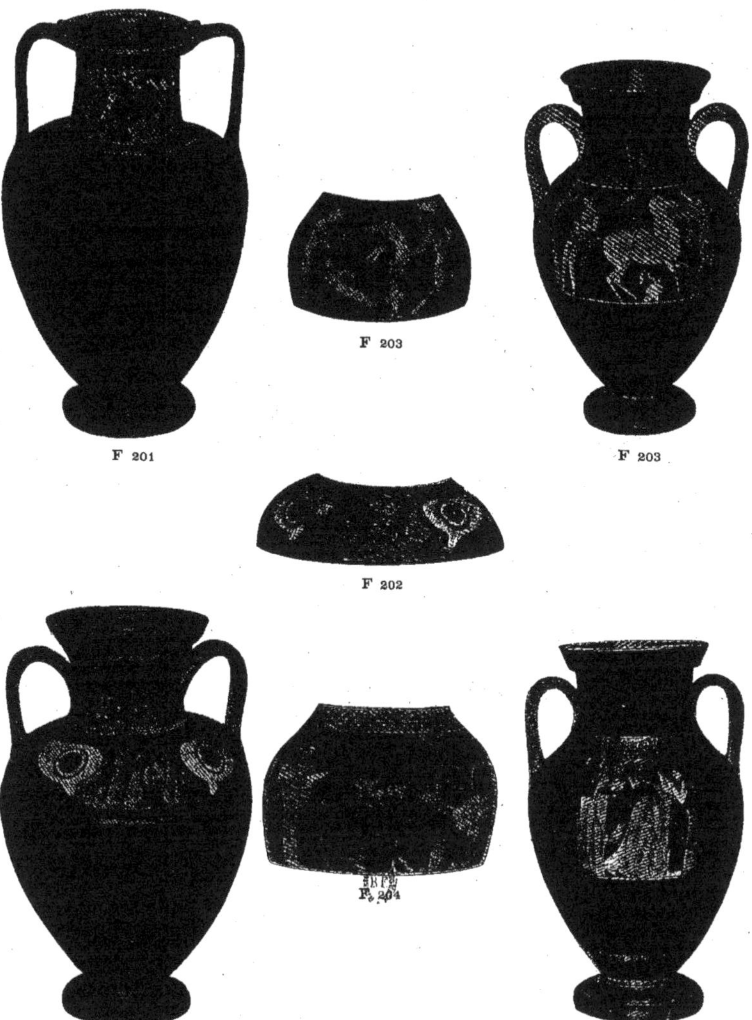

VASES ATTIQUES TROUVÉS EN ITALIE

ESSAIS DE FIGURES BLANCHES ET ROUGES. LES AMPHORES D'ANDOKIDÈS

(FIN DU VIe SIÈCLE AV. J.-C.)

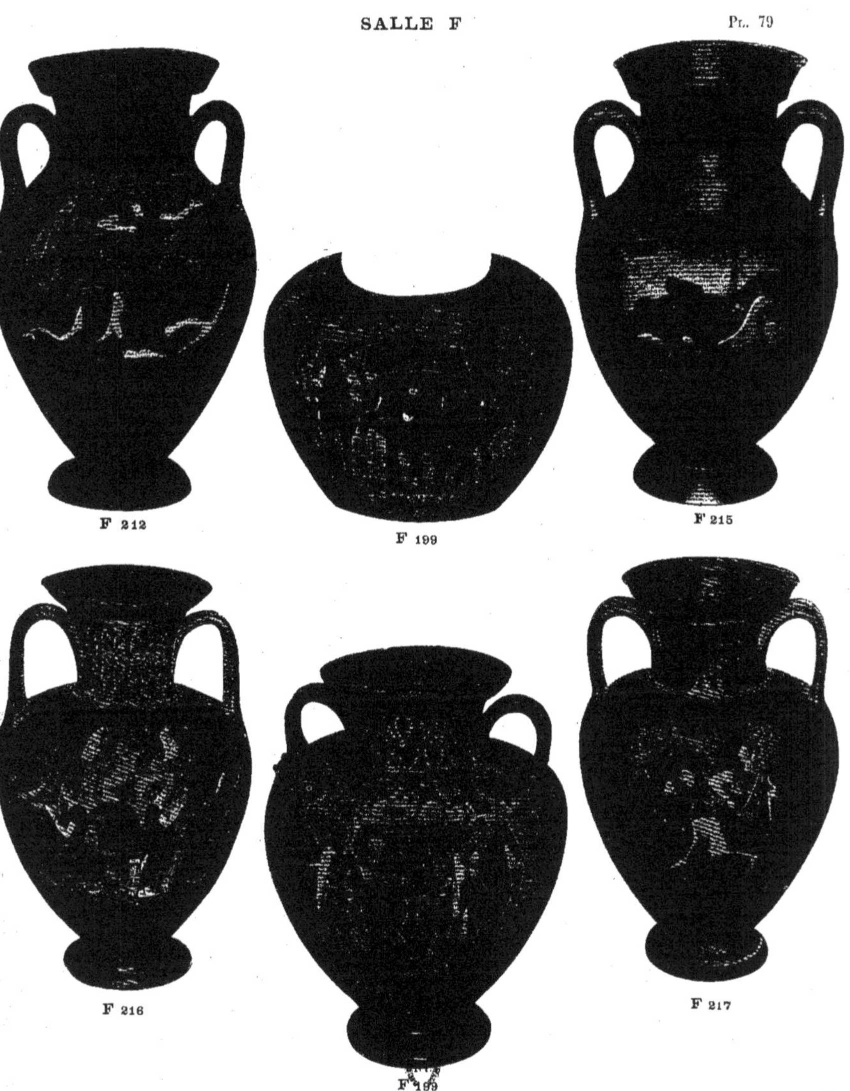

AMPHORES ATTIQUES TROUVÉES EN ITALIE

DÉVELOPPEMENT DE LA PEINTURE A FIGURES NOIRES. L'ÉCOLE TRADITIONNELLE.

(VIe ET Ve SIÈCLES AV. J.-C.)

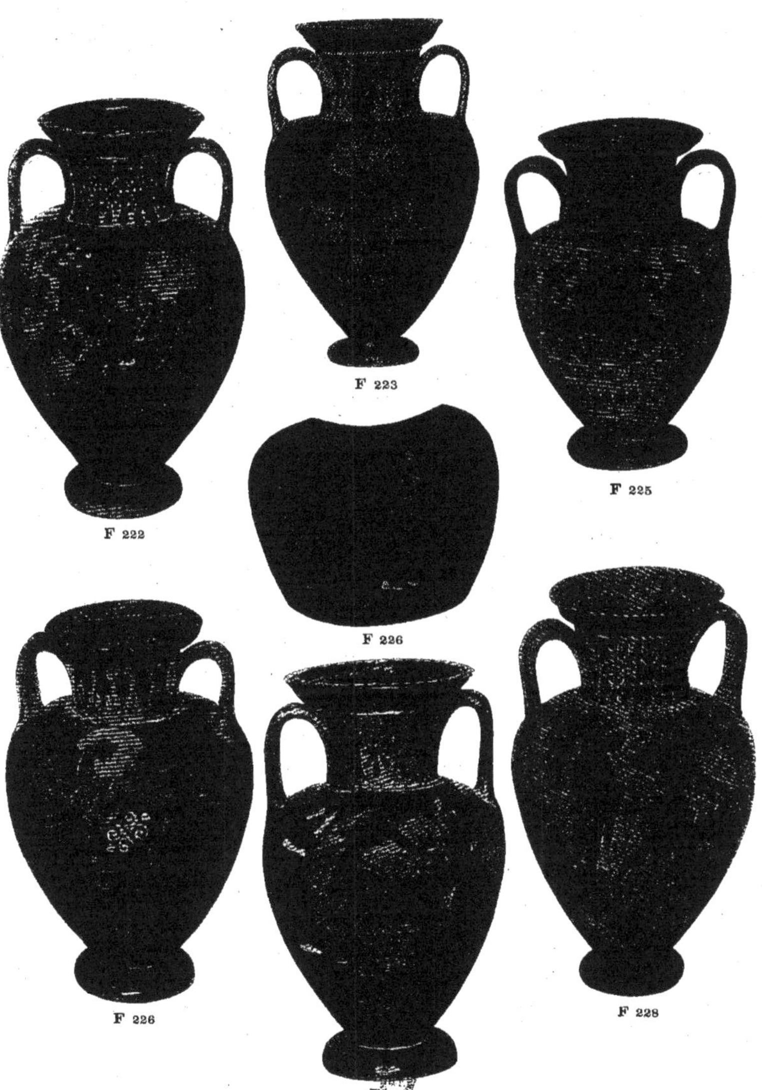

AMPHORES ATTIQUES TROUVÉES EN ITALIE

LE STYLE TRADITIONNEL DANS LA PEINTURE A FIGURES NOIRES

(VIe ET Ve SIÈCLES AV. J.-C.)

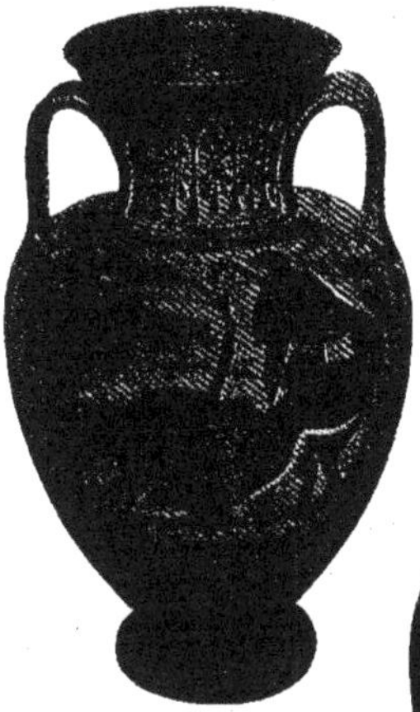

F 238

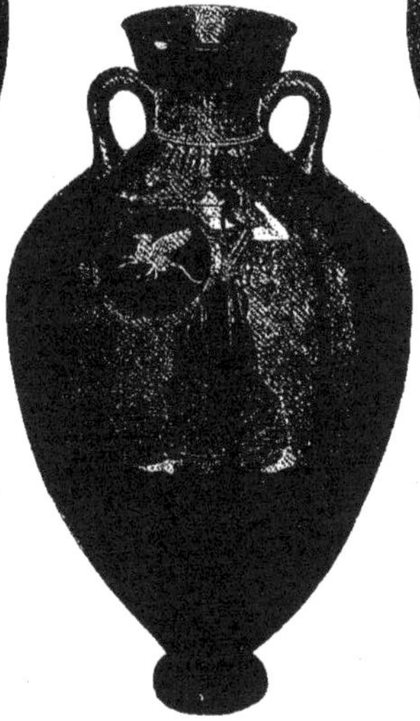

F 242

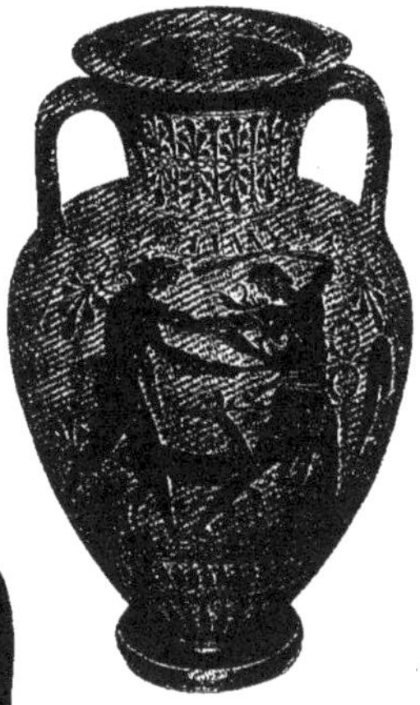

F 276

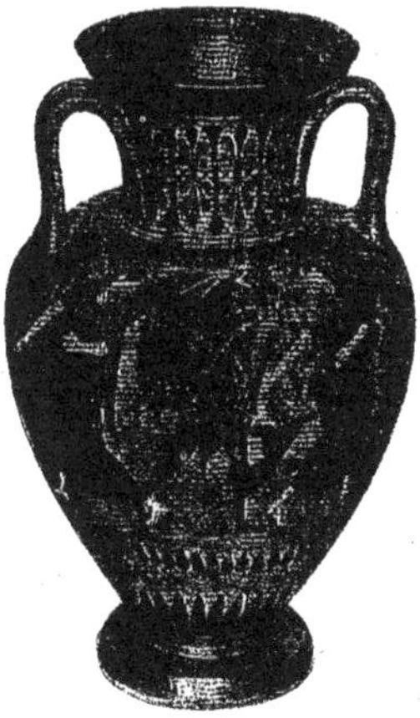

F 256

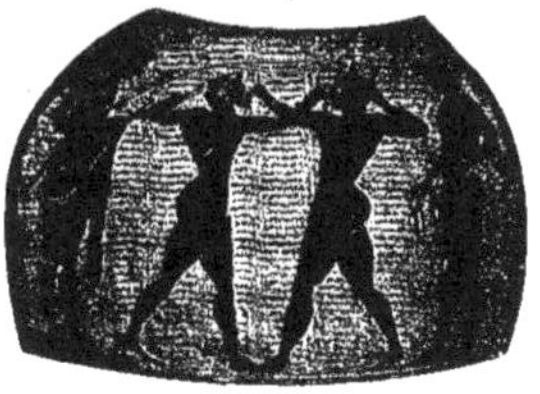

F 276

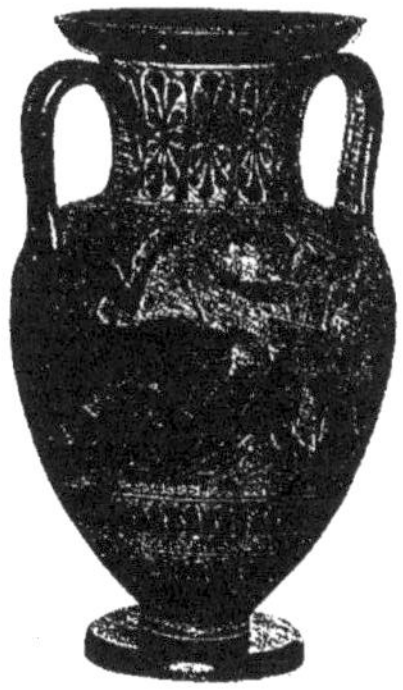

F 266

AMPHORES ATTIQUES TROUVÉES EN ITALIE

LE STYLE TRADITIONNEL A FIGURES NOIRES. LES AMPHORES PANATHÉNAÏQUES

(VIe ET Ve SIÈCLES AV. J.-C.)

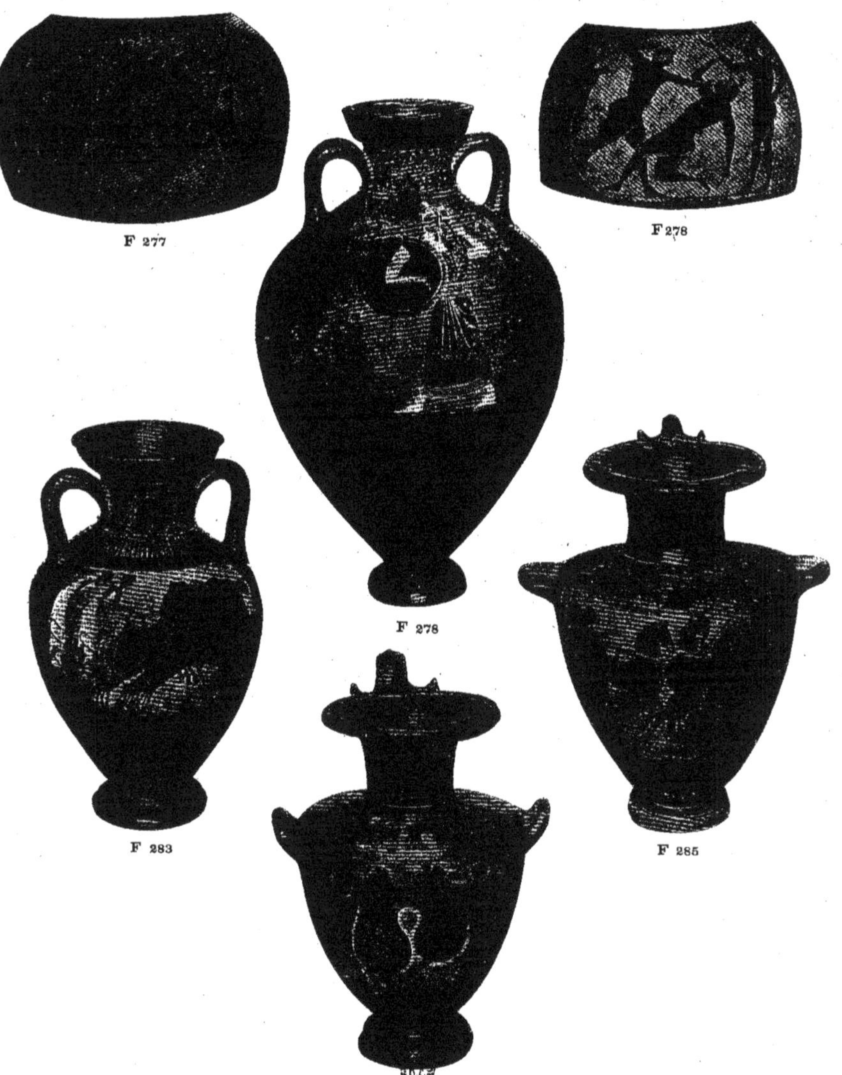

VASES ATTIQUES TROUVÉS EN ITALIE

LE STYLE TRADITIONNEL DANS LA PEINTURE A FIGURES NOIRES

(VIe ET Ve SIÈCLES AV. J.-C.)

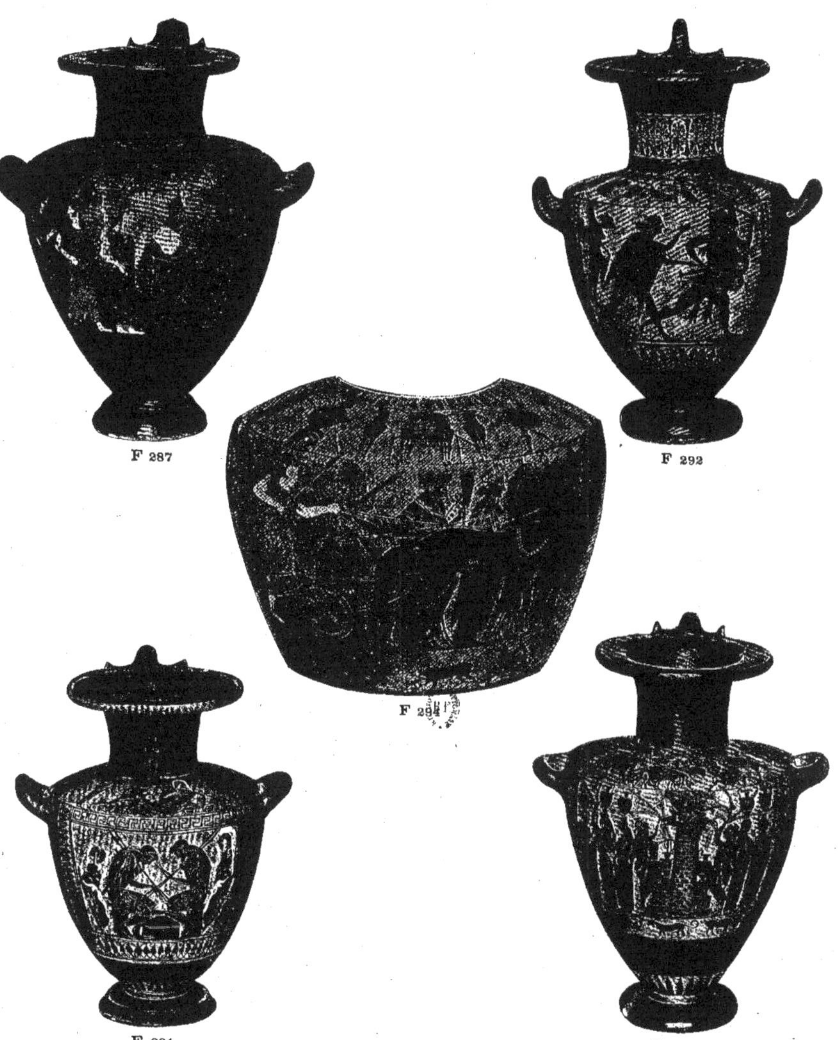

F 287

F 292

F 294

F 291

F 296

HYDRIES ATTIQUES TROUVÉES EN ITALIE

LE STYLE TRADITIONNEL DANS LA PEINTURE A FIGURES NOIRES

(VIe ET Ve SIÈCLES AV. J.-C.)

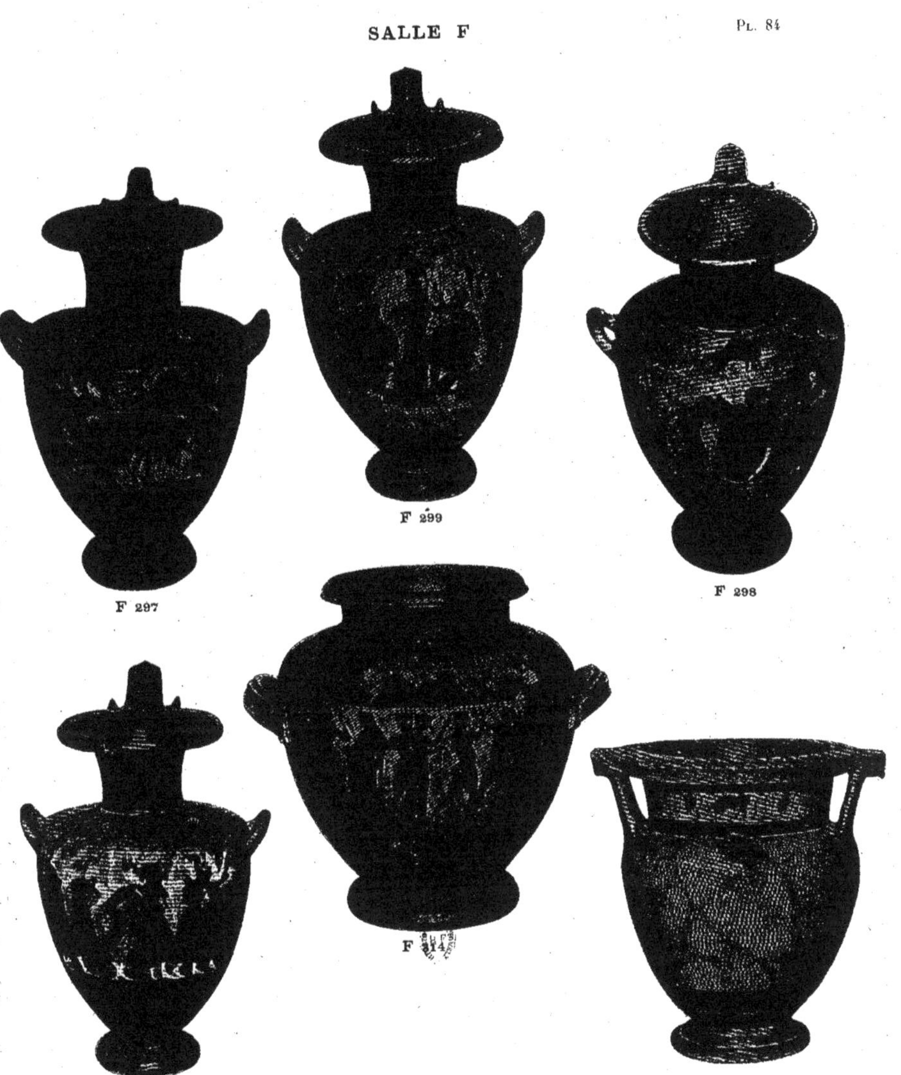

VASES ATTIQUES TROUVÉS EN ITALIE

LE STYLE TRADITIONNEL. INFLUENCE DE LA FIGURE ROUGE

(VIe ET Ve SIÈCLES AV. J.-C.)

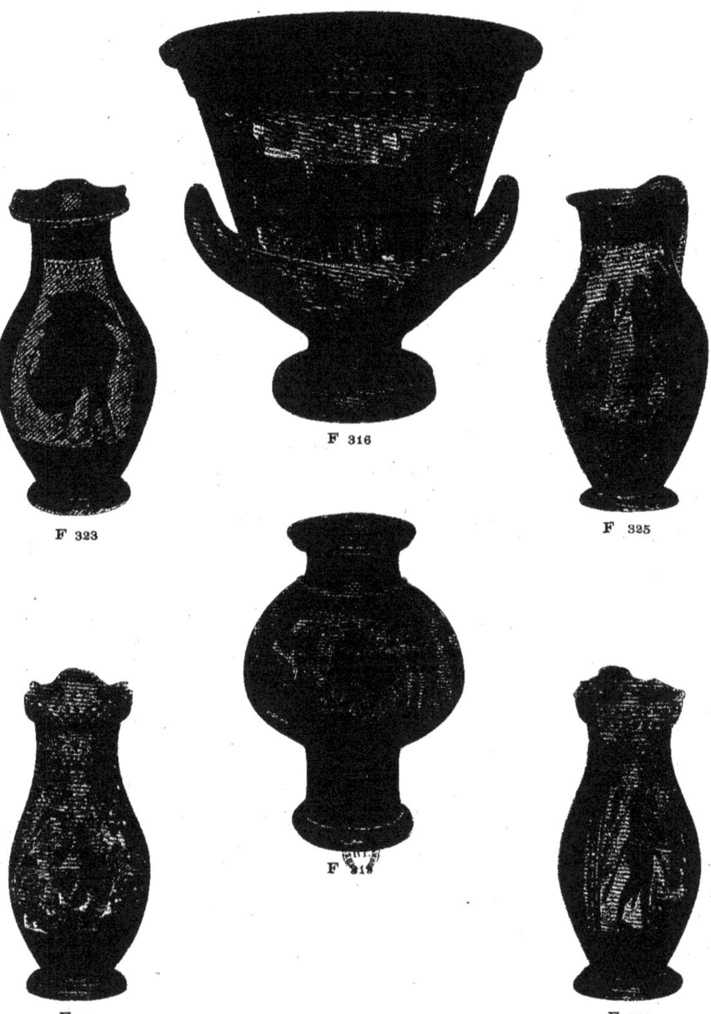

F 316

F 323

F 325

F 31[illegible]

F 334

F 338

VASES ATTIQUES TROUVÉS EN ITALIE

LE STYLE TRADITIONNEL. INFLUENCE DE LA FIGURE ROUGE

(Ve SIÈCLE AV. J.-C.)

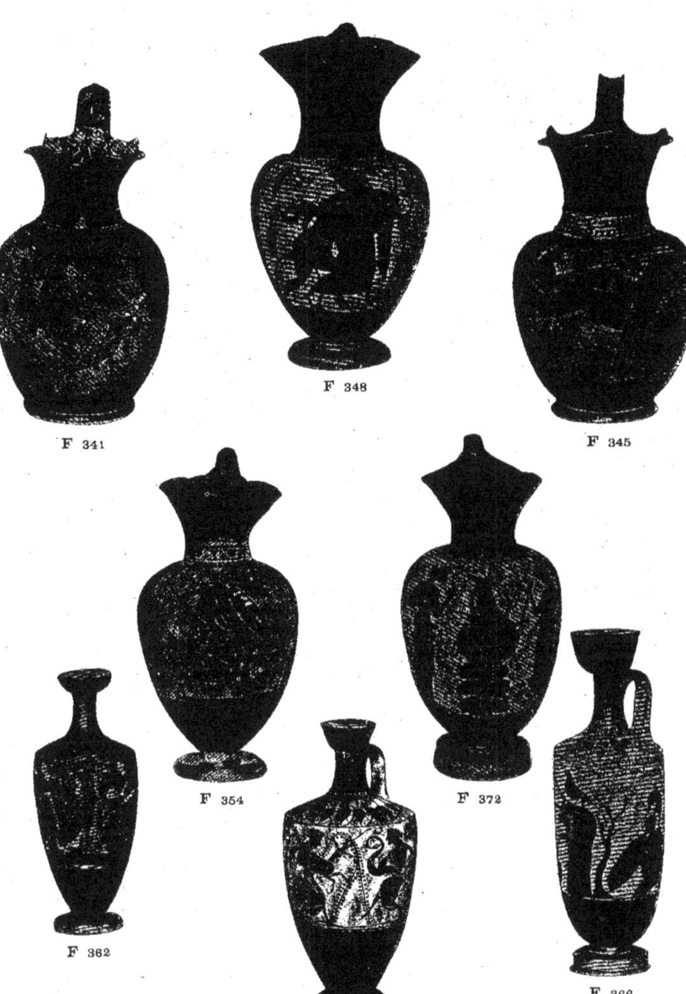

VASES ATTIQUES TROUVÉS EN ITALIE
LE STYLE TRADITIONNEL. INFLUENCE DE LA FIGURE ROUGE
(Ve SIÈCLE AV. J.-C.)

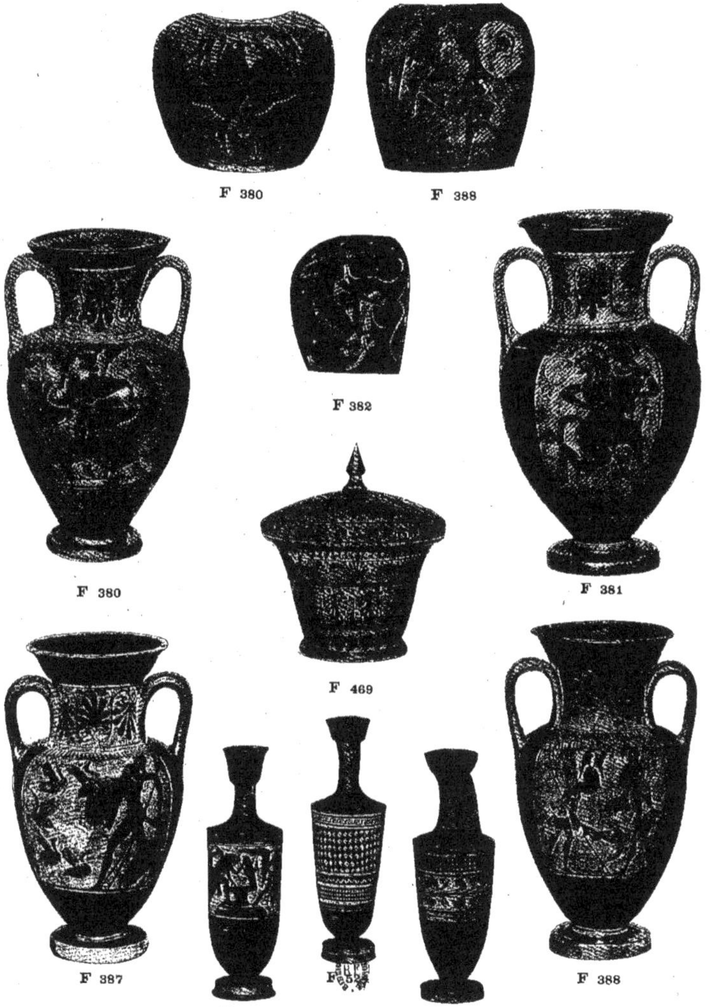

VASES ATTIQUES TROUVÉS EN ITALIE

LE STYLE TRADITIONNEL. INFLUENCE DE LA FIGURE ROUGE. VASES A ORNEMENTS

(Ve SIÈCLE AV. J.-C.)

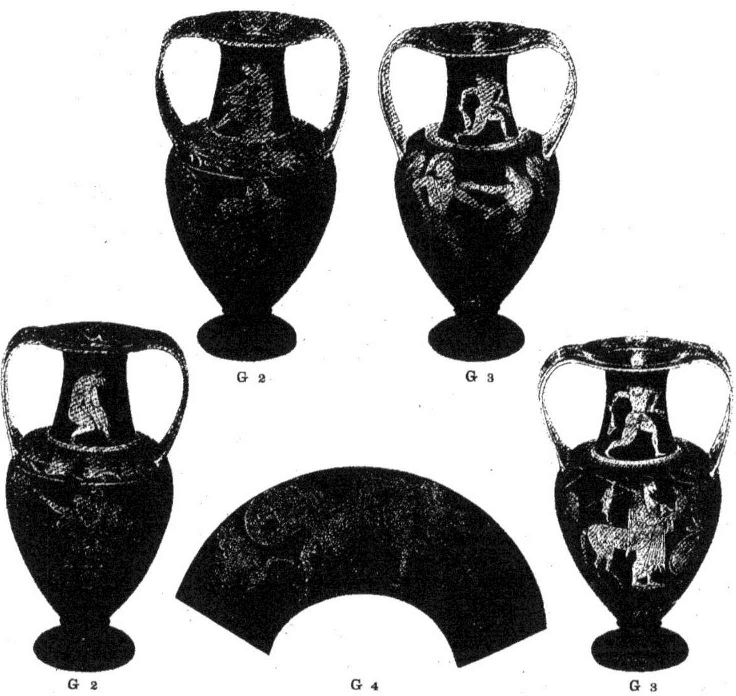

G 2 G 3

G 2 G 4 G 3

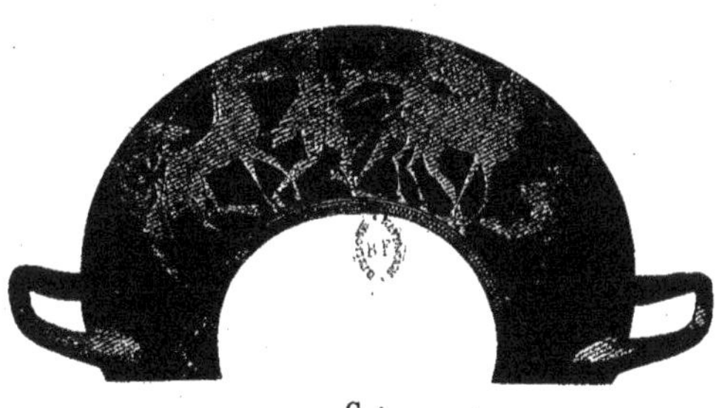

G 4

VASES ATTIQUES TROUVÉS EN ITALIE

DÉVELOPPEMENT DE LA PEINTURE A FIGURES ROUGES (STYLE DE PAMPHAIOS ET D'ÉPIKTÈTOS).

(FIN DU VIe SIÈCLE AV. J.-C.)

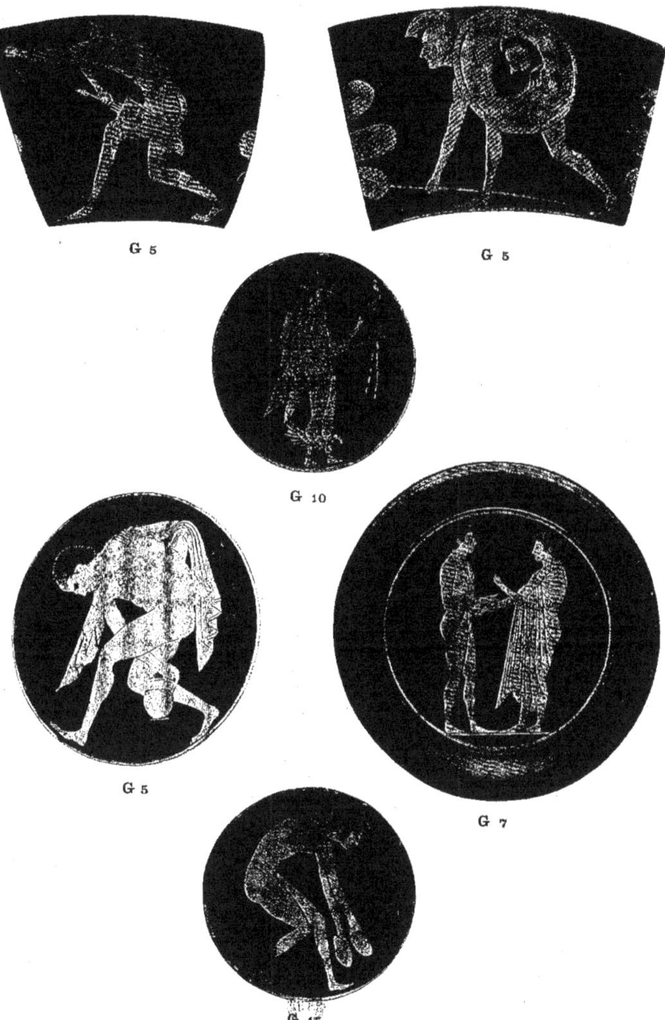

COUPES ATTIQUES TROUVÉES EN ITALIE

DÉVELOPPEMENT DE LA PEINTURE A FIGURES ROUGES (STYLE D'ÉPIKTÉTOS, ÉPILYKOS, CHÉLIS)

(DÉBUT DU Ve SIÈCLE AV. J.-C.)

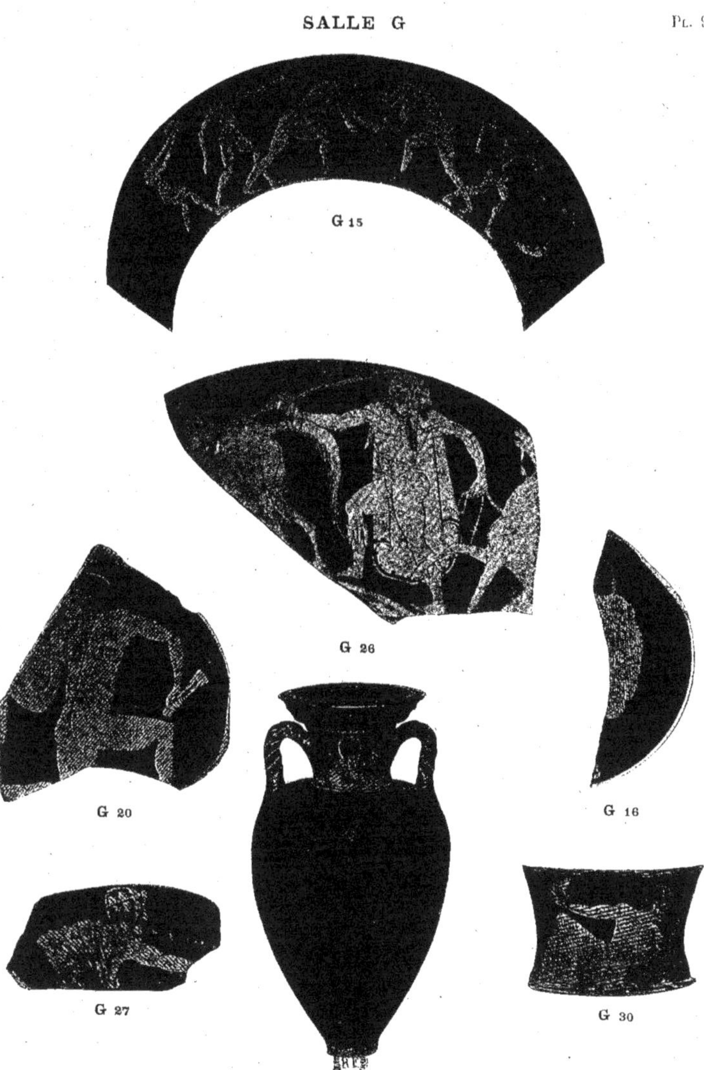

VASES ATTIQUES TROUVÉS EN ITALIE

DÉVELOPPEMENT DE LA FIGURE ROUGE (NOMS D'ÉPHÈBES, HIPPARCHOS, MEMNON, LÉAGROS)

(PREMIER TIERS DU Ve SIÈCLE AV. J.-C.)

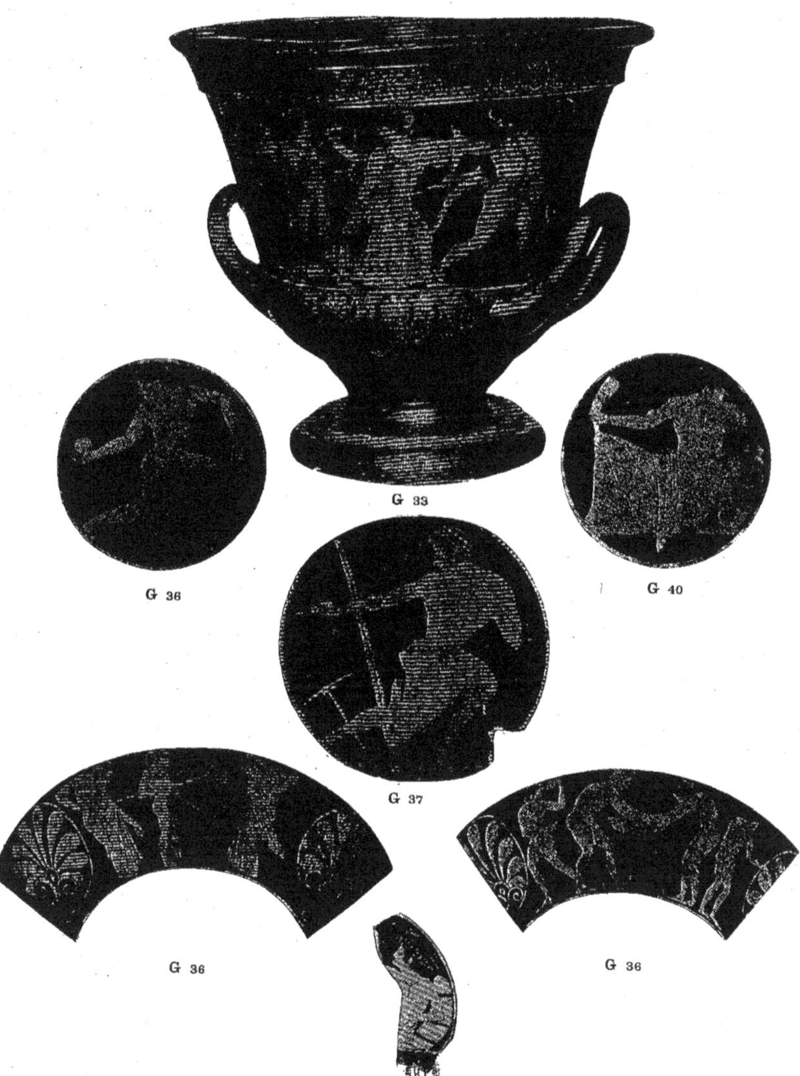

G 33

G 36

G 40

G 37

G 36

G 36

VASES ATTIQUES TROUVÉS EN ITALIE

DÉVELOPPEMENT DE LA FIGURE ROUGE (STYLE D'OLTOS ET DE CHACHRYLION)

(PREMIER TIERS DU Ve SIÈCLE AV. J.-C.)

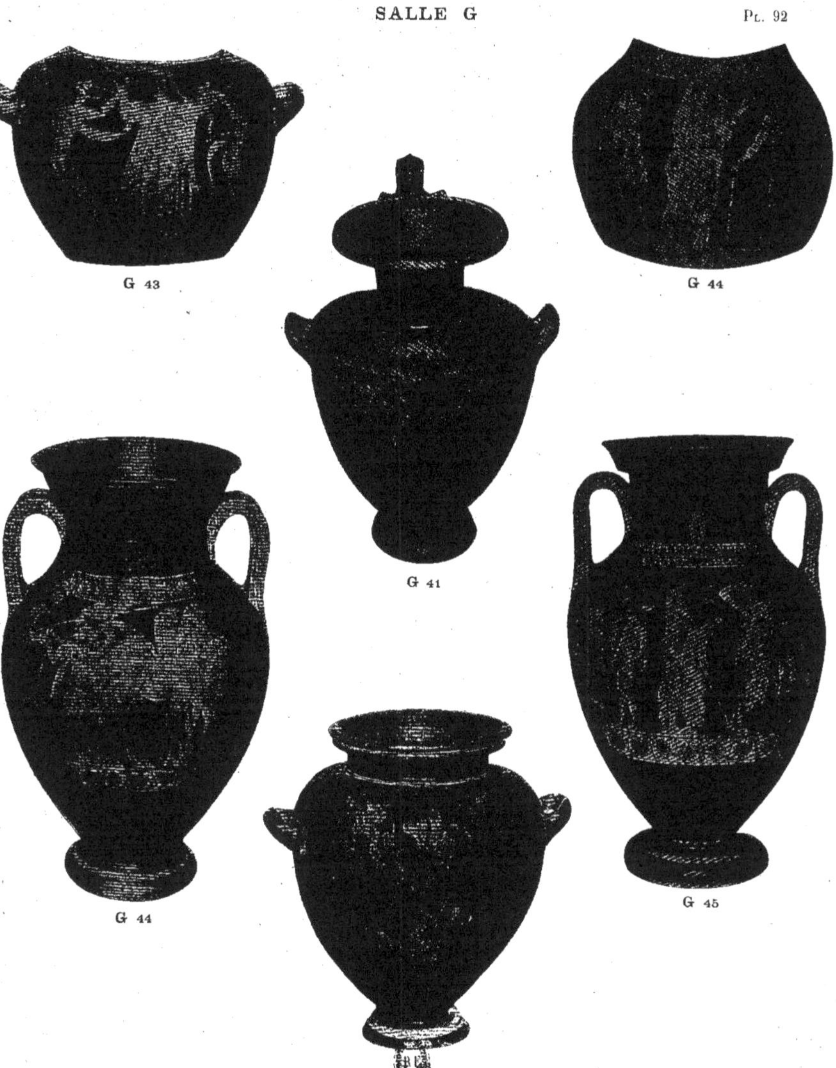
G 43
G 44
G 41
G 44
G 45

VASES ATTIQUES TROUVÉS EN ITALIE

DÉVELOPPEMENT DE LA FIGURE ROUGE (STYLE D'EUTHYMIDÈS)

(PREMIER TIERS DU Ve SIÈCLE AV. J.-C.)

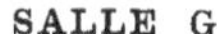

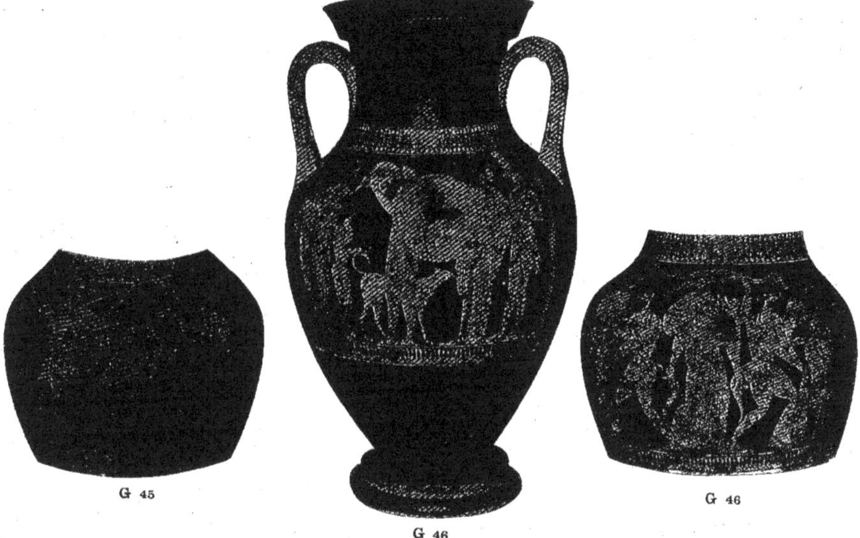

G 45 G 46 G 46

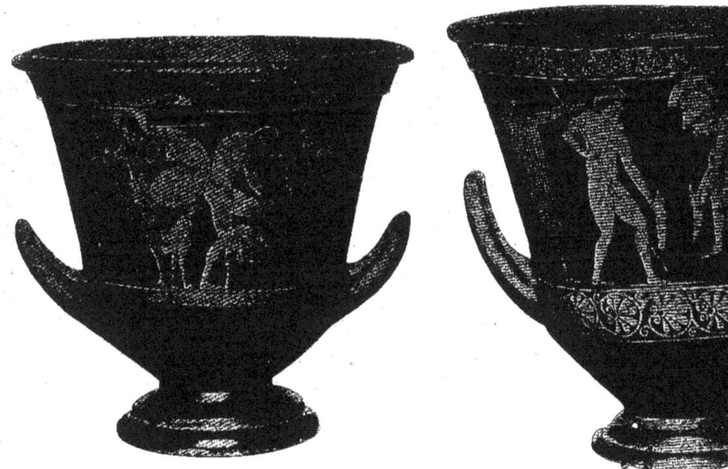

G 47 G 48

VASES ATTIQUES TROUVÉS EN ITALIE

LE STYLE ARCHAÏQUE A FIGURES ROUGES (VASES NON SIGNÉS)

(PREMIER TIERS DU Ve SIÈCLE AV. J.-C.)

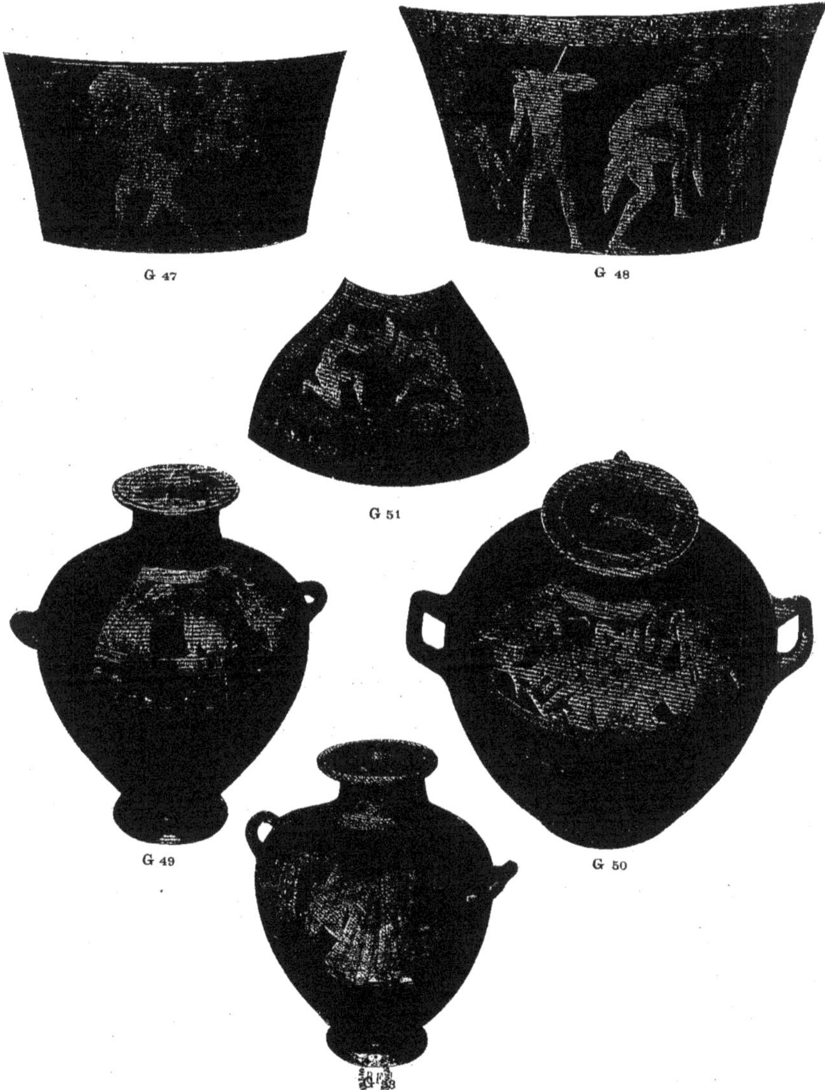

VASES ATTIQUES TROUVÉS EN ITALIE

LE STYLE ARCHAÏQUE A FIGURES ROUGES

(PREMIER TIERS DU Ve SIÈCLE AV. J.-C.)

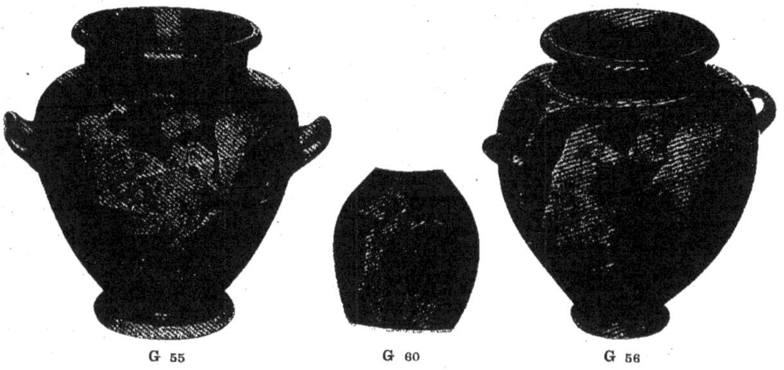

G 55 G 60 G 56

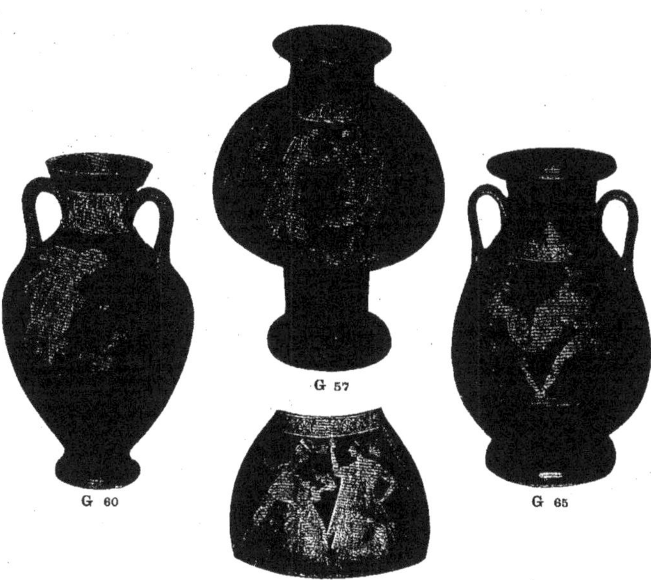

G 60 G 57 G 65

G 65

VASES ATTIQUES TROUVÉS EN ITALIE

LE STYLE ARCHAÏQUE A FIGURES ROUGES

(PREMIER TIERS DU Ve SIÈCLE AV. J.-C.)

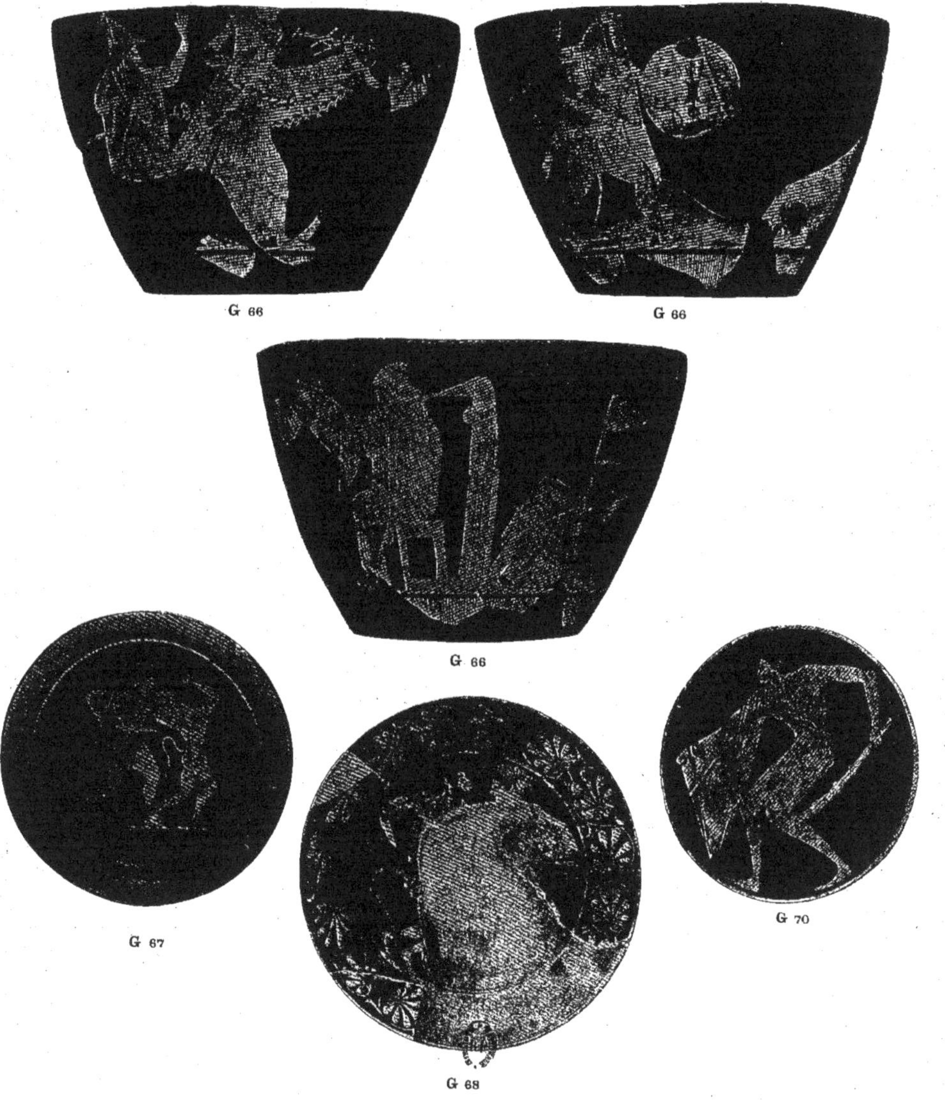

G 66

G 66

G 66

G 67

G 70

G 68

VASES ATTIQUES TROUVÉS EN ITALIE

LE STYLE ARCHAÏQUE A FIGURES ROUGES

(PREMIER TIERS DU Ve SIÈCLE AV. J.-C.)

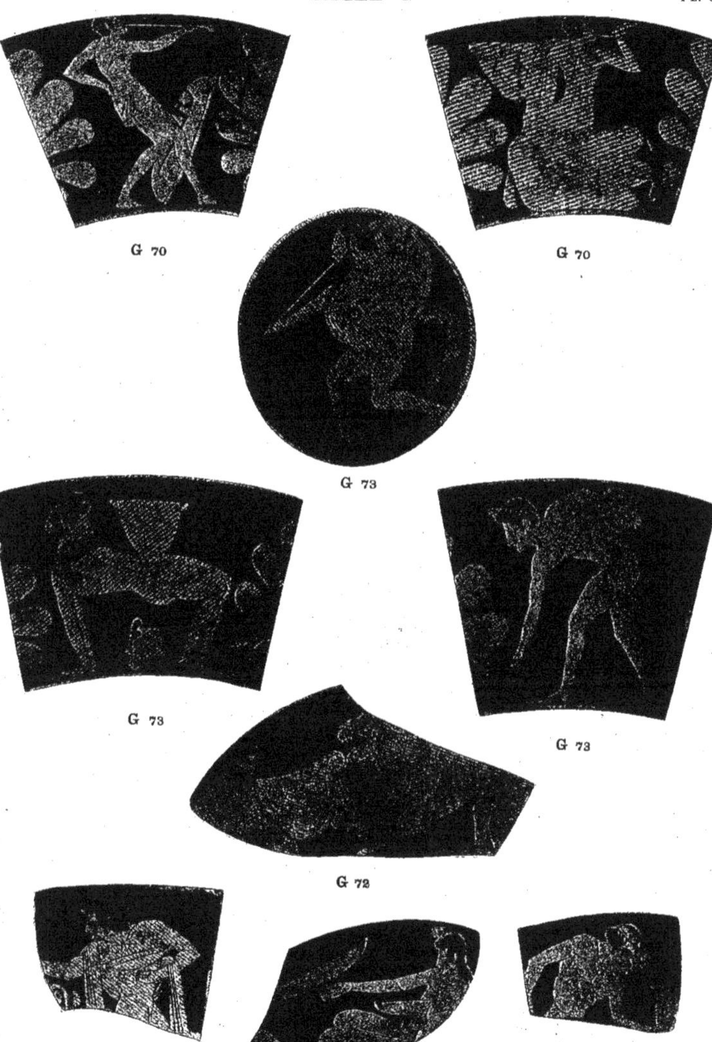

G 78

VASES ATTIQUES TROUVÉS EN ITALIE

LE STYLE ARCHAÏQUE A FIGURES ROUGES

(PREMIER TIERS DU Ve SIÈCLE AV. J.-C.)

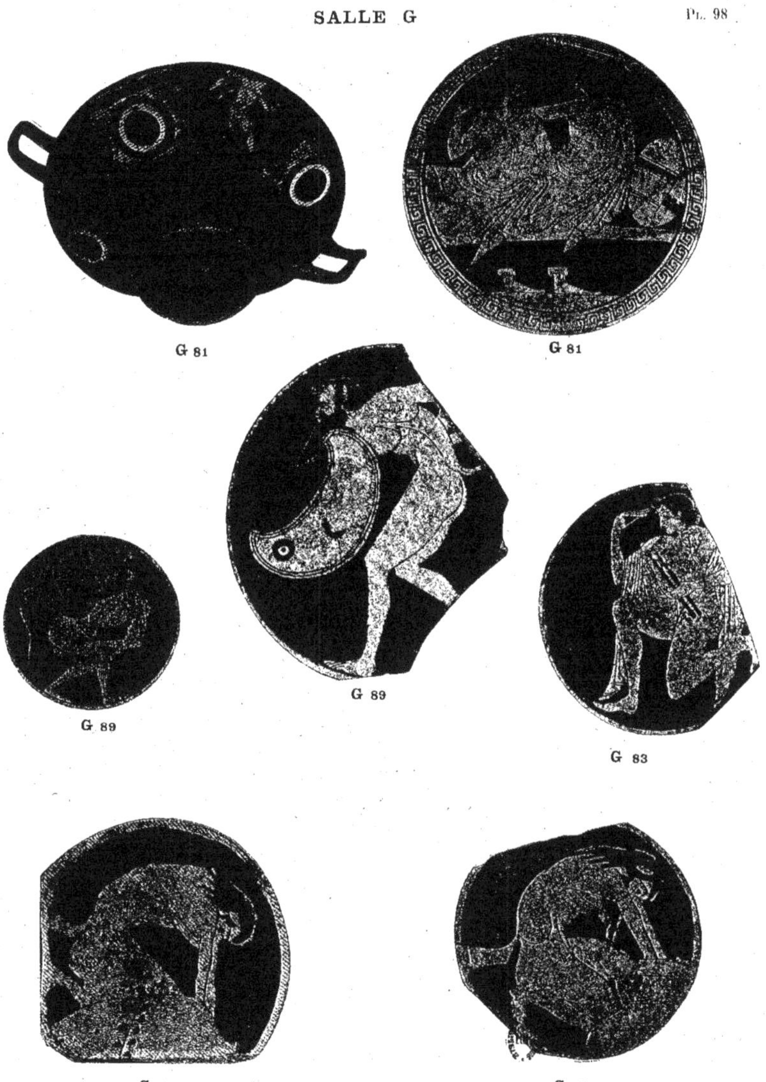

VASES ATTIQUES TROUVÉS EN ITALIE

LE STYLE ARCHAÏQUE A FIGURES ROUGES

(PREMIER TIERS DU Ve SIÈCLE AV. J.-C.)

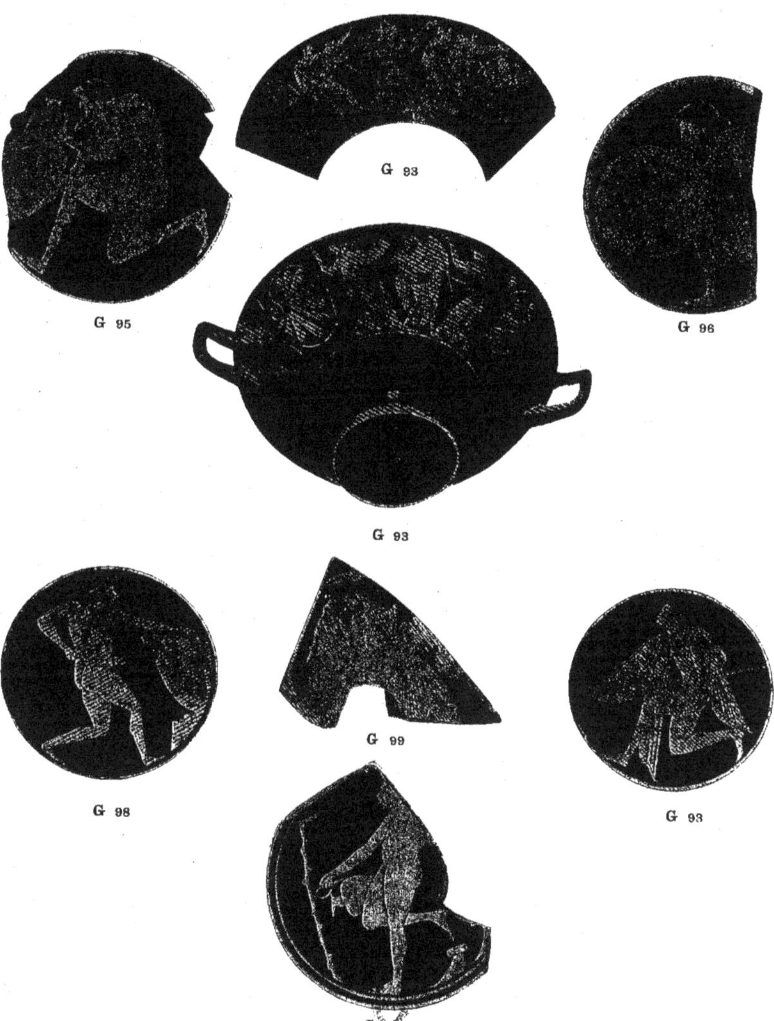

VASES ATTIQUES TROUVÉS EN ITALIE

LE STYLE ARCHAÏQUE A FIGURES ROUGES

(PREMIER TIERS DU Ve SIÈCLE AV. J.-C.)

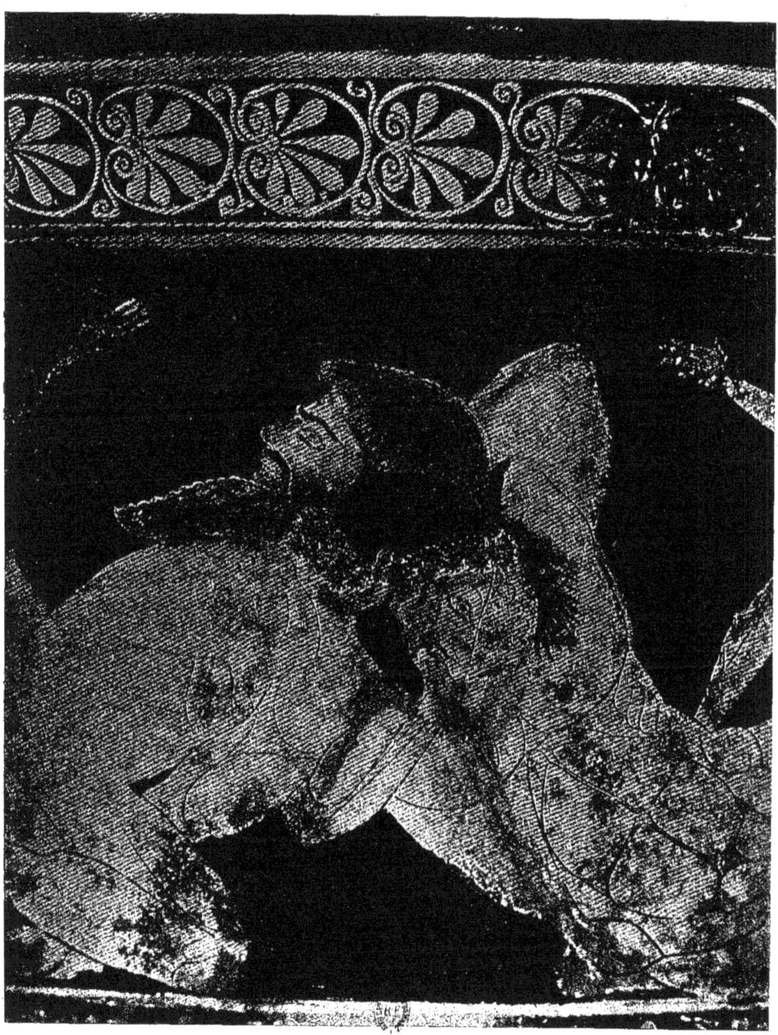

G 103

VASES ATTIQUES TROUVÉS EN ITALIE

DÉTAIL DU CRATÈRE D'ANTÉE PAR EUPHRONIOS

(DÉBUT DU Vᵉ SIÈCLE AV. J.-C.)

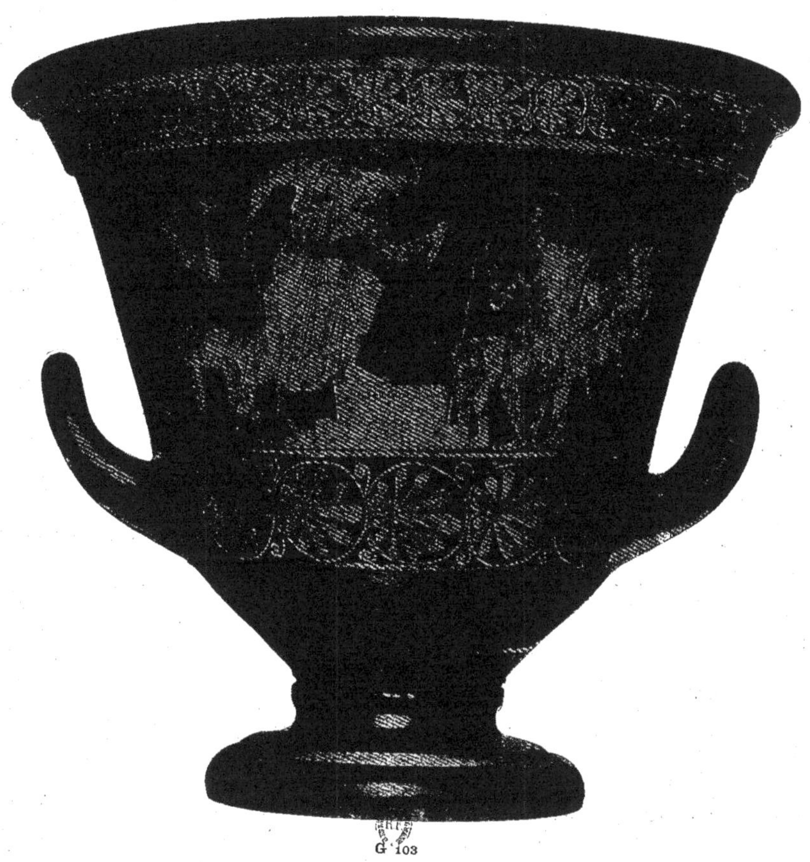

G 103

VASES ATTIQUES TROUVÉS EN ITALIE

REVERS DU CRATÈRE D'ANTÉE PAR EUPHRONIOS

(DÉBUT DU Ve SIÈCLE AV. J.-C.).

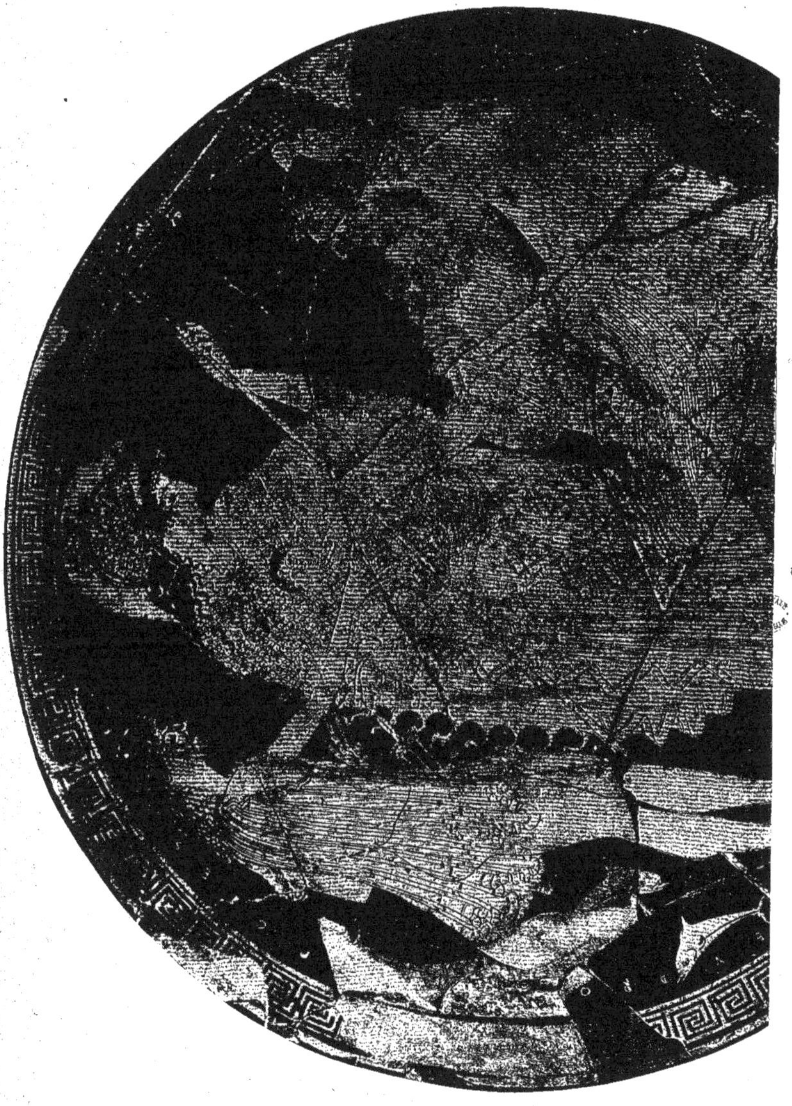

G 104

VASES ATTIQUES TROUVÉS EN ITALIE

DÉTAIL DE LA COUPE DE THÉSÉE PAR EUPHRONIOS

(PREMIER TIERS DU Ve SIÈCLE AV. J.-C.).

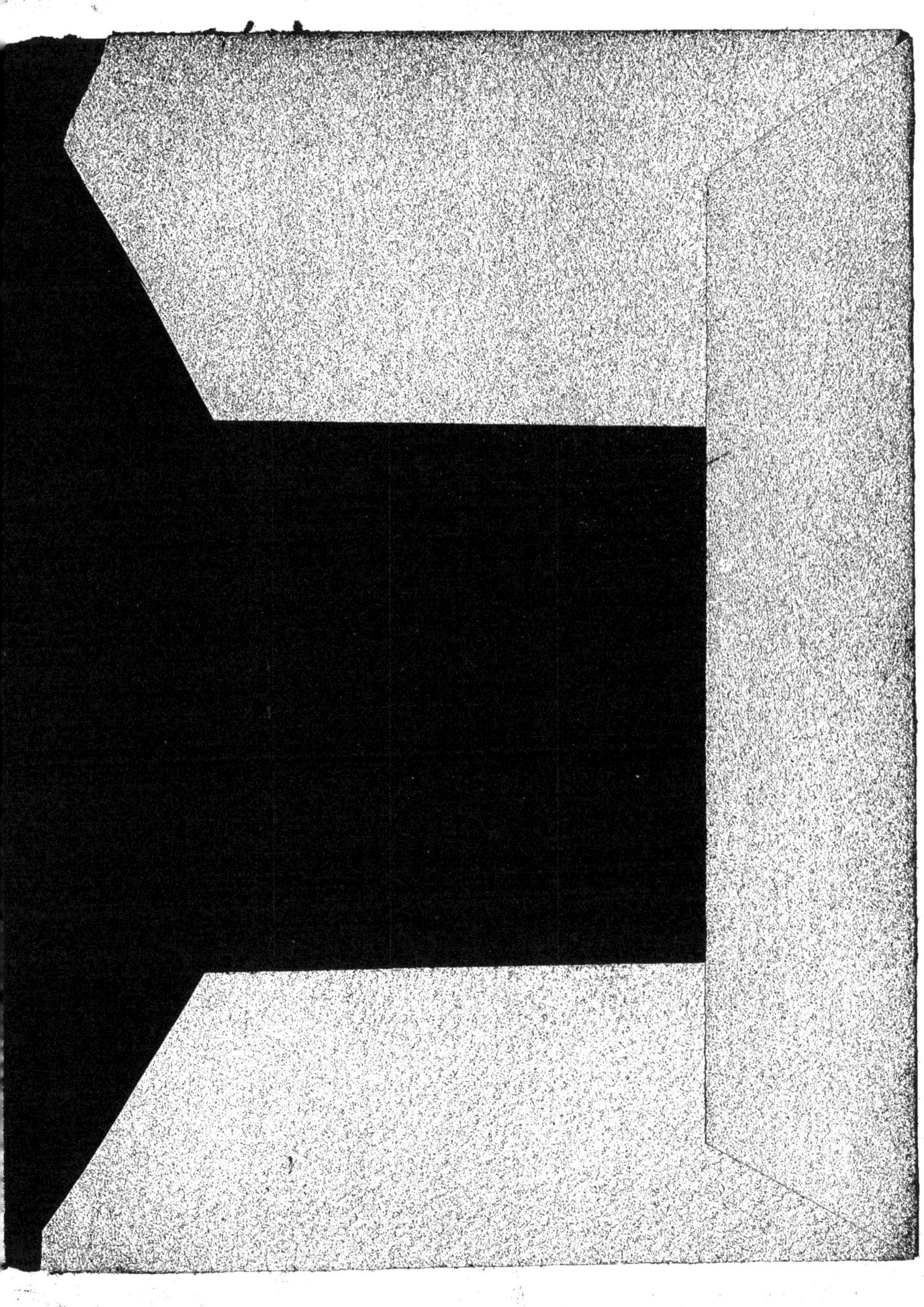

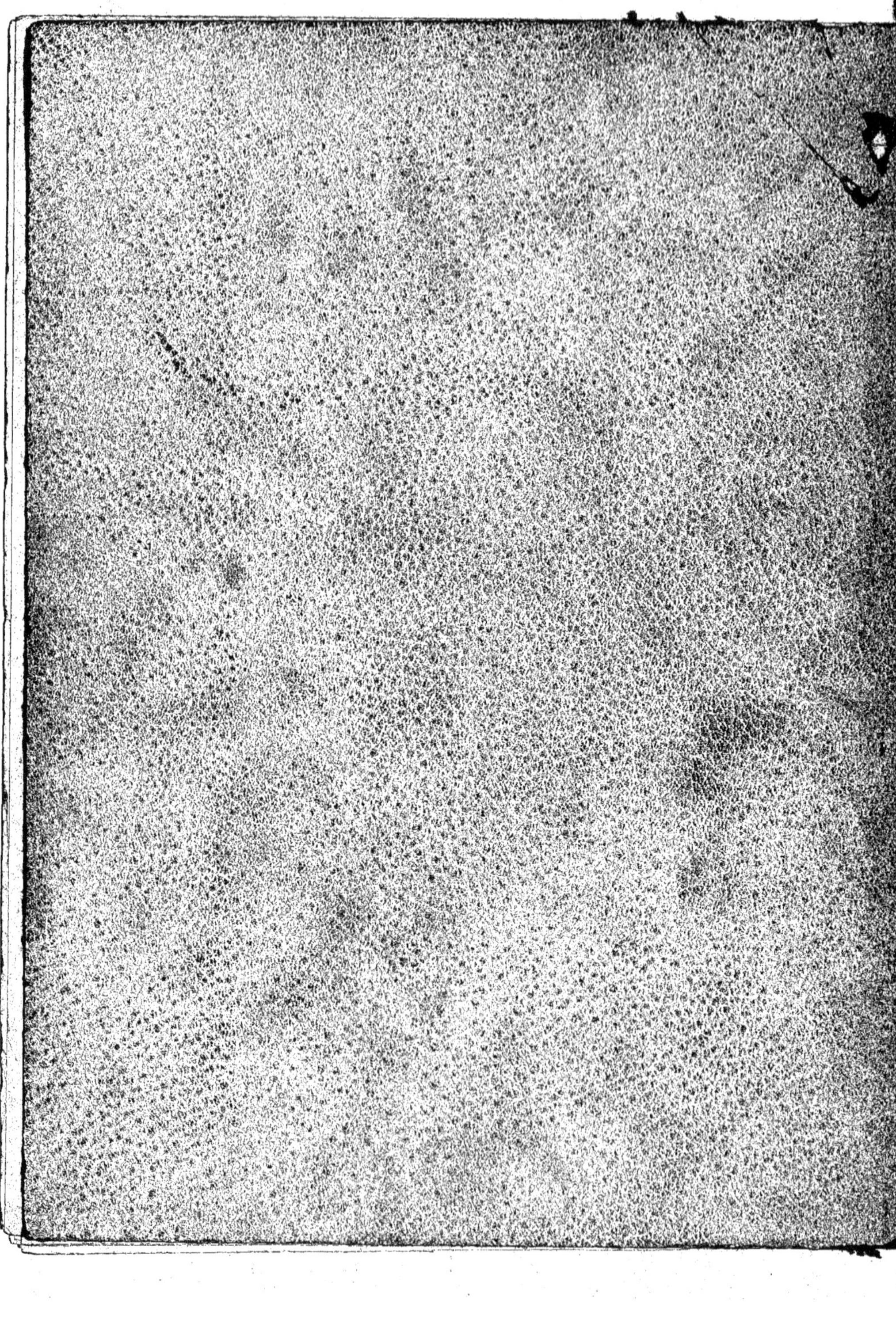

www.ingramcontent.com/pod-product-compliance
Ingram Content Group UK Ltd.
Pitfield, Milton Keynes, MK11 3LW, UK
UKHW020951230726
13923UKWH00007B/262

9 782019 624446